Leo Müller
Versichert, verraten, verkauft

Leo Müller

VERSICHERT, VERRATEN, VERKAUFT

Wie Versicherungen mit
Ihrem Geld umgehen

Econ

Für Stella

Econ ist ein Verlag der Ullstein Buchverlage GmbH

ISBN 978-3-430-20176-6

© der deutschsprachigen Ausgabe
Ullstein Buchverlage GmbH, Berlin 2015
Redaktion: Michael Schickerling, schickerling.cc, München
Alle Rechte vorbehalten
Gesetzt aus der Minion
Satz: Pinkuin Satz und Datentechnik, Berlin
Druck und Bindearbeiten: GGP Media GmbH, Pößneck
Printed in Germany

Inhalt

Einleitung 9

Die Erfinder: Die Geschichte der IOS 19
Die Geburtsstunde des Strukturvertriebs 22
Der Zusammenbruch der IOS 27
Hallo, Herr Kaiser 33

**Die Schüler: Wie die Vermittlerbranche
aufgebaut wurde** 36
Cornfelds Jünger 39
Verwirrung als Geschäftsprinzip 42
Der Kampf um Provisionen 48
Drücker unterwegs 51
Das Perpetuum mobile 56
Drücken um jeden Preis 59
Zeitbomben in der Schublade 63

**Das Dolce Vita: Die Spaßprogramme
für die Vermittler** 65
Ein bisschen Spaß muss sein 69
Mit Gehirnwäsche zum Incentive 74

**Betrug im Glaspalast: Das Spielfeld
der Hasardeure** 80
Die Riester-Rürup-Täuschung 84
Von Geldjongleuren und Finanzbetrügern 88
Alle verdienen mit 95

**Politische Schubkraft: Mit Tricks gegen
Kaufwiderstände** 98
Ein krasses Leben 98
Ein Verhaltenskodex für ehrbare Kaufleute 101
Neuer Wein in alten Schläuchen 106

**Full Service in Budapest: Wie die Ergo-Manager
ihren Vertrieb motivierten** 111
Die große Sause 112
Die Drücker machen Druck 118
Ein Mediator spricht Tacheles 124
Gegenwehr zwecklos 131

**Das Desaster: Wie sich die Ergo-Manager
verhedderten** 135
Viele Einzelfälle 137
Ein unsinniges Gefecht 141
Erste Konsequenzen 143
Ein unfreiwilliger und ein freiwilliger Rausschmiss ... 147
Die Reise ins Phantasialand 150

**Verkaufsmaschine AWD: Wie Vertriebskönig
Carsten Maschmeyer seine Kunden verkaufte** 155
Totalverlust inklusive 156
Die Swiss Life greift zu 163
Die Altlasten 167

**Im Dunkelfeld: Versorgungswerke
ohne Durchblick** 173
Gewollte Intransparenz 175
Lukrative Pöstchen und andere Verlockungen 178
Genaue Zahlen fehlen 181
Die Folgen der Finanzkrise 186
Die Schweiz als Vorbild 190
Konkurs ausgeschlossen? 193

**Schwarzes Geld: Wie die
Upperclass-Versicherung scheiterte** 196
Die Geschäfte mit den Kleinen 198
Die Geschäfte mit den Großen 204
Die US-Justiz schlägt zu 208
Probleme überall 214
Verstecken gilt nicht 219

**Der Overkill: Vom Riester-Unfug
zum Internet-Schwindel** 223
Trotz Kritik gut? 224
Hilfe zur Selbsthilfe 229
Siegel ohne Wert 231
Das Geschäft mit den Vergleichsportalen 241

**Neue Finanzprodukte und neue Marketingtricks:
Wie das Provisionssystem kollabierte** 245
Urteile im Namen des Volkes 246
Haftung ausgeschlossen 251
Provisionsverbote für mehr Beratungsqualität 254
Eine effektive Kontrolle fehlt 263

**Die Milliardenrechnung: Kosten für die Kunden, Gewinne
für die Aktionäre** 270
Die Zinsfalle 271
Neues aus der Trickkiste 277
Der Ausblick ist negativ 281

**Der große Stresstest: Wenn Versicherungen
pleitegehen** 287
Die Regelung des Undenkbaren 288
Die Kunden haften immer 290
Die Risiken werden immer unkalkulierbarer 297

Gegen den finanziellen Analphabetismus:
Die Kunden müssen selbst lernen 302
Das allgemeine Unwissen 304
Jeder Kunde bekommt den Berater, den er verdient .. 307

Widerstehen: 20 Regeln zum Schutz des
eigenen Vermögens 311

Anhang 318
Anmerkungen 318
Register 345

EINLEITUNG

Dieses Buch handelt von einer atemberaubenden Geschichte. Es erzählt, wie die Versicherungskonzerne es schafften, 824 Milliarden Euro an Kundengeldern einzusammeln, wie sie damit ihre Glaspaläste erbauten und wie sie schließlich erfolgstrunken einen Overkill produzierten, aus dem ein Großrisiko für ihre Unternehmen, aber auch für ihre Kunden erwächst.

Es ist eine Geschichte des Aufstiegs und eine Geschichte des Abstiegs. Der Weg nach oben wurde in den Bürotürmen der Konzerne sichtbar. 29 Stockwerke und 108 Meter hoch ist das Victoria-Haus in Düsseldorf. Im Berliner Treptower residiert die Allianz: 32 Stockwerke, 125 Meter. Die Nürnberger Versicherungsgruppe im Business Tower Nürnberg: 34 Etagen und 135 Meter. Der Düsseldorfer ARAG-Tower misst 125 Meter und 32 Stockwerke. Der Vertriebskonzern AWD, heute als Swiss Life Select firmierend, hat ein Domizil im KölnTurm, einem modernen Skyscraper mit 43 Stockwerken auf 143 Metern. Und der Ergo-Konzern nutzt in Mannheim den gläsernen Victoria-Turm: 98 Meter und 27 Etagen.

Hoch oben schweben die Manager der Versicherungskonzerne über dem gewöhnlichen Leben der Wirtschaftsmetropolen. Sie können hinunterschauen auf die Wohn- und Arbeitsquartiere ihrer Kundschaft. Dort unten ziehen ihre Verkäufer von Haus zu Haus, von Betrieb zu Betrieb, mit schönen Prospekten im Koffer und immer neuen »Finanzprodukten« im Angebot. Vermittler, Vertreter, Makler, Finanzberater – sie haben unterschiedliche Visitenkarten, und auf den Deckblättern ihrer Prospekte stehen unterschiedliche Firmensignets und Markenlogos. Sie grasen alle ab, die noch nicht unterschrieben haben. Manchen schwatzen sie sogar einen zweiten oder dritten Vertrag auf, andere animieren sie dazu, alte Verträge zu kündigen und sogleich wieder neue zu unterzeichnen. Den Ahnungslosen verkaufen sie Einstiegsprodukte, und den bereits Frustrierten versprechen sie das neue, viel bessere Produkt: dynamisch, flexibel, mit Kapitalschutz und Sorglos-Garantie. Fast jeden Erwachsenen haben sie erfasst, mit einer Sachversicherung, einer Krankenversicherung, vor allem aber mit ihren Altersvorsorgeprodukten: Lebensversicherungspolicen, Riester-Verträge, Vorsorgefonds. Ihr einziges Ziel, wie es ein Ex-Vermittler offenbarte: »Den Kunden volldröhnen, bis er unterschreibt oder bis man rausgeworfen wird.«[1]

Viele Kunden hatten ein ungutes Gefühl dabei, als sie eine Police unterschrieben. Aber warum haben sie es dennoch getan? Wie haben es die Assekuranzkonzerne geschafft, 80 Millionen Deutschen mehr als 90 Millionen Lebensversicherungspolicen zu verkaufen, allein mit Lebensversicherungen 824 Milliarden Euro an Kundengeldern anzuhäufen und mit fondsgebunden Policen nochmals 78 Milliarden Euro? Warum zahlen die Kunden trotzdem fleißig ihre Beiträge, die sich in den Kassen der Versicherungskonzerne, Pensionsfonds und Pensionskassen im Jahr 2013 auf über 90 Milliarden Euro steigerten?[2]

Bei nüchterner Analyse der Verträge ist dies im Nachhinein oftmals kaum noch zu verstehen. So mies, so lausig sind die finanziellen Resultate, und schon allein die Zahl der Kündigungen spricht Bände: 50 bis 80 Prozent aller Langfristanlagen wurden vorzeitig mit Verlust aufgelöst. In der Regel mussten die Kunden dabei beachtliche Schäden in Kauf nehmen.[3] Dieses Finanzmysterium ist nicht zu verstehen ohne einen Blick in die illustre Geschichte der Vermittlerindustrie, die das Geld der Kunden in die Depots der Versicherungskonzerne geschaufelt hat – eben jene 824 Milliarden Euro, an deren Vermögensverwaltung sich die Unternehmen fortwährend nähren.

Diese Story begann in der Nachkriegszeit des vergangenen Jahrhunderts mit einem Betrugssystem von gewaltiger Dimension. Es war der Amerikaner Bernie Cornfeld, ein begnadeter Verkäufer, der das System erfunden hatte und mit dem Versprechen eines »Volkskapitalismus« unters Volk brachte: Jedermann, so die Botschaft, sollte künftig reich werden können. Er hatte mit seiner Investors Overseas Services (IOS) die bis heute übliche und marktbeherrschende Verkaufspraxis entwickelt, die unter dem Namen Strukturvertrieb berühmt und berüchtigt wurde. Das System wuchs schwindelerregend rasch und brach mit einem grandiosen Crash zusammen. Er hinterließ Massen an gebeutelten Kunden und arbeitslosen Verkäufern. Es war »das perfekteste Sklavenhaltersystem, das je geschaffen worden war«, urteilte ein Versicherungsmanager nach dem Zusammenbruch des Systems über die IOS. »Ein gewaltiges Schwindelunternehmen«, resümierte ein Autorenteam damals.

Cornfelds IOS endete in einer betrügerischen Pleite, doch seine Idee der Massenverführung lebte weiter. Wie ein Virus infizierte sie das Geschäft der Versicherungsindustrie. Es waren seine besten Verkäufer, die fortan für deutsche Versicherungskonzerne neue Vertriebsstrukturen nach dem IOS-Modell aufbauten. Es waren die Schüler dieser IOS-Haudegen, die dieses Werk fortsetzten und die schließlich bis in die Chefetagen der Konzerne aufstiegen. Und noch heute landen Kundengelder in den Händen von IOS-Veteranen und deren Lehrlingen.

Sie erfanden das Wort »Finanzprodukt«, das seitdem aus dem Geschäft der Assekuranz nicht mehr wegzudenken ist. Damit wurde aus dem mal weitsichtigen, mal spekulativen Investor der Käufer einer Produktkreation, die in den Ideenschmieden der Konzerne entwickelt, gefertigt und mit wohlklingenden Parolen verkauft wurde. Und damit wurde aus dem Investment in verständliche, nachvollziehbare Anlagen eine Hingabe des Ersparten für ein vollmundiges Versprechen künftiger Erträge, wobei eigentlich weder Verkäufer noch Investor verstehen, was mit dem Kundengeld passiert.

Cornfelds Verkaufsparole des »Volkskapitalismus« lebte weiter, in immer neuen Verpackungen wurde das populäre Sorglos-Versprechen als Verkaufsargument eingesetzt, von der Kapitallebensversicherung über die fondsgebundene Lebensversicherung bis hin zu den Riester-Produkten. Sein Konzept funktionierte über Jahrzehnte hinweg und füllte die Kassen mit den verwalteten Vermögen der Versicherungsunternehmen unermesslich – eben mit jenen 824 Milliarden Euro.

Seit dem Crash von Cornfelds IOS kamen die Verkaufsmaschinen der Versicherungskonzerne immer wieder einmal ins Stottern. Die Krisen traten in nahezu jeder Dekade ein, mal wegen einer Marktsättigung, mal wegen eines zunehmenden Misstrauens auf der Käuferseite. Das politische Geschehen förderte einmal unverhofft die Öffnung eines neuen Marktes: die deutsche Wiedervereinigung. Doch immer wieder half die Assekuranzindustrie auch etwas nach. Sie vermochte es regelmäßig, die Politik für ihre Zwecke einzuspannen. So begann ihr Aufstieg mit der Rentenreform Konrad Adenauers im Jahr 1957, so half ihr 1994 die Europäische Kommission mit der Deregulierung der Versicherungsmärkte, und so brachte ihr die Riester-Reform neue Wachstumsimpulse, die in einem modischen Hype endeten. Das Wort »investieren« wurde nun durch »riestern« ersetzt[4] – bis die Verkaufskurve mit den Riester-Produkten deutlich nach unten zeigte, die Vertriebsmaschine wieder ins Stottern geriet und viele Kunden ihre Riester-Verträge schließlich auflösten. Viele Kunden waren einfach nur noch verärgert. Nachdem erste kritische Analysen über die Riester-Verträge erschienen waren, fühlten sie sich mit den hochtrabenden Performance-Versprechen veräppelt.

Die Verkaufsroutine wurde immer wieder gestört durch atemberaubende Skandale: Betrugsfälle mit astronomischen Schadenssummen, Fehlinvestments in abstrusen Schwindleranlagen und immer wieder Sexreisen von Verkäufertruppen, die zum Geschäft gehörten wie die Unterschrift unter die Police. Die Skandale erregten die Gemüter und gerieten bald wieder in Vergessenheit. Das Geschäft ging weiter, und auch die Geschichten über die Party-Praktiken besinnungslos enthemmter Versicherungsverkäufer verschwanden wieder in den Zeitungsarchiven.

Im Frühjahr 2011 platzte jedoch der Skandal der Skandale, der so schnell nicht mehr aus den Gedächtnissen zu tilgen war. Unter den Suchwörtern Ergo und Sex liefert die Google-Suchmaschine mehr als 5 Millionen Treffer. Diesmal ging es um die Lustreisen der Vertriebsleute des Ergo-Konzerns. Berichte über Abenteuerreisen der Herren mit steuerlich korrekt abgerechneten »Prostituierten-Dienstleistungen« zeichneten das Bild einer Verkäufertruppe, die alle Hemmungen verloren hatte und jenseits der minimalen Anstandsregeln operierte, die unsere Gesellschaft zusammenhalten. Heute erzählen einstige Starverkäufer freimütig von ihren rauschhaften Gemeinschaftserlebnissen und wilden Partys, über platte Gehirnwäsche und geistlose Schulungen bis hin zum Burn-out.

Reflexartig versuchten Ergo-Manager zunächst die Berichterstattung mit Klagen gegen Zeitungsredaktionen und vertuschenden Erklärungen einzudämmen. Als dies nicht mehr gelang, reagierten sie mit einer sogenannten Transparenzoffensive: Es sollte nun so aussehen, als ob der Versicherungskonzern alles schonungslos aufklärte und offenlegte. Auch diese Operation endete in einem atemberaubenden Imagedesaster, dessen Ausmaß die Versicherungsindustrie noch nie erlebt hatte. Der Gipfel der Geschmacklosigkeiten schien erreicht. Doch als das Scheinwerferlicht der Massenmedien einmal auf die Branche geworfen war, erschienen neue Skandalfälle wie die unfassbaren Geschichten vom »Vorsorge-Spezialisten Mehmet Göker«, der sich in einem Dokumentarfilm ungeniert und selbstverliebt mit unglaublichem Protz präsentierte, bevor er nach einer Großrazzia der Staatsanwaltschaft das Land verließ. Seine Klappe war riesig, seine Bilanzen aber waren mies. Dabei war Göker ein vielfach geschätzter Starverkäufer, der Allianz-Konzern hatte ihn sogar als »Premium-Partner« geführt. »Wir sind froh, dass es Sie gibt!«, hatte ihm ein Versicherungsmanager auf einer Firmenparty gehuldigt.[5]

Bordellreisen und Renditelügen, Schurken und Kleingangster an der Verkaufsfront, korrupte Deals mit Firmenkunden, Bestechung, Adressenhehlerei und Fondsgeschäfte mit Anlagebetrügern – die Skandale der Versicherungskonzerne zeichneten das Bild einer seltsamen Milieus. Einerseits sind sie für alle Bürger lebenswichtig, denn schließlich hängt ihr Wohl von den Versicherungen ab: ein zufriedenes Dasein im Alter, der Schutz ihrer Autos und Häuser, ja sogar die Gesundheit – Garanten für ein sorgloses Leben. Andererseits wähnten sich die Bürger von einem Halunkensystem betreut. Das Ansehen der Branche erschien nun auf dem Nullpunkt. Ein Ergo-Manager sprach etwas gewunden von »hohen Kaufwiderständen«.[6] Mit anderen Worten: Die Kunden streikten, sie wollten die Schwindelprodukte nicht mehr kaufen. Selbst den Lobbyisten der Branche fehlten die Worte, mit denen sie sonst alles schönreden. Das Ansehen der Branche erreichte akzeptable Werte nur noch in Studien, die sie selbst finanziert hatte. Und scheinbar unabhängige Umfragen über die Kundenzufriedenheit entpuppten sich als billige Marketingtricks, unseriös erstellt und wissenschaftlich wertlos, fabriziert in abhängigen PR-Werkstätten, deren Geschäftszweck das Schönreden ist. Die Manager in ihren Glaspalästen waren plötzlich mit dem Bild einer Branche konfrontiert, deren Frontleute sich im Untergrundmilieu bewegten. Risiken waren eigentlich ihr Geschäft, aber ihr eigenes Reputationsrisiko hatten sie nicht im Griff.

Diese Ereignisse signalisieren nicht nur einen Wendepunkt in der Belustigungspraxis für Versicherungsverkäufer. Sie sind das äußere Zeichen einer tiefen Krise, die den Weg nach unten einläutet, wenn die Branche nicht die Kraft aufbringt, ihre Verkaufspraxis radikal zu reformieren und ehrliche Policen zu entwickeln. Es trifft die Versicherungen in einer denkbar ungünstigen Lage: Sie sind fett und träge geworden, ihr Management agiert weitgehend phantasielos und oftmals unbekümmert. Es ist der Punkt des Overkills der Vertriebsmaschine nach dem IOS-Modell von Verkäuferstar Bernie Cornfeld.

Kunden lernen zu verstehen, welche immensen Provisionen ihnen mit diesem pervertierten System von ihrem investierten Geld abgezweigt werden. Sie erfahren, wie viel Geld sie mit lausigen oder sogar betrügerischen Finanzprodukten verloren haben oder wie sie manchmal sogar zusammen mit ihren Vermittlern von Trittbrettfahrern aus der Dunkelzone der Finanzwelt hereingelegt wurden. Sie versuchen, ihre Schäden durch Gerichtsklagen erstattet zu bekommen. Sie lernen durch das bittere Erlebnis des Nachrechnens: dass zum Beispiel ein treuer Lebensversicherungskunde der Allianz, der erwartungsvoll während des Berufslebens seine Monatsbeiträge einzahlt, am Ende nur die Hälfte des Vermögens erreicht, das er im gleichen Zeitraum mit einem Investment in die Aktien aus dem Deutschen Aktienindex erzielt hätte.[7] Solche Rechnungen lesen die Kunden nun häufiger, wenn sie sich informieren. Sie wenden sich ab, kündigen Policen.

Und sie verstehen dabei, dass die Versicherungsbranche wegen der derzeitigen Niedrigzinsphase in einem schweren Dilemma steckt: Sie hat Garantiezinsen versprochen, die viel höher sind als die Zinsen, die sie mit ihrer bisherigen Anlagepolitik an den Kapitalmärkten erzielen können. Sie müssten mehr riskieren, was ihnen gesetzlich nur bis zu einem gewissen Rahmen überhaupt erlaubt ist. Oder sie müssten ihre Versprechen reduzieren, was wiederum ihre Verkaufserfolge einbrechen lässt. Daher hat die Versicherungsindustrie nun große Mühe, den Menschen weiterhin Vorsorgeprodukte so zu verkaufen, wie sie es sechzig Jahre lang getan hat. Das Geschäftsmodell funktioniert nicht mehr so, wie es die Manager in den Glaspalästen gelernt haben. Dieser Krisenprozess kann schlimme Folgen haben. Denn die Investition in eine Lebensversicherung ist ganz gewöhnlichen Marktrisiken ausgesetzt. Ein kritischer Blick auf die Zielinvestments der Versicherungsunternehmen lässt die Risiken erahnen.

Versicherungen sollten ihren Kunden Sicherheit geben, sie sollten die Kundengelder sorgsam und sinnvoll erhalten und mehren. Doch die Wirklichkeit der Vermögensverwaltung sieht anders aus. Wenn sich die Bürger zum Beispiel fragen, wer für all die Bankenverluste geradesteht, dann können sie gewiss sein: Sie sind dabei! Mit ihren Vermögenswerten, die sie sich mühsam vom Salär absparen und den Versicherungen in treuem Glauben anvertraut haben, werden die Pleitekandidaten, ob marode Finanzkonzerne oder kränkelnde Staaten, gestützt. Im Sommer 2008, auf dem Höhepunkt der Finanzkrise, hatten Versicherungen fast 30 Prozent der Kundengelder in Bankanleihen gesteckt.

Die Versicherer sind offenbar immer dabei, wenn es etwas zu verlieren gibt. Als die Krisenbank Hypo Real Estate schon in einen hoffnungslosen Zustand geraten war, da steckten Lebens- und Krankenversicherungen 1,4 Milliarden Euro in das Geldinstitut – 1,4 Milliarden Kundengelder wohlgemerkt. Das war eigentlich ein Fall von großangelegter Gläubigerschädigung, aber Politiker und Manager waren sich dabei wieder einmal einig. Als dann Griechenland in die Staatspleite abzugleiten drohte, da griffen die Konzernlenker wieder einmal in die Kassen und investierten die Kundenvermögen in griechische Staatsanleihen.

Auch Versicherungen können pleitegehen. Das Wort ist in der Branche eigentlich tabu und kam in den Verkaufssprüchen der Vermittler nicht vor. Doch für den Notfall gibt es gesetzliche Regeln, von denen die meisten Versicherungsverkäufer und ihre Kunden wohl noch nie gehört haben. Es sind mitunter drastische Regeln. Wer sie einmal genau gelesen hat, wird sein Sorglos-Gefühl wohl endgültig verlieren.

Dieses Buch erzählt nicht nur vom Aufstieg und vom beginnenden Abstieg, es klärt auch über dieses Notfallszenario auf. Es ist die faszinierende Geschichte, wie das Kundendepot mit 824 Milliarden Euro gefüllt wurde. Eine Geschichte über das Kundenvermögen, dessen Zukunft nun auf dem Spiel steht.

DIE ERFINDER:
DIE GESCHICHTE DER IOS

»Das perfekteste Sklavenhaltersystem, das je geschaffen worden war.«
(HAMBURGER VERSICHERUNGSMANAGER ÜBER
DEN IOS-VERTRIEB, 1971)[1]

»Intellektuell und finanziell unehrlich, ein gewaltiges und gewagtes Schwindelunternehmen.«
(AUTORENTEAM DER SUNDAY TIMES ÜBER DIE
IOS, 1971)[2]

Aus Deutschland war ein Wirtschaftswunderland geworden. Es war die Zeit Ludwig Erhards, des liberalen Bundeskanzlers und Wirtschaftspolitikers mit Zigarre. Neudeutsches Biedermeier machte Not und Elend der Nachkriegsjahre vergessen. Man war um bürgerliche Wohlanständigkeit und korrekte Kleidung bemüht, man träumte vom eigenen Auto, und allem Amerikanischen wurde gehuldigt. Im Interview mit dem Nachrichtenmagazin *Spiegel* musste sich der stattlich beleibte Bundesernährungsminister Hermann Höcherl im November 1965 dafür verteidigen, dass die Bierpreise um sieben Pfennig je Flasche stiegen.[3] Im gleichen Heft wurden neben einem Inserat für Cognac Martell die Leser mit einer Mischung aus Staunen, Bewunderung und Skepsis über neue Praktiken bei Finanzgeschäften aufgeklärt.

»In der Bundesrepublik ist eine neue Vertreter-Spezies am Werke, die Anteilscheine auf Wertpapiere nicht nach altehrwürdiger Sitte über den Bankschalter, sondern an der Haustür verkauft«, schrieb das Magazin. Die Verkäufer würden in der guten Stube vorrechnen, wie man es binnen zehn Jahren »zu einem Vermögen von 96 000 Mark bringen« könne, wenn man monatlich 400 Mark einzahle. Ein 38-jähriger Kunde würde nach 48 000 eingezahlten Mark mit 60 Jahren nahezu 400 000 Mark besitzen und sich einen fröhlichen Lebensabend machen können. Der *Spiegel* berichtete über eine erstaunliche Performance: »Das Vermögen des Cornfeld-Fonds, der 1962 mit zehn Millionen Dollar ausgestattet wurde, hatte 1964 bereits 100 Millionen Dollar erreicht und ist in diesem Jahr förmlich explodiert: Januar 120, Mai 170, August 210 und Ende Oktober 275 Millionen Dollar.«[4]

Die Rede war von der damals weltweit größten Vertriebsorganisation für Finanzprodukte, der Investors Overseas Services (IOS) mit Büro in Genf, eingetragen in Panama. Die IOS war damals gerade erst achtzehn Monate auf dem deutschen Markt aktiv, rund vierhundert Vermittler hatte sie im Einsatz. Deutsche Banken waren beunruhigt, denn die Leute von der IOS nahmen ihnen Geschäft weg. Die Organisation erlebte unter ihrem Gründer Bernard Cornfeld, den alle liebevoll Bernie nannten, einen kometenhaften Aufstieg. In den fünfziger Jahren hatte der Sozialarbeiter, der unter einfachen Verhältnissen in Brooklyn aufgewachsen war, in einem Vergnügungspark auf Coney Island an der Südspitze New Yorks eine Bude für Alters- und Gewichtsschätzung aufgemacht und dabei sein Verkäufertalent entdeckt. Er stotterte zwar, aber er konnte den Menschen Unnötiges aufschwatzen.

Cornfeld, der im Zweiten Weltkrieg als Marinesoldat gedient hatte, kam bald auf die Idee, die Ersparnisse der zahlreichen in Europa stationierten US-Soldaten anzuzapfen. Viele der GIs waren in US-Kasernen und Housings einquartiert, waren dort mit Kinos und Shopping-Malls versorgt und verfügten über einen stattlichen Sold in damals noch harten

Dollars. 3,5 Millionen Amerikaner lebten in Übersee, es war ein riesiger Markt. Cornfeld verkaufte ihnen zunächst sehr erfolgreich Anteile von amerikanischen Investmentfonds. Doch rasch entdeckte er, dass er das Geschäft selbst aufziehen könnte, und gründete 1960 eine Fondsgesellschaft, und zwar »offshore«, das heißt mit einem juristischen Domizil in einer Steueroase. Konsequent nutzte er Gesetzeslücken im grenzüberschreitenden Geschäft. Der Clou dabei: Die US-Soldaten konnten ihre Gelder steuerfrei anlegen.

Das war die Geburtsstunde seiner legendären IOS, einer Aktiengesellschaft mit rechtlichem Sitz in Panama. Sie wurde zum Sammelbecken für Generationen von Versicherungsvermittlern, zum Trainingslager für aggressive Verkaufspraktiken, die sich hartnäckig gehalten haben. Und bis heute dient sie vielen prominenten Exponenten in der Vermittlerszene als Gründungsmythos.

Cornfeld schuf mit der IOS ein Milliardenimperium, das auf dem Höhepunkt ein Heer von 16 000 Verkäufern im Einsatz hatte.[5] Er versprach seinen Kunden einen »weltweiten Volkskapitalismus« und wurde selbst zum Mythos. Ein neues Zeitalter brach in der Finanzwelt an, Börsengeschäfte und Investments wurden für den Massenmarkt zugänglich gemacht. Dazu entwickelte er den ersten »Fund of Funds«, ein Sammelbecken verschiedener Fondsgesellschaften. Das war als Investment völlig unsinnig, ließ sich aber gut verkaufen, als Superfonds sozusagen.

Cornfeld schlug sein Headquarter in Genf auf, doch seine Aktivitäten waren von Anfang an überall, wo er wirkte, von Misstönen begleitet. Für die Kunden ließ er die IOS-Aktien mit Darlehen finanzieren, die durch Sicherheiten in der Offshore-Jurisdiktion gedeckt waren. Die Anleger konnten somit ihrem Finanzamt einen steuermindernden Darlehensvertrag präsentieren, während sie ihre tatsächlichen Vermögen verheimlichten. Der Trick mit diesem »Back-to-back-loan-

Schema« gilt heute als Klassiker unter den gängigen Geldwäschepraktiken.⁶

Cornfeld wurde schnell reich, sein opulenter Lebensstil wurde in seiner Heimat bewundert: eine Lodge in den Alpen, ein Schloss in Frankreich, eine Villa in Genf, ein Lancia Flamina auf dem Parkplatz und eine 42-Meter-Jacht im Hafen. Im August 1966 wurde in den USA publik, dass sich die Börsenaufsicht Securities Exchange Commission (SEC) mit der IOS befasste. Die Performance ihres Funds of Funds sei »inadäquat und nicht akkurat« dargestellt.⁷ Nachdem IOS-Verkäufer im Jahre 1966 in Brasilien verhaftet worden waren, schmuggelte Cornfeld die Gelder in die Schweiz. Doch auch dort begegnete ihm Misstrauen, und ein Nationalrat warnte im Februar 1967 im Schweizer Parlament: »Es scheint, dass hierbei mit dem Namen Genfs und der Schweiz Missbrauch getrieben wird.« Die Eidgenössische Bankenkommission wurde auf ihn aufmerksam, die Schweizerische Bankiervereinigung warnte. Cornfeld reagierte prompt und versprach Wohlverhalten.

Die Geburtsstunde des Strukturvertriebs

Als der *Spiegel* auf Cornfeld aufmerksam wurde, waren die Übersee-Amerikaner längst nicht mehr sein Zielpublikum. Seine Verkaufsagenten waren zu diesem Zeitpunkt bereits in 90 Ländern aktiv, und in Deutschland hatte er seinen größten Markt entdeckt. Mit 10 000 Kunden lagen die Deutschen in seiner Firmenstatistik an der Spitze. Der Erfolg hielt an: 1967 machte Cornfeld ein Drittel seines gesamten Geschäfts in Deutschland. Im Februar 1968 erschien der *Spiegel* mit einer

Titelstory über die IOS: »Volks-Aktien aus Panama«.[8] Und in den drei Jahren von 1966 bis 1969 erzielte seine IOS die Hälfte seines weltweiten Geschäfts mit deutschen Kunden. »Erst in Deutschland zeigte der Vertrieb seine ganze Besonderheit«, schrieben drei Autoren der britischen *Sunday Times*, »er entpuppte sich als ein engmaschiges, feingeknüpftes System, das nur dazu diente, die Vertreter und mehr noch die Manager reich zu machen, während das Unternehmen gleichzeitig als ein Kreuzzug dargestellt wurde, der auch der Masse der Bevölkerung Zugang zu den Früchten des Kapitalismus verschaffen sollte.«[9] Die britischen Schreiber zitierten einen IOS-Mann, der die rasante Expansion damit erklärte, dass die Vertreter »nicht nur eine Ware oder eine Dienstleistung, sondern eine Weltanschauung verkauften«. Süffisant fügten die Autoren hinzu: »für manche Deutsche eines der höchsten Dinge des Universums«.[10]

Ein IOS-Chefmanager erklärte den Erfolg hingegen profaner: Die Vertreter seien nur durch »Traumvorstellungen« motiviert gewesen, während die meisten von ihnen tatsächlich nicht gerade üppig verdient hätten. Diese Phantasie habe nirgends reicher Blüten getrieben als in Deutschland. Jedenfalls wurde das Geschäft dadurch begünstigt, dass es in Deutschland damals noch keine gesetzlichen Regeln für ausländische Verkäufer von Investmentfonds gab.[11] Und der Nährboden war günstig: Damals scheuten die Deutschen das simple Investieren in Aktien – wie auch heute noch. Das kollektive historische Erlebnis der Hyperinflation und der Börsencrashs hat die Deutschen zu Aktienmuffeln gemacht.

Die Vertriebsorganisation war so aufgebaut, dass sie sich wie eine Amöbe teilen und wachsen konnte: Die einzelnen Zellen, Agenturen genannt, wurden mit wachsendem Geschäft größer, teilten sich in mehrere Zellen, bis diese wiederum eine entsprechende Größe erreichten und sich wieder teilten. Die Einsteiger begannen als »Lehrling« und wurden nach erfolgreichen Abschlüssen nach einem »Grundlehrplan« zu einem »Fortgeschrittenen« befördert. Nur mit einer hohen Zahl von unterschriebenen Verträgen konnte man sich in der Hierarchie weiter nach oben dienen über den »Senior-Vertreter« zum Branch-, Regional- oder Divisional-Manager und schließlich bis zum General-Manager. Wer Branch-Manager werden wollte, musste selbst mindestens drei Mitarbeiter auf der Stufe der »Fortgeschrittenen« herangezogen haben und einen vorgegebenen Umsatz nachweisen. Die Führungskräfte wurden je nach Stufe in der Pyramide mit Optionsrechten auf IOS-Aktien belohnt. Die einfachen Vertreter verdienten nur an Umsatzprovisionen, und einen Teil davon mussten sie auch noch an ihre Vorgesetzten abtreten, die somit an den Provisionsgewinnen ihrer Mitarbeiter beteiligt wurden. Große Vertreterstäbe operierten zunächst aus den großen Städten. Mit umwerfendem Erfolg: 1964 nahm Deutschland unter den 23 IOS-Regionen noch den achten Platz ein, doch fünf Jahre später war der Umsatz mit damals unvorstellbaren 257 Millionen Dollar um 5350 Prozent gestiegen.

Ein IOS-Vertreter der ersten Stunde war Werner Kunkler, Jahrgang 1921, ein kriegsversehrter Panzerhauptmann und promovierter Psychotherapeut. Kunkler hatte harte Zeiten hinter sich, bevor er zur IOS stieß. Als Schauspieler hatte er seinen Unterhalt verdient und als Schadenssachbearbeiter bei einer Versicherung. Schon bald hatte er in seiner Agentur 45 Vertreter unter Vertrag – rund ein Drittel der gesamten IOS-Mannschaft in Deutschland. Seine besten Leute gründeten selbst Agenturen und machten Karriere, die Verkaufspyramide vergrößerte sich unablässig. Einer seiner Männer führte 1969 als »General-Manager« bereits mehr als fünfhundert Vertreter – also mehr als dreimal so viel, wie fünf Jahre zuvor in ganz Deutschland aktiv gewesen waren. In den Jahren 1967 bis 1969 sorgten allein die Vertreter unter dem Kommando Kunklers für mehr als 10 Prozent des Weltumsatzes. Unter seinen besten Leuten und Protegés waren ein Bäckermeister, ein Industrievertreter und ein Versicherungsmann.[12]

Beim Aufbau ihrer Organisation gingen die Herren so diskret vor wie einst Spitzenspion Reinhard Gehlen bei der Gründung des Bundesnachrichtendienstes. Werner Kunkler operierte unter dem Tarnnamen John Bill, seine interne Codenummer lautete 6883. Die Post wurde in einem Münchner Geheimbüro gesammelt, wo sich Cornfelds Agentenführer ihre Direktiven persönlich abholen mussten. Ein Kurier brachte regelmäßig die für Genf bestimmte Post mit dem Flugzeug in die Zentrale. »Hold Mail« nannten sie ihre diskrete Technik, die später in der Welt der Schweizer Vermögensverwaltungsbanken zum Standard beim Verwahren der Post für Schwarzgeldkunden wurde.[13]

Den Agenturchefs war ein Leben in Saus und Braus gegönnt. Manfred Birkholz und Wolf Saller, ehemals in der IOS für Public Relations zuständig, beschrieben in einem Buch ihre Zeit in der Finanzorganisation mit großer Bewunderung. »Ein Münchner Super General Manager beispielsweise«, so notierten die internen Chronisten, »hatte in seiner Bürovilla in München-Bogenhausen einen Massageraum einrichten lassen, der inklusive festbezahlter Masseuse seinen strapazierten Untermanagern unentgeltlich zur Verfügung stand. Neben Miete und Masseuse waren auch noch vier festangestellte Damen zu bezahlen.«[14] Und in der Zentrale nahe Genf ließ es auch Cornfeld, der große Meister, hin und wieder krachen – während des Sommers verging kaum ein Tag ohne Feier. »Die Partys waren, das kann mit ruhigem Gewissen bestätigt werden, absolute Weltklasse«, erinnerten sich die Insider Birkholz und Saller.[15] Die Umsatzmillionäre unter den IOS-Vertretern wurden mit einem First-Class-Flug nach Genf gebracht, einzeln »von einer hübschen Hostess am Flughafen in Empfang genommen, in einen Cadillac mit livriertem Chauffeur verfrachtet und in das Genfer Luxushotel Le President gefahren«. Es folgten Luxusdinner, Ballnacht und Damenprogramm. In den internen »Club der Millionäre« wurde übrigens auch ein Weingutsbesitzer aus Bingen berufen, der später wieder in seinem angestammten Fach Furore machen sollte: Ingo Diel, Weinverkäufer, Weinjournalist und Marketingexperte.[16]

Cornfeld machte zudem Schule mit einem besonderen Marketingkniff. Er beschäftige Prominente als Werbeträger, um seine IOS salonfähig zu machen. So gewann er den damals angesehenen FDP-Politiker Erich Mende, der durchs Land zog und in Versammlungssälen und Wirtshäusern für die IOS-Fonds trommelte.[17] Der politische Vorzeigevertreter blieb allerdings eine Marionette. Das Sagen hatten die »Generäle« – und auch den Löwenanteil der Einnahmen. Werner Kunkler zum Beispiel wurde steinreich, er kaufte sich von seinen IOS-Provisionen ein Hotel auf der Halbinsel von Sorrent und baute sich in Rom eine Luxusvilla.

Das Vertriebssystem funktionierte mit einem brutalen Mechanismus. Statt auf die Qualifikation seiner Vertreter zu achten, wurde jeder Manager belohnt, wenn er seinen Vertriebsapparat immer mehr vergrößerte. Die Leute in seiner Hierarchiekette trieben ihn also in der Pyramide nach oben. Der Effekt war klar: »Die Verkaufsmethoden wurden entsprechend rüder und die Vertreter auf ihrer Jagd nach unschuldigen künftigen Investmentsparern immer skrupelloser«, wie die Autoren der *Sunday Times* urteilten. »Das perfekteste Sklavenhaltersystem, das je geschaffen wurde«, zitierten sie einen Hamburger IOS-Manager, »dafür barg es aber auch, wie die meisten Sklavenhaltersysteme, den Keim des Untergangs in sich.« So geschah es, dass Vertreter mit nennenswertem Vorstrafenregister rekrutiert wurden. Und die frisch Angeworbenen verkauften nicht nur die IOS-Fondsanteile an ihre Verwandten, sie rekrutierten diese zugleich als neue Vertreter. »Wissen Sie, wie ich persönlich die Unternehmungen in Deutschland immer genannt habe?«, fragte ein Cornfeld-Vertrauter die britischen Autoren. »Ein Gebäude, das auf einem einzigartigen Fundament aus Scheiße und Treibsand aufgebaut war.«[18]

Der Zusammenbruch der IOS

1969 wurde allmählich erkennbar, wie morsch das System war. Die IOS beschäftigte weltweit zwar 25 000 Verkäufer und Mitarbeiter, aber die Kurse der IOS-Aktien fielen, und ihr ging das Geld für das Tagesgeschäft aus. Cornfeld verlegte den Verwaltungssitz für seine 1300 Köpfe zählende Belegschaft in das kleine französische Dorf Ferney-Voltaire, fünf Kilometer von Genf entfernt. Als Retter meldete sich 1970 aus Amerika der 34-jährige Robert Vesco, ein illustrer Finanzjongleur mit einem Wagemut, der selbst Cornfeld bieder aussehen ließ. »Glauben Sie mir«, meinte ein Cornfeld-Manager, »in den wenigen Minuten, die ich mit Robert Vesco zusammen war, wurde mir klar, dass ich es mit einem der größten Finanzgenies des zwanzigsten Jahrhunderts zu tun hatte.«[19]

Vesco übernahm nach monatelangen Übernahmekämpfen und Konflikten um die Kontrolle über die IOS schließlich das Ruder. Dabei bediente er sich einer Methode, die später in der Finanzwelt sehr beliebt werden sollte. Auf dem Weg eines sogenannten »Leveraged Buy-out« übernahm er mit geliehenem Geld die Firmen und lud ihnen nach dem Kauf diese Schulden auf. Das ging nicht lange gut: Im März 1971 eröffnete die US-Börsenaufsicht gegen Vesco ein formelles Ermittlungsverfahren. Mindestens 200 Millionen Dollar soll er aus den Fondskassen abgezweigt haben, genau ermittelt wurde der Verlust nie.[20] Vesco, inzwischen als Playboy, Partylöwe und Abenteurer eine Institution, setzte sich zunächst nach Costa Rica ab und führte fortan ein Leben auf der Flucht vor dem FBI: Mal entwischte er auf einer Hochseejacht, mal flog er ihnen in seinem Privatjet davon, den er »Silver Phyllis« getauft hatte, die erste umgebaute Boeing 707 mit Sauna, Whirlpool und Disco.[21]

Die IOS ging pleite, und es kam – wie immer nach einem grandiosen Crash – zum Kampf aller gegen alle: Cornfeld beschuldigte Vesco, den Schlamassel verursacht zu haben. Vesco sei »ein armseliger Wicht«, schimpfte er. Mehrere Hundert IOS-Mitarbeiter erstatteten in der Schweiz Strafanzeige, weil sie von der Führung ermuntert worden waren, IOS-Aktien auf Pump zu kaufen. Cornfeld wurde 1973 in Genf festgenommen, kam aber nahezu ungeschoren davon. Die Genfer Justiz ließ ihn nach elf Monaten U-Haft gegen Bezahlung einer Kaution von 5 Millionen Franken frei, und 1979 erreichten seine Verteidiger sogar einen Freispruch. Cornfeld starb im März 1995 in London unter Verhältnissen, die man angesichts seiner Karriere als bescheiden bezeichnen darf.[22] Vesco hingegen entzog sich der Auslieferung an die USA auf Kuba, wo er wegen neuer Betrügereien zu dreizehn Jahren Gefängnis verurteilt wurde und nach vorzeitiger Entlassung – und insgesamt vier Jahrzehnten auf der Flucht – im November 2007 an Lungenkrebs starb.[23]

Das IOS-System ließ Tausende Kunden zurück, die ihr Geld verloren hatten. Mehr als 2,6 Milliarden Dollar, eine damals unglaubliche Summe, waren weitgehend vernichtet. Das Restvermögen, das am Ende von Konkursverwaltern und Fondsliquidatoren verteilt wurde, ergab nur noch einen Bruchteil der eingezahlten Beträge.[24] Übrig blieben eine Finanzinnovation, ein Haufen von wild gewordenen Verkäufern und eine neue Verkaufsmethode, die fortan das Versicherungsgeschäft beherrschen sollte – und einige Mythen.

Mythos Nummer eins lautet: Wäre Vesco nicht gewesen,

Cornfeld hätte den Laden wieder in Schwung gebracht. Die Geschäftszahlen sprachen jedoch dagegen, denn »Finanzgenie« Vesco hatte tatsächlich eine ruinierte Firma übernommen. Mythos Nummer zwei wurde sogar von angesehenen Fachzeitschriften wie dem *Institutional Investor* verbreitet: Wäre die IOS nicht pleitegegangen, wären die IOS-Fonds mit einer fulminanten Performance weitergewachsen, denn ihre Investments entwickelten sich prächtig. Die IOS-Biographen von der *Sunday Times* widerlegten diesen Mythos mit einer akribischen Analyse aller Fonds. Drei Fünftel des Kapitals waren vernichtet worden, und die Erträge der Fonds waren auch in den Boomjahren lausig, denn die Kosten für Marketing, Vertriebsorganisation, Verwaltungs- und Depotgebühren schrumpften die Erträge immens. Angesichts der tatsächlich erreichten Ergebnisse wirkten die Versprechungen der IOS-Vertreter geradezu absurd.[25]

Cornfelds IOS aber revolutionierte das Versicherungsgeschäft mit Angeboten zur Altersvorsorge. Die IOS war die Geburtsstunde des sogenannten Strukturvertriebs, der bis heute üblichen Praxis des aggressiven Verkaufs von Versicherungs- und Fondsprodukten mit pyramidenähnlich organisierten Vertreterorganisationen. Was dem Nachrichtenmagazin *Spiegel* 1965 noch als neu erschien, das ist heute Praxis bei vielen großen Versicherungskonzernen und speziellen Vertriebsfirmen.

Cornfelds IOS machte aber auch aus Investoren Käufer. Sein »Volkskapitalismus« hatte dem erstarkenden Mittelstand die Illusion geliefert, dass sie nunmehr ihren Wohlstand genauso mehren könnten wie die Reichen und Superreichen. Wie diese sollten sie ihre Ersparnisse an den Weltbörsen einsetzen und am Ende des Jahres mit Genugtuung auf die Bilanzen ihrer Fonds blicken, die ihre stetig wachsenden Kapitalerträge dokumentierten. Reichwerden schien eine ganz einfache Sache, die Vertreter würden schließlich alles arrangieren, und das Geld würde sich wie von selbst vermehren. »Gebt uns Euer Geld«, so lautete der Werbespruch von Cornfeld, »wir machen Euch reich!« Oder noch einfacher: »Wollen Sie wirklich reich werden? Dann rufen Sie uns an.«

Mit ein wenig nüchternem Verstand hätte man annehmen können, dass Cornfelds Scheitern dieses Konzept des Größenwahns in Frage gestellt hätte. Nach seiner Pleite hätte man auch annehmen dürfen, dass die Menschen keinen schwatzhaften Vertreter mehr über die Hausschwelle lassen wollten. Denn Cornfelds Größenwahn, das Platzen seiner Blase, der Bankrott seines Systems, das alles wurde auch in den Massenmedien verbreitet: Der IOS-Krimi war selbst in den Boulevardmedien ein beliebtes Thema. »FBI bei Cornfeld und seinen Mädchen«, titelte zum Beispiel die *Hamburger Morgenpost*. »Letzter Tango«, schrieb der *Spiegel*.[26]

Doch die Ernüchterung hielt nicht lange an. Cornfelds Konzept der Massenverführung wurde dankbar von der Versicherungsindustrie aufgenommen. Sie versorgte ihre Kunden nicht mehr nur mit einer Dienstleistung, sie bot nun eine Ware an. Investments waren nicht mehr wenigen Wohlhabenden vorbehalten, die ihre Gelder in mehr oder weniger riskant oder lukrativ erscheinende Anlagen steckten, zum Beispiel in klassische Aktien, in Unternehmens- oder Staatsanleihen, oder die an Rohstoffbörsen auf ihnen realistisch erscheinende Preiserwartungen wetteten: Im neuen Massengeschäft wurde der Mittelstand im großen Finanzkaufhaus bedient. Dort lag die Finanzware prächtig verpackt, unter vorteilhaftem Licht präsentiert.

Ein neues Wort, der Begriff vom »Finanzprodukt«, wurde ins Vokabular von Versicherungen und Banken aufgenommen. So selbstverständlich wie »Financial Products« heute zum Standardwortschatz der Versicherungs- und Finanzindustrie zählen, so neu war diese Bezeichnung damals. Im Archiv *der New York Times* findet man den Begriff zum ersten

Mal erwähnt im April 1970, in einem Beitrag über den Verkauf preisgünstiger Autoversicherungen. »Verkaufsförderung für die Massen ist derzeit noch selten«, wurde damals der Manager einer Versicherungsgesellschaft zitiert, »aber wir glauben daran, dass dies der wichtigste Zukunftstrend im Verkauf von Versicherungen und Finanzprodukten sein wird.«[27] Seitdem wurde der Begriff allein in der *New York Times* nahezu 32000 Mal publiziert. Heute werden darunter praktisch alle Investments und Pseudoinvestments verstanden, die von Banken, Fondsgesellschaften und Versicherungen feilgeboten werden.

Noch bedeutender war aber eine andere Hinterlassenschaft der IOS: Tausende ihrer Vertreter standen plötzlich ohne Warenkorb auf dem Markt, hungrig nach neuen Geschäftsabschlüssen, lechzend nach Provisionseinnahmen. Einige versuchten ihr Glück, indem sie Cornfeld und Vesco nachzuahmen versuchten. Werner K. Rey zum Beispiel: Der ebenso schüchterne wie strebsame Schweizer war mit 22 Jahren zu Cornfeld gestoßen und hatte bei der IOS-Truppe von 1965 bis 1969 die typische Karriere hingelegt. Rey hatte als Verkäufer in Genf und Bern angefangen und es bis zum Divisionsmanager in Österreich geschafft. Sein Lehrmeister und Vorgesetzter dort: der Baron Herbert Haupt von Buchenrode, der zuvor als IOS-Manager in Brasilien bei einer Großrazzia verhaftet worden war.[28]

Rey baute nach der IOS-Pleite durch gewagte Unternehmenskäufe in der Schweiz sein eigenes Imperium auf. Zwanzig Jahre später wurde er selbst als kreativer Finanzjongleur erst gefeiert und bewundert und dann verflucht wie einst Vesco. 1991 scheiterte er mit einer legendären Milliardenpleite – wie Cornfeld und Vesco hatte Rey seine Deals mit Offshore-Firmen orchestriert. Nach seinem Crash floh er vor der Justiz auf die Bahamas, wo er nach mühsamen Kämpfen des Staatsanwalts 1996 schließlich verhaftet werden konnte. 1998 wurde er wegen betrügerischen Konkurses zu vier Jahren

Gefängnis verurteilt. Bis heute rangiert er in der Schweizer Ahnengalerie der größten Pleitiers ganz oben.[29]

Auch an anderen IOS-Standorten lebte das System weiter. So entdeckten Wirtschaftsermittler in Großbritannien noch Jahre nach dem IOS-Crash immer wieder ehemalige Cornfeld-Jünger unter den Tätern von Schwindelunternehmungen. »Die IOS ist wie ein Virus«, sagte ein Privatermittler, »wer da mitgemacht hat, bleibt irgendwie für immer angesteckt.«[30] In Lateinamerika, wo die IOS auch ein starkes Standbein besessen hatte, fanden ihre Praktiken ebenfalls einen gewissen Nachhall. Untersuchungsrichter entdeckten, dass die Finanztechniker der kolumbianischen Drogenkartelle bei der Geldwäsche alte IOS-Methoden wie den »Back-to-back-loan-Trick« einsetzten.

In Deutschland war das IOS-Vermächtnis besonders deutlich erkennbar. »Cornfelds Vertretertruppe blieb seinen Ideen treu«, schrieb das Wirtschaftsmagazin *Capital* 1994, also 25 Jahre später, »in den großen deutschen Finanz-Strukturvertrieben begegnen Anleger überall den Erben der IOS.«[31] So gründete der Kölner IOS-Generalmanager Gerhard Schicht bereits 1971 zusammen mit weiteren IOS-Kumpanen im Kanton Zug in der Schweiz eine Vermögensberatung, die mit einem Steuertrick auf Kundenfang ging: Sie sollten in spanische Immobilien investieren, was vom deutschen Fiskus damals mit hohen Verlustzuweisungen belohnt wurde. Der Grund dafür: Spanien galt als »Entwicklungsland«, Investitionen dort wurden daher vom Finanzamt als förderungswürdig eingestuft.[32]

Schichts Lehrmeister Raimund Herden, in Deutschland ein IOS-Pionier der ersten Stunde, gründete zunächst eine Finanzholding in München und wanderte später nach Florida aus. Er zog in einen Ort mit dem schönen Namen Niceville, wo er eine ganze Stadt mit Golfplatz und allen erdenklichen Annehmlichkeiten errichtete und natürlich formvollendet vermarktete – ohne Beanstandungen und negative Schlagzeilen.[33] Andere IOS-Vertreter sollten erst viel später in der Versicherungsbranche aufsteigen.

Hallo, Herr Kaiser

Der erfolgreiche Spitzenmann Werner Kunkler hingegen, einst »General« der deutschen IOS, musste nicht lange auf seine zweite Karriere warten: An seinem italienischen Domizil suchte ihn Herbert Rothfuß auf, der als Vertriebsvorstand ein führender Manager der Hamburg-Mannheimer Versicherung war. Rothfuß musste Kunkler nicht lange bitten: Gemeinsam mit einem Marketingdirektor entwickelten sie ein neues Vertriebskonzept nach dem IOS-Modell für die Hamburg-Mannheimer. Im März 1973 stellten sie ihr Programm dem wohl etwas irritierten Vorstand des Versicherungskonzerns vor. »Es wurde ein schwerer Gang«, erinnerte sich Rothfuß später, »aber die Mühe hat sich gelohnt.« Jedenfalls heuerte Kunkler bei der Hamburg-Mannheimer Versicherung an, die heute zum Ergo-Versicherungskonzern gehört.[34]

Ethische Bedenken wurden zurückgestellt, obwohl die IOS immer noch von sich reden machte. Sie war zwar zu diesem Zeitpunkt mausetot, aber ihre Altmeister sorgten weiter für Schlagzeilen: Gegen Cornfeld wurde in der Schweiz ermittelt, die US-Börsenaufsicht SEC hatte eine Strafuntersuchung gegen zwanzig IOS-Verantwortliche eröffnet, und im November 1973 wurde Robert Vesco auf den Bahamas festgenommen, bevor er sich gegen Kaution endgültig für die Flucht entschied.[35] All dies war den Managern der Hamburg-Mannheimer nicht verborgen geblieben, aber sie waren gerade dabei, einen der größten Werbefeldzüge in Deutschlands Nachkriegsgeschichte aufzuziehen: Mit einem gewissen Herrn Kaiser präsentierte die Versicherungsgesellschaft den Deutschen den adrett und korrekt gekleideten Versicherungsvertreter – bieder, freundlich und vertrauenswürdig. »Hallo, Herr Kaiser«, ertönte es allabendlich aus den Fernsehschirmen der deutschen Wohnzimmer. Der Slogan brannte sich in den Köpfen der Menschen ein, und Schauspieler Günter Geiermann, der 18 Jahre lang den vornamenlosen Herrn Kaiser mimte, wurde unter Autogrammjägern beliebter als der Bundeskanzler. Herr Kaiser alias Geiermann bekam seinen eigenen Fanclub und erhielt Heiratsanträge zuhauf – und die Hamburg-Mannheimer benannte nach ihm mitunter neue Finanzprodukte wie die »Kaiser-Rente«. Und dabei flimmerten die Kaiser-Spots über die Fernsehbildschirme, untermalt mit fröhlichem Singsang: »Hamburg-Mannheimer: Mehr vom Leben!«[36]

Die verantwortlichen Manager der Hamburg-Mannheimer mussten also wissen, wen sie da zum Aufbau ihrer neuen Vertriebstruppe rekrutierten. Aber sie waren von den Verkaufserfolgen der IOS-Leute angefixt und wollten nun ebenfalls auf ein innovatives Finanzprodukt setzen: Statt langweiliger Lebensversicherungen stellten sie »fondsgebundene Lebensversicherungen« in ihre Schaufenster. Die Kunden sollten mit ihrer Police unterschreiben, dass sie ihre regelmäßigen Einzahlungen in verschiedene Fonds leisteten, auf deren Auswahl sie keinen Einfluss hatten. Beim Eintritt des Versicherungsfalles oder im Fall des Ablaufs des Vertrages sollte die Versicherungsgesellschaft den Kunden einen Betrag auszahlen, den sie selbst – für die Kunden undurchschaubar und nicht nachvollziehbar – aus einer Mixtur aus versicherungsmathematischen Berechnungen und der Gesamtperformance der eingesetzten Fonds ermittelten.

Beim Verkauf setzten die Versicherungsmanager auf ein Argument, das bei deutschen Kunden schon immer gut funktionierte: Sie verkauften die fondsgebundene Lebensversicherung als Steuersparmodell. Denn bei der Aussicht auf eine Minderung der Steuerlast, sei sie auch noch so geringfügig, setzten bei den Deutschen stets alle Sinne für die grundlegende Frage nach der Profitabilität aus. Die Moneten sitzen bei den Deutschen locker, so wusste es schon Bernard Cornfeld, wenn dem Fiskus ein Schnippchen geschlagen wird. »Stupid German money« sagten die Amerikaner dazu: dummes deutsches Geld. Dieser herablassende Begriff hat sich unter US-Fondsanbietern und Investmentbankern bis heute gehalten.[37]

Für die schöne Fassade setzte man mit gewaltigem Werbeaufwand auf den »Herrn Kaiser«, der Seriosität ausstrahlen sollte. Für den Verkauf vertraute man Hasardeuren unter der Leitung von Werner Kunkler, der unter Einsatz seiner alten IOS-Kumpanen eine neue Verkäufertruppe aufbauen sollte – nach dem IOS-Modell des hierarchisch organisierten Strukturvertriebs. Die Truppe nannten sie etwas umständlich Hamburg-Mannheimer Invest-Organisation, die schon bald nur noch als HMI-Organisation bezeichnet wurde.

Kunkler starb im September 1977, nach nur vier Aufbaujahren. Er war von seinen Kriegsleiden angeschlagen, sagte man, und er soll sehr intensiv gelebt haben. Er hinterließ eine Verkaufsorganisation, die sich bis heute halten sollte. Und er beeindruckte eine Heerschar von jungen Verkaufssöldnern, die seinem Vorbild folgen wollten.

DIE SCHÜLER:
WIE DIE VERMITTLERBRANCHE
AUFGEBAUT WURDE

»Das Versicherungs(un)wesen ist mit seinen Versicherungs-Aktiengesellschaften derzeit eine Branche jenseits von Recht und Wettbewerb.«
(HANS DIETER MEYER,
VERSICHERUNGSKRITIKER, 1981)[1]

»Das größte und bestorganisierte Wirtschaftsverbrechen aller Zeiten.«
(HANS DIETER MEYER,
VERSICHERUNGSKRITIKER, 1990)[2]

Am 27. April 1975 wird ein 27-jähriger Bauingenieur und Architekt in die HMI-Organisation des IOS-Veteranen Werner Kunkler aufgenommen, der dem Verkäuferstar wie kaum ein anderer folgen will und in der Vertriebstruppe noch eine große Rolle spielen sollte. Der Frankfurter Wolfgang Thust begann wie alle anderen auf der untersten Vertriebsstufe, aber bereits ein Jahr später bekam er die Leitung einer eigenen Geschäftsstelle anvertraut. Und bereits 1978, unter Kunklers Nachfolger Hagen Ulrich Hahn, wurde Thust der erfolgreichste »Geschäftsstellenleiter des Jahres«. Beharrlich kämpfte sich Thust an die Spitze der Organisation, die intern in sieben Positionen auf sechs Hierarchiestufen aufgegliedert war: Repräsentant, leitender Repräsentant, Hauptrepräsentant, Chefrepräsentant, Direktionsrepräsentant der Stufe 5, Direktionsrepräsentant der Stufe 6 und schließlich Generalrepräsentant der Stufe 6. Thust erreichte 1980 die höchste Stufe als »General«. Der militärisch anmutende Titel wurde ihm vom Vorstand der Hamburg-Mannheimer Versicherung verliehen. Als »General« blieb er aber immer noch wie alle Verkäufer ein selbständiger Handelsvertreter: Er war Unternehmer mit der eigenen Wolfgang Thust GmbH & Co. KG. Für den jungen Thust war Urgestein Kunkler, der Lebemann mit der militärischen Disziplin, »Lehrer« und »Idol«. In einem biographischen Ratgeberbuch beschreibt er ihn als »geistreichen und polternden Entertainer« und »raumgreifendes Ereignis«. Zusammen mit seinem Generalskollegen Manfred Rump sei er damals häufig von Wiesbaden nach München gereist, nur um Kunkler ein paar Stunden zuzuhören. »Die neue Art des Vertriebs entfachte den Sturm«, erinnert sich Thust, euphorisch folgte er mit seinen Kollegen dem IOS-Vorbild. Dabei blendeten sie offensichtlich aus, dass die IOS gerade erst in einer schwindelerregenden Dimension zusammengekracht war und Justiz- und Finanzaufsichtsbehörden rund um den Globus nach den Verantwortlichen fahndeten. Stattdessen hatten sie ihre eigenen Erklärungsmuster über den Niedergang der IOS. »Es wäre der weltweit etablierten IOS wohl auch geglückt, wenn der Konzern nicht durch Finanzmanöver einer kleinen Gruppe von Top-Führungskräften ins Wanken geraten wäre«, resümierte Thust. Er machte sich die Verteidigungsrede Cornfelds zu eigen: »Die IOS-Idee war korrekt.« Thust fand »in der Konkursmasse eine reiche Fülle erstklassiger Ideen. Ideen, die für kühle Rechner und Unternehmer mit Vorstellungskraft tatsächlich so etwas wie die Lizenz zum Gelddrucken bedeuteten. Die IOS hatte bewiesen, dass es funktioniert.«[3]

»Ich habe es geschafft«, frohlockte Wolfgang Thust – und gab offenherzig zu, dass dies nur auf einer höheren Hierarchiestufe möglich war. Der Verteilungsschlüssel für die Provisionen war so angelegt, dass nur die Höchsten in der

Hierarchie eine »Superprovision« kassieren durften. Thust erläuterte das Modell an einem Beispiel: »Sagen wir, die volle Provision sei 100. Ein Verkäufer auf der obersten Ebene bekommt für einen Verkauf die volle Provision von 100. Ein Verkäufer auf der untersten Ebene bekommt für den gleichen Abschluss aber nur 40. Die einbehaltenen 60 werden nach einem Verteilungsschlüssel auf die über ihm liegenden Hierarchiestufen aufgeteilt.«[4] Dabei ging Thust davon aus, dass »ein Abschlussverhältnis von drei zu eins«, also ein Vertragsabschluss auf drei vereinbarte Gesprächstermine mit Kunden, als gut zu bezeichnen war. Dies zu erreichen erforderte jedoch, wenn man Thusts Geplauder aus dem »Nähkästchen« folgt, eine ungeheure Disziplin: »Terminvereinbarung, Verkaufsgespräch, Empfehlungstechnik, Analysebogen, Rekrutierungsgespräch, Listentechnik, Kontakte, Einarbeitung.« Diese Techniken habe er seinen Mitarbeitern eingehämmert: »Training, Training, Training – bis zur totalen Erschöpfung.« Das Resultat war klar: Unten wurde gerackert, oben abgeschöpft. »Das sage ich Ihnen in aller Offenheit«, erläuterte er, »die Mehrheit der Leute im Strukturvertrieb wird nicht wirklich reich, einige verdienen fast gar nichts.«[5]

Cornfelds Jünger

Verkaufsentertainer Kunkler war nicht der einzige IOS-Mann, der die Vertriebsidee weitertrug. Andere Jünger von Altmeister Cornfeld bauten ebenfalls erfolgreiche Strukturen auf. Unter ihnen finden sich so illustre und berühmte Finanzprodukte-Verkäufer wie Reinfried Pohl, Otto Wittschier und Udo Keller. Frauen spielten in diesen Hierarchien damals keine Rolle.

Reinfried Pohl, Jahrgang 1928, ebenfalls einer der wichtigen IOS-Männer in Deutschland, gründete bereits 1970 die Bonnfinanz. Mit »Allfinanzberatung« zählt das Unternehmen heute zu den Großen auf dem Markt der Finanzprodukte. Mitte der siebziger Jahre baute der erfahrene Versicherungsmann Pohl zudem die Deutsche Vermögensberatung (DVAG) auf, die ebenfalls als Allfinanzberatung Finanzprodukte für verschiedene Partner verkaufte, unter anderem die Allianz, die Generali Versicherung und die AachenMünchner. *Ich habe Finanzgeschichte geschrieben* betitelte er ganz unbescheiden ein Interviewbuch, und seine Biographie trägt den Titel *Der letzte Patriarch*. Pohl starb im Juni 2014, sein Erbe wurde auf rund 3 Milliarden Euro geschätzt.[6] Pohl ist vielfacher Ordensträger, seit 1988 Ehrensenator der Marburger Philipps-Universität, und aus der Hand des hessischen Wissenschaftsministers Udo Corts erhielt er 2007 den Ehrentitel Professor verliehen, wenige Monate bevor der Geehrte wiederum Corts zum Vorstandsmitglied seiner DVAG machte.

Der Volksschullehrer Otto Wittschier, Jahrgang 1938, gründete nach seinen IOS-Lehrjahren 1970 in Köln ebenfalls eine eigene Vertriebsorganisation, die OVB, die heute mehr als drei Millionen Kunden zählt. Der Name stand ursprünglich für Organisation zur Vermittlung von Bausparverträgen. Seine OVB-Kumpanen sahen in ihm allerdings später ein »Qualitätsproblem«, so dass er 1995 den Laden verlassen musste. Zu diesem Zeitpunkt waren für die OVB 15 000 Mitarbeiter im Einsatz. Die OVB Vermögensberatung wiederum wurde 2006 an die Börse gebracht. 5000 »Finanzberater« sind immer noch für sie unterwegs, um Verträge für rund hundert »Produktpartner« abzuschließen.

Wittschier gründete anschließend wieder einen eigenen Vertrieb: die Euro-Finanz Service AG (EFS) mit Sitz in Salzburg. Sie zählt heute 3500 Vertreter, 220 000 Kunden und

600 000 Verträge – was darauf schließen lässt, dass die EFS-Verkäufer ihre Kunden häufiger besuchen. Die Liste seiner »Produktpartner« zeigt die üblichen Versicherungslogos: von Allianz, ARAG und Basler bis hin zur Wiener Städtischen, der WWK und der Zurich Versicherung. Wittschier wanderte danach nach Österreich aus, bezog dort ein steuergünstiges Domizil, wurde österreichischer Staatsbürger, bekam den für seine Verhältnisse in Österreich lebensnotwendigen Ehrentitel »Senator« und starb im August 2008 in Salzburg.

1978 fing ein gewisser Carsten Maschmeyer bei Wittschiers OVB als »selbständiger Berater« mit einer »rein leistungsorientierten Vergütung auf Provisionsbasis« an. Der 19-jährige Medizinstudent hatte zuvor ein wenig Berufserfahrung beim Jobben an der Supermarktkasse gesammelt. Dort gab es 6,50 Mark für die Stunde, erzählt Maschmeyer, »egal ob ich an der Kasse schneller wurde oder die Kunden noch netter behandelte«. Es blieb beim Festgehalt. »Das war mir einfach zu fest«, witzelt Maschmeyer, »ich wollte es lieber locker – durchlässig nach oben.« Sein Einstieg in die Finanzbranche war allerdings ziemlich ernüchternd: »Da wurde mir gesagt, dass ich auch für mich selbst einen Ansparvertrag abschließen könnte«, berichtet er, »so war dann mein erster Abschluss als Finanzberater tatsächlich eine private kapitalbindende Versicherung für mich selbst.«[7]

Bei der OVB erreichte er rasch sein Ziel. Nach ein paar Semestern brach Maschmeyer sein Medizinstudium ab und wurde OVB-Finanzberater.[8] Beim Streben nach finanzieller Durchlässigkeit hielt es den ehrgeizigen Zögling aber nicht lange bei Wittschier. Es kam zum Krach, Maschmeyer machte sich 1987 ganz selbständig und baute in Hannover den Allgemeinen Wirtschaftsdienst (AWD) auf. »Ich schwor mir damals, dass mein Unternehmen größer und erfolgreicher werden würde als die OVB, von der ich vor die Tür gesetzt worden war«, erzählte Maschmeyer. Es wurde zweifelsohne der berühmteste deutsche Finanzvertrieb, der immer wieder für negative Schlagzeilen sorgte, schließlich von der Swiss Life in Zürich übernommen wurde und später wegen schlechter Presse und Kundenklagen den Firmennamen aufgab. 2009 wurde Maschmeyer zum Ehrendoktor an der Universität Hildesheim ernannt.[9]

Der 29-jährige IOS-Mann Udo Keller, Jahrgang 1941, ein Mann von kräftiger Statur mit fast kahlgeschorenem Kopf, hatte unter Cornfelds Regime als Generalmanager ein stolzes Monatseinkommen von 40 000 Mark verdient, bevor das System zusammenkrachte. Sein Privathobby war die Psychologie, und bei IOS-Seminaren referierte er mit krebsrotem Kopf im zweireihigen schwarzen Anzug. Sein Thema: »Durch Selbstmotivation zum Erfolg«. Ein Seminarteilnehmer erinnerte sich an die donnernden Vorträge: »Kellers Stimme ist eine Dampfwalze, ein Orkan, gegen den kein eigener Gedanke ankommt.«[10]

1986 gründete er in Hamburg einen Finanzvertrieb, der später unter dem Namen Tecis Holding firmierte. Das Unternehmen wurde 2002 von Maschmeyers AWD übernommen und läuft als eigenständige Marke heute noch weiter. Doch die Nennung des Namens der einzigen Aktionärin und Muttergesellschaft AWD wird im Webauftritt peinlich vermieden. Die »Produktpartner« von Tecis sind die gleichen Versicherungen wie bei Kellers alten IOS-Kollegen. 2007 wurde Udo Keller Ehrensenator der Universität Tübingen.

Weniger hoch dekoriert und prominent sind weitere IOS-Männer im Strukturvertriebsgeschäft: Ex-Generalmanager Egon M. Schneider (Ring freier Finanzberater) und Walter Schmitz (Maxifonds, Gamax Brokerpool, Prima Fonds). Andere IOS-Männer gingen wie Raimund Herden ins Immobilien-Business, so Theo Tappe und Siegfried Borho. Mit Stolz trugen einige IOS-Spitzenkräfte auch später noch eine noble Uhr der Marke Patek Philippe mit dem im Ziffernblatt eingravierten IOS-Symbol, die sie für ihre erste Umsatzmillion von Cornfeld geschenkt bekommen hatten.[11] Die Saat des IOS ging also prächtig auf. Und mit dem Abklingen der Nachrichtenmeldungen über Cornfeld und Vesco verstummte zunächst auch die Kritik. Die neuen Vertriebsstrukturen der alten IOS-Kumpane bauten ihr Geschäft still und ungerührt aus.

Verwirrung als Geschäftsprinzip

Im Sommer 1975 machte in der Versicherungsindustrie ein junger Mathematiker seine ersten Gehversuche, über den später in der Branche noch viel geredet werden sollte: Reinhard Schmidt-Tobler nahm seine Tätigkeit bei der Albingia Lebensversicherung auf. »Ich kam in die mathematische Abteilung, wo ich ja auch hingehörte«, erinnerte sich Schmidt-Tobler und gab unverhohlen zu, dass er von Versicherungsmathematik keine große Ahnung hatte: »Das war auch überhaupt nicht nötig, es genügten die vier Grundrechenarten, um die Lebenden und die Toten zu zählen, und um die geht es ja bei Lebensversicherungen.« In seiner Abteilung traf er einen »alten Hasen«, der tatsächlich alle wichtigen Formeln aus dem Kopf aufmalen und entwickeln konnte. Der Mann hatte seine Ausbildung mit der Volksschule abgeschlossen. »Ich habe in dieser Branche nie wieder einen Menschen getroffen, der das konnte«, berichtete Schmidt-Tobler, »er besaß eben unendliche Erfahrung.«

Schmidt-Tobler lernte bald die neuen Finanzierungsmodelle der Branche kennen, die von der Alten Leipziger entwickelt worden waren und von anderen Versicherungen unter vielen verschiedenen Projektnamen übernommen wurden.

Das Ziel war einfach: Kosten senken.»Ich lernte schnell«, sagte Schmidt-Tobler,»wie man mit einer hoffnungslos unterlegenen Gewinnbeteiligung trotzdem gute Geschäfte machen konnte: Man musste nur die Vergleichbarkeit verhindern. Je mehr man den Kunden verwirrte, umso weniger bemerkte er die Schwächen des Angebotes.« Am Ende hätten natürlich die eigenen Vermittler nicht mehr gewusst, was Sache war.»Unser Starverkäufer bei der Albingia war ein umgeschulter Taxifahrer«, erzählte Schmidt-Tobler. Jahrelang habe der Mann wie am Schnürchen verkauft. Erst als er sich mehr in die Materie vertieft habe, habe er deutlich nachgelassen. Intransparenz, Irreführung und Täuschung wurden Grundprinzipien der Branche.[12]

In der zweiten Hälfte der siebziger Jahre begann ein Kritiker, sich intensiver mit dieser undurchsichtigen Preis- und Prämienpolitik der Versicherungen und ihrer Verkaufsorganisationen zu beschäftigen. Hans Dieter Meyer, Jahrgang 1936, als Sohn eines Allianz-Generalvertreters in das Versicherungswesen hineingeboren, Jurist, Versicherungsexperte und Versicherungsberater größerer Unternehmen, konnte nicht verstehen, so sagte er,»warum denkende Menschen für einen völlig gleichen Versicherungsschutz bis zu doppelt und dreifach unterschiedliche Prämien bezahlen«. Wie konnte es möglich sein, dass»in einem demokratischen Rechtsstaat mit sozialer Marktwirtschaft und einer staatlichen Versicherungsaufsicht Versicherungs-Aktiengesellschaften doppelt und dreifach überteuerte Prämien durchsetzen und sich dann bei den meisten Versicherungsarten die Prämienüberschüsse als Gewinne einstecken können«.

1979 veröffentliche Meyer in den USA eine Broschüre über das Wettbewerbsversagen im Versicherungswesen.[13] Er erzählte später, wie er danach von Verbraucherschützern und politischen Gremien in den USA zu Vorträgen und Diskussionen eingeladen wurde. Dabei lernte er den amerikanischen

Konsumentenanwalt Ralph Nader kennen, der gerade dabei war, eine Verbraucherschutzorganisation aufzubauen. Die Euphorie der amerikanischen Verbraucherschutzbewegung spornte ihn an. Zurück in Deutschland verfasste Meyer etliche kritische Informationsbroschüren, bündelte diese in einem Buchmanuskript und machte sich auf die Suche nach einem Verleger. »Ich erhielt nur Absagen«, erinnert sich Meyer. Ein Buch über Versicherungen? Das ließe sich nicht verkaufen, zu trocken, zu wenig Leserinteresse. Er publizierte also erst einmal 10 000 Exemplare im Eigenverlag und verschickte das Buch an die Nachrichtenmagazine. Die Rezensionen befeuerten den Absatz, so dass er 10 000 Stück monatlich absetzen konnte.

Meyer stieg aus der Versicherungsbranche aus und gründete mit Gleichgesinnten im Februar 1982 den Bund der Versicherten (BdV). Im gleichen Jahr erschien zum ersten Mal sein *Ratgeber Versicherung* auch in einem Verlag. Das Buch erreichte schlagartig hohe Auflagen von vielen Hunderttausend Exemplaren. Im September 1982 schob er zusammen mit der Verbraucherzentrale eine Broschüre nach, die für einigen Furor sorgte. Eine Illustration in dem Heft zeigte eine Wand mit Strichmännchen, worauf zwei Zeilen gekritzelt waren: »Fritzi ist doof« und »Lebensversicherung zur Altersvorsorge = legaler Betrug«. Im Text wiederholte er den Betrugsvorwurf und begründete ihn damit, dass bei einer Kapitallebensversicherung die Rendite »oft unter der Inflationsrate« liege. Der Staat beschaffe sich bei den Versicherungsunternehmen »billige langfristige Kredite«, so dass man »Beiträge für Kapitallebensversicherungen in vielen Fällen als Steuer für Dumme« bezeichnen könne. Die Versicherten würden an den Wertsteigerungen der Anlagen »nur selten beteiligt«.

Die Branche reagierte erschrocken. Meyers Kritik war der Frontalangriff eines kenntnisreichen Experten, eines Insiders, der wagte, das ganze System zu attackieren. Die Branchenvereinigung Verband der Lebensversicherungsunternehmen klagte gegen die Veröffentlichung, doch im Juni 1983 wies das Landgericht Hamburg die Klage ab. Die Richter hatten sich zwar nicht inhaltlich mit der kritischen Aussage beschäftigt, sie ließen sie aber als freie Meinungsäußerung gelten.[14] Meyer nahm auch weiterhin kein Blatt vor den Mund – die Vertriebstruppen bekamen ihr Fett weg:

»Erfolg hat, wer – koste es was es wolle – uninformierten Verbrauchern unsinnige und zu teure Versicherungen aufschwatzt, durch eine Werbung ›hoffentlich Allianz versichert‹, durch ein flächendeckendes Netz seriös wirkender Vertreter (wie die Allianz), durch scheinbare seriöse ›Berater‹ (wie die Deutsche Vermögensberatung für die Aachener & Münchener), durch zweifelhafte Verkaufsmethoden und Angebote (wie zum Beispiel die Firma Zeus für den Deutschen Ring) oder die nach dem Schneeballsystem arbeitenden Werberkolonnen, die ihre Verwandten-, Freundes- und Bekanntenkreise abgrasen (wie zum Beispiel die OVB für den Deutschen Ring und die HMI für die Hamburg-Mannheimer).«[15]

Meyer bemängelte vor allem die intransparente Gestaltung der Versicherungsprämien: Sie waren für die Kunden nicht zu durchschauen und konnten daher von den Versicherungen ohne objektive Begründung erhöht werden. Ein Teil der Prämie stellt den Versicherungsbeitrag dar, den die Versicherten für Schadenszahlungen bereitstellen. Sie enthält aber auch einen »Dienstleistungsanteil«, wie Meyer es nannte, »einen Preis für die Dienstleistungen, die die Unternehmen beim Vertragsabschluss und Geldeinzug, bei der Vertragsverwaltung und Schadenregulierung erbringen«. Und bei einer Sonderform, der Kapitallebensversicherung, einer Kombination aus Geldanlageprodukt und Versicherungspolice, kommt als drittes Element der Prämie noch ein Sparanteil hinzu. Der Kunde hat aber keine Chance zu erkennen, wie viel von seinen Prämien in welche Bestandteile fließt. Nicht einmal beim Studium der Bilanzen konnte der Kunde analysieren, was mit seinem Geld geschieht. Alles wird miteinander »vermengt«, wie Meyer sagt, »und damit können Gewinn- und Verlustrechnungen und Bilanzen von Versicherungs-Aktiengesellschaften zum ›Tatort für Betrug und Untreue‹ werden.« Die Konzerne könnten nämlich die Überschüsse aus Versichertengeld unbemerkt zum Ausgleich von Kostenüberschreitungen und Missmanagement im Dienstleistungsbereich verwenden oder verbleibende Überschüsse auch noch ganz oder teilweise als Gewinn einstecken. Das geschehe »tagtäglich in Millionenhöhe«.[16]

Meyer zog weiter in seinem Kreuzzug gegen die Assekuranzkonzerne. Seit Jahrzehnten habe die Branche, so klagte er, »nahezu alle demokratischen Kontrollorgane mit Lobbyisten besetzt oder manipuliert. Sie hat die demokratische, rechtsstaatliche und marktwirtschaftliche Ordnung korrumpiert, Politiker und Beamte unter ihren Einfluss gebracht und – mit Hilfe einer hauseigenen Wissenschaft – indirekt auch die Gesetzgebung und Rechtsprechung beeinflusst. Die größte Ironie ist dabei, das dies alles mit objektiv veruntreutem Geld der Versicherten gegen die Verbraucher geschehen ist.«[17] Die Bürger würden dabei über Jahrzehnte hinweg Milliarden verlieren.[18]

1984 zählte der Konsumentenschutzverein BdV, den er nach Gutsherrenart führte, bereits 2000 Mitglieder. Die Medien nahmen Meyers Kritik auf: »In der Tat ist es erstaunlich, was der Staat der Lebensversicherungsbranche alles zugesteht«, schrieb das Wirtschaftsmagazin *Capital*, »dank der hohen verordneten Gewinne und der Steuersubventionen kommt die Erlaubnis zum Betrieb einer Lebensversicherung der staatlichen Konzession gleich, sich Geld selber drucken zu dürfen.«[19] Der *Spiegel* enthüllte, dass die Versicherungsindustrie Bonner Politiker, die der Branche dienlich waren, mit Spenden durchfütterte. Staatsanwälte ermittelten gegen Versicherungskonzerne und -verbände, auf deren Spendenlisten weit über hundert Politiker standen – darunter die meisten Minister des damaligen Bundeskabinetts von Kanzler Helmut Kohl. Ein dubioser Arbeitskreis Private Versicherer wurde für diese Spendenoperationen eingesetzt, auf dessen Empfängerliste nahezu alle standen, die in der Bundespolitik Rang und Namen hatten. Vertrauensleute der Assekuranz waren in allen Bundestagsfraktionen platziert.[20] Die Staatsanwälte verteilten Strafbefehle an beteiligte Versicherungsmanager.[21] Die Wochenzeitung *Zeit* beschrieb den Effekt auf die Politiker als »erkaufte Untätigkeit«. Und über die Assekuranz urteilte sie: »Branche ohne Risiko.«[22] Meyer bezeichnete nun in einer Neuauflage seines Buches die Versicherung durch Aktiengesellschaften »das größte und bestorganisierte Wirtschaftsverbrechen aller Zeiten«.[23]

Der Kampf um Provisionen

Der Einsatz der Vertretertruppen war inzwischen aus dem Geschäft nicht mehr wegzudenken. Aber ökonomisch sinnvoll erschien er keineswegs, denn die Verkäufer waren mitunter wenig produktiv. So erzielte die Allianz 1985 mit 43 000 Vertretern nur einen Zuwachs von 30 000 neuen Versicherungsverträgen – weniger als ein Abschluss pro Vertreter.[24]

In Hamburg klagte unterdessen der Rentner Helmut Ilgner gegen den Deutschen Ring. Dreizehn Jahre hatte er insgesamt 115 000 Mark an Prämien in eine Lebensversicherung eingezahlt, aber lediglich 117 000 Mark als »Erlebensfall-Leistung« ausgezahlt bekommen, als der Vertrag fällig wurde. Beim Bundesaufsichtsamt für das Versicherungswesen war der Rentner zuvor abgeblitzt – die Behörde hatte alles in Ordnung gefunden. Ilgner hatte eine sogenannte Dynamikklausel in seinem Vertrag, die dafür sorgte, dass sich die Versicherungssumme, aber auch die Prämie nach einem festgelegten Schema erhöhten. Der Trick dabei: Jede Erhöhung wurde wie ein neuer Vertrag behandelt, und somit flossen – für den Kunden unbemerkt – jedes Mal eine neue Abschlussgebühr und eine Provision an den Vertreter. Kein Wunder, dass diese Modelle bei den Vermittlern äußerst beliebt waren.

1988 wies das Landgericht Hamburg die Klage des Rentners zurück, später auch das Oberlandesgericht. Aber immerhin, seine Vorstöße ebneten den Weg für eine erste Verfassungsbeschwerde wegen intransparenter Vertragsgestaltungen, die vom Bund der Versicherten begleitet wurde.[25] Aber bis zu den ersten rechtlichen Erfolgen war es noch ein weiter Weg.

Das Aufsichtsamt für das Versicherungswesen verschärfte die Richtlinien für die Höhe der Provisionen: An die Vermittler durften nur noch Provisionen auf 90 Prozent der rechnungsmäßigen Abschlusskosten ausgezahlt werden, um einen Puffer für den Fall der Stornierung einer Police zu haben. Aber es gab Ausnahmeregeln, und diese wurden eifrig genutzt.»Daher hatte sich in Maklerkreisen eigentlich eingebürgert, dass die gesamten 100 Prozent grundsätzlich gezahlt werden«, verriet Ex-Vermittler Reinhard Schmidt-Tobler, »das sind bei allen gängigen Tarifen 3,5 Prozent der Versicherungssumme. Wenn ein Kunde also einen Vertrag über 100 000 Mark Versicherungssumme abschließt, bekommt der Makler sofort 3500 Mark Provision.« Der Kunde kannte die Höhe der Provision in der Regel nicht, und er ahnte schon gar nicht, dass ihm diese bereits abgezweigt wurde, bevor er überhaupt einen Tag versichert war. Schmidt-Tobler erklärte den Kniff: Mit der Provisionsforderung wurde »das Vertragskonto des neuen Versicherungskunden belastet, so dass der erst einmal bei minus 3500 Mark steht, bevor er die erste Prämie überweist. Der Kunde zahlt also die Provision selbst, merkt es aber nicht.«[26]

Die hohe Kunst der Verkäufer war es, möglichst vielen Versicherten weitere Policen aufzuschwatzen. Diese höhere Kunst hingegen wurde von einer neuen Berufsgruppe ausgeübt: den Versicherungsmaklern. Sie waren anders als die Versicherungsvertreter, rein theoretisch, nicht von einem einzigen Versicherungskonzern abhängig und konnten gegenüber ihren Kunden daher mit dem Argument auftreten, »unabhängig« die beste Versicherung am Markt zu suchen. Das war wieder einmal ein großer Bluff. Tatsächlich verdienten viele dieser Verkäufer den Namen »Makler« nicht, denn sie verkauften oftmals nur Policen weniger Anbieter – und wie die Vertreter verdienten auch sie ihr Geld über eine Abschlussprovision. In Wirklichkeit waren sie also genauso abhängig vom Abschluss eines Versicherungsvertrags.

Anders als die Verkäufer in den großen Vertreternetzwerken und Strukturen konnten die Makler sich die Versicherungen als Vertragspartner frei auswählen. Da ihr wichtigster Anreiz dabei aber nicht eine optimale Police für den Kunden, sondern die Höhe der versprochenen Provision war, suchten sie sich folglich jene Versicherungsgesellschaften aus, welche die höchste Vermittlungsgebühr zahlten. Die Versicherungen wiederum hielten die Informationen über ihre Provisionstarife tunlichst zurück – mit jedem Makler handelten sie die Konditionen individuell aus. Niemand sollte von den Tarifen des anderen erfahren, und so hielten sie die Verträge mit ihren Maklern vertraulich. Im Markt der Makler entstand so ein Wettrennen auf die »besten« Anbieter. Sogar innerhalb der Versicherungsgruppen machte man ein Geheimnis daraus, so dass die Töchter von Versicherungskonzernen oftmals höhere Provisionen zahlten als die Zentrale. Und klar war auch, dass Maklerbüros mit hohem Umsatzvolumen bessere Bedingungen verhandeln konnten.

Ex-Makler Schmidt-Tobler, ein Fuchs in Provisionsfragen, berichtete, wie ein Makler in Hannover dies ausnutzte und vom »Poolen« lebte. Der Mann genoss die Spitzensätze am Markt und gab sie an ausgewählte Untervermittler weiter. Er selbst lebte von einer Gebühr, die er praktisch als Zwischenhändler der Provisionen kassierte. Er erhielt zum Beispiel 4,5 Prozent Provision von der Allianz für eine abgeschlossene Lebensversicherungspolice, während der bei ihm gepoolte Makler, der den Vertrag zustande brachte, nur noch 4,2 Prozent ausgezahlt bekam. Der Poolmakler verdiente dabei prächtig und ließ sich später als Finanzberater im schweizerischen Neuchâtel nieder.[27]

Andere Makler ersannen zusammen mit ihren Versicherungsmanagern neue Wege. »Ab und an«, so berichtete Schmidt-Tobler, kam jemand vorbei und brachte »einen Umschlag mit Grüßen vom Vorstand.« Auf diese Weise seien mal 50 000 Mark, mal 25 000 Mark als Belohnung zugesteckt worden, »alles sauber in 1000-Mark-Scheinen abgezählt«. Für erfolgreiche Geschäftspartner hätten die Manager eben einen »Reptilienfonds« eingerichtet – eine schwarze Kasse für solche Extras.[28]

Drücker unterwegs

Es war die Zeit, als einem größeren Publikum zum ersten Mal der Begriff des »Drückers« bekannt wurde. Das Nachrichtenmagazin *Stern* enthüllte 1988 in einer großen Story die brutalen Methoden, die unter Haustürverkäufern herrschten. Der Bericht handelte davon, wie die armseligen Werber, oftmals junge Arbeitslose, ausgebeutet und malträtiert wurden, wenn sie gruppenweise losgeschickt wurden, um Postkarten oder Zeitschriften zu verkaufen. Über Fälle von Schlägereien und Folter wurde berichtet. Und der vom *Stern* beschriebene Fall endete mit einem brutalen Mord: »Der Tod des Drückers«. Seitdem wusste nahezu jeder im Land, was eine Drückerkolonne war.[29] Das Wort machte eine inflationäre Karriere, und bald wurde es auf die Verkäufertruppen der Strukturvertriebe angewendet, auch wenn deren Praktiken nicht ganz so raubeinig waren.

In Frankfurt am Main bekam ein junger Einzelhandelskaufmann von all dem wenig mit. Er hatte ein bisschen Geld verdient mit einem Gebrauchtwagenhandel nach Spanien, er stählte seinen Körper in Bodybuilding-Studios, baute sich mit Muskelpaketen zum Posing-Star auf, und sein größter Wunsch war ein eigenes Fitnessstudio. Francisco Moraga hatte alles andere als Versicherungen im Sinn: Seine Gedanken kreisen um Muskeln, Frauen und Autos. Heute bezeichnet er sich ziemlich unbescheiden als »echten Frankfurter mit spanischen Wurzeln, ein Heißblut, einen Business-Matador – und mittlerweile eine lebende Legende«. Wie Wolfgang Thust und die vielen anderen Strukturvertriebskönige hatte er sich ebenfalls mit einer Autobiographie ein Denkmal gesetzt: *Einfach nur die Wahrheit*, so der Titel, *Sex, Party & Versicherung – ein erfolgreicher Ego-Trip*.[30] Das klingt etwas überzogen, doch der Leser kommt durchaus auf seine Kosten. Moraga berichtete in seinem Buch über vierundzwanzig Drücker- und Managerjahre bei der HMI-Organisation, er erlebte die legendären Sexskandale und das Krisenmanagement des Ergo-Konzerns, der die HMI wegen der zerstörten Reputation am Ende in Ergo Pro umwidmen musste.

»In Frankfurt und der Szene stadtbekannt«, so erzählte

Moraga über den jungen Moraga, »im Nachtleben prominent wie ein bunter Hund, kennt Leute ohne Ende und hat dieses relativ coole Image inne.« Der 25-Jährige hatte keine Muße, auch nur eine Sekunde über Versicherungen oder Altersvorsorge nachzudenken. »Unsexy« fand er das. Den Einstieg in das Milieu der heißblütigen Glücksritter fand er dennoch – wegen eines Autos. Ein Freund von Freunden tauchte auf, jung wie Moraga, aber mit einer Riesenklappe und einem »schwarzen, dick bereiften Porsche 911«. Der »Boaaa-Ähhh-Effekt« ergriff Moraga. Klaus Gunkel, so hieß der Porsche-Fahrer, elektrisierte ihn. Großgewachsen, blondes Lockenhaar und sportlicher Auftritt, kaum älter als Moraga: Gunkel machte in Versicherungen und schien, so hatte es jedenfalls den Eindruck, mächtig Kohle zu verdienen. Gunkel war auf Rekrutierungstour für die HMI-Organisation: Er suchte heißblütige Verkäufernaturen oder solche, die man dazu formen konnte. Nach einigem Zögern biss Moraga im Oktober 1989 an. Wie jeder Jungverkäufer stieg er mit einem Grundseminar ein, das an einem Wochenende in einem mittelmäßigen Tagungshotel geboten wurde. Zwei Tage Ausbildung, das reichte für den Beruf des Finanzberaters. »Auf dem Grundseminar erzählte man uns dann, wie toll doch diese ganze Welt der Hamburg-Mannheimer sein kann«, berichtete ein anderer Einsteiger, der wie Moraga zur HMI fand:

»Mit psychologischen Tricks hielt man uns vor, dass die HMI der einzige Ort dieser Welt ist, an dem man erfolgreich wird. Man zeigte uns Bilder von Reisen, von Uhren, die man bekommt, wenn man ein bestimmtes Umsatzziel erreicht hat. Von versicherungstechnischen Dingen wurde uns kaum etwas erzählt. Aber das war ja auch nicht wichtig. Wir waren alle motiviert, und das reichte unseren Struckis, die an uns das meiste Geld verdienten, aus. Ich rief meine Bekannten und Freunde an, meine Verwandten und sämtliche Leute, die ich mal irgendwo gesehen habe, und machte Termine.«[31]

Ein anderer Aussteiger erinnert sich, wie das Basistraining ablief:

»Wir wurden angehalten, auch unsere engste Umgebung mit einzubeziehen, also Versicherungen an Freunde, Nachbarn, Bekannte, Familie zu verkaufen. Die Leute vertrauen einem natürlich, wenn sie einen kennen. Es wird einem eingebläut, von einem positiven Verkaufsgespräch mindestens sieben neue Kontakte zu generieren. Das heißt, man bringt Bekannte dazu, ihr Handy rauszuholen und mit dir die Nummern durchzugehen. Am besten ist es, sie rufen gleich selber an.«

Und das kleine Einmaleins der verkaufsfördernden Gesprächsführung ging so:

»Nie dem Kunden frontal gegenübersitzen, weil das konfrontativ wirkt, den Gesprächsfaden straff halten, damit keine Nachfragen kommen und der Kunde nicht merkt, dass man wenig Ahnung hat.«

Die Referenten begeisterten auch Moraga: »Die waren alle smart, hatten was drauf.«[32] Der Strukturvertrieb wurde ihm erklärt als grandioses Erfolgsrezept, bewährt und seit fünfzehn Jahren erprobt.[33]

Der Porsche lockte. Gleich am nächsten Tag begann Moraga damit, seinen Bekanntenkreis abzuklappern, begleitet von einem »Strukturhöheren«, der ihm die Tricks eines erfolgreichen Verkaufsgespräches schnell beibrachte. Nach einem Tag hatte er 600 Mark Provision eingenommen – wenn auch nur unter tatkräftiger Betreuung seines Vorgesetzten. Für seine ersten Abschlüsse bekam er einen silbernen HMI-Schlüsselanhänger – Motivation ist alles im Strukturvertrieb, und sie fängt mit den kleinen Dingen an. Moraga rechnete: In vierzehn Tagen wollte er die Stufe 1 erreichen, spätestens mit dreißig Jahren wollte er auf der Stufe 6 sein, mit einem Porsche 911, so wie sein Motivator Gunkel. Und tatsächlich: Schon nach zwei Wochen bekam er eine »Goldene HMI-Nadel«, und nach einem halben Jahr hatte er aus seinem Freundeskreis bereits 30 weitere Vertreter rekrutiert, die nun für ihn auf Kundenfang gingen. »Es ging mit Vollgas ab«, wie Moraga zu reden pflegte. Und schon lockte eine erste Belohnungsreise, neudeutsch »Incentive-Tour« genannt, nach New York, Memphis und Miami. Die Reise zählte wie viele solcher Touren zum Standardprogramm zur Beglückung und Motivation der Vertreter – niemand regte sich darüber auf.

Moraga sammelte fleißig Fotos von Preisverleihungen, mit Nadeln und Pokalen in der Hand, mit HMI-Uhren am Handgelenk, mit einem Mikrofon, die obligatorischen Dankesworte sprechend. Es war die Zeit der Maueröffnung an der DDR-Grenze, und Moraga hörte bei den Belohnungs- und Belobigungsveranstaltungen die Erfolgsgeschichten seiner Kollegen, die auf ihre Art »rübermachten«, um die Ostdeutschen als Willkommensgruß mit einer West-Versicherungspolice zu beglücken. Ein Riesenmarkt, logisch, und so grübelte Moraga nicht lange, setzte sich ins Auto und fuhr nach Rostock. Dort erlebte er seinen ersten »Knick«, wie er berichtete: Der Markt war bereits »abgegrast«.

Tatsächlich waren damals, sofort nach der Maueröffnung, Versicherungsvertreter in Horden in Ostdeutschland eingefallen, und viele pfiffige Verkäufer waren rasch dahintergekommen, wie die DDR funktionierte: Sie rekrutierten gezielt ehemalige Mitarbeiter der Staatssicherheit, die nun arbeitslos waren und den Job dankbar annahmen. Der Clou dabei:

Jeder halbwegs versierte Stasi-Mann betreute zahlreiche »Informelle Mitarbeiter« (IM), manche Führungsoffiziere hatten sogar mehr als hundert an der Angel. Die Stasi-Struktur, mit der das Land zuvor kontrolliert und gelenkt worden war, war nun eine perfekte Basis für den Strukturvertrieb. »Mielke raus, Iduna rein«, frotzelte Reinhard Schmidt-Tobler, der Provisionsfuchs, in Anspielung auf den ehemaligen Stasi-Minister über diese Zeit. Er beschrieb ein Event der erfolgreichsten Ost-Führungskräfte der Iduna in Berlin vom September 1992: »Alle anwesenden Iduna-Agenten (was für ein passendes Wort in diesem Fall!) waren früher bei der Stasi.«[34]

Als zu spät Eingetroffener brauchte Moraga etwas länger; nach den Worten Gorbatschows hatte die Geschichte auch ihn bestraft. Aber nach gut einem Jahr feierte er erste Erfolge im Osten: Er rückte auf die Stufe 4 vor, verdiente nun 200 000 Mark. Und nach zwei Jahren als »Chefrepräsentant« stand endlich sein Traummobil vor seiner Haustür: ein dunkelblauer Porsche 911, Silberfelgen, breite Schlappen. Und für das Foto posierte Moraga frisch frisiert und mit dezent rosafarbener Krawatte vor seiner Neuerwerbung.

Das Perpetuum Mobile

In Hamburg machten unterdessen zwei Berufskollegen Schlagzeilen, die ihre eigene Art von Struktur perfektioniert hatten. Reinhard Schmidt-Tobler, der Versicherungsmathematiker und ausgefuchste Makler, hatte es zusammen mit seinem Kollegen Dieter Zantop beim Streben nach der höchsten Provision etwas übertrieben. Die beiden hatten seit 1986 im großen Stil für die Hamburg-Mannheimer, aber auch für die Iduna und die Basler Lebensversicherungspolicen verkauft und dafür sage und schreibe 123 Millionen Mark an Provisionen eingenommen. Mit 20 Versicherungsgesellschaften hatten sie Verträge über insgesamt 9 Milliarden Mark abgeschlossen und ein nahezu perfektes System entwickelt, wie die Assekuranzkonzerne auszunehmen waren – ein grandioses Schurkenstück.

»Die schlechtesten Manager sitzen in den Versicherungen«, frotzelte Versicherungsmakler Zantop. »Versicherungen sind so träge wie die Bären in den amerikanischen Nationalparks«, fügte Schmidt-Tobler hinzu, »wenn die nicht mehr gefüttert werden, fallen sie tot um.« Kein Zweifel, die beiden hielten sich für klüger. Ihr Trick: Schmidt-Tobler hatte bei den Versicherungen Condor und Albingia entdeckt, dass Lebensversicherer astronomisch hohe Provisionen von bis zu 5 Prozent der Versicherungssumme selbst dann auszahlten, wenn die Verträge nur wenige Jahre liefen. Gleichzeitig waren die Gesellschaften von den Aufsichtsbehörden angehalten, garantierte Mindestrückkaufswerte im Fall einer vorzeitigen Kündigung auszuzahlen, so dass zumindest die Hälfte der eingezahlten Prämie an den Kunden zurückgegeben werden musste. Das nutzten Schmidt-Tobler und Zantop aus und machten ein Schwindelsystem daraus, indem sie Mitarbeiterlisten von Unternehmen einsetzten, die sie ansonsten mit Angeboten für die betriebliche Altersvorsorge betreuten. Die auf diese Weise Versicherten – es waren insgesamt 25 000 – wussten dabei nichts von ihrem Glück.

Das System funktionierte wie ein Perpetuum mobile. »Es war so, als ginge man zur Bank und gibt einen Hunderter und bekommt sechs Zwanziger als Wechselgeld«, erläuterte Schmidt-Tobler den Kniff, »das möchte man natürlich öfter tun.« Die Versicherungen zahlten mit ihrer Gelddruckmaschine die Prämien indirekt selbst. Die cleveren Hamburger genossen es – und hatten dabei viel Spaß: eine Villa in Hamburg, Feriendomizile am Timmendorfer Strand, in

Davos und auf Teneriffa sowie eine kleine Jacht an der Côte d'Azur, die auf den Namen »Claudine« getauft wurde und im Hafen von St. Laurent du Var vor Anker lag. Die beiden wurden von den Versicherungsmanagern hofiert. »Vor allem die Hamburg-Mannheimer«, sagte Zantop, »konnte nie genug kriegen.« 1991 hatte die Hamburg-Mannheimer für 4,3 Milliarden Mark neue Verträge mit den Schwindlern abgeschlossen. Und der Vertriebsvorstand Gerd Diehl habe »nicht gewusst, warum«, spottete Zantop.

Es kam, wie es kommen musste: Irgendwann wurde der Betrug bei der Iduna entdeckt. Der Auslöser war eine interne Untersuchung, weil bei der Iduna ein weiterer Betrüger in Mannheim aufgeflogen war, der mit seinem Büro Verträge mit einem Policenvolumen von über einer Milliarde Mark hereingenommen hatte und dafür rund 60 Millionen Provision kassiert hatte. Als die Versicherungsmanager bemerkten, dass bei zahlreichen seiner Verträge gar keine Prämien flossen, war es zu spät und ein großer Teil der Provisionseinnahmen bereits verpulvert. Diese Betrugsvariante kam damals keineswegs selten vor, aber die Dimension erschrak die Verantwortlichen bei der Iduna denn doch: Sie wiesen die Kontrolleure in ihrer Innenrevision an, doch wenigstens die Verträge der Makler mit größeren Abschlussvolumen genau zu überprüfen.

So schnappte die Falle auch bei Schmidt-Tobler und Zantop zu. Sie hatten ihre Provisionen von der Iduna vor Eingang der Jahresprämie in voller Höhe ohne Absicherung erhalten, insgesamt 70 Millionen Mark. Aber ihr Schwindel flog auf, und am 24. Juli 1992 erließ das Amtsgericht Hamburg einen Haftbefehl gegen sie. Die Staatsanwaltschaft klagte an, Schmidt-Tobler wurde zu sechs Jahren Gefängnis verurteilt. Dieser Fall löste bei etlichen Versicherungen interne Nachforschungen aus, die eine Vielzahl weiterer verdächtiger Verträge offenbarten. Die Millionenverluste wurden zum großen

Teil aus den Überschüssen glattgestellt, die eigentlich den ahnungslosen Versicherten zugutekommen sollten.[35] Dem Management der Hamburg-Mannheimer kam der Skandal äußerst ungelegen. Klemens Wesselkock, der Chef des Konzerns, wollte eigentlich zusätzlich neue Strukturvertriebe aufbauen, vor allem für den Verkauf von Bausparverträgen und Lebensversicherungen, und außerdem ins Ausland expandieren. Das Treiben wurde inzwischen beim Mehrheitsaktionär, der Münchner Rück, aufmerksam und mit Argwohn beobachtet. Die »dubiosen Verkaufsmethoden« waren – wieder einmal – ein Medienthema, und die Hamburg-Mannheimer entwickelte zum ersten Mal ihr »Schmuddel-Image«.[36] Wesselkocks Oberaufseher Hans-Jürgen Schinzler, Vorstandschef der Münchner Rück und zugleich Aufsichtsratsvorsitzender der Hamburg-Mannheimer, forderte personelle Konsequenzen. Wesselkock feuerte daraufhin zwei führende Vertriebsmanager und setzte mit Willi Uszko einen Mann aus der Innenverwaltung an die Spitze des Vertriebs.

Die Vertriebsstruktur schien aus dem Ruder zu laufen. Im Konzern des Mehrheitsaktionärs fiel auf, dass die Hamburg-Mannheimer während eines Jahres fast 44 000 haupt- und nebenberufliche Vertreter durchgeschleust hatte. Und in der Boulevardpresse war im Februar 1994 zu lesen, dass die Hamburg-Mannheimer 450 Vertretern einen Luxustrip nach Hongkong bezahlt hatte, der mindestens eine Million Mark teuer gewesen war. Dabei flog auch auf, dass die Versicherung 88 umsatzstarken Verkäufern einen Jaguar geschenkt hatte. Durch eine weitere Medienenthüllung wurde eine luxuriöse Belohnungsreise für HMI-Vertreter in die Türkei bekannt, die ausgerechnet von der Wiesbadener Reiseagentur Sunset Tours gebucht worden war. An diesem Reisebüro war der HMI-Starverkäufer Wolfgang Thust zeitweise selbst beteiligt, zu diesem Zeitpunkt bereits der größte der 24 HMI-Generalrepräsentanten. Über eine Million Mark soll er im Monat kassiert haben – mehr als das Jahresgehalt des Vorstandschefs Wesselkock.[37] Reinhard Schmidt-Tobler, über dessen eigenen Betrugsfall gerade Gras zu wachsen begann, meldete sich zu Wort: »Es ist die typische Bediener-Mentalität. Die meisten Versicherten, deren Geld mit vollen Händen ausgegeben wird, wissen nichts davon.«[38]

Drücken um jeden Preis

Für die jungen, unerfahrenen Drücker gab es Handreichungen mit Formulierungshilfen für die Verkaufsgespräche. Einige Beispiele:

Kundenfrage: »Kommen Sie von einer Versicherung?«

Antwort: »Haben Sie etwas gegen Versicherungen?« (Kundenreaktion ignorierend) »Darum wollte ich Sie aufsuchen. Wann passt es Ihnen besser ...«

»Warum zahlen Sie nicht einmal an sich selbst? – Ihr Geld von Ihrem Konto bei Ihrer Bank auf Ihr Konto bei unserer Bank.«

Kundenfrage: »Was ist das: HMI-Organisation?«

Antwort: »Die HMI ist eine Organisation, die anderen Menschen hilft, Steuern zu sparen, und das interessiert Sie doch sicherlich, Herr ...?«

Das Ziel: Der Kunde, oft ein guter Bekannter des Verkäufers, schließt eine sinnlose Kapitallebensversicherung ab und gibt zudem noch Adressen weiterer Bekannter preis, die der Vermittler dann so ansprechen kann: »Wir haben einen gemeinsamen Bekannten, der mein Angebot ganz toll fand ...« Die Vertreter der Allianz sollten »möglichst schnell herausfinden, wie der Kunde am besten zu packen ist«, so wurde in der Hauszeitung empfohlen, und sie sollten »den Eindruck erwecken, als kümmere man sich um ihn«.[39]

Kritiker Meyer schätzte 1993 die »Zahl aller Versicherungsvermittler und Drücker auf weit über 300 000 – eingerechnet die Verwandten, Bekannten, Kollegen, Kegelbrüder und andere, die – ohne dass man es so recht erkennt – in Versicherungen machen«. 90 Prozent aller hauptberuflichen 40 000 bis 50 000 Versicherungsvertreter waren demnach als Einfirmenvertreter unterwegs. Je mehr Untervermittler ein Bereichs- oder Gebietsleiter im Strukturvertrieb rekrutierte, umso höher stieg sein Provisionssatz, umso großzügiger der Firmenwagen. Die ganz Großen erhielten Porsche, schwere BMW und Mercedes.[40]

Neuen Schub bekam die Branche dank der Politik. Wie einst die Adenauer'sche Rentenreform verschaffte 1994 die Einführung des europäischen Binnenmarktes für Versicherungen den Anbietern eine deutliche Erleichterung bei der Gestaltung ihrer Verträge. Bis dahin war der Versicherungsmarkt durch strenge Auflagen reguliert. Die Unternehmen mussten ihre Vertragstexte von der Aufsichtsbehörde bewilligen lassen, so dass faktisch alle Grundbestandteile der Verträge uniformiert gestaltet waren. Die Kunden bekamen die Policen praktisch zu weitgehend gleichen Bedingungen, selbst die Preiskalkulation von Beiträgen, Leistungen und versicherungsmathematischen Rückstellungen war normiert. Jedes neue Versicherungsprodukt ging bis dahin über die Tische der Versicherungsaufsicht. Die Deregulierung änderte dieses Regime, und die Vorabgenehmigung der Allgemeinen Versicherungsbedingungen (AVB) wurde abgeschafft. Das machte es Verbrauchern fast unmöglich, die Policenangebote zu vergleichen. Und auf eine streng kontrollierende Aufsichtsbehörde konnten sie sich ebenfalls nicht mehr verlassen. Für die Versicherer wiederum war die Deregulierung ein echtes Geschenk, welches das Geschäfte belebte: Es wurde durch einen neuen Preiswettbewerb massiv angekurbelt.[41]

Francisco Moraga war auf Stufe 5 angekommen, mit 380 000 Markt Jahressalär. Für die Touren zwischen seinen Geschäftsstellen in Rostock und Frankfurt kaufte er sich eine gediegene Mercedes-600-Limousine. Doch für die ganz tollen Incentive-Reisen hatte er sich noch nicht qualifiziert. Im Mai 1995 flogen 210 HMI-Vertreter nach Cannes an die Côte d'Azur. Im September jetteten mehr als hundert HMI-Mitarbeiter nach Südafrika, für einen Trip ins Spielerparadies Sun City, das neu gebaute afrikanische Las Vegas. Als Journalisten darauf aufmerksam wurden, erhielten sie unterschiedliche Auskünfte zur Finanzierung dieser Trips. Die Versicherungsmanager gaben an, lediglich 250 000 Mark als »Zuschuss« geleistet zu haben. Insider behaupteten aber, dass die Teilnehmer sogar mehrere Tausend Mark zum Zocken erhalten hatten. »Wir wollen die Fernreisen reduzieren«, versprach Willi Uszko, der neue Vertriebschef, der alles seriöser machen sollte, den Kritikern, »man muss wieder Boden fassen.«

HMI-Vertriebsmanager Dietmar Schott, einer seiner wichtigsten Männer, war in Südafrika selbst dabei und nutzte den Trip für Verhandlungen über ein heikles privates Investment. Bei der eigenen Geldanlage setzte der Versicherungsmanager nämlich auf ein ganz besonders raffiniertes Finanzprodukt. In Kapstadt traf er den Hamburger Finanzjongleur Jürgen Harksen. Einen Millionenbetrag soll er bei Harksen angelegt haben, so hieß es. Er hätte das Geld stattdessen auch gleich an den Slot-Machines in den Casinos von Sun City durchlassen können, seine Chancen auf einen Gewinn wären nicht geringer gewesen. Denn Harksen wurde später vom Landgericht Hamburg wegen eines großangelegten Anlagebetrugs zu sechs Jahren und neun Monaten Gefängnis verurteilt. Immerhin konnte sich Hamburg-Mannheimer-Manager Schott damit trösten, nicht an irgendeinen gewöhnlichen Betrüger geraten zu sein. Hochstapler Harksen erlangte besondere Berühmtheit, er wurde in einem Dokumentarfilm porträtiert und inspirierte den Filmemacher Dieter Wedel zu einem Spielfilm mit Schauspieler Ulrich Tukur in der Hauptrolle. Und, wie sollte es anders sein: Harksen präsentierte seine Geschichte auch noch selbst mit einem Stück Ganovenliteratur, in der er sich als Schelm feierte. *Wie ich den Reichen ihr Geld abnahm,* betitelte er seine Autobiographie.[42]

Harksens Investments waren Märchen. »Was ist denn mit dem ganzen Geld passiert?«, fragte der Richter. »Ich habe es für meine verschwenderische Lebensart ausgegeben«, entgegnete Harksen. Viele Opfer hatte er noch wie den Versicherungsmanager Schott vertröstet, als er sich schon auf der Flucht vor den deutschen Staatsanwälten ins südafrikanische Kapstadt abgesetzt hatte. Ende 1993 hatte Harksen seine »lieben Anleger« aus Kapstadt mit einem Weihnachtsgruß ermuntert: »Sie wissen, wie sehr ich mir gewünscht hätte, in diesem Jahr das Investment abzuschließen. Manche von Ihnen haben diese Hoffnung schon zum sechsten Mal mit mir geteilt, doch leider kann auch das verflixte 7. Jahr keine Erfüllung bringen.«[43]

Schott äußerte sich nicht mehr zu seinem Geschäftspartner Harksen. Seinem Fortkommen im Versicherungskonzern schadete das private Finanzdesaster allerdings nicht. Wenige Jahre später, 1997, stieg Dietmar Schott sogar zum Chef der HMI-Organisation auf und wurde gleichzeitig Mitglied des Vorstands der Hamburg-Mannheimer.

Zeitbomben in der Schublade

Versicherungskritiker Hans Dieter Meyer brachte unterdessen jährlich neue Auflagen seines Ratgeberbuches heraus. 1997 war sein Werk 638 Seiten dick, 1998 legte er unter dem Titel *Zeitbomben in Ihrer Schublade* nach. Wieder fanden seine Bücher reißenden Absatz, und wieder warnte er vor den Produkten und ihren Vermittlern. »Lebens- und Rentenversicherungen, über die Geld angespart wird«, schrieb Meyer, »sind im Grunde keine Versicherungen, sondern undurchsichtige, unflexible und unrentable Sparvorgänge, mit denen viele auf Dauer weitere Zehntausende von Mark verlieren, die sie über bessere Geldanlagen hätten erzielen können.«

Beim Blick auf die Leistungsprognosen der Versicherer wurde zudem von den Verkäufern regelmäßig überspielt und von den Kunden übersehen, dass die Zinsversprechen schon allein durch die während dieser Jahrzehnte recht hohe Inflation aufgefressen worden waren. Das Thema wurde geradezu ausgeblendet. »Wir haben nach dem Zweiten Weltkrieg bis Ende der achtziger Jahre einen Garantiezins von 3 Prozent gehabt und meistens eine Inflation, die höher war als 3 Prozent«, erklärt Versicherungsmanager Roland Weber von der Debeka heute, »das hat keinen Menschen interessiert. Keiner hat darüber geschrieben, auch keine Lebensversicherung, dass der Garantiezins von der Inflation aufgefressen wird.«[44]

Das stimmte nicht ganz. Zumindest Autor Meyer hatte schon frühzeitig auf das Inflationsproblem hingewiesen: »Die Kapital-Lebensversicherung ist zu neunzig Prozent überhaupt keine Versicherung, sondern ein langfristiger Sparvertrag mit einer Rendite, die oft unter der Inflationsrate liegt und dann gleich Null ist.«[45] Meyer empfahl seinen Lesern jedenfalls konsequent ein »Hausverbot« für alle Versicherungsverkäufer und ein Sprechverbot für alle Freunde und Bekannte, die ihnen eine Police aufschwatzen wollten: »Sie brauchen keine Vermittler!«[46]

Als Kritiker stand er längst nicht mehr alleine. Der *Spiegel* warnte in einer großen Geschichte vor Lebensversicherungen als »Renditegrab«. Das Nachrichtenmagazin hatte berechnet, dass ein 35-Jähriger, der 1973 eine Lebensversicherung bei der Allianz abgeschlossen und fünfundzwanzig Jahre lang monatlich 200 Mark eingezahlt habe, 1998 nach Ablauf der Versicherung 137 326 Mark ausgezahlt bekomme. Hätte er stattdessen die im Deutschen Aktienindex (Dax) vertretenen Aktien gekauft, wäre sein Depot 326 293 Mark wert. Hätte er den gleichen Betrag regelmäßig in Allianz-Aktien investiert, hätte er im gleichen Zeitraum sogar ein Vermögen von 752 220 Mark aufgebaut, und zwar ohne Berücksichtigung der Dividendenzahlungen.[47] Das Fazit: Hoffentlich nicht Allianz versichert, sondern Allianz-Aktionär.

DAS DOLCE VITA: DIE SPASS-PROGRAMME FÜR DIE VERMITTLER

»Über 97 Prozent der potentiellen Zielgruppe sind noch keine Kunden bei uns.«
(WOLFGANG THUST,
VERSICHERUNGSVERKÄUFER, 2010)

Francisco Moraga war nun ein »Sechser«: Er hatte es in den Olymp geschafft, er hatte die Stufe 6 erreicht. Die Belohnungsfeier der HMI-Organisation fand in der Diskothek Paramount Park in Rödermark bei Frankfurt statt. Sein Entdecker Klaus Gunkel war gekommen, und auf der Bühne erschien zur Gratulation ein Mann mit graumeliertem, kurz geschorenem Vollbart und sorgsam eingefetteter Glatze, ein Mann, der inzwischen wie ein gottgleiches Idol verehrt wurde: Wolfgang Thust, der Großverkäufer aus Wiesbaden. Moraga kannte nur noch ein Ziel: »Ich wollte der Beste der HMI werden«, ebenso wie Thust,»ein Vorbild für die HMI.«
Welch eine Aura! Der bewunderte Thust hatte eine beherrschende Stellung innerhalb der HMI. »Rund zwei Drittel aller HMI-Partnerinnen und -Partner gehörten zu seinen Strukturen«, berichtet Moraga, »er war der Einzige, zu dem ich wirklich aufblickte.« Die hymnische Verehrung im Originalton: »Dieser Wolfgang Thust. Mit ihm auf Augenhöhe zu sein, das wollte ich schaffen. Über die Gehälter von Ergo-Vorständen oder gar des Vorstandsvorsitzenden selbst konnte er nur müde lächeln. Dieser Mann in Wiesbaden verdiente zig Millionen im Jahr in der HMI.«[1]
Während Wolfgang Thust in der größeren Öffentlichkeit

ein Unbekannter blieb, machte sein Bruder Eberhard deftige Schlagzeilen. Ebby, wie der jüngere Bruder sich nannte, war in einem ganz anderen Milieu aufgestiegen und in seiner Szene sogar weltberühmt. Ebby Thust hatte nach zaghaften Versuchen als Zeitnehmer und Sekundant im Boxring zu einer denkwürdigen Karriere als Promoter und Manager im Boxsport angesetzt. Bei all seinen Höhen und Tiefen wusste er stets die Boulevardpresse an seiner Seite, Ebby war immer ein guter Stoff.

Bereits 1972 stand Bruder Eberhard zum ersten Mal in Frankfurt vor Gericht. Die Richter kamen auf eine Gesamtstrafe von fünf Jahren Freiheitsentzug für verschiedene Tatvorwürfe: gefährliche Körperverletzung, lebensgefährdende Misshandlung, Fahren ohne Führerschein, Unfallflucht, Alkohol am Steuer, Straßenverkehrsgefährdung und Widerstand gegen die Staatsgewalt. Der Staatsanwalt forderte zwar Sicherheitsverwahrung, aber die Richter sahen bei dem jungen Angeklagten doch noch »einen Funken Hoffnung«, wie der Gerichtsreporter berichtete.[2] In zweiter Instanz erreichte er sogar einen Freispruch. »Das war eben meine wilde Zeit«, sagte Ebby Thust dazu, »damals habe ich den Grundstein für den Namen gelegt, den ich noch heute im Milieu habe.«[3]

Seine Resozialisierung gelang ihm mit dem Betrieb von Bordellen. Hin und wieder konnte er rechtliche Auseinandersetzungen dennoch nicht vermeiden, aber er löste diese mitunter auf eine unkonventionelle Weise. So stand er 1991 vor einem Schöffengericht, weil er es versäumt hatte, einem Reinigungsunternehmer 3000 Mark für seine Dienste zu zahlen. Als die Sache für ihn ungünstig verlief, griff Ebby Thust in die Hosentasche, holte zwei 1000-Mark-Scheine hervor und legte sie dem Richter auf den Tisch. Das Verfahren wurde eingestellt.[4] Etwas später wurde er aber dennoch beim Grenzübertritt in einem Intercity nach Paris festgenommen, nachdem man bei ihm ein halbes Gramm Kokain gefunden hatte.[5]

Im Januar 1991 dann ein neues Malheur: Ausgerechnet vor seiner Villa im hessischen Niedernhausen wurde »Dado«, einer der führenden Köpfe der schwerstkriminellen Frankfurter »Jugo-Szene«, erschossen. Eine »Hinrichtung«, meinte die Spurensicherung. »Wir waren Freunde«, erzählte Ebby Thust freimütig über den Ermordeten, »wir hatten etwas zu besprechen.« Doch die Leute aus dieser Szene würde er meiden: »Die haben alle eine Hemmschwelle unter null.«[6] Dann stieß das Bundeskriminalamt bei der Telefonüberwachung in Mafiakreisen erneut auf Thust und entdeckte, dass er den inzwischen verstorbenen Vater der Tennisspielerin Steffi Graf erpresst hatte, was wiederum mit drei Jahren Knast endete. Und als wäre es noch nicht genug: Im Juni 1995 wurde er erneut vor Gericht gestellt, weil er offenbar in diesen turbulenten Jahren zwischen 1982 und 1990 vergessen hatte, eine Einkommensteuererklärung abzugeben, obwohl er doch einige Einnahmen hatte, unter anderem aus einem Saunaclub, aus einer Finanzierungsgesellschaft und schließlich 800 000 Mark aus der Erpressung von Peter Graf.

Im Januar 1995, nach 858 Tagen Knast, fand Ebby Thust bei seinem Bruder Unterschlupf. Es dauerte nicht lange, bis Ebby dem *Playboy* sein erstes exklusives Resozialisierungsinterview gab. »Breites Lachen, perlweiße Porzellanzähne, gewitzte Augen hinter Brillengläsern im Porsche-Design«, stellte die Redaktion ihn vor. Ebby Thust gab sein Bestes, sein »erstes Leben« vergessen zu machen, und erzählte auch über sein schwieriges Verhältnis zu seinem Bruder.

»*Playboy:* Sind Sie eigentlich geldgeil?

Thust: Wenn ich ehrlich bin: ja.

Playboy: Was bedeutet Geld für Sie?

Thust: Viel Macht, eine Art Sex.

Playboy: Was brauchen Sie im Monat?

Thust: Im Moment komme ich mit 1500 Mark aus. Ich wohne im Haus meines Bruders, fahre einen Firmenwagen. Ich brauche kaum Geld.

Playboy: 1500 Mark – das nehmen wir Ihnen nicht ab.

Thust: Sollten Sie aber. (…)

Playboy: Ihr Bruder unterstützt Sie derzeit finanziell. Haben Sie das Gefühl, ein Almosenempfänger zu sein?

Thust: Überhaupt nicht. Ich bin ein Stehaufmännchen. Almosen lässt mein Stolz nicht zu.

Playboy: Wie hoch stehen Sie bei Ihrem Bruder in der Kreide?

Thust: Was weiß ich? Ein paar hunderttausend Mark.

Playboy: Ihr Bruder hat früher auch von Ihnen profitiert.

Thust: Wann?

Playboy: Als Sie in einer Immobilie Ihres Bruders in Wiesbaden-Niedernhausen einen Saunaclub eröffnet haben.

Thust: Nur kurz, für ein halbes Jahr. Das war kein Saunaclub. Ich habe da nur Zimmer vermietet.

Playboy: An Prostituierte.

Thust: Ja.

Playboy: Und Ihr Bruder wusste davon?

Thust: Nein. Aber er hat es rausgekriegt, und wir haben uns gestritten. Ich habe ihm damit nur Scherereien gemacht.

Playboy: Er war nicht beteiligt?

Thust: Um Gottes willen! Nein!«[7]

Die Publicity um Ebby brachte Wolfgang Thust viel Ärger ein. Klar, es gab keine Sippenhaft, aber die Geschichten rund um seinen Bruder halfen nicht dabei, die Policen des Herrn Kaiser zu verkaufen.[8]

Ein bisschen Spass muss sein

In Frankfurt bekam Francisco Moraga ebenfalls Ärger, wenn auch nur in sehr bescheidenem Maße und auch nur mit der internen Justiz. Einer seiner Verkäufer wurde fristlos entlassen, weil er Provisionszahlen manipuliert hatte. Er sollte Scheinanträge ausgestellt haben von Kunden, die gar nicht existierten. Das kam hin und wieder vor, doch Moraga hatte davon nichts mitbekommen. Dennoch wurde ihm eine »Rüge« in die Personalakte eingetragen. »Alles halb so schlimm«, beruhigte ihn eine Mann aus dem Vertriebsmanagement daraufhin, »was meinen Sie, wer bei der HMI schon alles eine Rüge hat?«[9] Moraga war enttäuscht, doch er bekam genügend Gelegenheiten, sich darüber keinen allzu großen Kopf zu machen. Fortan genoss er das »Dolce Vita in der

HMI«: »Ich trat ein in ein herrliches Leben, erlebte eine super Zeit.« Er plante Incentive-Trips für seine Leute, nahm an Wettbewerbstouren, an HMI-Harley-Touren, an Formel-1-Rennen, an »Strukturmeetings«, an »Power-Starter-Tagungen« und an »Sechser-Feiern« teil.

Als er gerade selbst »Sechser« geworden war, ging die Reise im April 1997 nach Santiago de Chile und Rio de Janeiro. »Wir kamen in Santiago an, rein ins Hotel«, erzählt Moraga, »und was soll ich sagen? Der ganze Laden war voller käuflicher Damen. Und unser damaliger Vertriebsdirektor Dietmar Schott, ein Angestellter der Hamburg-Mannheimer, hat das wilde Treiben zwar nicht mitgemacht, aber komplett mitbekommen.« Die »Girls« seien von den Führungskräften über den Reiseleiter organisiert worden, erinnerte sich Moraga und betonte, ganz Ehrenmann, dass er diese Dienste nie auf Kosten des Konzerns genossen habe. »50 Huren im besten Hotel am Ort! Kein Problem. Wir ließen es krachen«, berichtete Moraga. Dann führte die Reise weiter nach Patagonien. »Kulturell vielleicht wertvoll«, kommentierte der Sechser, aber es fehlte etwas: »Keine Prostituierten. Mann, da hatte doch keiner Lust, auf so einer Reise nach Pinguinen und See-Elefanten Ausschau zu halten. Wir waren jung, wollten Action. Allgemeines Gemurre brach aus. Und was passierte? Der Vertriebsdirektor Schott brach diesen öden Ausflug ab, rein in den Flieger und ab nach Rio.« Doch dort gab es im gebuchten Nobelhotel für die Herren erneut eine böse Überraschung, der Hoteldirektor verbot Prostituierte auf den Zimmern. Vertriebschef Schott, so berichtet Moraga, gab daraufhin der Reiseleitung eine klare Anweisung: »Bitte kümmern Sie sich und suchen schnellstmöglich ein Haus, wo das erlaubt ist! So schnell konnte der Hotelchef gar nicht gucken, wie wir allesamt unsere sieben Sachen wieder zusammenpackten und den Schuppen verließen. Im nächsten Hotel passte es – und zwar alles.«[10]

Moraga erregte sich darüber, dass sich heute »einige Herrschaften der Konzernspitze hinstellen und sagen, dass sie davon niemals etwas gewusst haben«. Angestellte aus der Hamburger Vertriebsdirektion seien »immer wieder mal« bei derlei Sausen dabei gewesen, in Diskos, Bars, Clubs, auch in Bordellen. »Die haben wir HMI-Unternehmer doch sogar mit eingeladen. Die wollen heute alle davon nichts gewusst haben?« Schnörkellos erklärt der Frankfurter Aufsteiger die simple Philosophie hinter den Incentive-Touren: »HMI war halt ein Verkaufsprodukt, wo Party und Spaß dominierten. Den Kasper machen und die Mannschaft unterhalten. Das gehörte zum Business dazu. An der Theke, im Hotel, in den Bars, Diskotheken und genauso auch mal im Puff. So einfach und ehrlich ist das. Das war Geschäft, ob man wollte oder nicht. Die Motivation musste stimmen, und zwar immer und bei jedem.« Seine Kurzformel: »Langweiler bringen keine Umsätze.«

Seitenlang schrieb Moraga in seinem Erinnerungsbuch über die geradezu exzessiven Touren der Drücker. »Da ging es nur um Superpartys, Hotelverwüstungen, Alkoholexzesse, Bordellbesuche, ausgeflippte Aktionen, Frauen und Sexgeschichten – Storys wie aus der Welt des Films.« Und in der Tat, seine Darstellungen erinnern an so wundersame Szenen, wie sie Kinobesucher aus dem Film *The Wolf of Wallstreet* kennen. »Einfach toll«, meinte Moraga im Rückblick: »Ich hatte wirklich ein Leben wie ein Rockstar!« Er bereute nichts: »Sicher 50 Frauen oder gar mehr pro Jahr«, errechnete er mit akribischer Statistik, jährlich 12 Grundseminare (»oft genug Sodom und Gomorrha«), zwei Führungsseminare der Stufe 1, zig weitere Seminare, Wettbewerbsreisen (»bis zum berühmt-berüchtigten Gangbang – ich habe alles erlebt«).

Wichtig waren immer die Bordellbesuche: »Abfeiern mit Prostituierten war normal für uns«, schrieb Moraga, »es gab keine Wettbewerbsreise, wo es keinen Sex gab oder wo wir nicht ins Bordell gingen. Und zwar als Truppe, nicht als Einzelner. Und das wusste jeder. Die Gesellschaft sowieso.« Zum Beispiel nach der Geschäftsleitertagung in Frankfurt ein Besuch im Bordell Oase: »Wir kommen da rein, ahnen nichts Böses und was ist – wir treffen dort doch tatsächlich zehn andere aus der HMI. Na, was für ein Hallo und für einen Spaß es dann gab. Und das war keine Ausnahme.« Mit Schulungsleitern sei er im Puff gewesen, mit Kollegen der obersten Führungscrew und manchmal auch mit Managern aus der Zentrale. Keiner habe etwas dagegen gesagt, es sei sogar gefördert worden. Manchmal habe die gesamte Porsche-Flotte der führenden Vertriebsleute auf dem Parkplatz eines Etablissements gestanden.[11]

»Nie werde ich das vergessen«, erzählte Moraga über ein Planungsseminar in Tschechien, »wir kamen in einen Raum, wo eine lange Tischreihe aufgebaut war. Vor dem Hinsetzen hieß es, dass wir alle unsere Hosen ausziehen sollten.« Moraga protokollierte »schallendes Gelächter«. Die Herren nahmen also Platz »mit Hemd, Krawatte und Timer am Tisch, aber untenrum blank«, so wie ihnen befohlen wurde. »Kurz darauf kamen ein paar Damen rein, die alle unter die Tische krabbelten. Und während die unten ihre ›Arbeit‹ erledigten, machten wir dabei unsere Halbjahresplanung im Seminar und ließen uns nichts anmerken.« Denn vereinbart war, dass derjenige, »der sich das Grinsen, Schnaufen oder sonstige verräterische Laute nicht verkneifen konnte, die Zeche zahlen müsste«.

»Die Reisen in der HMI waren immer sensationell«, berichtete Moraga. Die Prostituierteneinsätze zur Motivation der Mannschaft hinterfragte er nicht, ihm fiel lediglich auf, wie hemmungslos sich seine Kollegen benommen hatten. Hemmungslos musste man nach Darstellung von Moraga sein, um im Business richtig erfolgreich zu sein: »Wer Hemmungen hatte, konnte nicht frei andere Menschen ansprechen, konnte nicht frei verkaufen oder sich Empfehlungen bei Kunden holen.«[12] Die natürlichen Hemmungen wurden nach seinen Erzählungen bereits gezielt im Grundseminar abgebaut. Mit der sogenannten HMI-Taufe mussten sich die Teilnehmer zeitweise nach ihrem erfolgreichen Abschluss draußen im Freien nackt ausziehen. Sie wurden dann von den Stufenhöheren mit kaltem Wasser übergossen: »Klingt blöd, war aber witzig und zugleich ein Ritual.« Eine skurrile Methode, um Gemeinschaftsgeist und Tatendrang zu fördern, sollte man meinen. Doch der Abbau der Hemmungen hatte beim Strukturvertrieb durchaus Sinn, die Vermittler mussten auf ihre neue Gemeinschaft eingeschworen werden, weil sie ja schon alsbald ihre besten Freunde und Familienangehörigen aufsuchen sollten, um diesen ein mehr oder weniger sinnloses Finanzprodukt aufzuschwatzen. So wurde die sozial erworbene Hemmschwelle, »die eigene Großmutter zu verkaufen«, systematisch durchbrochen. Die Getauften waren nun präpariert, ungeniert zu verkaufen und sich im Kreis der Kollegen noch hemmungsloser zu benehmen.[13]

Die sozial erworbenen Verhaltensregeln wurden mit System ausgeschaltet, gute Manieren, Sitten und Scham wurden verdrängt. So lesen sich Moragas Erzählungen über das wilde Leben bei den Vertriebsorganisationen HMI und der späteren Ergo Pro wie ein unglaublicher, verstörender Bericht über einen hirnlosen Abgrund von bildungsscheuen bis gänzlich geistlosen Gestalten, die sich in einer vollkommen intellektfreien Zone bewegten. Frappant: die Konzentration auf einen geradezu triebhaften Verkaufsakt und die radikale Abwesenheit von Anstand, Kultur und Bildung. Die brutale Einfältigkeit erstickte jeden sinnreichen Gedanken. Und selbst zaghafte Versuche der Annäherung an kulturelle Vergnügungen blieben chancenlos, schon die Fototour zu den Pinguinen in Patagonien war den Herren zu viel. Kulturgut galt als spießig, Ballermannkult als cool.

Mit Gehirnwäsche zum Incentive

Über die Mechanismen in einer Vertriebsorganisation führte eine Forschergruppe der Universität Bielefeld ein aufschlussreiches Experiment durch. Das Team unter der Leitung der Arbeitssoziologin Birgit Geissler untersuchte, warum Menschen die eigentlich unlogische, geradezu paradoxe Entscheidung treffen, in eine Strukturvertriebsorganisation einzutreten. Paradox sei dieser Schritt, weil ihnen zwar hohes Einkommen und hohes Prestige versprochen würden, diese Ziele aber nur für eine verschwindend geringe Zahl der Vertriebsleute erreichbar seien. Das Pyramidensystem müsse jedem mitdenkenden Kandidaten eigentlich deutlich vor Augen führen, dass es nur ganz wenige in die oberste Hierarchiestufe schaffen könnten.

»Warum lassen sich normal intelligente Menschen in einen Arbeitszusammenhang mit sektenhaften Zügen einbinden, in dem die Einkommensperspektive unsicher ist und zugleich basale Selbstbestimmungsrechte ignoriert werden?«, fragten sich die Forscher daher.[14] Sie untersuchten einen Strukturvertrieb, den sie nur anonymisiert bezeichneten, der damals mit einem standardisierten Versicherungspaket aus Unfall-, Lebens- und Berufsunfähigkeitsversicherung auf dem Markt war. Mit dem Werbeslogan »Allesdrin!« war der Verkauf vereinfacht worden und das Massenprodukt zur »Kolonialisierung des Marktes« eingesetzt worden. Mit der einfachen Standardisierung konnte auch »die schwache fachliche Basis« der Vermittler kaschiert werden.

Eigentlich sei der Einstieg in die Organisation dumm. Als »strukturell unattraktiv« offenbare sich die Akquise über diese Vertriebsorganisation, wenn die Verkäufer rechneten: Die Ansprache und der Weg zum potentiellen Kunden verbrauchten Zeit und materielle Ressourcen (Telefon- und

Fahrtkosten). Um schneller zum Ziel zu kommen, kauften die Verkäufer Kundenadressen – ohne allerdings eine Garantie zu haben, zu einem Vertragsabschluss zu kommen. Die Kaltakquise erweise sich zudem als wenig effizient: Für jeden abgeschlossenen Vertrag müsste die gesamte Zeit seit dem letzten erfolgreichen Abschluss als Kostengröße eingesetzt werden, inklusive aller gescheiterten Versuche. Das ergebe einen extrem geringen »virtuellen Stundenlohn«. Daher schieden viele Jungvermittler nach kurzer Zeit aus. Für die Vertriebsorganisation sei diese Fluktuation wiederum vorteilhaft, weil sie auf diese Weise eine hohe Zahl potentieller Kunden erreichten und noch dazu diese neuen Kontakte umsonst weiternutzen könnten, wenn der Kandidat rasch wieder aussteige. Ein Aussteiger bestätigte diese Erfahrungen in einem Internetforum:

»Dass natürlich gerne Menschen mit ›einfachem Gemüt‹ eingestellt werden, ist für die Strukkis natürlich auch nicht weiter schlimm. Einmal den Bekanntenkreis mit Rentenversicherungen ausstatten und dann ist das Ende des Mitarbeiters auch schon wahrscheinlich. Was soll schlimmstenfalls auch passieren? Ein paar Kunden springen irgendwann wieder ab, na und? Gibt doch noch genügend andere.«[15]

Für die extrem niedrigen Einstiegsprovisionen würde die Vertriebsorganisation kaum qualifizierte oder branchenerfahrene Personen rekrutieren können. »Die Logik der Rekrutierung ist offenbar paradox«, schrieben die Autoren: »Je geringer der bisherige berufliche Erfolg war, umso geeigneter erscheint eine Person für den Einstieg in das Unternehmen.« Und die wenigen Erfolgreichen wiederum bekämen neue Zusatzaufgaben – die »Bindung und Führung der Neu-Einsteiger«.[16] Ein solches System würde nicht funktionieren, wenn die Einsteiger rational handelten. Rekrutiert würde daher im Milieu von Menschen, die eher unter prekären Bedingungen lebten, arbeitslos oder beruflich erfolglos seien – also Kandidaten mit sehr großem Potential nach oben. Die Verkaufsaufgaben würden entsprechend vereinfacht mit Standardprodukten und vorgegebenen Verkaufsabläufen, die leicht zu erlernen seien.

Der eigentliche Erfolgsfaktor der Vertriebsmodelle bestehe aber in den emotionalen Anreizen, wie sie von Francisco Moraga so anschaulich beschrieben wurden. Die Forscher verglichen diese »Bindekraft von rauschhaften Gemeinschaftserlebnissen« mit den wissenschaftlichen Befunden aus der Erforschung von religiösen Sekten.[17] Die Einsteiger würden in eine »Identitätsjacke« gesteckt, die ihre Bindung in der Organisation zu Lasten der sozialen Bindungen an Familie und Freunde festige. Den Mitgliedern der Organisation werde bereits im Grundseminar eine »weitgehend vorgeformte Identität« angeboten. Die Neueinsteiger würden dieses neue Kleid als »Geschenk« verstehen: »Ihr Träger kann hineinschnuppern in die Welt des positiven Selbstbewusstseins, der Anerkennung, des Applauses. Er soll Gefallen daran finden, nach mehr verlangen und sich den paradiesischen Lebensstil herbeiwünschen.«[18]

In Internetforen befreien sich Ehemalige und Angehörige, indem sie ihre Erfahrungsberichte verbreiten. Sie sprechen von zerstörten Beziehungen, von Verhaltensänderungen und von der »Gehirnwäsche« in der Organisation.[19] Andere berichten über drastische Folgen im sozialen Umfeld durch das »Abgrasen« und »Abfrühstücken« von Freunden und Familienangehörigen: »Innerhalb von zwei Wochen hatte ich durch die Anrufe praktisch meinen gesamten Bekanntenkreis verärgert.«[20] Das Ziel: »Den Kunden volldröhnen, bis er unterschreibt oder bis man rausgeworfen wird.«[21] Ein anderer berichtete über einen Motivationsspruch seines obersten

Hierarchen: »Mein bester Freund ist der, der viel Umsatz macht.« Misserfolge wiederum würden in der internen Diskussion ausgeschaltet, sie gelten als selbstverschuldet.[22] Ein Aussteiger der HMI erzählte in einem Erfahrungsforum über die große Geldillusion im Vertrieb:

> »Jedenfalls stellte ich fest, dass ich der Einzige war, der von meinem eigenen Grundseminar noch übrig war. Wo waren die anderen? Als ich meinen Strucki darauf ansprach, hörte ich solche Sätze wie: ›Der hat es nicht geschafft‹ oder ›Er ist ein Weichei‹. Bis dahin wusste ich immer noch nicht viel mehr über die Versicherungsbranche als am Anfang. Ich wurde immer nur motiviert (…). Aber, was dann passierte, war der absolute Oberhammer: Mein Strucki kam auf mich zu und sagte, ich solle mir doch mit zwei Kollegen ein Büro in meiner Stadt nehmen, um da noch mehr Umsatz zu schreiben. Richtig blauäugig und naiv sagte ich auch noch ja. Mann, war ich ein Idiot. Von da an ging es bergab. Ich wurde sehr oft am Tag angerufen, musste immer Rechenschaft ablegen über das, was ich gemacht habe, wo ich war usw. Selbst die Stasi hätte mich nicht besser kontrollieren können. (…) Der Umsatz brach ein, weil keiner mehr etwas mit mir zu tun haben wollte. Ich konnte die Büromiete (und andere Sachen) nicht mehr zahlen und flog schlussendlich mit meinen beiden Kollegen, denen es genauso ging, aus den Räumlichkeiten. Nun wisst ihr, wo die Schulden herkommen und warum ich keine Freunde mehr hatte.«

In Erfahrungsberichten im Internet ist zu lesen, dass arbeitslose Einsteiger damit gelockt wurden, sie könnten sich mit einer Ich-AG selbständig machen. Von Scheinselbständigkeit ist oftmals die Rede und vom Ärger mit dem Arbeitsamt, das die Existenzgründung im Strukturvertrieb nicht anerkenne.

»Der Strukturvertrieb produziert extreme Hoffnungen«, resümierte die Arbeitssoziologin Birgit Geissler, »und da das Reichtumsversprechen nur für eine Minderheit der neu Angeworbenen sich realisiert, erleben die meisten eine ebenso extreme Enttäuschung.«[23]

Man könnte diese perfide Motivationstechnik noch nachvollziehen, wenn es darum ginge, Animateure für Cluburlaube im Billigsegment anzutreiben. Klar ist aber, dass diese Praktiken mit einer intelligenten Beratung der Kunden bei der überlebenswichtigen Altersvorsorge unvereinbar sind. Warum beendeten die verantwortlichen Manager in den Vorständen und Abteilungen der Hamburg-Mannheimer und später im Ergo-Konzern die Ballermann-Kultur nicht? Warum förderten sie diese »Vollgas-Reisen« sogar noch? Vielfach verteidigten sie sich damit, dass sie von all diesen Aktionen nichts mitbekommen hätten. Doch dieses Argument erscheint eher als Schutzbehauptung: Zu viele Vertriebsleute haben bei fragwürdigen Events die Herren aus der Zentrale selbst miterlebt, nicht nur Moraga. Und schon allein die Dimension der Incentive-Reisetätigkeit musste ihnen auffallen. Nein, es kann wohl keine Rede davon sein, dass HMI- oder Ergo-Manager verantwortlich und mannhaft einschritten. Moraga berichtete sogar davon, dass sich Manager an dem wilden Partyleben selbst beteiligten: Ein Vorstandsmitglied der Ergo habe »fast schon auf Krampf« versucht, den Lebensstil der Vertriebsleute zu imitieren.[24]

Das Beispiel Moraga zeigt, dass die obersten Kader des Strukturvertriebs wie Frequent Traveller zur eigenen Belustigung unterwegs waren. »Als Direktionsrepräsentant der Stufe 6 war ich im Idealfall im Jahr dreimal auf Top-Five-Reise«, zählte er auf, »dann kam die große Top-Five-Jahresreise dazu, die uns immer an die exotischsten und aufregendsten Orte der Welt führte. Hinzu kommt eine Reise der Generalrepräsentanz, die ebenfalls weltweite Ziele hatte, und dann nicht zu vergessen die ein bis zwei Reisen der eigenen Sechser-Repräsentanz.« Hinzu seien Rekrutierungs- und Verkaufsförderungsseminare gekommen und die diversen Führungsseminare. »Party total«, nennt Moraga das Reiseprogramm, »ich jedenfalls war im Monat mindestens eine Woche irgendwo in der Weltgeschichte unterwegs.« Und Wolfgang Thust, sein großes Vorbild, bewarb das Geschäft offenherzig: »So kommen Sie mit Gleichgesinnten auf Unternehmenskosten zu den schönsten Plätzen der Welt.«[25]

»Das süße Leben« beschrieb auch Reinhard Schmidt-Tobler, das Enfant terrible der Branche. »Wir haben nicht alle Gelegenheiten wahrgenommen, auf Kosten der Versicherer schöne Reisen zu machen, aber einige haben wir doch sozusagen nicht umgehen können«, amüsierte sich der Ex-Makler. Er war mit der Trans Leben in New York, mit der DBV in Kopenhagen, mit der Lebensversicherung von 1871 in Budapest, mit der Münchner Leben in Paris, mit der Winterthur in Montpellier zum Fußball-Länderspiel, mit der Vita auf Kreuzfahrt nach Rhodos und mehrmals auf dem Münchner Oktoberfest. Einladungen hatte er von der Berlinischen nach Bali, der Ideal nach Hongkong und der Condor immer mal wieder rund um die Welt.[26] »Das letzte große Abenteuer«, nannte Götz Wricke den Vertrieb, ein Manager-Urgestein der Hamburg-Mannheimer, jahrzehntelang Konzernmanager in zahlreichen Positionen bis hin zum Vorstandsvorsitzenden.[27]

Nicht alle hielten das durch. Klaus Gunkel, Moragas Entdecker aus den frühen Frankfurter Tagen, erlitt einen Burnout. Bis 1999 hatte sein Team eine Mannschaftsstärke von 1200 Verkäufern erreicht. 1200 Abenteurer waren zu viel.[28]

BETRUG IM GLASPALAST: DAS SPIELFELD DER HASARDEURE

»Im Hinblick auf das extreme Missverhältnis von Leistung und Gegenleistung stellt sich die Frage, ob nicht der Wucher-Paragraph des Bürgerlichen Gesetzbuches eingreift.«
(EIKE VON HIPPEL, RECHTSPROFESSOR, 1990)[1]

Love-Boat-Sessions in Rio, »eine Orgie auf dem Wasser«. Dubai, »der größte Puff der Welt«. Sexpartys in Sydney, auf einer 50-Meter-Nobeljacht. Massenorgie auf der Bühne im Salambo an der Reeperbahn in Hamburg, »der Laden bebte«. Und immer wieder Rio: »Ich weiß gar nicht mehr, wie oft ich am Zuckerhut war«, schrieb Chefverkäufer Moraga und schilderte so viele Rudeleinsätze seiner Kollegen, dass selbst der gutwilligste Leser dessen bald überdrüssig wird.

Über Jahrzehnte hinweg lief das hemmungslose Vermittlergeschäft wie geschmiert, von wenigen Einbrüchen einmal abgesehen. Während der Aufbaujahre wuchs der Wohlstand, somit auch das Versicherungsgeschäft. Die Menschen kauften Autos (Kfz-Versicherungen), bauten Häuser (Wohngebäudeversicherungen) und begannen, sich für persönliche und familiäre Risiken abzusichern (Zusätze zu Krankenversicherung und Lebensversicherungen). Und wie zu den alten IOS-Zeiten des seligen Bernard Cornfeld verdankten es die Versicherungskonzerne der Politik, dass es immer wieder einen neuen Umsatzschub gab.

Unter dem ersten Bundeskanzler Konrad Adenauer bescherte 1957 die Rentenreform den Versicherungsgesellschaften ein starkes Wachstum. Diese Reform versperrte den Mitgliedern der freien Berufe, darunter Ärzte, Architekten, Anwälte, Steuerberater und Journalisten, den Zugang zur gesetzlichen Rentenversicherung. In den Folgejahren entstanden daher Versorgungswerke der einzelnen Berufssparten, wie zum Beispiel 1958 die Nordrheinische Ärzteversorgung. Diese Versorgungswerke wirkten für die Mitglieder faktisch wie eine staatliche Zwangsversicherung. Sie konnten und können sich bis heute nur erschwert davon befreien, müssen also das Angebot ihres Versorgungswerks hinnehmen. Die neugegründeten Versorgungswerke ihrerseits schlossen oftmals sogenannte Gruppenversicherungen ab: En bloc versicherten sie alle ihre Mitglieder mit einem Lebensversicherungsvertrag – wie zum Beispiel das Presseversorgungswerk, das nach der Gründung die Gelder durch ein Konsortium der Versicherungskonzerne Allianz, Gerling und Colonia verwalten ließ und heute rund 160 000 Versicherungsverträge von Allianz, Axa und HDI betreuen lässt. Die Versicherungskonzerne bekamen in diesen Fällen die Kundschaft frei Haus, wobei ihnen die Versorgungswerke sogar die Verwaltungskosten für die Mitglieder und Rentner abnahmen: eine simple Gelddruckmaschine ohne Marketingaufwand. Versicherungsmanager übernahmen zudem oft die Führung dieser Vorsorgekassen: So kam Gerhard Falk, der langjährige Geschäftsführer der Presseversorgung, vom Gerling-Konzern und sein Nachfolger Manfred Hoffmann von der Allianz aus genau jener Abteilung, die für die Versorgungswerke zuständig war und somit auch für das Presseversorgungswerk. Man kannte sich.

Den größten Auftrieb bescherte den Verkäufertruppen der Mauerfall, der plötzlich einen Markt von mehr als 16 Millionen Einwohnern öffnete. Aber auch die Spätaussiedler, die von der Bundesregierung ins Land gerufen wurden, waren willkommene Kunden für alles, was die Vermittler in ihrer Aktenmappe parat hatten – von der Hausratversicherung bis zur Altersvorsorge. Bis 1987 waren es immerhin 1,4 Millionen Aussiedler, doch ab 1988 stiegen mit dem Niedergang der Sowjetunion die Zahlen sprunghaft. Neue Märkte eröffneten die Versicherungen auch über Verträge für angestellte Arbeitnehmer, die über die Unternehmen vermittelt und verkauft wurden (betriebliche Altersvorsorge). Die Geschäfte florierten, die Versicherungskonzerne bauten sich neue Glaspaläste: 1998 zog die Ergo-Gruppe in Düsseldorf in ihr Victoria-Haus. Im gleichen Jahr bezogen die Berliner Mitarbeiter der Allianz ihre Büros im Treptower. Ein Jahr später zog die Nürnberger Versicherungsgruppe in ihren Tower. 2001 feierte in Düsseldorf die ARAG den Einzug. 50 Kilometer südlich feierten die Leute vom AWD ihre neuen Büros im KölnTurm. Und in Mannheim eröffnete der postmoderne gläserne Victoria-Turm der Ergo-Gruppe.

Im Mannheimer Glasturm der Regionaldirektion der Victoria ging es bald turbulent zu. Es war ein millionenschwerer Kriminalfall, der im Herbst 2003 für Unruhe sorgte und die Bilanz verhagelte. Wieder einmal waren es nicht die Kontrolleure aus der Innenrevision oder die Manager der Ergo-Tochter, die den Fall bemerkt hatten. Es war ein ehemaliger Geschäftspartner, der eine Strafanzeige eingereicht hatte. Manager der Victoria-Lebensversicherung hatten Beitragsgelder beim Immobilienunternehmer Detlef Neumann angelegt. Der war ihnen ein kräftiges Investment wert: Insgesamt 220 Millionen Mark hatte er von ihnen als Einzelperson erhalten. Neumann versprach in den neuen Bundesländern wertvolle Immobilien-Deals mit Supermärkten und Wohnungen in den ungeliebten »Plattenbauten«. Die Leute von der Victoria betrieben einen finanziellen Rundumservice mit Hypothekardarlehen, Lebensversicherungen für Neumann und mit Gebäude-, Hausrat- und Haftpflichtversicherungen für dessen Mieter und Käufer. Selbst Neumanns Rottweiler Rocky und Rambo waren bei der Victoria versichert.

Neumann pflegte im Geschäftsferrari, Modell F 355 GTS F1, vorzufahren. Standesgemäß gründete er bei einem Treuhänder am Vierwaldstättersee eine Schweizer Dependance.[2] Von der *Wirtschaftswoche* wurde er als »Costa-Cordalis-Typ mit einem Hang zu Goldkettchen, kanariengelben Sakkos und Micky-Maus-Krawatten« beschrieben. Nun musste die Wahl der Garderobe bei der Auswahl der Zielinvestments zum Verteilen der Kundengelder nicht unbedingt handlungsleitend sein, aber die Kunden hatten zumindest erwartet, dass die Anlagemanager der Versicherung ihre Investments akkurat prüften. Im Fall Neumann sah diese Prüfung so aus, dass die Baustandsberichte einer Bauträger-GmbH ausreichten. Deren Inhaber: der Mann mit dem kanariengelben Sakko.[3]

Im Mai 2000 häuften sich bei Neumann Zahlungsprobleme. Eines Tages erschien der Ferrari-Fahrer mit einem Koffer voller Barem bei einem seiner Gläubiger, der mit ein paar Millionen Mark bei der Victoria finanziert war, sich aber nicht so einfach abspeisen ließ und drei maskierte Russen zur »Schuldnerberatung« hinzubestellte. Neumanns Besuch endete mit Platzwunden, Hämatomen und einer Schädelquetschung. Nach dem Vorfall beichtete Neumann Vorstandsmitgliedern der Victoria in Düsseldorf eine Finanzierungslücke. Die freundlichen Manager halfen aus, und Neumann bekam eine neue Geldspritze in Höhe von 13,5 Millionen Mark. Jahrelang sahen sie zu, wie die Kundengelder in Neumanns Händen verbrannten. Sie blieben ihm gegenüber milde und fürsorglich, während der Schaden auf geschätzte 50 Millionen Mark wuchs. Erst die Strafanzeige eines Außenseiters beendete das Spiel.

Dann ging alles ganz schnell: Victoria-Aufsichtsrat Franz Wilhelm Hopp wurde im November 2003 abgelöst, Victoria-Vorstandsmitglied Herbert Löffler im Januar 2004. Die Abschreibungen auf den Kapitalanlagen stiegen im Geschäftsjahr 2003 von 77 Millionen auf 1,4 Milliarden Euro.

»Außerplanmäßige Abschreibungen fielen im Immobilienbereich in Höhe von 49 Millionen Euro sowie im Hypothekenbereich in Höhe von 25 Millionen Euro an«, notierte der Jahresbericht. Sie waren wesentlich auf den Fall Neumann zurückzuführen. Die Kunden bemerkten, wenn überhaupt, nur eines: Ihre Überschussbeteiligung wurde von 4,5 auf 3,3 Prozent gesenkt.[4] Fälle wie diese erregten kaum noch Aufsehen.

Die Riester-Rürup-Täuschung

In den Wolkenkratzern blieb das alles überragende Hauptgeschäft, das Milliardenbusiness mit den Kapitallebensversicherungen, was es immer war: unseriös. Versicherungskritiker Meyer stand längst nicht mehr alleine.[5] An der Universität Köln publizierte Wirtschaftsprofessor Michael Adams eine umfassende Berechnung zum Sinn und Unsinn einer Kapitallebensversicherung. Sein Fazit: »unrentabel, mit erheblichem Risiko verbunden und für den Durchschnittskunden eine wirtschaftliche Fehlentscheidung.« Er sah sogar eine »Anlegerschädigung« und somit eine Schadensersatzpflicht für die Versicherungsunternehmen und ihre Vertriebshelfer.[6]

Das Kernproblem der Lebensversicherer blieb: Wie begeistert man weiterhin die Bürger, ein unsinniges Finanzprodukt zu kaufen? Ein Marktwachstum, wie es die Wiedervereinigung beschert hatte, konnte die Politik nicht mehr herzaubern. Daher bearbeitete seit 1998 der Gesamtverband der Deutschen Versicherungswirtschaft (GDV), die größte Lobbyorganisation der Branche, die politischen Entscheidungsträger der neuen rot-grünen Bundesregierung. Das Ziel der Lobbyisten war ganz offensichtlich ein Vordringen in die Domäne der Altersvorsorge, die von der staatlichen Rentenversicherung besetzt war: private Altersvorsorge-Finanzprodukte für die Massen. Oder anders formuliert: neues Marktwachstum mit einem neuen Schwindel.

Das Kabinett unter Bundeskanzler Gerhard Schröder zeigte sich angetan. Der Sozialdemokrat entwickelte seine »Agenda 2010«, altgediente Sozialpolitiker wurden zurückgedrängt. Dann musste das bestehende Konzept der staatlichen Rentenversicherung den Bürgern madig gemacht werden. Mit großem Erfolg wurde der mit Kanzler Helmut Kohl abgewählte Arbeitsminister Norbert Blüm bald zur Witzfigur erklärt, weil er immer wieder auf die generationenübergreifende Sicherheit des staatlichen Modells verwies: »Die Rente ist sicher!« Blüm hatte recht, tatsächlich war und ist dieses Modell tragfähig – nicht zuletzt durch Reformen, die er während seiner Amtszeit durchgesetzt hatte.

Blüm wurde durch Arbeitsminister Walter Riester ersetzt, einen Fliesenlegermeister, der eine Karriere in der Gewerkschaftsbürokratie hingelegt hatte. Anders als Blüm war er politisch leicht zu korrumpieren. Seine sozialdemokratischen Grundfesten waren etwa so stabil wie die Finanzprodukte, die bald seinen Namen tragen sollten: die Riester-Renten. Die Fachautoren Holger Balodis und Dagmar Hühne, beide ausgewiesene Vorsorgeexperten der ARD, zeichneten in einer fulminanten Analyse die Geschichte dieses politischen Irrweges nach. In ihrem Buch mit dem Titel *Die Vorsorge-Lüge* klärten sie über den »staatlich geförderten Unfug« auf.[7] Die Riester-Renten verschafften den Verkäufertruppen, dreißig Jahre nach Bernie Cornfeld, nach dem Wirtschaftswunder-Boom und der Wiedervereinigung, einen gewaltigen Schub. Nach seinen Ministerjahren wechselte Riester folgerichtig in die Versicherungsbranche und wurde dort hochbezahlter Vortragsredner. Sogar Schulungen für die Konzernmitarbeiter hatte er im Angebot.

Ein neues, ebenso untaugliches Finanzprodukt wurde unter dem Namen eines weiteren Versicherungslobbyisten entwickelt: die Rürup-Rente, benannt nach dem Assekuranz-Marktschreier Bert Rürup – wie Riester SPD-Mitglied und Politikberater. Der Wirtschaftswissenschaftler und ehemalige Wirtschaftsweise war von der Universität zum Vertriebskonzern AWD auf den Posten des Chefökonomen und später in eine gemeinsame Firma mit dem AWD-Gründer Carsten Maschmeyer, die MaschmeyerRürup AG, gewechselt. In deren Aufsichtsrat saß ausgerechnet der damalige Commerzbank-Aufsichtsratschef Klaus-Peter Müller – jener Manager, dem Deutschland heute eine teure halbverstaatlichte Bank verdankt. Wie viel Rürup als Vorstandsmitglied dieser Firma verdiente, ist nicht bekannt, dokumentiert ist aber, dass die Firma von Anfang an deftige Verluste generierte: Im zweiten Jahr des Bestehens hatte sie schon einen Jahresfehlbetrag von 2,2 Millionen Euro angehäuft, im dritten Jahr wurde ein Nullsummenspiel bilanziert, und im vierten Jahr wurde sie nach einem Bilanzverlust still und leise aufgelöst.[8]

Die neuen sozialdemokratischen Namensgeber für altbekannte miese Investments schufen Vertrauen, vor allem unter den Wenigverdienern in der Gesellschaft. Als »Riester-Rürup-Täuschung« bezeichnete der ebenfalls sozialdemokratische Politikautor Albrecht Müller diese Praxis.[9] Doch Riester und Rürup wurden zum Verkaufsschlager der Nullerjahre, ergänzt durch das Finanzprodukt »Fondsgebundene Lebensversicherung«, einer Art Quadratur des Anlageunsinns. Die neuen Marketingideen florierten, die eher ahnungslosen Bürger kauften. Zwischen 1995 und 2010 verdoppelte sich das Beitragsaufkommen im Lebensversicherungsgeschäft.

Bei einer fondsgebundenen Lebensversicherung werden die Kunden gleich mehrfach benachteiligt und mit hohen Kosten belastet. Ihre Beiträge fließen dabei via Versicherungsgesellschaft in Aktien- oder andere Investmentfonds. Das Anlagerisiko, das bei einer normalen Lebensversicherung eher gering bleibt, müssen die Kunden dabei voll selber tragen. Wenn die Fonds, die von den Versicherungsmanagern ausgesucht werden, ihre Ziele verfehlen, ist dies das Pech der Versicherten.

Die Autoren Balodis und Hühne präsentierten einen drastischen Fall aus Leipzig. Die Vermittlerfirma Santos GmbH verkaufte dort 2004 einer Familie eine fondsgebundene Rentenversicherung der Liberty Europe, des Dubliner Ablegers des US-Konzerns Liberty Mutual, und eine Police von der deutschen HDI Gerling. Nach zwei Jahren entdeckten die Kunden auf den Auszügen den Rendite-Schwindel, nach fünf Jahren stoppten sie entnervt das Investment und zogen Bilanz. Das Ergebnis: Der Liberty-Vertrag brachte einen Totalverlust, der HDI-Vertrag einen Verlust von 83 Prozent. Die Kundengelder waren mit diesen Verträgen durch Abschlusskosten, Provisionen, Verwaltungskosten und exorbitante Stornoabzüge verbrannt worden.[10] Die Manager des Leipziger Vermittlerbüros besorgen seit 2012 auch den Vertrieb für die Fonds Primus Inter Pares der Hansainvest, einer Tochter der Signal Iduna. Diese Mischfonds mit unterschiedlichen Strategien haben sich, gemessen an Vergleichsindizes, ebenfalls als Fehlinvestment entpuppt.[11]

Die Santos-Firma war 2009 überschuldet. Seitdem schleppt sie einen Verlustvortrag von 2,8 Millionen Euro mit sich. Der Gesellschafter-Geschäftsführer stützte seine Firma mit persönlichen Bürgschaften, die zeitweise 1,6 Millionen Euro betrugen. Die Firma hatte Kredite aufgenommen, um ihre Kautionsverpflichtungen und die Provisionsvorschüsse an die Vermittler zu finanzieren. Die Vermögensverwaltungsfirma des Geschäftsführers mit Sitz in München hingegen verfügte über Finanzanlagen in Höhe von mehr als 2 Millionen Euro.[12] Neuerdings wirbt ein Ableger der Firma unter Kleinunternehmern für eine Art Schutzkarte, die in allerhand finanziellen Belangen helfen soll, bei Strom- und Gasverträgen, der Immobilienfinanzierung oder der persönlichen Vorsorge – zum Beispiel mit einem »persönlichen Anwaltsservice« bei Ärger mit Versicherungen. Der Werbetext: »Große Empörung über das Verhalten von Versicherungen muss nicht sein. Bei unberechtigten Leistungsverweigerungen von Versicherungen schützen Sie spezialisierte Top-Anwälte.«[13] Kommentare erübrigen sich wohl.

Vermittlerfirmen wie Santos gibt es Hunderte in Deutschland. Zeitweise müssen sie geschäftliche Dellen durchstehen, dann wieder spülen ihnen neue, modische Finanzprodukte fette Provisionseinnahmen in die Bilanz. Und immer häufiger werden auf diesem Weg Produkte von klassischen Anlagebetrügern angeboten. Die Kunden haben kaum eine Chance, diese Schurkenangebote zu durchschauen. In der Regel bemerken sie dies erst, wenn die Betrugsfälle, die häufig wie Schneeballsysteme funktionieren, aufgeflogen sind. Nicht selten endet diese böse Erfahrung dann mit großen Schäden oder gar einem Totalverlust.

Von Geldjongleuren und Finanzbetrügern

Manchmal ahnen die Versicherungskunden nicht einmal, dass ihr Geld in einem Betrugssystem landet, zum Beispiel im Fall der sogenannten Hedgefonds des deutschen Geldjongleurs Florian Homm. Viele Deutsche konnten den Mann jahrelang in deutschen Fernsehtalkshows bestaunen: Dort hatte er die Rolle des »Heuschrecken-Investors« inne, galt als »Plattmacher von Malle« und mimte den Experten, der den TV-Zuschauern die Finanzwelt erklärte. Acht Hedgefonds hatte er als Anlagevehikel vermarktet, rund siebzig Leute arbeiteten zeitweise für ihn. Inzwischen wissen wir, dass dies alles ein großer Bluff war.

Anfang August 2014 wurde Homm, Jahrgang 1959, vom amerikanischen FBI auf die »Most-wanted-Liste« der flüchtigen Verbrecher gesetzt, neben den meistgesuchten Mördern und Terroristen.[14] Das Plakat zeigte den Mann mit vier Porträtfotos, Aliasnamen und Profilbeschreibungen. Homm war zunächst im Dezember 2012 von der amerikanischen Börsenaufsicht SEC und im März 2013 von der US-Staatsanwaltschaft angeklagt worden, ein Haftbefehl folgte.[15] Seitdem werden ihm Börsenbetrügereien in acht schweren Fällen vorgeworfen. Denn Homm war weniger eine »Heuschrecke«, wie er sich immer gern darstellte, er war auch kein seriöser Private-Equity-Investor, Homm hatte seine Kundengelder vielmehr in der Börsenunterwelt eingesetzt. Die Kunden kamen dabei regelmäßig zu Schaden, mit seinen Gewinnen hatte er sich ein Schloss und ein Bordell gekauft, bis er im September 2007 urplötzlich abtauchte, für Jahre von der Bildfläche verschwand und seine Mitarbeiter ratlos zurückließ. In einem Buch schilderte er sich als »Ersttäter« mit einem Leben zwischen Kokain, Mafiakillern, Schutzgelderpressern, Zuhältern und Drogengeldwäschern.[16]

Homm wurde im März 2013 in Italien verhaftet und zunächst in Auslieferungshaft genommen. Mit zahlreichen Beschwerden, unter anderem mit dem Hinweis auf eine Multiple-Sklerose-Erkrankung, vereitelten seine Anwälte die Auslieferung an die USA, bis die Auslieferungsfrist endgültig abgelaufen war. Im Juni 2014 ließen die italienischen Justizbehörden ihn frei, obwohl das Auslieferungsbegehren der USA immer noch bestand. Homm kehrte sofort nach Deutschland zurück, wo er als deutscher Staatsbürger nicht an einen anderen Staat ausgeliefert werden kann – und hatte für seine geschädigten Kunden nur noch höhnische Sprüche übrig:

»Ich habe mein Leben der Heiligen Mutter gewidmet.«[17] Seine Kunden sollen mehr als 200 Millionen Dollar mit Homms Hedgefonds verloren haben, erklärte das FBI. Weltweit waren die Verluste seiner sogenannten Hedgefonds und der Fondsverwaltungsunternehmen noch höher. Auf dem Höhepunkt betrug das gesamte Volumen in Homm-Investments 2,1 Milliarden Dollar.[18]

Homms Investoren waren häufig reiche Privatpersonen, die er direkt ansprach. Der Weg des Geldes in Homms Taschen war oftmals aber ziemlich verworren: Pensionskassen investierten zum Beispiel Gelder der Versicherten in den Schweizer Dachfonds Matterhorn, der von der kleinen Luzerner Privatbank Reichmuth angeboten wurde. Dieser Dachfonds, auch Umbrella-Fonds genannt, investierte diese Gelder wiederum in eine Vielzahl verschiedener Hedgefonds, darunter auch Homm-Fonds. Die Versicherten bemerkten davon nichts, und am Ende blieb der Schaden für den Einzelnen gering, weil die Gelder kaskadenförmig über mehrere milliardenschwere Investmentvehikel hinweg angelegt worden waren. Seine Fonds unter Namen wie Absolute Activist Fund oder Europe Catalyst Fund wären im Matterhorn Fund auch gar nicht aufgefallen, wenn dieser nicht auch massiv in Fonds investiert hätte, die diese Gelder wiederum an die Fonds von Bernard Madoff, dem größten Anlagebetrüger aller Zeiten, weitergaben.

»Es war Schicksal«, verteidigte sich Bankier Karl Reichmuth. Selbst nach dem Abtauchen von Homm im September 2010 hatte Reichmuths Matterhorn Fund noch 48 Millionen Franken Kundengelder in die zweifelhaften Homm-Vehikel investiert.[19] So landeten Altersvorsorgebeiträge von Schweizer Versicherten in den Fonds eines deutschen Krawallinvestors, der sich als Retter des Fußballclubs Borussia Dortmund aufspielte. Private Kundengelder waren auch über Zertifikate der SEB-Bank in Homm-Fonds gelandet, die mit vielen

Rechtsstreitigkeiten und einem Verlust bis zu 70 Prozent der Investments endeten. Die SEB-Bank ist die Nachfolgerin der Gewerkschaftsbank BfG und betreut viele Versicherungsunternehmen als Kunden.[20]

Auch die Hansainvest, eine Tochter der Signal Iduna, zeigte nicht immer eine glückliche Hand bei der Auswahl ihrer Geschäftspartner. Gemeinsam mit dem Emissionshaus Varengold aufgelegte Fonds wurden aufgelöst, und auch den Fonds Wölbern Global Balance musste sie im September 2010 auflösen. Den Kunden teilte man mit, dass sich das Partnerinstitut, das Bankhaus Wölbern & Co., »aus geschäftspolitischen Gründen entschieden hatte, den Fonds zu schließen«. Das war sehr nett formuliert, die Fonds des Hauses Wölbern litten nämlich unter einem heftigen Reputationsschaden des Emissionshauses Wölbern Invest.

Dessen Ex-Chef, der Medizinprofessor Heinrich Maria Schulte, wurde von der Staatsanwaltschaft Hamburg wegen des Verdachts der gewerbsmäßigen Untreue in 360 Fällen mit einem Gesamtvolumen von fast 150 Millionen Euro in Untersuchungshaft genommen und angeklagt. Ihm wurde vorgeworfen, 147 Millionen Euro von den Konten der Wölbern-Fonds abgezweigt und zweckwidrig verwendet zu haben. Schulte bestreitet das, die Verfahren laufen noch, und so gilt die Unschuldsvermutung. Aber 40 000 Anleger des Emissionshauses Wölbern zittern weiterhin um ihr Geld. Im Sommer 2014 stellte sich beim Insolvenzverfahren gegen das Privatvermögen heraus, dass noch 1,13 Millionen Euro Vermögen an die Gläubiger zu verteilen waren, während Forderungen in Höhe von 1,6 Milliarden Euro im Raum standen. Immerhin konnte ein Gemälde von Gerhard Richter in einem begehbaren Schließfach der Großbank UBS in Zürich sichergestellt werden. »Prof. Raffzahn«, titelte die *Bildzeitung* über einen Prozessbericht im Fall des Bankers, »Professor Protz« die *Süddeutsche Zeitung*.[21]

Im Fall der Varengold-Fonds lief die Abwicklung zwar geräuschloser, aber bei dem Emissionshaus landeten die Kundengelder ebenfalls in zweifelhaften Kanälen. Varengold-Gründer Yasin Qureshi, Jahrgang 1974, war ein Senkrechtstarter der Hamburger Finanzszene. Als junger Karrierebanker kümmerte er sich bereits 2002 um die Riwa Futures Limited, eine merkwürdige Firma mit Sitz auf den britischen Jungferninseln. Qureshi war damals gerade erst 28 Jahre alt, man muss ihm zugutehalten, dass er im Finanzgeschäft noch nicht besonders erfahren war.[22] Die Firma Riwa Futures ging bald mit dem neuen Namen K1 Global Ltd. auf Kundenfang, und dieses Abenteuer endete in einem der weltweit größten Anlagebetrugsskandale. Mit dieser Firma und unter dem Logo K1 wurden nicht nur die Fonds des Aschaffenburger Finanzkünstlers Helmut Kiener verkauft, mit dem K1-Signet am Flügel flog auch Kieners Business-Jet Global Express um die Welt, den er sich für 37 Millionen Dollar gekauft hatte.

Investments in die Kiener-Fonds wurden, ähnlich wie die Homm-Fonds, als Zertifikate von Qureshis Hamburger Varengold Wertpapierhandelsbank verkauft. Großbanken wie die britische Barclays, die französische BNP Paribas und die amerikanische Bear Stearns fielen auf Kiener herein. Er hatte sich einen Millionenkredit von der Credit Suisse in Zürich ergaunert und besaß ein Konto bei der Schweizer Syz Bank. Und wieder einmal war auch ein Versicherungskonzern eingestiegen: Eine Tochter der Wiener Städtischen, die Vienna Life mit Sitz im Fürstentum Liechtenstein, hatte fleißig einen Kiener-Fonds unter dem Namen K1 Invest Ltd. Vienna Life Fonds Police an ihre Kunden verkauft.[23]

Der K1-Spuk wurde im Oktober 2009 beendet.[24] Kiener wurde verhaftet, er hatte den Rang eines »Mini-Madoff« erreicht. Mehr als 300 Millionen Euro waren in seinen Fonds verschwunden, 4900 Sparer wurden geschädigt. Allein rund 1600 Kunden waren über das Produkt der Vienna Life in

Liechtenstein betroffen.[25] Kiener wurde im Juli 2011 vom Landgericht Würzburg zu zehn Jahren und acht Monaten Gefängnis verurteilt.[26] In den USA erhob die Staatsanwaltschaft im Bundesstaat Philadelphia ebenfalls Anklage gegen Kiener und dessen Ex-Komplizen John Tausche: Dort drohten ihm bei einer Verurteilung bis zu zweihundert Jahre Haft und eine Geldstrafe von 7,9 Millionen Dollar, aber wie Homm würde Kiener als deutscher Bürger nicht an die USA ausgeliefert. Tausche bekannte sich schuldig und wurde im November 2012 zu viereinhalb Jahren Gefängnis und zur Rückzahlung von 115 Millionen Dollar an die Barclays Bank verurteilt.[27]

Homm, Kiener und Wölbern sind keine Einzelfälle. Immer wieder fallen Assekuranzkonzerne auf zweifelhafte Fondsanbieter herein, die sie ihren Kunden andienen. So arbeiteten die Manager der inzwischen gescheiterten Firmen Infinus und Fubus mit der Wiener Städtischen, einer Tochter der österreichischen Uniqa, der Gothaer Versicherung und zwei Ergo-Töchtern beim Geschäft mit dem Ankauf von Policen zusammen. Die Infinus-Leute sollen ein regelrechtes Provisionskarussell betrieben haben. Der Trick: Die Policeninhaber erhielten nach dem Verkauf kein Geld, sondern Orderschuldverschreibungen und Genussscheine als Erlös, womit sich die Versicherungskunden direkt an Fubus beteiligten. Dafür zahlten die Versicherungen hohe Provisionen an die Infinus-Gruppe. Bei einer Razzia gegen die Firmengruppe im November 2013 waren 400 Ermittlungsbeamte im Einsatz, 25 000 Anleger sollen nach ersten Schätzungen geschädigt worden sein, das Anlagevolumen soll 400 Millionen Euro betragen. Die Ermittlungen wegen des Verdachts des Kapitalanlagebetrugs, des Betrugs und der Bilanzfälschung dauern an. Die Webseite der Infinus liefert nun nur noch »Gläubigerinformationen« – der Insolvenzverwalter hat das Sagen.[28]

Kunden des Liechtensteiner Versicherers Quantum Leben

wurden ebenfalls Opfer eines mutmaßlichen Betrugs. Sie hatten in einen sogenannten Lebensversicherungsmantel Select Investment Bond investiert, ein Teil des Geldes landete im Argyle Fonds Class S. Mehrere Anleger berichteten dem *Handelsblatt* von Problemen mit ihrer Police. Mindestens ein Drittel der Fondsgelder war in ein kanadisches Pleiteunternehmen versenkt worden.[29]

Auch im Zweitmarktgeschäft mit dem Ankauf von Versicherungspolicen mischten unseriöse Anbieter mit. Bei den Deals mit der Not verkaufswilliger Policeninhaber erhofften sie sich das schnelle Geld. Denn normalerweise boten die Policenaufkäufer Lebensversicherungskunden einen Preis, der knapp über dem Rückkaufswert der Versicherer lag. Die Aufkäufer übernahmen danach die Beitragszahlungen, hielten die Police bis zur Fälligkeit und kalkulierten so mit einem Erlös, der über ihren Kosten lag. So schloss die Schweizer Finanzaufsicht Finma im März 2012 zwangsweise die Firma Swiss Asset Management (SAM), die solche Geschäfte mit 4500 Kunden betrieb. Auch die Staatsanwälte ermitteln.[30]

Sogar die Bundesanstalt für Finanzdienstleistungsaufsicht (BaFin) warnte vor dem Betrug beim Verkauf von Lebensversicherungen. Unseriöse Käufer lockten mit sehr hohen Renditen, zahlten nach Ankauf dann aber nur wenig oder gar nicht: Unter anderem waren ehemalige Vermittler der Frankfurter Anlagebetrugsfirma S & K und deren Partnerfirmen im Zweitmarktgeschäft aktiv. Mit hochprofessionell gestalteten Webseiten boten sie ihre vermeintlichen Dienste an, angeblich mit tollen Testresultaten.[31] Bereits im Jahr 2008 war der Spuk am Zweitmarkt weitgehend vorbei: Sinkende Renditen machten das Geschäft unattraktiv, die Umsätze brachen deutlich ein, so dass auch die Trittbrettfahrer sich neuen Modezyklen zuwenden mussten.[32]

Alle verdienen mit

In welchem Kleid die Finanzschwindler auch auftreten, die Kunden fühlen sich oftmals gut aufgehoben. Bekannte Namen aus der Finanzindustrie, ob Banken oder Versicherungen, bieten den Betrügern ihre Plattform an: Ihre Signets stehen auf den Prospekten der kriminellen Fonds, und die Versicherungsvertreter bieten diese Betrügerfonds feil. Bei den Kunden setzen daher die natürlichen Misstrauensmechanismen aus, denn sie wähnen sich in der Sicherheit der regulierten Finanzunternehmen, vertrauen auf die wohlklingenden Namen. Sie glauben an die schöne Fassade.

Anlagebetrug ist kein Ausnahmedelikt mehr. Professionell gestaltetes Produkt, offizielle Wertpapierkennnummer, perfekter Emissionsprospekt, sogar eine Lizenz von der Finanzmarktaufsicht: Der Produktverkauf der Finanzschauspieler läuft auf Hochtouren. Mehr als 50 Prozent der Hedgefonds-Pleiten in den Jahren 1994 bis 2005 sind durch Betrug verschuldet worden, belegten amerikanische Forscher. Das Bundesministerium des Innern ermittelte 2013 in der polizeilichen Kriminalstatistik »ansteigende Fallzahlen beim Anlagebetrug«: Es wurden 31,9 Prozent mehr Kapitalanlagedelikte als im Vorjahr festgestellt, insgesamt 6121 Fälle.[33] Der Schaden wurde vom Bundeskriminalamt auf 332 Millionen Euro beziffert.[34] Und immer wieder sind Versicherungen dabei, die ihnen anvertraute Kundengelder in die dunklen Kanäle der Betrüger schleusen.

Wieso sind Versicherungen, die nicht müde werden, ihre konservative Anlagepraxis zu betonen, so oft und so massiv in Anlagebetrug verwickelt? Nach welchen Kriterien suchen die Versicherungskonzerne eigentlich die Fonds aus, die sie ihren Kunden zum Kauf anbieten? Und wie prüfen sie deren

Zielinvestments, den Leumund der Fondsmanager oder die Qualität der Fondsportfolios?

Ganz sicher ist eine schwache oder fehlerbehaftete Prüfung der »Finanzprodukte« für diese Misere mitverantwortlich. So wie ein Lebensmittelhändler seine Ware prüfen muss, bevor er sie ins Regal stellt, müsste eigentlich auch ein seriöses Versicherungsunternehmen handeln, bevor es seinen Kunden Fonds zum Kauf anbietet. Doch diese Prüfung ist oftmals von lausiger Qualität. So hätten die Versicherungsexperten im Fall Kiener nur einen Taschenrechner in die Hand nehmen müssen, denn allein schon eine einfache Summenrechnung hätte die Fehler von Kieners Zahlen offenbart. Banken und Versicherungen hätten mit ein paar Klicks im Internetportal der Finanzaufsicht der britischen Jungferninseln, wo Kiener angeblich registriert war, herausgefunden, dass zumindest einer seiner Fonds dort keine Lizenz hatte. Doch jahrelang behandelten sie ihn wie einen der Ihren.[35]

Prüfungsarbeit kostet Personal und Geld, das Platzieren eines neuen Finanzproduktes hingegen bringt Kundengelder und schafft Umsätze. Und was viele Kunden nicht wissen: Hinter ihrem Rücken fließen Vermittlungs- und Platzierungsprovisionen. »Kick-backs«, »Finder-Fees«, »Volume Discounts« oder »Retrozessionen«, wie diese Zahlungen in der Finanzindustrie genannt werden, fließen hin und her. Das gesamte Finanzsystem ist mit diesen Zahlungen vernetzt. Fonds zahlen an Versicherungen, Versicherungen an Fondsmanager, Banken und Versicherungen an Finanzberater, Vermittler und Vertreter, Fondsmanager an Investmentmanager. Und alle haben dabei immer nur eines im Visier: das Geld der Kunden. Sie werden in der Regel irgendwo im Kleingedruckten auf solche Zahlungen aufmerksam gemacht. Verstehen können sie die unverständlichen Formulierungen in der Regel nicht.

So werden auch die Vermittler, Vertreter, Makler und Finanzberater mit Provisionen gelockt, damit sie die Fonds in den Markt drücken. Die Faustregel dabei: Besonders zweifelhafte Fonds zahlen besonders hohe Provisionen. Die Finanzberater werden mit hohen Provisionen verleitet, die Produkte an ihre langjährigen Kunden zu verkaufen. Die meisten verstehen die Produkte selbst nicht, und viele werden dabei selbst zu Geschädigten, weil sie an den Finanzhokuspokus glauben. Noch schlimmer: Selbst Vermittler, die bereits mit Betrügerprodukten aufgefallen sind, werden nicht vom Markt entfernt. Sie machen einfach weiter, mit neuen Produkten – mal mit unseriösen, mal mit halbwegs vertretbaren. So landete einer der besten Verkäufer des Anlagebetrügers Helmut Kiener im Vertrieb des Ergo-Konzerns, wo der Mann inzwischen eine Ergo-Hauptagentur führt.[36]

Provisionen sind also das größte Problem. Eine Forschergruppe ermittelte bei einer Vertriebsorganisation mit rund 11 000 Verkäufern ein Jahresprovisionsvolumen von mehr als 138 Millionen Euro. Das bedeutet aber auch, dass nur wenige wirklich so profitierten, wie es ein Wolfgang Thust vormachte – auf der Einsteigerebene bleiben nur die Brosamen übrig. Bei der untersuchten Vertriebsorganisation ergab das durchschnittliche Provisionseinkommen der Verkäufer 12 586 Euro im Jahr oder 1049 Euro monatlich. Weil aber die Systeme so gestaltet sind, dass die obersten Hierarchiestufen mit den Generälen einen Anteil der Provisionen ihrer Frontsoldaten zugesprochen bekommen, erhalten die Verkäufer der untersten Stufe noch weniger als diesen Durchschnittswert. »Das Ende vom Lied waren 8000 Euro Schulden, keine Freunde mehr und auch kein Geld«, berichtete ein Verkäufer in einem Internetforum, »ich hatte gar nichts mehr.«[37]

POLITISCHE SCHUBKRAFT: MIT TRICKS GEGEN KAUFWIDERSTÄNDE

»Unsere größte Leidenschaft, aber auch Kernkompetenz, ist das VERKAUFEN.«
(Werbespruch der Thust-Firma Pyramidon AG, 2014)[1]

Zehntausende blieben auf der Strecke, aber die Strukturvertriebsorganisationen wuchsen weiter. 2004 hatten sie mit Bausparverträgen, Versicherungen, Sparplänen und Fonds ein Finanzvolumen von rund 136 Milliarden Euro vermittelt – seit der Deregulierung 1994 ein Wachstum von 18 Prozent. 60 Prozent aller Versicherungen wurden im Direktvertrieb verkauft.[2] Ebenso wuchsen die Kundenproteste. Wolfgang Römer, der Ombudsmann für Versicherungen, zählte 2006 fast 11 000 Beschwerden. »Ich beklage falsche Auskünfte, schlechte Aufklärung und hohe Intransparenz«, sagte Römer. Vor allem bei den Lebensversicherern erkannte er »ein so hohes Maß an Undurchschaubarkeit, dass der Ärger programmiert ist«. Er berichtete von zunehmender Aggressivität und Aversionen gegen die gesamte Branche.[3]

Ein krasses Leben

Es waren wieder einmal Skandale aus dem berauschten Verkäufermilieu, die das Bild einer Untergrundbranche zeichneten. Im November 2009 sorgte Starvertriebsmann Mehmet

Göker für Schlagzeilen. Sein Kasseler Verkaufsbüro MEG AG (»Ihr Vorsorge-Spezialist«) mit 1400 Verkäufern ging pleite. Der Insolvenzverwalter rückte an, der Staatsanwalt ermittelte wegen des Verdachts der Untreue und Insolvenzverschleppung. Hundert Beamte rückten zur Großrazzia an, das Fernsehen berichtete, und der Filmemacher Klaus Stern war dabei. Der Dokumentarfilmer lieferte mit seiner Milieustudie über Göker zum ersten Mal authentische Einblicke in die Unterwelt der Versicherungsverkäufer.[4]

Göker hatte die Aufklärungsabsicht des Filmers offenbar falsch verstanden, denn er lieferte besinnungslos drastische, aber ehrliche O-Töne: »Ich hab so ein krasses Leben!« Und den fertigen Film fand er so gut, dass er selbst dafür warb und ihn seinen Freunden zu Hause am Pool auf großer Leinwand präsentierte. Göker am Pool, Göker im Ferrari, Göker im Privatsolarium, Göker in der Privatbar, Göker im begehbaren Humidor mit achtzehn edlen Zigarrensorten, Göker als gefühlter Millionär. Noch nie war Protz so peinlich. Unübertroffen selbstverliebt präsentierte er sich, im Kinosaal wurde er zur Kultfigur. Jeder Spruch ein Schenkelklopfer. »Bei Gucci und Louis Vuitton verteilt er Geschenke, abends tanzen leicht bekleidete Frauen, nebenher wird gekokst«, berichtete die *Financial Times Deutschland*. Zur Belustigung der Mitarbeiter erschienen Promis wie Günther Netzer und Politiker wie Guido Westerwelle in seinen Firmenhallen, wie auch Roberto Blanco, Costa Cordalis und Jürgen Drews.[5]

Aber wie konnte es so weit kommen, dass hochrangige Manager von Versicherungskonzernen, die etwas auf sich hielten, diesem Mann huldigten? Dass »durchgeknallte Vertriebsvorstände«, wie ein Kritiker sie klassifizierte, Göker für seine Verkaufserfolge auf Motivationsfeiern überschwänglich beglückwünschten,[6] darunter Vorstandsmitglieder von der Alte Leipziger, der Axa und der Allianz? »Wir sind froh, dass es Sie gibt!«, rief einer Göker zu – vor der laufenden Kamera des Dokumentarfilmers.[7] Gökers Erfolg war dabei genauso simpel gestrickt wie der vieler Verkäuferstars: Mit Provisionen fütterten die Krankenversicherungen den Aufbau seines Reiches. Für jeden neugewonnenen Kunden überwiesen sie ihm durchschnittlich 14,4 Monatsbeiträge. Rund 8000 Euro kassierte er bei der Vermittlung eines Kunden, der einen Monatsbeitrag zwischen 500 und 600 Euro einbrachte. Der Allianz-Konzern bezeichnete die Zusammenarbeit mit der Göker-Truppe als »Premium-Partnerschaft«.[8]

2003 hatte er mit einem Einzelunternehmen begonnen, konzentrierte sich auf Krankenversicherungspolicen. Ende 2005 hatte er bereits vierzig Mitarbeiter, und ein Jahr später arbeiteten in seiner neugegründeten Aktiengesellschaft MEG AG bereits hundertfünfzig Mitarbeiter. Nichts daran war solide finanziert, nichts davon unternehmerisch weitsichtig. Im Gegenteil: Sein Scheitern war vorprogrammiert. Nach innen tyrannisierte er seine Mitarbeiter wie in einer Sekte, nach außen präsentierte er stillosen Pomp. Seine Klappe war riesig, seine Bilanzen waren schwach. 2007 erwirtschaftete seine MEG AG nicht einmal den Gegenwert eines Ferraris, von denen er für seine Mitarbeiter dreizehn Stück beim überglücklichen örtlichen Automobilhändler bestellt hatte.[9] Von einem Firmenwert von 240 Millionen Euro wurde gefaselt, in der Realität standen minimalen Anlagevermögen gewaltige Fehlbeträge und Verbindlichkeiten gegenüber. Und ein Bilanzposten zeigte, wie er selbst für seine Mitarbeiter vorsorgte, die sich ihren Kunden gegenüber als Vorsorgeexperten vorstellten: Insgesamt 20 650 Euro hatte er in der MEG AG für die Pensionen aller seiner Mitarbeiter zurückgelegt, als die Firma noch eine Bilanz erstellte.[10]

Wie morsch sein System war, demonstrierten schon früh seine Begegnungen mit der Justiz. Im September 2007 erlebten die MED-Mitarbeiter die erste Razzia der Staatsanwaltschaft Kassel, die wegen Steuerhinterziehung ermittelte und ihn ein Jahr später zu einer Geldstrafe verurteilte. Im November 2009 kam es erneut zu Ermittlungen, diesmal wegen des Verdachts der Untreue und Insolvenzverschleppung. Ein Jahr später gab es die Großrazzia. Die Ermittlungen wurden ausgedehnt, weil der Verdacht aufkam, dass Göker trotz Insolvenz mit Hilfe von Strohmännern heimlich weiteroperierte. 2011 zog er sich in die Türkei zurück, und plötzlich kam seine Mutter im Versicherungsgeschäft ganz groß raus: »Das ist die Firma meiner Mutter, bei der ich Angestellter bin. Und fertig!« Währenddessen wurde in Deutschland ein Haftbefehl ausgestellt. Die Strafverfahren führten zur zweiten Verurteilung, in Abwesenheit. Göker ließ sich im Sportwagen an der Ägäis filmen, am Pool seiner türkischen Villa verhöhnte er die Staatsanwälte: »Ich wünsche weiterhin viel Spaß bei den Ermittlungen.« Da war er gerade 30 Jahre alt.[11]

Ein Verhaltenskodex für ehrbare Kaufleute

»General« Wolfgang Thust von der HMI hatte unterdessen seine Geschäfte internationalisiert. In Luxemburg war er geschäftsführendes Verwaltungsratsmitglied der Pyramidon AG geworden, einer Firma zur »Vermittlung von Versicherungen aller Art«.[12] Das Motto der Firma: »Unsere größte Leidenschaft, aber auch Kernkompetenz, ist das VERKAUFEN.«[13] Der HMI-Großverkäufer blieb ein Meister in diesem Fach: Seine Wolfgang Thust GmbH & Co. KG mit Sitz in Niedernhausen bei Wiesbaden bewegte 2006 bereits eine Bilanzsumme von 24 Millionen Euro und verfügte dabei über ein stattliches Eigenkapital von 11,6 Millionen Euro bei Verbindlichkeiten von mehr als 12 Millionen Euro.

Die Kundenprovisionen flossen in Strömen. Party war angesagt, die HMI-Bikersnight beispielsweise, die 2007 in Potsdam stieg. Go-go-Girls tanzten auf den Tischen und schütteten den Gästen Wodka in den Mund, HMI-General Wolfgang Thust war der Star und Ex-Boxweltmeister Dariusz Michalczewski der Stargast. Der Mann mit den Fäusten war nun auch einer von der HMI. 2005 hatte der Boxer in Danzig einen eigenen Versicherungsvertrieb der Hamburg-Mannheimer aufgezogen und den Weg zur HMI über den Boxpromoter Ebby Thust gefunden.[14]

»Heute gilt die HMI-Organisation (als rechtlich unselbständige Strukturvertriebsorganisation der Ergo Lebensversicherung AG), bei aller gebotenen Bescheidenheit, bei vielen Experten als die erfolgreichste Vertriebsorganisation in Deutschland, die auf dieser Vertriebsform basiert«, schrieb Wolfgang Thust im Jahr 2010.[15] Zu diesem Zeitpunkt erwarteten die Versicherungsgesellschaften wieder einmal einen deutlichen Beitragsanstieg: Auf insgesamt 180 Milliarden Euro wurde der Zuwachs 2010 beziffert.[16] Das sollte eigentlich reichen, könnte die einfache ökonomische Schlussfolgerung lauten. Doch für einen Versicherungsverkäufer vom Schlage Thusts war das noch lange nicht genug. »Nimmt man das Marktpotential und den Marktanteil als Indikatoren der relativen Marktsättigung«, so rechnete er etwas hochgestochen vor, »sind allein aus Sicht unserer HMI, dem Strukturvertrieb der Ergo Lebensversicherung, noch über 97 Prozent der potentiellen Zielgruppe keine Kunden bei uns.« Das war vermutlich keine Zahl, die den Ergo-Ökonomen in den Sinn gekommen wäre, aber die kannten die Euphorie an der Verkaufsfront nicht. »Ebenso ist es bei potentiellen Mitarbeitern«, rechnete Thust weiter vor, »mit jedem Jahrgang kommen in Deutschland über 600 000 neue mögliche Kunden und Mitarbeiter hinzu. Vor uns liegt immer noch weites Feld.«[17]

Nun ja, nach Thusts Rechnung zählte eben jeder deutsche

Neugeborene als künftiger HMI-Verkäufer oder zumindest als Ergo-Kunde. Die bombastische Verkäufervision war das eine, die ernüchternde Realität das andere: Tatsächlich machten sich bei den Versicherern nicht nur Sättigungseffekte bemerkbar. Im Lebensversicherungssektor wuchs die Branche zum Beispiel nur durch eine neue modische Drehung im Verkauf: durch das sogenannte Einmalbeitragsgeschäft. Dieses Geschäft stieg 2008 um 4,5 Prozent, im Jahr 2009 jedoch um atemberaubende 60 Prozent und 2010 immerhin noch um rund 30 Prozent.[18] Hinter diesen Wachstumszahlen steckte ein neuer Verkaufstrick: Die Policen kamen durch eine hohe Einmalzahlung des Kunden zustande. Häufig wurde dabei einfach nur das Geld aus einer abgelaufenen Police statt auf das Kundenkonto in einen neuen Versicherungsvertrag umgebucht. In einer Variante erhielt der Kunde danach eine monatliche Rentenzahlung statt des vollen Betrags aus dem ausgelaufenen Vertrag.[19] Diese Verträge bescherten den Versicherungen einen umwerfenden Erfolg: Die »beste Entwicklung der Unternehmensgeschichte«, frohlockte zum Beispiel die R+V Versicherung. »Einmal einzahlen, lebenslang profitieren«, warb die CosmosDirekt.

Für die Kunden waren sie aber alles andere als »solide« und »transparent«, wie versprochen wurde. »Kurz gezahlt, lange gelitten«, kommentierte die *Zeit* diesen Verkaufstrick: »Legen Sie 50 000 Euro an, wir zahlen Ihnen eine schöne Rente – das versprechen Lebensversicherer neuerdings oft. Glauben sollte man es nicht.«[20] Tatsächlich schritt sogar die Finanzaufsichtsbehörde BaFin ein und begrenzte, eher kosmetisch, die Höchstbeträge. Doch die BaFin-Regelung änderte nicht viel, es gab sogar noch mehr Auswüchse: So verleiteten Versicherungsverkäufer ihre Kunden in manchen Fällen sogar, ihre alten Verträge noch vor Ablauf zu kündigen, damit sie ihnen noch schnell eine neue Einmal-Police verkaufen konnten. Ihr Verkaufsspruch: »Wenn Sie jetzt kündigen, sparen Sie sich die restlichen einzuzahlenden Prämien, und wir können mit dem Geld ordentliche Überschüsse generieren.« Die Kunden verzichteten dabei oftmals unwissentlich auf hohe Schlussüberschüsse, die ihnen am Ablauftag der Lebensversicherung gezahlt worden wären. Und sie bekamen auch nicht mit, dass die Verkäufer bei diesem Vertragswechsel wieder Provisionen oder Abschlussgebühren kassierten. Sie wurden dabei faktisch mit einem Streich zweimal über den Tisch gezogen. Und wie immer bezogen sich die versprochenen supertollen Renditen nicht auf die gesamt eingezahlte Summe, sondern nur auf den Sparanteil der Police.

»Bei den Sofortrenten wird zum Beispiel im Schnitt fast der gesamte garantierte Mindestzins (2,25 Prozent) durch Abschluss-, Verwaltungs- und Biometriekosten aufgezehrt«, rechnete die Zeitschrift *Ökotest* vor. »Folglich kommen von der zugesagten sicheren Verzinsung nur mickrige 0,29 Prozent pro Jahr in Form der garantierten Rentenrendite bei den Männern an.« Was vordergründig nach einer guten Sache aussah, war es nach den Berechnungen der Tester nicht: »In den Genuss üppiger Rentenrenditen kommen Einmalbeitragszahler zudem auch im günstigsten Fall nur, wenn sie die Aussicht haben, so alt wie Johannes Heesters zu werden. Wer dagegen nur 80 wird, macht mit Einmalbeitragsrenten ein dickes Minusgeschäft.« Das Magazin hatte einen Musterfall eines Kunden durchkalkuliert, der mit 65 eine Sofortrente abschließt und nur 80 Jahre alt wird. Das Resultat: Er hätte bei allen getesteten Anbietern sein Geld verbrannt. »Denn bis zu seinem Tod hätte er nicht einmal seinen Einmalbeitrag in Form von laufenden Rentenzahlungen zurückerhalten – von einer Verzinsung ganz zu schweigen.«[21]

Die Versicherungskonzerne und ihre Verkäuferorganisationen erlebten mit diesen neuen »Finanzprodukten« erneut einen Boom, doch bald war das Verkaufsfeuer erloschen – vielleicht auch, weil die profunden Bewertungen in Magazinen wie *Ökotest* und *Finanztest* beim Publikum ankamen. Die riesigen Verkäufertruppen jedenfalls mussten mit immer neuen Finanzprodukten und Neukreationen vermeintlich sinnvoller Verträge ausgerüstet werden, um ihre Maschine am Laufen zu halten. Denn trotz massiver Marketinganstrengungen, altbekannter Motivationstricks für die Vertriebsleute und einer starken Konzentration auf dem Vertriebsmarkt verkauften sich die Riester-Verträge und Rürup-Renten immer zäher, während die Zahl der Abschlüsse bei den Lebensversicherungen stagnierte.

Der wichtigste Grund dafür: Das Ansehen der Versicherungsvertreter war lädiert. »Es gibt hohe Kaufwiderstände«, jammerte Ergo-Vorstandsmitglied Johannes Lörper im Mai 2011 gegenüber den Autoren Balodis und Hühne.[22] Mit anderen Worten: Die Kunden streiken, sie wollen die Schwindelprodukte nicht mehr kaufen. Im November 2012 musste selbst der Gesamtverband der Deutschen Versicherungswirtschaft (GDV), die behäbige Lobbyorganisation der Branche, eingestehen, dass die Dinge an der Front aus dem Ruder liefen: Das Image der Versicherungsverkäufer war auf dem Nullpunkt angelangt.[23]

Der Verband beschloss einen »Verhaltenskodex für den Vertrieb«. Kaum zu glauben, aber darin war tatsächlich vom »ehrbaren Kaufmann« die Rede. Und natürlich fanden sich auch die üblichen Allgemeinplätze: »Das Kundenbedürfnis steht im Mittelpunkt bei der Beratung und Vermittlung« oder »klare und verständliche Versicherungsprodukte«.[24] Dies zu unterschreiben fiel den Versicherungskonzernen nicht schwer; fast alle Großen traten dem Kodex bei.[25] Auf den Webseiten werden die Kunden seitdem mit Gutmenschen-Erklärungen und allerhand Korrektheitsversprechen belästigt – transparente Verträge bekommen sie dennoch nicht verkauft. Die Kodizes sind etwa so viel wert wie ein Riester-Vertrag.

Neuer Wein in alten Schläuchen

An der Front hingegen half man sich mit neuen Visitenkarten. Darauf standen ganz neue, hochprofessionell klingende Berufsbezeichnungen, zum Beispiel »Finanzberater« oder noch besser »Financial Consultant«. Mit welchem Zynismus die Vermittler immer noch für ihren Einsatz beim Kunden vorbereitet wurden, gaben die Verkaufstrainer Ralf-Peter Prack und André Czerwionka mit freiwilliger Dreistigkeit in einem Ratgeberbuch für Vermittler preis. Der Untertitel: »Wie Sie mit zielführenden Zaubersprüchen beim Kunden Verträge abschließen.«[26] Die beiden Versicherungskaufleute erklärten darin den Verkäufern, wie sie »im Gespräch das Gehirn ihres Kunden mit Informationen befüllen«, anhand »erprobter und wirksamer Verkaufsrezepte«.

Die Lehrmeister empfahlen zwar ihren Lesern, sich beim Thema Altersversorgung schlauzumachen und entsprechende Ausbildungen der Unternehmen wahrzunehmen. Mit detaillierten Drehbüchern stellten sie die typischen Verkaufssituationen dar und lieferten »Zaubersprüche«, die rasch zu einem erfolgreichen Vertragsabschluss führen sollten, zum Beispiel für den Verkauf von Riester-Verträgen. »Sprechen Sie jeden Kunden auf eine Riester-Rente an«, erklärten die Autoren und zeigten, wie die Vermittler mit unwilligen Gesprächspartnern umgehen sollten. »Sie als Verkäufer werden also oft die Aussage hören: ›Das lohnt sich für mich nicht!‹ Hier sollte Ihr Ehrgeiz geweckt werden. Hier beginnt doch erst der Spaß!« Man solle sich durch die Bedenken der Kunden »nicht abwimmeln« lassen.

Zu den im Buch präsentierten Tricks, mit denen Kunden überrumpelt werden sollten, nannten die beiden auch diesen: »Pack den Kunden bei seiner Ehre.« Das Ziel dieser »Rezeptur« solle sein, dass der Kunde, den sie im Beispiel Herrn Ast nennen, den Riester-Vertrag »sofort abschließt«. Mit einem Frage-Antwort-Spiel solle der Kunde erst einmal mit einem simpel hingekritzelten Schema in das System der gesetzlichen Rentenversorgung eingeführt werden. Dabei solle ihm erläutert werden, dass für jeden Arbeitnehmer pro Jahr eine Rückstellung in Höhe von 154 Euro gebildet werde, die allerdings nur jeweils bis zum 31. Dezember bereitstehe. Für den Beispielkunden Ast summiere sich der Betrag mit Ehefrau und zwei Kindern auf insgesamt 678 Euro. Dieser Betrag könne via Riester-Rente als Zuschuss genutzt werden, andernfalls fiele er an die Gemeinschaft der Rentenversicherten zurück.

Dem Kunden werde nun erklärt: »Herr Ast, wir haben jetzt zwei Möglichkeiten: Erstens, nach dem 31.12. wird diese Rückstellung an die Rentner ausgezahlt – und die freuen sich wieder!« Gleichzeitig solle der Verkäufer auf dem Notizblatt einen Pfeil an die Rentner zeichnen. »Oder wir beantragen die Rücküberweisung auf einen eigenen Sparvertrag!«, solle der Verkäufer fortfahren und einen Pfeil auf das Männchen malen, das den Kunden Ast symbolisiere. »Herr Ast – wer hat dieses Geld eingezahlt?«, solle der Verkäufer nun fragen: »Antwort abwarten!!!« Die Kundenantwort sei logisch, so dass der Verkäufer nur erwidern müsse: »Richtig, es ist das eigene Geld! Es ist also Ihr Geld, das Monat für Monat auf dieses Rückstellungskonto eingezahlt wird.« Sobald dieser Aha-Effekt erzeugt sei, werde nach folgendem Plan fortgesetzt: »Und nun der wichtigste Satz des gesamten Zauberspruchs: ›Und jetzt mal Hand aufs Herz ...‹ Legen Sie tatsächlich Ihre Hand aufs Herz. Während Sie den Zauberspruch aufsagen.« Es folge die magische Frage: »Wie würden Sie jemanden bezeichnen, der sich das Geld, welches er selbst eingezahlt hat, nicht zurückholt?« Und Simsalabim, der Kunde fühle sich dumm, wenn er jetzt nicht einwillige. Der Versicherungsverkäufer könne also zur Tat schreiten und die Antragsformulare ausfüllen.

Die Autoren beschreiben eindringlich, wie die Gesprächspartner im Verlauf des Verkaufsvorgangs sich derart auf das Gekritzel und die Zaubersprüche konzentrierten, dass sie regelmäßig zu fragen vergäßen, wie viel Altersrente sie letztlich mit dem Riester-Vertrag erwarten könnten. Der Verkäufer sollte bei richtiger Anwendung dieses Drehbuchs mit zwei Verträgen aus dem Hause Ast gehen, einem für Herrn Ast und einem für die Ehefrau.

Die Autoren erklärten außerdem den »Griff-nach-den-Sternen-Trick«: Bei diesem Ablauf solle dem Kunden die Genugtuung vermittelt werden, dass er selbst – schrittweise und nach einem detaillierten Gesprächsplan – die Antwort geben könne, was eine Rendite sei. Der Kunde solle dabei nach einem primitiven Schema zur richtigen Antwort hingeführt werden. »Wenn Sie sich hier die Zustimmung des Kunden abholen, können Sie sicher sein, dass Sie am Ende des Zauberspruchs die Unterschrift erhalten.« Der Verkäufer solle ihn belobigen, und der so übertölpelte Herr Ast solle am Ende das Gefühl haben, dass er sogar »jährlich SICHERE zehn Prozent Rendite erhalten« werde. Der Trick dabei: Die staatlichen Förderungsbeträge würden ihm als Teil der Rendite vorgegaukelt. Und wieder würde der Verkäufer nach diesem Drehbuch todsicher mit zwei Riester-Verträgen aus dem Verkaufsgespräch gehen. Diese »Rezeptur« ist natürlich unlauter, denn die Rendite besteht ausschließlich aus dem Betrag, den die Versicherungsgesellschaft durch ihr Anlagegeschäft für die Kunden erwirtschaftet und der mitnichten bei 10 Prozent liegt. Was hier als Rendite verkauft wird, ist nichts weiter als eine Gabe des Staates und nicht das Verdienst der Versicherung.[27]

Die Autoren Prack und Czerwionka sind beileibe keine Außenseiter. Sie sind erfahrende Versicherungsverkäufer und gefragte Trainer, Dozenten und Prüfer für die Industrie- und Handelskammern und zählen zu den seriösen Vertretern der

Branche. »Ich habe mich vor mir selbst geschämt«, offenbarte ein Vermittler nach seinem Ausstieg, »die Enttäuschung in den Augen der Freunde und Bekannten zu sehen, denen ich eine Versicherung andrehen wollte, das hat wehgetan.« Er ahmt die typische Gesprächssituation nach, zeichnet eine Lebenslinie bis zum Alter von 60 Jahren auf ein Blatt Papier, verweist auf die stetig steigenden Kosten im Lebensverlauf: Autos, Haus, Kinder. Und dann kommt das Wort von der »Versorgungslücke«. So hatte er es gelernt.[28]

Am Ende der Nullerjahre hatte fast jeder erwachsene Deutsche solche oder ähnliche Erfahrungen mit den Verkäufertruppen der Assekuranz gesammelt. Ende 2010 gab es mehr als 94 Millionen Lebensversicherungsverträge – mehr als Deutschland Einwohner hat –, 67 Millionen Policen der privaten Krankenversicherungen und 196 Millionen Schadens- und Unfallversicherungsverträge. Und im selben Jahr zahlten die Deutschen 178 Milliarden Euro an Versicherungsbeiträgen, davon mehr als 87 Milliarden allein für Lebensversicherungen.[29] Die Erfahrungen scheinen nicht die besten gewesen zu sein, denn seitdem sinkt die Zahl der Verträge. In nur einem Jahrzehnt ist die Ausgabebereitschaft für die Altersvorsorge bei den Deutschen rapide gesunken. Das Meinungsforschungsinstitut Allensbach befragte dazu regelmäßig die Bevölkerung ab 16 Jahren, ob sie dem Satz zustimmen möge: »Das ist mir so wichtig, dass ich bereit bin, einiges dafür auszugeben.« 2001 stimmten dem noch 45 Prozent der Befragten zu, 2011 waren es nur noch 24 Prozent. Dies ist umso bemerkenswerter, als eine Mehrheit davon ausging, dass sie sich im Alter als Rentner einschränken müssen.[30]

Die Hamburg-Mannheimer mit ihrer HMI-Organisation war auf ihrem Zenit angekommen. Sie war nun wie die Victoria, die DKV und die D.A.S. fester Teil der Ergo-Versicherungsgruppe, eines riesigen Marken- und Unternehmenskonglomerats. Ergo: Das war eine Ansammlung von

Hunderten aufgekauften Versicherungen und Investmentvehikeln. Die Liste ihrer weltweiten Unternehmensbeteiligungen füllte zehn eng beschriebene Seiten.[31] Ende 2009 verleibte sich der Rückversicherungskonzern Munich Re die Ergo-Gruppe mitsamt der etwa 13 500 haupt- und nebenberuflichen HMI-Mitarbeiter vollständig ein.[32] Ein Bewertungsgutachten schätzte den Wert des Unternehmens auf mehr als 7 Milliarden Euro[33] – weit mehr als die Deutsche Lufthansa oder der weltmarktführende Medizinkonzern Fresenius an den Börsenmärkten im August 2014 wert waren.[34]

Die HMI-Vertriebsstruktur sollte auch nach der vollständigen Übernahme durch den Ergo-Konzern erklärtermaßen nicht geändert werden, denn sie galt als überaus erfolgreich.[35] Diese Wertschätzung der Fähigkeiten der HMI-Verkäufertruppen und ihrer Manager an der Konzernspitze der Ergo-Gruppe gründete auf einer grandiosen Selbsttäuschung. Die führenden Manager waren wie einst Wolfgang Thust und seine Generäle der Illusion erlegen, dass sie die fragwürdigen Geschäftspraktiken der Vertriebsorganisation ungerührt fortsetzen könnten. In Tat und Wahrheit aber zeichnete sich bereits ein Overkill ab. Die Ikone des braven Herrn Kaiser verwandelte sich in einem atemberaubenden Tempo in eine Spottfigur. Die HMI-Organisation geriet in den Strudel einer Krise, an deren Ende ihre gesamte Existenz auf dem Spiel stand und der Name Hamburg-Mannheimer vom Markt genommen werden musste. Und die führenden Ergo-Manager lieferten dabei ein beispielloses Schauspiel des Versagens. Das Ergo-Desaster nahm seinen Lauf.

FULL SERVICE IN BUDAPEST: WIE DIE ERGO-MANAGER IHREN VERTRIEB MOTIVIERTEN

> »Falschinformationen, abenteuerliche Ausreden und eine unfassbare, jahrelange Vertuschungskultur.«
> (Clemens Vedder, kritischer Investor, 2012)[1]

> »Wir haben ein ganz massives Problem.«
> (Interne Mitteilung des Ergo-Chefjuristen Holger Schmelzer)[2]

Kai Lange ist ein Vertriebsmann von echtem Schrot und Korn. Leicht verschmitzt blickt er durch seine randlose Brille, sein Auftritt ist geschäftlich geschliffen. Er kann reden, man würde ihm sicherlich einen Gebrauchtwagen abkaufen. Lange, Jahrgang 1959, zählt zu den Pionieren des Geschäfts, und es sieht ganz danach aus, dass er geschäftlich die großen wilden Zeiten hinter sich hat. 1987 hatte er zusammen mit seinem Schwager Carsten Maschmeyer den Strukturvertrieb AWD aufgebaut. 1999 ging er zur Hamburg-Mannheimer, die heute zur Ergo-Gruppe gehört, und war dort als Leiter der HMI-Vertriebsorganisation verantwortlich für 20000 Mitarbeiter. Seit 2008 ist er bei der neuen Vertriebsorganisation Formaxx, seit 2010 deren Berliner Direktionsleiter.

Die Formaxx-Geschäfte liefen seit der Gründung nicht gut. Das Vertriebsunternehmen, als Konkurrenz zum AWD aufgebaut, schrieb von Beginn an Verluste. Bis zum Jahr 2013 lief ein Verlustvortrag von 42 Millionen Euro auf.[3] Eine eigens gegründete Tochter zur Firmenberatung wurde im selben Jahr liquidiert. Und immer noch plagten Lange die Geister der HMI-Vergangenheit. Im Juli 2011 wurde er von seinem ehemaligen Arbeitgeber Ergo mit dem Vorwurf der Untreue angezeigt, die Staatsanwaltschaft Hamburg ermittelte gegen ihn. Er wies die Vorwürfe stets entschieden zurück, und es gilt die Unschuldsvermutung.

Fest steht jedenfalls, dass Kai Lange der Mann war, der als Vertriebsdirektor 2007 die hundert besten Vertreter der Hamburg-Mannheimer Versicherung zu einer Sexorgie nach Budapest einlud und auch selbst an dieser Sause teilnahm. Und klar ist auch, dass er im September 2005 sechzehn hochrangige HMI-Verkäufer zur »Top-Five-Clubreise« nach Mallorca einlud. Mit dabei war der damalige Vertriebsvorstand Ulf Redanz, Jahrgang 1964, ein fachlich versierter Mann, der 1995 über das ziemlich trockene Thema der »Besteuerung von Termingeschäften in Aktienindizes« promoviert hatte. Ein typischer Karrieremanager der Assekuranzbranche.[4]

Die große Sause

Die Reisefreude der HMI-Generäle und ihrer verdienten Verkäufer war in der Branche kein Geheimnis. Die Liste der Events: Hamburger Reeperbahn (2007), Wien (2008), Tallinn (2009), Rio de Janeiro, New York, Hamburg, Kitzbühel (2010) und Sardinien (2012). Es gab Tabledance und Striptease, Erotikclubs und Bordelle, das übliche Programm. Die Rechnungen waren stattlich, aber das erregte offenbar niemanden im Ergo-Konzern. So kostete die Mallorca-Tour mit Lange und Redanz, organisiert vom spanischen Veranstalter Iberoservice, fast 56 000 Euro. Die Kosten waren korrekt abgerechnet worden, so wie die Konzernbuchhaltung es verlangte: 35 586 Euro für Hotel, Verpflegung und Ausflüge, 7783 für Reisekosten, 5568 für eine offenbar geschäftsnotwendige Videoproduktion, die wohl bis heute niemand gesehen hat, 4626 für Präsente und Dekorationen sowie bescheidene 2428 Euro für Bewirtungen.

Über die Vorgeschichte der Budapest-Tour gibt es unterschiedliche Versionen. Zeitzeuge Francisco Moraga, der Frankfurter Starverkäufer, nannte es eine »wahnwitzige Idee« der Ergo-Manager. Im Frühsommer 2007, so Moraga, sei in der Hamburger Vertriebsdirektion die Angst umgegangen, dass die Power verlorenginge und dass so manche Führungskraft einzuschlafen drohte. Man habe »die guten alten Zeiten wieder auferstehen lassen« wollen, erinnerte sich Moraga.[5]

Die Sache musste offenbar gründlich vorbereitet werden. Zum zweiten Mal reisten vier Ergo-Kaderleute am 30. April 2007 nach Budapest, zu einer »Check-Reise«. Nichts sollte dem Zufall überlassen bleiben, alles perfekt organisiert sein. Die Herren wollten ihre Verkäufer im Gellért-Bad, einer berühmten historischen Therme, nach allen Regeln der Kunst belohnen. Einer der Manager sollte für die geplante Party »ausreichend Mädels« besorgen und engagierte rund sechzig bis siebzig Damen für den Abend, davon zwanzig Prostituierte sowie vierzig bis fünfzig Hostessen. Für die Beschaffung der Prostituierten und Hostessen verfügte der Mann über die richtigen Kontakte: Er kannte in Budapest einen, der einen Bordellbesitzer kannte. Der Rest war keine große Sache mehr: Lange nickte ab, Redanz, der promovierte Vertriebsvorstand, genehmigte.

Am 4. Juni, einem Montag, bestiegen die HMI-Stars das Flugzeug nach Budapest, wo im Hotel 73 Zimmer reserviert waren. Zum Gruppenfoto erschienen 67 Männer. Auch drei Damen waren auf dem Bild zu sehen, die man später allerdings nicht mehr näher identifizieren konnte. Beim Papierkram nahm man die Dinge etwas lockerer, man forderte dieses Mal von den Herren nicht wie sonst, dass sie eine Teilnehmerliste unterzeichnen sollten.[6] Die folgenden Stunden und Tage werden zum Teil widersprüchlich geschildert, nach übereinstimmenden Aussagen jeweils mehrerer Teilnehmer lässt sich der Ablauf aber rekonstruieren.

Nach der Landung am Budapester Liszt-Ferenc-Flughafen erschienen die ersten Hostessen, überreichten freundlich lächelnd ein Glas Sekt. Auf dem Donauschiff Spoon, direkt vor dem Hotel, wurde ein Empfang gegeben, neudeutsch »Gettogether« genannt. Es gab Fingerfood und ein paar Gläschen zur Auflockerung. Eine Barkasse fuhr am Schiff vorbei, barbusige Hostessen winkten freundlich und hielten ein Schild mit einem netten Gruß hoch: »We love HMI«. Es folgte eine kurze Ansprache für die Herren, mit konkreten Anweisungen für den Verlauf des weiteren Abends im Gellért-Bad. Es seien auch Damen anwesend, »mit denen man reden müsse« (Hostessen), und andere, »mit denen man nicht reden bräuchte« (Prostituierte). Man würde die Damen an farbigen Armbändchen erkennen.

Um 21 Uhr begann die Sause im Gellért-Bad unter dem Motto »Let's go party – Part 1«. Das Fest stieg im Außenbereich, ein Türsteher und ein Mitarbeiter der organisierenden Agentur wiesen auf das Verbot von Kameras und Fotohandys hin. Die Party sollte offenbar ohne YouTube ablaufen. An einem Red-Bull-Pavillon vorbei ging es auf das Freigelände des Bades. Die Herren erwartete ein Setup mit City-Colour-Beleuchtung und Feuerfackeln auf den Terrassen. An den Stil konnten sie sich hinterher nicht mehr übereinstimmend erinnern, einer sprach von einem Design des »Alten Rom«, andere erinnerten sich an »Tausendundeine Nacht«. Für die Band Soul Kitchen war eine Bühne aufgebaut, und ein Buffet war bereitgestellt, das vom Fernsehkoch Stefan Marquard mit seinem Team zubereitet wurde. Im Zentrum der Anlage war ein Zelt aufgebaut, auf den Terrassen des Außenbeckens standen fünf Himmelbetten mit weißen Schals. Es gab Live-Performances, unter anderem traten Bauchtänzerinnen und ein Feuerschlucker auf. Die bestellten Hostessen und Prostituierten kamen in normaler Partykleidung. Das war der Auftakt.

Die Herren kamen rasch in Stimmung. Einige sangen »Eye of the Tiger«, den Titelsong aus dem Actionthriller *Rocky III* mit Sylvester Stallone in der Rolle des schiefmäuligen Boxers. Hemmungslosigkeit, wie sie Moraga so eindringlich beschrieben hatte, ergriff die Teilnehmer. Zsuzsa K., ein Callgirl aus Budapest, berichtete später einem *Bild-am-Sonntag*-Reporter, wie sie den Herren von der HMI zu Diensten sein musste. »Ich weigerte mich, mit Alten und Dicken intim zu werden«, beschrieb sie ihre eigenen Grenzen bei diesem Spiel. Die Organisatoren hätten das akzeptiert. Bei den übrigen Männern habe sie »einfach gemacht, was verlangt wurde«. Die Prostituierten bekamen einen Stempel auf den Arm, bevor sie mit den Herren in den Himmelbetten verschwanden. »Ich sah Mädchen, die hatten den ganzen Unterarm voll, vielleicht 20 Stempel«, erzählte später einer der Teilnehmer. Ein Mann führte Buch über die Frequentierung der Prostituierten – wohl für die korrekte Abrechnung der bezogenen Leistungen. Ein Schwager des Budapester Polizeipräsidenten organisierte anderntags einen Stehgeiger zum Dinner, der Polizeipräsident wiederum war für die Verlängerung der Sperrstunde von 24 Uhr auf 4 Uhr morgens für die Außenveranstaltung im Gellért-Bad zuständig. Alles hatte seine Ordnung, nur eine Kleinigkeit war schlecht geregelt: Am anderen Morgen beschwerte sich eine Reinigungskraft darüber, wie die Herren ihre Präservative entsorgt hatten.[7]

Der zweite Tag endete für rund zwanzig bis dreißig HMI-Männer in einer »Diskothek«, die aber wohl eher als Bordell richtig beschrieben ist. In den oberen Etagen des Hauses konnten sich die Herren bedarfsgerecht zurückziehen. Ob auch dieser Trip auf der Ergo-Rechnung landete, ließ sich später nicht mehr genau klären. Einige behaupteten, es sei ein »Selbstzahler-Event« gewesen. Vier Tage später, am Donnerstag, war das Fest vorbei. Nach dem Frühstück bestiegen die Herren das Flugzeug in die Heimat.

»Das war eine reine Panikaktion, ein Akt der Verzweiflung, ein Ausrufezeichen, um die Truppen wieder wild zu machen«, meinte Starverkäufer Moraga.[8] Andere munkelten, dass die Motivationstour eine Art »Abschiedsgeschenk« für den ausscheidenden HMI-Chef Kai Lange sein sollte. Jedenfalls berichtete die HMI-Mitarbeiterzeitschrift einen Monat später in schlüpfrigem Ton über den »Mordsspaß« – mit Gruppenfoto. Die Eventfirma reichte sieben Rechnungen bei der Ergo ein: 333 039,90 Euro kostete die ganze Sause, auch die »Prostitutionsdienstleistungen«, so der Ergo-Wortlaut, wurden damit abgerechnet.[9]

Die Prüfer der »Betriebsausgaben« hatten zunächst keine Einwände. Ihre Abteilung OE Steuern erklärte, es stelle sich dazu nur die Frage, ob die Ausgaben »objektiv durch den Betrieb veranlasst und subjektiv dem Betrieb zu dienen« bestimmt waren. So sei es gewesen, daher keine steuerliche Beanstandung. Und auch die Honorare für die Prostituierten würden »zu keiner anderen Beurteilung« führen. Nach Paragraph 40 der Abgabenordnung sei es nämlich »für die Besteuerung unerheblich, ob ein Verhalten, das den Tatbestand eines Steuergesetzes ganz oder zum Teil erfüllt, gegen ein gesetzliches Gebot oder Verbot oder gegen die guten Sitten verstößt«.[10]

Der amerikanische Autor Michael Lewis fand die Veranstaltung sehr bemerkenswert und nahm die Episode in seinen Finanzkrisen-Bestseller *Boomerang* auf, obwohl er sich nur wenig mit der Versicherungsindustrie beschäftigte. Nicht, weil es eine Party mit Prostituierten war. »In der Finanzwelt sind Partys wie diese nicht ungewöhnlich«, sagte Lewis, »das eigentlich Sonderbare war, wie gut die deutsche Party organisiert war.« Die farbigen Armbändchen und die Stempel für jeden »bedienten« Mann, das fand Lewis ziemlich skurril. Sie »wollten nicht einfach irgendwelche Nutten«, schrieb der Autor, »sie wollten Nutten, die sich an Regeln hielten«.[11]

Im Juli 2007 übernahm Ludger Griese von Lange die Leitung der riesigen HMI-Organisation, auch er ein Mann mit einer diskreten Brille, geschliffenem Auftritt und freundlichem Managerlächeln – ein Mann, dem man sofort einen Neuwagen abkaufen würde. Spätestens seit Dezember 2007 wusste er von der Buchung von Prostituierten. Es war eigentlich schon damals ein schwerer Verstoß gegen die internen Ergo-Verhaltensrichtlinien, doch es gab keine spürbaren Sanktionen. Das Reisevergnügen ging weiter.[12]

Im Sommer 2008 fand die Incentive-Reise als sogenannte »Rekrutierungsparty« der Generalrepräsentanten auf Ibiza statt. Die Reise wurde von der Türkheimer Event-Agentur EMEC GmbH organisiert, die schon für das Catering in Budapest verantwortlich gewesen war. Praktischerweise führte dort ein HMI-Vertriebsmitarbeiter die Geschäfte. Am Flughafen Aeno Aeropuertos wurde Starverkäufer Wolfgang Thust empfangen und mit einer Hummer-Limousine zum Hotel chauffiert. Am Abend ging es, wieder per Hummer, zu einer Villa, die extra für die Party gemietet war. Angeblich waren nur Inselfreunde von Thust und Gäste des Villenbesitzers anwesend, insgesamt zwanzig bis fünfundzwanzig Personen, davon fünf Frauen – keine Prostituierten, so hieß es. »Eine dienstlich organisierte Reise mit überwiegend privatem Charakter«, befanden die Ergo-Prüfer später. Wobei das Wort »Rekrutierungsparty« einen besonderen Grund hatte: Es ging mal wieder um die Frage, ob man die Sause von der Steuer absetzen konnte, oder, wie es die Ergo-Prüfer ausdrückten, um die »Reduzierung geldwerter Vorteile« der Herren.[13] Der Ibiza-Trip kostete 29 610,37 Euro.

Im Sommer 2009 ging die Reise nach Jamaica ins »Swingerhotel« Hedonism II. Geplant war die Tour für dreizehn Teilnehmer von Verkäuferstar Moraga über das Reisebüro Holidayland. Am Ende reisten zehn HMI-Vertreter, die Rechnung lautete auf 16 847,36 Euro.[14] Im April 2010, als HMI-Chef Ludger Griese zum Vorstand der Ergo Lebensversicherung AG aufstieg, organisierte die Hamburger Geschäftsstelle eine weitere Sause für zweiundzwanzig Teilnehmer in New York und Jamaika. Auf der Karibikinsel ging es wieder ins Swingerhotel Hedonism II, das damals seine Services auf einer Website ziemlich eindeutig offerierte: »Seit seiner Eröffnung Ende der 70er Jahre ranken sich um das berühmt-berüchtigte Hedonism II Ressort die verschiedensten Mythen und Gerüchte. Doch ganz so verrucht, wie oft hinter vorgehaltener Hand erzählt wird, ist es nun wirklich nicht. Freizügigkeit, Lifestyle und Party ziehen Freigeister jeden Alters an und lassen den Aufenthalt zu mehr als einem 0815-Urlaub werden.« Gesamtkosten, betrieblich und steuerlich penibel abgerechnet: 75 120,16 Euro.[15]

Die Drücker machen Druck

Die Trips wurden Routine. Doch im Frühjahr 2010 häuften sich die Konflikte mit ehemaligen und noch aktiven Versicherungsvertretern aus der HMI-Organisation. Man stritt um Geld, um Abfindungen und natürlich um Provisionsansprüche, ironischerweise auch um die Altersvorsorge der Vermittler. Es ging um verschiedene Vehikel für die Vermittler, einen »OrgaFonds«, einen »Reise-Fonds«, einen »Geschäftsstellenleiterfonds« einen »Generalsfonds« und einen »Future Fonds«. Es drehte sich aber auch um die heikle Frage der Scheinselbständigkeit. Denn viele Verkäufer waren zwar offiziell selbständige Versicherungsvermittler, wurden aber von der Ergo mit raffinierten Verträgen dazu verpflichtet, nur Ergo-Produkte zu vertreiben. Der Konzern hätte genau genommen, so klagten die Betroffenen, Sozialabgaben an diese freien Mitarbeiter entrichten müssen, weil sie ausschließlich für dieses eine Unternehmen tätig waren. Die Herren, die ihren Kunden die »Versorgungslücke« erklärten, hatten wohl selbst eine. Doch im Pyramidsystem waren die Oberen offenbar auch bei dieser Frage der eigenen Alterssicherung besser gestellt.

Einige Vermittler sorgten sich um ihre Zukunft, denn die HMI-Struktur verlor Kunden und Verträge an neue Ergo-Agenturen: Sie fürchteten eine selbständige Vertriebs-AG im Ergo-Konzern als Konkurrenz. Die Bezüge einzelner Handelsvertreter gingen massiv zurück, zum Teil marktbedingt, zum Teil klagten sie aber auch, dass ihnen durch die internen Berechnungsmethoden Anteile ihrer Provisionen vorenthalten wurden, was der Ergo-Konzern wiederum bestritt. Viele überlebten nur dank Darlehen, welche die HMI ihnen einräumte. Rechtsgutachten wurden eingeholt, Großkanzleien beschäftigt. Ein Vermittler hatte sich bereits mit einer Klage durch die Gerichtsinstanzen durchgekämpft und vor dem Hanseatischen Oberlandesgericht einen Schadensersatz in Höhe von 368 000 Euro aus entgangenem Gewinn wegen eines unzulässigen Wettbewerbsverbotes zugesprochen bekommen. Ein Vertreterbüro in Bayern erkämpfte zum Beispiel Ansprüche gegen die Hamburg-Mannheimer Versicherungs AG, und etwa dreißig HMI-Vertreter, darunter auch altgediente Führungsleute, mandatierten Friedrich Cramer, einen Anwalt in Dresden. Einige fürchteten um ihre Zukunft. Die HMI-Struktur verlor Kunden und Verträge an neue Ergo-Agenturen. Diese Agenturen wurden von den Konzernstrategen als schlanker Weg entwickelt, um exorbitant hohe Provisionszahlungen an die Alt-Generäle zu umgehen, die inzwischen rund 40 Prozent der Vertriebskosten in der Struktur ausmachten. So wollten sie das Geschäft auch vom Schmuddelimage hin zu einem Modell mit angestellten Mitarbeitern modernisieren.

Nach einem Briefwechsel telefonierte am 17. Mai 2010 Anwalt Cramer mit Holger Schmelzer, dem Chef der Ergo-Rechtsabteilung. »Es gab Frauen mit roten Bändchen, die durfte man nur ansprechen, und Frauen mit gelben Bändchen«, erzählte Cramer. Der Chefsyndikus verstand, gab diesen Sachverhalt einen Tag später intern weiter und bat Vertriebschef Griese um eine Erklärung. Griese wiederum forderte von einem Strukturvertriebsleiter, der die Reise mitorganisiert hatte, eine entsprechende Notiz. Und zwei Tage später, am 19. Mai, schickte Cramer ein Telefax hinterher. Er bezifferte die Ansprüche seiner Mandanten auf 35 Millionen Euro und bemerkte etwas süffisant, dass er aufgrund der Provisionsstruktur mit hoher Wahrscheinlichkeit davon ausgehe, dass das jährliche Einkommen eines Herrn Thust »zumindest höher ist als die Vergütung eines Vorstandsvorsitzenden der Munich Re«, also des Oberaufsehers der Ergo.[16]

Am 2. Juni 2010 gaben die HMI-Oberen zu, dass auf der Budapest-Reise »Prostituierte offensichtlich Teil des Programms« gewesen waren. Griese weihte nun ein Ergo-Vorstandsmitglied ein. Am 7. Juni 2010 erschien Vermittleranwalt Cramer in Hamburg im Direktionsgebäude der HMI zur Besprechung der Vorsorgeprobleme seiner Klienten. Im Konferenzraum saßen Holger Schmelzer, der Chefsyndikus, Direktor Thomas Vogeno, Personalleiter für den Vertrieb, ein Landesdirektor und Leiter der HMI-Vertriebssteuerung sowie eine Anwältin der Großkanzlei TaylorWessing. Die Ergo-Herren hörten sich zunächst einmal die Forderungen von

Anwalt Cramer an, weitgehend kommentarlos. Dieser untermauerte sein Anliegen mit juristischen Sticheleien, er verwies auf eine mögliche Strafbarkeit, soweit Abrechnungen fehlerhaft seien, und zum Abschluss erwähnte er »nebenbei« den Dameneinsatz in Budapest: Die »roten Bändchen« sollen das Zeichen für »Küssen erlaubt« gewesen sein, »gelbe Bändchen« für »alles erlaubt«. Cramer betonte, dass er diese Informationen nicht einsetzen möchte, er fände es aber »nicht so lustig, dass die Presse an ihn herantritt«, sagte er gemäß Ergo-Protokollnotizen. Das hätte er nicht tun sollen, Hausjurist Schmelzer war offensichtlich nicht angetan. Cramer empfand die Ergo-Manager in einer »totalen Abwehrhaltung«. Immerhin wurden anschließend fünf Ergo-Manager über das Meeting in Kenntnis gesetzt. Und eine Woche später, am 9. Juni, informierte Ergo-Manager Jürgen Vetter endlich Ergo-Konzernchef Torsten Oletzky, »dass auf einer Wettbewerbsreise der HMI im Jahr 2007 Prostituierte Teil des Programms waren«.[17]

Oletzky, Jahrgang 1966, steht seit 2008 an der Spitze der Ergo, über ihm thronen nur noch die Aufsichtsräte mit ihrem Präsidenten Nikolaus von Bomhard, der von der Muttergesellschaft, der Munich Re, kommt. Bomhard ist ein ruhiger Jurist, der auch schon einmal mit dem Fahrrad zur Arbeit kommt. Oletzky hingegen gilt als aalglatter Technokrat, nach innen hilflos und ohne Fortune, nach außen ein Meister der Selbstdemontage. Der in Köln geborene Diplomkaufmann hatte seine Karriere beim globalen Beratungskonzern McKinsey in Frankfurt und Istanbul begonnen, 1998 hatte er an der Universität Hannover seine Dissertation über »Wertorientierte Steuerung von Versicherungsunternehmen« eingereicht, 2000 wurde er Hauptabteilungsleiter bei der Hamburg-Mannheimer. Ein Jahr später schon rückte er in den Vorstand der Hamburg-Mannheimer auf, unter anderem verantwortlich für Kundenservice, Betriebsorganisation und Personal. 2004 schließlich wurde er Mitglied des Vorstands

des Ergo-Konzerns. Am Anfang nannten sie ihn den »Rausschmeißer vom Dienst«, später den »Marken-Killer«.[18]
Oletzkys Karriereweg innerhalb dieses Versicherungskonzerns legt die Vermutung nahe, dass er über das Wesen und die Geschäfte der HMI-Organisation seit 2000 ziemlich gut orientiert gewesen sein musste, denn er trug nicht nur die Gesamtverantwortung, er war im Management auch mit Organisations- und Personalfragen befasst. Dabei musste er den stetig wachsenden Kostenblock der Alt-Generäle im Auge gehabt haben, die einen großen Teil der Vertriebsausgaben ausmachten. In diesen Sommertagen 2010 musste Oletzky, dem leitenden Angestellten mit einem gesunden Grundgefühl für die Rettung des eigenen Sitzplatzes, ziemlich rasch klargeworden sein, welches Spiel nun gespielt würde. Die Wer-wusste-wann-was-Frage würde darüber entscheiden, wer seinen Stuhl verlieren und wer ihn behalten würde. So sollte sich bald – wenig überraschend – herausstellen, dass der Ergo-Konzern an der Leitungsspitze anscheinend von lauter Nichtswissern gelenkt wurde, die sich die Welt ihres Geschäfts wohl ausschließlich aus dem Studium von Excel-Tabellen erschlossen.

Für Oletzky sollten die nun kommenden Monate und Jahre zum Stresstest werden – und er tat einiges dafür, dass sich der Stress für ihn und sein Unternehmen nicht verringerte, sondern immer weiter erhöhte. Der Krisenprozess sollte schließlich damit enden, dass er bereits nach zwei turbulenten Jahren von der *Wirtschaftswoche* unter den schlechtesten Managern des Jahres 2012 genannt wurde, neben Thomas Middelhoff (Arcandor-Pleite) und Florian Homm (Anlagebetrug). Auszug aus der Schmährede des Blattes:

»Es ist schon bemerkenswert, wie es Torsten Oletzky geschafft hat, den von ihm geführten Versicherer Ergo kontinuierlich in den Schlagzeilen zu halten. Müssen andere

Branchengrößen betteln und barmen, dass sich die Presse überhaupt mit ihrem Geschäft befasst, gelang Oletzky das Bravourstück, Ergo mit dem Ruch von Sex und Crime zu ummanteln – und zwar nachhaltig.«[19]

Und tatsächlich, ein Jahr später war Oletzkys Image immer noch nicht besser. Der Berliner Professor Joachim Schwalbach hatte im August 2013 für das *Manager-Magazin* in einem umfangreichen Reputationstest das Image führender Manager ermittelt. Untersucht wurden dabei strategische Kompetenz, Durchsetzungsvermögen, Kommunikationsfähigkeit, Glaubwürdigkeit und gesellschaftliches Engagement. Oletzky erreichte in nahezu allen Punkten schlechte oder gar katastrophale Bewertungen und landete auf Platz 100, dem schlechtesten aller bewerteten Manager.[20] Und als Schwalbach ein Jahr später Deutschlands Führungskräfte nach dem Ansehen bedeutender Unternehmen befragte, landete der Ergo-Konzern ebenfalls auf einem der letzten Plätze, knapp vor dem russischen Gazprom-Konzern. Oletzkys Spaßkonzern hatte also auch unter seinesgleichen einen miesen Ruf errungen.

Wie er es in so kurzer Zeit schaffen konnte, in dieser »Hall of Shame« zu landen, bewies Oletzky bereits in den Sommertagen 2010, als es erst einmal darum ging, die enorme Gefahr für die Reputation des Unternehmens rechtzeitig zu erkennen. »Im Juni 2010 gab es erste Hinweise«, gab Oletzky später zu, »aber die wirklich abschreckenden Details hab ich erst später erfahren.«[21] Und an anderer Stelle erinnerte er sich so: »Ich habe dann zwei Fragen gestellt: Ist dafür gesorgt, dass sich so etwas nicht wiederholt, und sind die Verantwortlichen noch im Haus? Die neue HMI-Führung hatte bereits dafür gesorgt, dass sich so etwas nicht wiederholen kann, und die seinerzeit Verantwortlichen hatten uns aus anderen Gründen bereits verlassen.«[22] Die Sache schien für ihn damit abgehakt.

»Nun geschah Seltsames, zunächst nämlich nichts«, schrieb das *Handelsblatt*, das den Ergo-Fall enthüllt hatte und wie kein anderes Medium kritisch begleitete: »Die Vorgänge, die von der Konzernrevision 2011 als »schwerwiegend«, als »eklatante Verstöße« und »krasser Gegensatz zu den Wertvorstellungen des Ergo-Konzerns« bezeichnet wurden, führten zu keinen spürbaren und nach außen erkennbaren Maßnahmen.[23] Die Konzernrevision bestätigte später dieses Versagen: »Dass diesen Hinweisen nicht unmittelbar und konsequent nachgegangen wurde, insbesondere durch Beauftragung der Konzernrevision, ist rückblickend als Fehler zu bewerten.«[24]

Intern gab es also keine ausreichenden Anstrengungen, irgendetwas aufzuklären – auch nicht im November 2010, als ein ehemaliger HMI-Vermittler eine mehrseitige Beschwerde zu seiner Kündigung einreichte und sich darin besorgt zeigte, dass die Vertriebschefs des HMI wegen des »legendären Führungskräftekreises« in Budapest befangen wären.[25] Und Aufruhr gab es auch nicht, als am 1. Dezember ein Zuschuss für die Reise nach Jamaika mit sieben Teilnehmern beantragt und freigegeben wurde. Die Reise war für Januar 2011 geplant, es ging um den Abschluss einer »Top-5-Initiative« von zwei HMI-Strukturen. Am 10. Dezember 2010 wurden rund 12 500 Euro dafür überwiesen.[26] Der HMI-Herrenclub konnte wieder auf Tour gehen, diesmal sieben Tage lang.

Ein Mediator spricht Tacheles

Unterdessen drohten die Dinge bei der HMI-Organisation an einer ganz anderen Front aus dem Ruder zu laufen. Einige der abtrünnigen Vermittler, die um ihre Abfindungs- und Pensionsansprüche kämpften, versuchten, einen weiteren

Mann mit der Lösung ihrer schwierigen Lage zu beauftragen. Schon lange hatten sie sich um den Mediator Clemens Vedder bemüht, einen Mann, der zumeist im Hintergrund wirkte, mit höchster Diskretion. Ihre Wahl war durchaus clever: Vedder war bei einem komplizierten Spruchverfahren zwischen Aktionären und der Munich Re beteiligt, bei dem es um Ausgleichszahlungen an ehemalige Anteilseigner ging, die bei der Übernahme der Ergo durch die Munich Re ausbezahlt werden mussten.

Vedder hat eine beeindruckende Geschichte als Investor hinter sich und sich dabei nie gescheut, den leitenden Angestellten in den Konzernen mächtig Dampf zu machen. Selbst machtbewusste Commerzbank-Chefs mussten schon vor ihm zittern.[27] In der Welt der Dax-Vorstände war Vedder aber auch bekannt als diskreter Mediator in ausweglos scheinenden Situationen, wenn sich alle Beteiligten spinnefeind waren. Zwei Jahrzehnte lang hat er mehr als hundert solcher Fälle gelöst, in vielen ging es um zig Millionen, und oft beendete er jahrelange Kämpfe, an denen sich zuvor bereits Topanwälte und internationale Großkanzleien abgemüht hatten. Solche Deals brachte er so geräuschlos zu Ende, wie er sie verhandelt hatte, und viele Konzernlenker sind ihm heute noch dankbar für seine Dienste. Vedder greift dabei auf ein Netzwerk von Kontakten in deutschen Konzernen zurück, das seinesgleichen sucht.[28] Der geräuschlose Vedder lebt irgendwo an der Atlantikküste Floridas, taucht während der Hauptversammlungssaison in Deutschland auf und sitzt dann, von vielen unbemerkt, bei den Aktionärstreffen zumeist schweigsam irgendwo im Saal. Er betreibt einen Private-Equity-Fonds und zählt vermutlich zur Riege der reichsten Deutschen. Auch wenn niemand sein Vermögen genau beziffern kann, schätzte das *Manager-Magazin* seinen Reichtum auf 650 Millionen Euro.[29] Vedder bezeichnete sich mit rheinischem Humor selbst als »Kaufmann im Ruhestand, mit abgeschlossener Vermögensbildung«. Es gibt aber auch einen anderen, hörbaren Clemens Vedder, den die Wirtschaftsjournalisten mögen – ein Mann des mal klaren, mal witzigen Wortes, der ohne Rücksicht auf das übliche Bullshit-Gerede in der Welt der Manager Tacheles spricht.[30]

Clemens Vedder hatte sich zunächst nur für sechs Monate als Schlichter eingelassen, die Vorwürfe von drei ehemaligen Generalvertretern wollte er erst einmal genau prüfen. Mitte Dezember 2010 meldete er sich bei einem einflussreichen Aufsichtsratsmitglied der Munich Re, um auszuloten, ob eine außergerichtliche Mediation im Konflikt mit den Vermittlern überhaupt möglich sei. Weil dieser nicht reagierte, leitete er die Nachricht später an den Vorstand der Munich Re weiter. Offensichtlich traute Vedder den Ergo-Vorständen mit Oletzky an der Spitze allein die Lösung des Falles nicht zu. Zugleich bat er die andere Seite, stillzuhalten und keine Rechts- und Pressekämpfe gegen die HMI zu beginnen. Am 1. Februar meldete sich daraufhin zunächst Thomas Vogeno bei Vedder, der im Ergo-Management für die Personalprobleme mit den Vermittlern zuständig war. Beide wechselten Briefe, tasteten sich vorsichtig an die Sache heran, wie es bei solchen Verhandlungen üblich ist.

Am 1. März 2011 unterzeichneten die externen Abschlussprüfer von KPMG den Ergo-Konzerngeschäftsbericht für das Jahr 2010. Man blicke optimistisch in die Zukunft, ließ Oletzky in den Geschäftsbericht schreiben: »Mit dem geänderten Markenauftritt haben wir uns neu positioniert und richten uns konsequent an den Wünschen und Bedürfnissen der Kunden aus. Wir arbeiten auf eine klare und verständliche Kommunikation mit Kunden und Interessenten hin und laden sie selbstkritisch zu Feedback ein.« Seine Erklärungen wirkten wie Textbausteine aus dem Business-Wörterbuch für leitende Angestellte. Es waren die Worte für die Fassade, dahinter versuchten seine Leute, ein wenig auf Zeit zu spielen.

Personalmanager Vogeno unterbreite Vedder Terminvorschläge und bat um genauere Informationen. Wenige Tage später antwortete Vedder mit einem ausführlichen Schreiben, das er gleichzeitig in Kopie an von Bomhard und an Aufsichtsräte der Munich Re weiterleitete. Detailliert erläuterte er darin die wichtigsten Vorwürfe der Vermittler: Die HMI-Leute führten keine Beschwerde über das Spaßprogramm ihres Arbeitgebers, sie klagten über merkwürdige Praktiken, mit denen der Ergo-Konzern die Honorierung der Vermittler organisiert habe. Von Tricks war die Rede, mit denen Lebensversicherungsverträge ausgelagert wurden, so dass die Vermittler ihre Provisionsansprüche verloren. Und sie beschwerten sich über besondere Kniffe, die dazu führten, dass nicht die HMI, sondern am Ende sie selbst die Kasse für ihre Altersvorsorge füllen mussten.

Letztlich warfen die Klagen der Vermittler ein denkwürdiges Licht auf das Strukturvertriebssystem, mit dem die HMI im Lauf der Jahrzehnte wohl bis zu eine Million Bundesbürger als Vermittler durchgeschleust hatte – ein System, mit dem der Markt über die Familienangehörigen und Freunde der Vermittler aufgerollt wurde: Über die Jahrzehnte hinweg waren so zig Millionen Policen verkauft worden. Bei vielen Riester-Verträgen waren im Antrag und im Prospekt geringere Kosten deklariert worden, als nach der Policierung im Versicherungsvertrag tatsächlich ausgewiesen wurden. Einige Kunden in den neuen Bundesländern waren benachteiligt worden, indem man mit ihnen ein Jahresinkasso vereinbart hatte, die Kosten der Versicherung aber auf den Monatsbeitrag berechnete. Und unter den HMI-Vertretern kursierten allerhand Geschichten und Verdächtigungen, auch sorgten die Sonderkonditionen der Alt-Generäle für besonderen Unmut.

Oletzky informierte in der Bilanzsitzung des Ergo-Aufsichtsrates am 18. März 2011 seinen Oberaufseher Nikolaus von Bomhard über den Jahresabschluss 2010, aber auch über seine Geschäftsstrategie. Zugleich gab es einen Bericht des Risikochefs: Von wesentlichen Hinweisen auf Reputationsrisiken war aber nicht die Rede.[31] In diesen Tagen wurden Journalisten von Insidern über die Probleme der HMI-Vermittler informiert, auch über das absonderliche Gebaren der HMI-Führungsleute. Die Ergo-Manager hatten das Thema wohl verdrängt, nicht aber die Kritiker in den eigenen Reihen.

Am 18. April unternahmen die Ergo-Manager einen weiteren Versuch zu einer offiziellen Mediation zwischen den streitenden Parteien. So diskutierten sie über einen Fonds, der mit Ergo-Geldern die Ansprüche der HMI-Vermittler erfüllen sollte. Ergo-Chefjurist Schmelzer stoppte diesen Weg aber nach Beratungen mit Anwälten der Kanzlei Gleiss Lutz, die in der Fondslösung nicht genügend Rechtssicherheit sahen.

Am 20. April 2011, am Tag der Aktionärsversammlung der Ergo-Muttergesellschaft Munich Re, verschafften sich einige verärgerte ehemalige HMI-Vermittler Luft mit einem großformatigen Protestinserat im *Handelsblatt*, in dem sie über ihre Lage klagten.[32] Zudem wiesen die Inserenten auf intern bekannte Fehler bei den Riester-Policen hin: »In den Verträgen ist es mit hoher Wahrscheinlichkeit zu Inkorrektheiten gekommen. Obwohl die Hamburg-Mannheimer AG Kenntnis von dieser Vorgehensweise hatte, sind die betroffenen Kunden nicht informiert worden.«[33] HMI-Chef Ludger Griese beruhigte Mitarbeiter und Vertreter im internen Netz: »Bei einer großen Vertriebsorganisation mit zahlreichen Vermittlern ist es nicht auszuschließen, dass es hin und wieder mit einzelnen auch zu Streitigkeiten kommt«, erklärte Griese. Er ließ sich von der hauseigenen PR-Abteilung befragen. Ein Auszug:

»*ERGOnet:* Irreführende Werbung, fehlerhafte Abrechnung, Verschleierung von Provisionsansprüchen, wahrheitswidrige Verwendung der Altersversorgung der Handelsvertreter – starker Tobak, der da präsentiert wird ...

Griese: Wer sich die Mühe macht, die Dinge Punkt für Punkt durchzugehen, wird sehen, dass jeder dieser Punkte unhaltbar ist.«

Ausgerechnet Ludger Griese! Er war der Mann, der kurz nach dem Event im Vertrieb die Verantwortung übernommen und sein Wissen jahrelang für sich behalten hatte.[34] Es sollte sich bald herausstellen, dass der Ergo-Manager mit dem »starken Tobak« durchaus schon in Berührung gekommen war. Aber im Ergo-Konzern standen die Zeichen erst einmal auf Beschwichtigung.

Gleichentags stellte Aktionärsvertreter Professor Leonhard Knoll auf der Hauptversammlung der Munich Re eine merkwürdige Frage: »Ist es richtig, dass Top-Vertriebsleute der Hamburg-Mannheimer auf einer Veranstaltung in Budapest 2007 wie die Aufsichtsräte von VW versorgt wurden, und zwar mit Fringe-Benefits im rosaroten Bereich?« Nikolaus von Bomhard, Ergo-Aufsichtsratschef und Vorstandschef der Munich Re, antwortete: »Es ist richtig, dass es vor einigen Jahren eine Incentive-Wettbewerbsreise von Versicherungsvermittlern nach Budapest gegeben hat. Nach unseren Recherchen konnte nicht ausgeschlossen werden, dass es hier auch gewisse Exzesse gegeben hat. Die verantwortlichen Führungskräfte sind nicht mehr in der Ergo tätig.«

Bei solchen Veranstaltungen ist es üblich, dass die Antworten auf die vorher gesammelten Fragen von den Vorständen wie von Allwissenden beantwortet werden. Dafür haben sie hinter den Kulissen des Hauptversammlungssaales ein Back-Office, in dem Juristen und Fachvertreter der einzelnen Abteilungen sitzen, die die Antworten auf Detailfragen vorbereiten. Dieser Prozess ist nicht trivial, denn falsche Antworten können schwerwiegende Folgen und Aktionärsklagen nach sich ziehen. Pikant an der Situation an diesem Tag war aber, dass ausgerechnet ein Mann aus der HMI die Antwort auf die Aktionärsfrage vorbereitet hatte, der zweimal in Budapest war, einmal zur Vorbereitung und einmal zur Bezahlung der Rechnungen. Von Bomhard ahnte nicht, von wem der Notizzettel mit der Antwort stammte.[35]

Die Ex-HMI-Männer wollten mehr Druck machen, die Medien einschalten, richtig Dampf ablassen – so wie es eben ihre Art war. Unklar war, welchen Vedder sie meinten, als sie versuchten, ihn für die Vergleichsverhandlungen zu gewinnen: den Tacheles-Vedder oder den geräuschlosen? Auf jeden Fall hatten sie sich verschätzt: Vedder wollte direkt mit denen sprechen, die am Ende tatsächlich entscheiden, aber eines mochte er während seiner Verhandlungen keinesfalls: Presse. Zunächst schwebte Vedder eine Fondslösung für die Anspruchsteller aller Ergo-Töchter vor, um die Interessen von Vertrieb und Versicherungskonzern in Einklang zu bringen. Doch als er registrierte, dass die Fürsprecher der Vermittler mit den Medien drohten, zog er sich aus dem rasch eskalierenden Konflikt zurück. Am 9. Mai 2011 kündigte Vedder erbost die Mediatorenvereinbarung.

Vedders Medienanwalt erklärte den Schritt so: Vedder habe sich zurückgezogen, nachdem die Beteiligten »unabhängig von dem Vermittlungsversuch sozusagen unmittelbaren Streit gesucht haben«. Am 9. Mai 2011 schrieb Vedder an Rechtsanwalt Cramer, dass er »als Mediator in den von Ihnen vertretenen Fällen ab sofort nicht mehr zur Verfügung stehe«. Und dann ein Vedder-Satz, wie ihn Journalisten mögen: »Ihre Protagonisten, wer immer es ist und wie viele es am Ende des Tages noch sind, werden zukünftig auf mein Know-how verzichten müssen. Mir ist Ihre merkwürdige Handlungsweise zuwider.«[36] Dies teilte er in einem Telefonat auch Markus Kaum mit, dem Leiter der Rechtsabteilung der Munich Re:

»Ich lasse mich von solchen Leuten nicht benutzen«, erklärte er. Der Konzernjurist fragte ihn noch nach einer Einschätzung, welchen Betrag er für einen Vergleich mit den drei Klägern für richtig halte: 10 Millionen? Vedder antwortete: maximal 3,5 Millionen Euro.

Gegenwehr zwecklos

Ohne Vedder ging das Spiel nun weiter. Die Ergo-Manager setzten zunächst auf einen gerichtlichen Gegenschlag. Mit einer einstweiligen Verfügung, so der erste Plan, wollten sie im Schnellverfahren den Inserenten verbieten lassen, ihre Behauptungen weiterhin zu verbreiten. »Hallo Herr Dr. Oletzky«, schrieb Ergo-Chefjurist Holger Schmelzer am 11. Mai seinem Chef, »die Arbeitsgruppe hat heute nochmals gemeinsam über das weitere Vorgehen diskutiert. Einstimmiges Ergebnis: Wir wollen den Antrag auf einstweilige Verfügung bei Gericht stellen. Auch gegenüber möglichen Pressevertretern wäre es ein ›Plus‹, wenn wir auf die einstweilige Verfügung verweisen könnten.«[37]

Vor Gerichten gab es aber nur dann die Chance, eine solche Verbotsverfügung im Schnellverfahren zu erhalten, wenn sich die angegriffenen Behauptungen mit einigen klaren Beweisdokumenten so widerlegen ließen, dass dem Richter unmittelbar klar war, dass es sich um offensichtlich falsche oder ehrverletzende Äußerungen handelte. Also musste Chefsyndikus Schmelzer die Beweise intern auf die Schnelle zusammentragen. Gedacht war an eidesstattliche Versicherungen, in denen führende Mitarbeiter schriftlich erklären sollten, dass die Behauptungen falsch waren. Doch bereits am Abend desselben Tages zeigte sich, dass dies gar nicht so einfach war.

In einer E-Mail teilte der eingeschaltete Manager intern mit, dass der leitende Mitarbeiter für das Riester-Rechenzentrum bei der Ergo »erhebliche Bedenken äußerte, selbst die derzeit von uns avisierte ›Kurzform‹ an Eides statt versichern zu können«. Der peinliche Grund wurde in der E-Mail genau mitgeteilt:

»Seiner Erinnerung nach hatte es zeitweise bis zu 200 verschiedene Fehlerkategorien gegeben. Insofern kann danach derzeit nicht ausgeschlossen werden, dass

– wir zumindest Probleme in den Jahren 2005/2006 mit Riester-Verträgen hatten, die den in der Anzeige beschriebenen Problem zumindest nahe kommen könnten,

– wir die Probleme nicht in allen Fällen zeitnah im Sinn der Kunden bereinigt haben,

– wir niemanden ernsthaft und mit der nötigen Risikolosigkeit für eine Beeidigung in der jetzigen Form gewinnen werden.«[38]

Nun hatte der Chefjurist das Gegenteil von dem auf dem Tisch, was er haben wollte: eine glasklare Bestätigung zumindest einiger der erhobenen Vorwürfe. Schlimmer noch: Mit diesem Wissen wurde eine interne Aufklärung zwingend erforderlich, schließlich konnte das ein Fall für die Staatsanwaltschaft werden.

Nun kam Hektik auf. Einen Tag später, am 12. Mai 2011, hörten Ergo-Manager, dass die kritischen Ex-Vermittler eine neue Anzeige planten. Die Abteilung für den Antragsservice Leben VSLA3HH recherchierte nach. Das Resultat: 17 Prozent der untersuchten Riester-Verträge zeigten Probleme. Die interne Mitteilung dazu:

»Von den 84 Stichproben wiesen 14 Verträge eine Abweichung zwischen Antrag und Vertrag aus. Schlussfolgerung des ersten Ergebnisses ist unseres Erachtens: ›Stillhalten‹.«[39]

Noch am gleichen Tag schrieb ein zuständiger Mitarbeiter an Ergo-Vorstandsmitglied Johannes Lörper:

»Insgesamt werden wir daraufhin vermutlich kaum noch sinnvoll, das heißt mit eidesstattlichen Versicherungen hinterlegt, gegen die Anwürfe aus der Anzeige vorgehen können.«

Die Abteilung der Versicherungsmathematiker wurde gebeten, noch einmal auszurechnen, »zu welchen Abweichungen zuungunsten eines Kunden es im Worst Case gekommen sein kann«.[40] Lörper fragte nach: »Haben wir denn nicht bei Kunden, bei denen wir wussten, dass Fehler passiert sind, korrigiert?« Die frappierende Antwort aus der Abteilungsebene:

»Diese Fälle sind erst jetzt in den Stichproben aufgefallen. Es ist aber nach Einschätzung von Herrn [...] wohl anzunehmen, dass man um diese Dinge generell wusste, da sie offenbar eine ›übliche Begleiterscheinung‹ von Tarifwechseln darstellen. Ich persönlich habe den Eindruck, dass man auch gar nicht so genau alle Fälle wissen will, da zunächst alle Verträge einzeln betrachtet werden müssen (das dauert schon mindestens zwei Wochen) und eine Korrektur auch nur händisch mit erheblichem Aufwand möglich ist.«

Am Folgetag reagierte Chefjurist Schmelzer mit einer E-Mail: »Lieber Herr Griese und Herr Dr. Lörper, wegen des Riester-Renten-Sachverhalts haben wir ein ganz massives Problem.« Über diese E-Mails, die später vom *Handelsblatt* enthüllt wurden, war damals auch Ergo-Mediensprecher Alexander Becker unmittelbar informiert. Doch die Ergo-Manager blieben beim Stillhalten. Die Kunden wurden in den öffentlichen Erklärungen des Konzerns immer noch nicht darüber aufgeklärt.

Aber die Stillhaltetaktik ging nicht auf. Am 18. Mai informierte Konzernchef Oletzky den Ergo-Aufsichtsrat über eine Anfrage der *Handelsblatt*-Redaktion, die offenbar Informationen über die Budapest-Reise erhalten hatte.[41] Nun steigerte sich die Alarmstimmung. Noch am gleichen Tag wurde Bruno Viggen, der Leiter der internen Konzernrevision, über den Vorgang informiert. Viggen hatte eine übliche Assekuranzkarriere hinter sich, er war der Typ des treuen leitenden Angestellten. Nach der Ausbildung zum Versicherungskaufmann hatte er Wirtschaftswissenschaften studiert. Seit 1984 war er im Unternehmen, seit 2005 leitete er die Revisionsabteilung, und sein dreißigstes Dienstjubiläum war nicht mehr weit.

»Als ich von den Vorwürfen erfuhr, war ich in Wien«, erzählte Viggen, »ich war einer der Organisatoren einer Drei-Länder-Tagung für Kollegen aus Österreich, Deutschland und der Schweiz und wollte die Teilnehmer begrüßen. Doch daraus wurde nichts.« Es war morgens um Viertel nach acht, und Viggen befand sich noch in seinem Hotelzimmer, als plötzlich Oletzky anrief. Sein Chef wollte eine Viertelstunde später eine Telefonkonferenz einberufen, es schien ziemlich dringend zu sein. »Dort erfuhr ich dann, worum es ging«, erinnert sich Viggen: »Das *Handelsblatt* plante für den folgenden Tag eine Story über eine Party mit Prostituierten im Jahr 2007 in der Gellért-Therme in Budapest, organisiert von der Führung der Vertriebsorganisation HMI.«[42] Bruno Viggen hatte nun turbulente Wochen vor sich.

DAS DESASTER: WIE SICH DIE ERGO-MANAGER VERHEDDERTEN

»Die Herrschaften haben offenbar vergessen, wer ihre armen Kunden jahrelang beschissen hat.«
(CLEMENS VEDDER, KRITISCHER INVESTOR, 2011)[1]

»Für die Kunden spielt die absolute Höhe der Kostensätze üblicherweise keine entscheidende Rolle.«
(MITTEILUNG DES ERGO-KONZERNS, 2012)[2]

Am 19. Mai 2011 berichtete das *Handelsblatt* erstmals darüber, dass die HMI im Juni 2007 eine »rauschende Sex-Party in Budapest« organisiert und die Gellért-Therme in ein Freiluftbordell verwandelt hatte.[3] Der Artikel war Auftakt einer fulminanten Enthüllungsserie über die Sitten und Gebräuche im Vertriebsgeschäft, und die *Handelsblatt*-Autoren, unter ihnen der Recherchejournalist Sönke Iwersen und die Online-Redakteure Jens Hagen, Dörte Jochims und Thomas Schmitt, ließen sich vom Druck der Medienjuristen und PR-Manager der Ergo nicht beirren. Sie blieben an der Story dran und lieferten eine zeithistorisch verdienstvolle Aufklärungsarbeit über die Missstände im Versicherungsbusiness.[4]

Im Konzernvorstand konnte man diesen Artikel nicht mehr ignorieren. Konzernrevisor Bruno Viggen bekam noch am gleichen Tag von Torsten Oletzky einen Prüfungsauftrag mit einem eingeengten Untersuchungsziel. Der Konzernvorstand richtete ein Krisenteam ein, das unter der Leitung von Konzernchef Oletzky noch um 18.30 Uhr zur ersten Sitzung zusammenkam. Parallel richtete die Muttergesellschaft Munich Re ebenfalls einen Krisenstab ein, in dem die Abteilungen für interne und externe Kommunikation, für Recht, für Compliance sowie die interne Revision vertreten waren. Die Mitglieder des Krisenteams der Munich Re konnten an den Sitzungen der Ergo-Arbeitsgruppe teilnehmen und erhielten auch deren Protokolle.[5]

Viggen begann in den folgenden zwei Wochen etwas hausbacken mit seinen internen Untersuchungen: »Zunächst mussten wir ermitteln, wer an der Reise überhaupt teilgenommen hatte. Anders als sonst üblich gab es keine Teilnehmerlisten, und nicht alle Gewinner des zugrunde liegenden Wettbewerbs waren in Budapest auch tatsächlich dabei.« Seine Leute aus der Innenrevision führten 83 Telefoninterviews, sie sprachen mit allen, die noch in der HMI aktiv waren, und sie werteten Gruppenfotos aus. Unter den Interviewten befanden sich ein ehemaliger HMI-Chef, der Ergo-Manager Lange, der ehemalige Ergo-Leiter für den HMI-Strukturvertrieb, ein Eventmanager sowie »Großfürsten« der Stufe 6 aus der HMI; fünf Personen verweigerten das telefonische Gespräch.[6]

Auf den Servern der Unternehmensrechenanlagen sichtete die Konzernrevision 300 Gigabyte Daten, kopierte 48 Netzverzeichnisse auf den Festplatten, durchforstete dienstliche E-Mail-Fächer, holte sich auch einige wenige Rechner aus den Home-Offices leitender Manager und organisierte Papierakten aus den Archiven. Eine der ersten handfesten Aktionen der internen Ermittler zielte jedoch weniger auf Transparenz: Sie sperrten kurzerhand die öffentlich zugängliche Internetseite mit einem Fotoportal der HMI – ein peinliches Zeitdokument verschwand von der Bildfläche.[7] Bereits am 21. Mai schickte Oletzky seinem Ergo-Aufsichtsrat ein »Update zu den aktuellen Entwicklungen«.[8]

Viele Einzelfälle

Viggen konnte den Reiseablauf grob rekonstruieren. Sein Team identifizierte 64 Teilnehmer der Budapest-Reise und zwei damals festangestellte Manager mit Schlüsselpositionen in der HMI – die beiden, die das Incentive organisiert hatten. »Ich bin sicher«, resümiert Viggen, »hätte nicht jemand ein Interesse daran gehabt, das Thema in die Medien zu bringen, wüssten wir heute noch nicht, was auf dieser Reise passiert ist.« Man muss ihm wohl abnehmen, dass die Berichte, von denen er nun hörte, nicht seine Welt waren: »Anfangs konnte ich kaum glauben, dass so etwas in unserem Unternehmen möglich sei«, sagte Viggen, »im Laufe der Prüfungen kamen wir allerdings zum Schluss, dass es sich in großen Teilen so abgespielt hatte, wie es in dem Artikel dargestellt war.«[9] Doch keiner der Teilnehmer konnte sich erinnern, dass Prostituierte unterschiedlich farbige Bändchen für besonders verdiente Vermittler getragen hätten – eine Peinlichkeit, die man wohl lieber vergessen wollte. Die Öffentlichkeit erfuhr von diesen Resultaten zunächst aber nichts, obwohl ein erster Sachstandsbericht bereits am 21. Mai für den Ergo-Vorstand und für das Prüferteam der Munich Re erstellt worden war.

Oletzky versuchte erst einmal, die Sache kleinzureden. Der *Spiegel* fragte ihn: »Ist das die übliche Art, Ihre Versicherungsvertreter bei Laune zu halten?« Seine Antwort: »Natürlich nicht, das ist vollkommen inakzeptabel, liegt vier Jahre zurück, und etwas Ähnliches hat es nach allem, was wir wissen, danach nicht mehr gegeben. Wir sprechen derzeit mit vielen Reiseteilnehmern. Die Darstellungen über die Ereignisse sind sehr unterschiedlich.« Die »besagte Abendveranstaltung« allein habe nur 83 000 Euro gekostet. Es würde schwer zu rekonstruieren sein, wer was auf dieser Reise getan habe. Aber Oletzky gab auch zu: »Ja, viele selbständige Vertreter sind noch für uns tätig.« Er selbst habe erst 2010 einen Hinweis auf das »Fest« erhalten. Für ein grundsätzliches Umdenken sah er allerdings keinen Grund: »Man kann dieses Vertriebsmodell auch seriös betreiben, und das tun wir. Die Ausrichtung des gesamten Unternehmens wegen eines Festes vor vier Jahren in Frage zu stellen wäre falsch.«[10]

Draußen kippte die Stimmung: Wegen des Skandals ließ Jürgen Klopp, der Trainer von Borussia Dortmund, seinen Werbevertrag mit der Versicherung ruhen. Zuvor hatte er noch Motivationsvorträge für Ergo gehalten.[11] Intern liefen die Untersuchungen weiter, bis zum 30. Mai trafen sich die Krisenteams von Ergo und Munich Re regelmäßig. Den Hausjuristen schwante derweil, dass auch die steuerliche Absetzung des speziellen Services ein gewisses Imageproblem verursachen könnte:

»Dennoch stehen Ausgaben für Prostitutionsdienstleistungen im krassen Gegensatz zu den Wertvorstellungen des Ergo Konzerns. Da sich Ergo von solchen Verhaltensweisen distanziert, ist ein entsprechender wirtschaftlicher Ausgleich des Betriebsausgabenabzugs unumgänglich. Dieses zum einen um nicht die Gemeinschaft der Steuerzahler und zum anderen die Versichertengemeinschaft der Ergo mit solchen Kosten zu belasten. Bestätigt wird dieses durch die aktuell in der Öffentlichkeit geführte Diskussion zu diesem Thema.«[12]

Erst später wurde auf Druck der Aktionäre und der Öffentlichkeit eine Spende an ein Frauenhaus in der Höhe der Ausgaben für den Budapester Betriebsausflug entrichtet.

Ende Mai trafen sechs Ergo-Anwälte und Manager in einem Düsseldorfer Hotel Rechtsanwalt Friedrich Cramer, der immer noch für seine HMI-Klienten kämpfte. Er wollte einen Vergleich, die Ergo-Leute forderten Stillschweigen. Die Streitparteien konnten sich aber über die Vergleichssumme nicht einigen. Mediator Vedder war da schon nicht mehr dabei.[13]

Konzernrevisor Viggen übergab am 3. Juni 2011 seinen Untersuchungsbericht. »Wir arbeiteten Tag und Nacht sowie an den Wochenenden«, berichtete er. In Spitzenzeiten war knapp die Hälfte seines Teams, das aus sechzig Leuten bestand, mit der Aufarbeitung dieser Reise befasst.[14] Viggens Bericht wurde am 8. Juni in einer außerordentlichen Sitzung dem Ergo-Aufsichtsrat mit Nikolaus von Bomhard an der Spitze vorgestellt. »Der Vorstand berichtete über die von ihm beschlossenen Maßnahmen zur Verhinderung derartiger Vorfälle in der Zukunft« wurde für das Protokoll festgehalten. Der Aufsichtsrat unterstütze diese Maßnahmen ausdrücklich, hieß es auf Managerdeutsch. Im Klartext: Von Bomhard machte mächtig Druck.[15] Einen Tag später erklärte sich Oletzky erneut öffentlich, diesmal mit einem Interview in der *Bildzeitung*:

> »Die unsägliche Veranstaltung in Budapest war ein Einzelfall. Wir haben mit der Revision fast jeden Stein umgedreht und dabei nichts gefunden, was in Art oder Umfang mit der Budapest-Reise vergleichbar gewesen wäre. Natürlich wurden aber kleinere Regelverstöße gefunden, was bei rund 50 000 Mitarbeitern aber kein Wunder ist.«[16]

Im Interview waren auch neue Enthüllungen des *Handelsblatts* über die zweifelhaften Riester-Verträge ein Thema. 70 000 Kunden waren demnach übervorteilt worden, der Konzern soll dabei 160 Millionen Euro zu viel kassiert haben. Dazu hatte Ergo noch am Morgen auf der Webseite des Unternehmens ein Dementi publiziert. Unternehmenssprecher Alexander Becker, der seit Wochen durch die internen E-Mails über die Dimension der massiven Missstände bei den Riester-Verträgen im Bilde war, lehnte sich dabei noch ziemlich weit aus dem Fenster:

»Ein systematischer Fehler hätte sicherlich zu massiven Kundenbeschwerden im Anschluss an die Aushändigung der Policen geführt. Diese sind aber nicht erfolgt. Wir gehen deswegen davon aus, dass es sich um Einzelfälle handelt.«[17]

Das war, vorsichtig ausgedrückt, mutig. Becker hätte zu diesem Zeitpunkt längst wissen müssen, dass große Anteile des Vertragsbestands problembehaftet waren. Auch Oletzky wollte dazu immer noch nichts Konkretes sagen:

»Zum Jahreswechsel 2004/2005 wurde ein Riester-Tarif umgestellt, weil wir höhere Kosten einrechnen mussten. Offensichtlich wurde im Jahr 2005 in einem speziellen Antragsformular auf der Rückseite noch der alte Kostensatz angegeben. Wie es dazu kommen konnte und wann das Formular verwendet wurde, versuchen wir gerade noch zu klären. Die genannten Zahlen scheinen aber zu hoch. Und klar ist auch: Jeder Kunde erhält die Leistungen, auf die er rechtlich einen Anspruch hat.«[18]

Das *Handelsblatt* giftete: »Die Logik ist zynisch, nicht logisch. Es gab keine Probleme, weil die Kunden keine Probleme bemerkten?« Es dauerte nur Stunden, bis die Ergo-Manager ihre Haltung änderten. Am Nachmittag des 9. Juni schon zog Kommunikationschef Becker das Dementi zu den Riester-Problemen zurück.

Und die sündhaft teuren Reisen? Alles nur ein Einzelfall also? Als Oletzky öffentlich diese Erklärung abgab, wurde intern gerade an weiteren Revisionsberichten gearbeitet – über weitere »Einzelfälle«. Die Untersuchungsberichte über die »Top-Five-Tour« nach Mallorca und die »Wettbewerbsreisen« nach Jamaika waren in Arbeit.[19] Hatte Oletzky wieder nichts gewusst? Eigentlich war es an der Zeit, die Frage möglichen Fehlverhaltens in der Ergo-Konzernleitung konsequent aufzuklären. Aber nein, der Fall nahm plötzlich eine sonderbare Wendung.

Ein unsinniges Gefecht

Am 10. Juni, einen Tag nach dem *Bild*-Interview, bot der freie Journalist Herbert Fromme einigen Zeitungen eine Meldung an, dass die Ergo bei der Staatsanwaltschaft Düsseldorf eine Strafanzeige wegen Erpressung gegen zwei Anwälte und gegen den kurzzeitigen Mediator Clemens Vedder eingereicht hatte. Frommes Hausblatt, die *Financial Times Deutschland*, hatte nach rechtlicher Prüfung die Veröffentlichung des Beitrags allerdings abgelehnt. Dabei galt Fromme in der Versicherungswirtschaft als verlässlicher Partner, immerhin war er geschäftsführender Vorstand des Vereins der Versicherungsjournalisten, der jedes Jahr einen Preis für die »Pressestelle des Jahres« verlieh.

Fromme war offensichtlich punktgenau informiert, so dass er die Staatsanwälte in Düsseldorf unmittelbar nach dem Eingang der Strafanzeige um eine Bestätigung angehen konnte. Die Staatsanwälte bejahten kurzerhand den Eingang, Fromme glaubte, seine Story zu haben, und die Ergo-Manager glaubten, etwas Gegenwind produzieren zu können.[20] Dabei spielte es gar keine Rolle, dass Vedder seinen kurzen Einsatz in dieser Sache bereits am 9. Mai beendet hatte. Nein, offenbar erblickten Oletzky und seine Konzernjuristen nun in ihm eine willkommene Zielscheibe. Es war ein Schurkenstück der Public-Relations-Künste und ein weiterer Tiefpunkt des Skandals.

Sie hatten sich damit in die falsche Liga verirrt. Denn jeder,

der Vedder kannte, musste wissen, dass dieser gegen diesen Angriff vorgehen würde. Er war sicherlich der Letzte, der sich als Zielscheibe einer PR-Kampagne eignete. Eine neue Schlammschlacht deutete sich an, »ein bizarrer Streit, in dem der Bluff zum System gehört wie die Prämie zur Police«, wie die *Süddeutsche Zeitung* kommentierte, »ein GAU in der diskreten Mediatoren-Szene«. Der Ergo drohte nun eine Klage wegen Rufschädigung in den USA, wo Vedder seinen Wohnsitz hatte.[21]

»Es gibt Menschen, die möchte man lieber nicht zum Feind haben. Zu ihnen gehört Clemens Vedder«, kommentierte die *Rheinische Post*, und das *Handelsblatt* zitierte Vedder, es sei »tief beleidigend«, dass er der Ergo mit negativer Presse für den Fall gedroht haben solle, dass der Konzern Geldforderungen von früheren Mitarbeitern nicht nachkommt. Da er viele Milliarden Euro für Anleger verwalte, koste ihn eine Rufschädigung Unsummen.[22] »Geldverbrenner«, »Amateurmanager«, »Sanierungsschauspieler« wetterte Vedder intern über die Ergo-Spitze, »bei mir wären diesen Herren nicht einmal Fahrstuhlführer«. Die Strafanzeige gegen ihn empfand er als »obszön«, die Herren wollten offenbar so ihre »kaufmännische Unfähigkeit kaschieren«, schimpfte Vedder, er sei doch »kein Butterkuchen- und Jubelaktionär«.[23]

Tatsächlich hatte sich Oletzky, der sich monatelang durch die Krise hindurchlavierte, verrechnet. Vedder erteilte am 1. Juli 2011 einem achtköpfigen Anwaltsteam unter der Führung der New Yorker Großkanzlei K & L Gates die Prozessvollmacht für Schadensersatzforderungen gegen die Munich Re über einen »kleinen vierstelligen Millionenbetrag«, wie der kampflustige Vedder süffisant bemerkte. Ein Milliardenbetrag stand letztlich zur Debatte, weil Vedder bei einer weiteren Beschädigung seines Ansehens wegen der PR-Attacke aus dem Hause Ergo den Rückzug von Investoren aus seinem Private-Equity-Fonds fürchten musste.[24]

Erste Konsequenzen

Töricht war es auch, weil das unsinnige Nebengefecht mit Vedder die Krisenlage des Konzerns keineswegs entschärfen konnte. Mit teuren, großformatigen Entschuldigungsinseraten in sieben überregionalen Tages- und Wirtschaftszeitungen versuchten die Kommunikationsleute der Ergo, die Kunden zu beruhigen und die Wogen zu glätten – vergebens. Die Finanzaufsicht BaFin leitete Prüfungen ein. Hektisch führten die Konzernlenker neue Compliance-Regeln ein, die im Konzern dafür sorgen sollten, dass in Zukunft die Rechtsnormen beachtet würden, und die den Aktionären auf den Hauptversammlungen schon längst versprochen worden waren. Und schließlich reichte der Ergo-Vorstand die Strafanzeige gegen den Ex-Manager Kai Lange und weitere mutmaßliche Verantwortliche für das Budapest-Desaster ein. Lange bestreitet die Vorwürfe, für ihn gilt bis zum rechtskräftigen Abschluss des Verfahrens die Unschuldsvermutung. Am 2. August 2011 musste Oletzky wieder den Aufsichtsrat über »die Ergebnisse aus der Aufklärung weiterer in der Presse erhobener Vorwürfe betreffend die Vertriebsorganisation HMI und der Verwendung fehlerhafter Riesteranträge im Jahr 2005« informieren.[25]

Gleichentags publizierte der fachlich versierte Düsseldorfer Verlag Markt Intern eine Umfrage unter Vermittlern mit einem bemerkenswerten Resultat: Rund 70 Prozent der Befragten glaubten, dass Ergo-Produkte »derzeit nicht vermittelbar« seien, 90 Prozent der befragten Vermittler erachteten den aus dem Ergo-Skandal resultierenden Schaden für die gesamte Versicherungsbranche als immens und bezweifelten, dass der Ergo-Vorstand die Krise verantwortungsvoll meistern werde, nur 6 Prozent glaubten noch an eine transparente Aufklärung der Skandale. »Eine schallende Ohrfeige für Torsten Oletzky«, resümierte Markt-Intern-Chefredakteur Gerrit Weber.[26] Obendrein reichte der Bundesverband der Verbraucherzentralen wegen der Tricksereien mit den Riester-Verträgen eine Strafanzeige ein.

Intern wurde eine neue Reiserichtlinie vorgelegt, die war wohl überfällig.[27] Zusätzlich wurde der Prüfkonzern PricewaterhouseCooper (PwC) mit einer Untersuchung der Riester-Verträge beauftragt. Das Ergebnis wurde nie veröffentlicht, es wäre auch zu peinlich gewesen. Denn die externen Prüfer stellten fest, dass fehlerhafte Kostensätze schon im Oktober 2005 aufgefallen waren, die zu Lasten der Kunden gingen. Und ab November 2005 wussten gemäß den Erkenntnissen der PwC-Kriminalisten Mitarbeiter der Antragsabteilungen sowie der Bereichsverwaltungen und eine Reihe von Führungskräften von den fehlerhaften Formularen und Berechnungen.[28] Sechs Jahre lang war der Kundschaft kein Sterbenswörtchen darüber mitgeteilt worden, dass sie übervorteilt wurde. Darunter waren auch Kunden, die ihren Vertrag bereits gekündigt hatten. Stattdessen reagierte Ergo auf eine Medienanfrage zum Thema mit einer bemerkenswerten Kaltschnäuzigkeit: »Für die Kunden spielt die absolute Höhe der Kostensätze üblicherweise keine entscheidende Rolle.« Das wäre wohl auch so geblieben, wenn sie vom *Handelsblatt* nicht enthüllt worden wären.[29]

Am 2. September musste sich der Ergo-Aufsichtsrat schon wieder zu einer außerordentlichen Sitzung treffen. Endlich gab es erste personelle Konsequenzen: Das Ergo-Vorstandsmitglied für das Vertriebsressort wurde ausgewechselt,[30] Ergo-Manager Jürgen Vetter wurde durch Rolf Wiswesser ersetzt.[31] Vetter scheide »auf eigenen Wunsch aus dem Unternehmen aus«, so lautete die vorgestanzte Mitteilung. Nachfolger Wiswesser galt als Vertriebsprofi, er war zuvor bei der Allianz gewesen und hatte ausgerechnet bei Carsten Maschmeyers AWD einen Führungsposten innegehabt.[32]

Erst Anfang Dezember 2011 gab der Konzern die Trennung von seinen »Alt-Generälen« Wolfgang Thust, Manfred Rump und Herbert Knoll bekannt. Von Millionenbeträgen als Abfindungen war die Rede. Nein, es habe nichts mit den Skandalen zu tun. Nein, auch der Strukturvertrieb bleibe. Zu diesem Zeitpunkt hatten 9600 HMI-Verkäufer Handelsvertreterverträge mit der Ergo Leben.[33] Millionenschwere Generäle sollte es in Zukunft jedoch nicht mehr geben. Für viele eifrige HMI-Vermittler platzte damit ein Traum: die Vorstellung, wie sie ihnen immer wieder an den Seminaren eingehämmert wurde, dass sie eines Tages so reich wie ein Thust werden könnten. Die Aussicht, dereinst oben auf der Pyramide zu thronen und andere für sich rackern zu lassen, war zerstoben.

Am 6. Dezember trafen sich die Aufsichtsräte erneut zur Krisensitzung. Sie ließen sich über die »Prüfungsmaßnahmen zu Aktivitäten beim Vertrieb betrieblicher Altersversorgung sowie die vom Vorstand beschlossenen Maßnahmen zur künftigen Ausrichtung der Vertriebsorganisation HMI« informieren.[34] Auf Deutsch: Wieder neue Prüfberichte wurden diskutiert. Am Ende wurde sogar über die Existenzfrage der HMI-Organisation debattiert, selbst die Schließung stand im Raum.[35] Man einigte sich darauf, den Namen HMI für immer verschwinden zu lassen. Das Label mit der langen Geschichte des Herrn Kaiser war nicht länger tragbar: Wenn man die drei Buchstaben in die Google-Suchmaschine eingab, erschienen in der Trefferliste seitenlang nur Hinweise auf Sexseiten. Im Januar wurde die Vertriebsorganisation in Ergo Pro umbenannt – pure Kosmetik.[36]

Ursprünglich wollte Oletzky bis Ende 2011 rund 20 bis 21 Milliarden Euro an Beiträgen einnehmen, und das Konzernergebnis sollte zwischen 450 und 550 Millionen Euro liegen, so der Plan.[37] Als die Konzernkassen am 31. Dezember 2011 geschlossen wurden, blickte Oletzky allerdings auf ein eher trauriges Resultat: nur 349 Millionen Euro. Auch bei den

Kundeneinlagen sah es ziemlich mies aus: Das Ergebnis aus den Kapitalanlagen war von 5,2 Milliarden auf 4,1 Milliarden Euro gesunken. Einer der Gründe: Griechenland-Anleihen, in welche die Ergo heftig investiert hatte. Das Unternehmen musste in der Jahresbilanz offenlegen, dass auch die nicht bewertbaren Anlagen im Topf der Beitragsgelder deutlich gestiegen waren: Die Kapitalanlagen in der Bewertungskategorie Level 3, also Investments, für die keine Marktpreise mehr ermittelt werden könnten, betrugen Ende 2011 rund 1,34 Milliarden Euro. In dem Topf mit nahezu 60 Milliarden Euro Kundengeldern war das zwar nur ein kleiner Anteil, aber es war eben nicht nichts. Aus der laufenden Geschäftstätigkeit sank der Mittelfluss von rund 4 Milliarden Euro im Jahr 2010 auf nur noch 1,89 Milliarden.[38] Zugleich mit dem Geschäftsbericht legte Oletzky vor den Aktionären ein Geständnis ab: »Es wurde bekannt, dass unser Strukturvertrieb HMI im Jahr 2007 für eine Gruppe von Vermittlern einen Abend mit Prostituierten organisiert hatte – ein völlig inakzeptables Fehlverhalten, das uns allen bei Ergo sehr peinlich ist. Dafür kann ich mich nur erneut entschuldigen.«[39]

Im Mai 2012 stellte die Staatsanwaltschaft Düsseldorf die Ermittlungen wegen versuchter Erpressung gegen die drei Beschuldigten ein. Es fehle am Tatverdacht, erklärte die Staatsanwaltschaft.[40] Der Angriff der Ergo-Juristen war damit geplatzt. »Die Ergo-Vorwürfe waren heiße Luft«, erklärte Anwalt Volker Hoffmann, einer der Verteidiger. Vedder, der mitbeschuldigte Mediator, ließ es dabei nicht bewenden. Verärgert über die Chuzpe der Ergo-Manager, die ihn zum Schuldigen machen wollten, statt ihren eigenen Laden zu bereinigen, forcierte Vedders Fondsgesellschaft Goldsmith nun die geplante Milliardenklage gegen die Munich Re als Muttergesellschaft der Ergo. Zunächst sollte eine Feststellungsklage die grundsätzlichen Ansprüche klären. Das war keine Spiegelfechterei, denn international operierende Fondsinvestoren reagieren äußerst empfindlich auf Nachrichten über Strafverfahren.[41] Zwischen der Munich Re und Vedder standen die Zeichen nicht mehr auf Vermittlung, sondern auf Krieg. Und für die Munich Re war die Gefahr real, wegen der ungerechtfertigten Anschuldigung viel Geld zu verlieren.

Wie reagierten nun Oletzkys Krisenübungsmanager? Wäre unternehmerische Vernunft ihre Leitlinie gewesen, hätten sie den Zwist mit Vedder schleunigst mit Anstand gelöst, etwa mit einer Entschuldigung. Aber die Manager und Juristen bei Ergo und Konzernmutter Munich Re wählten wieder einmal den törichten Weg: Sie versuchten, das Ermittlungsverfahren wegen des Verdachts der versuchten Erpressung wieder aufleben zu lassen, indem sie weitere Zeugen benannten. Es war ein durchsichtiges Manöver. Die Staatsanwälte taten, was sie tun mussten: Sie ermittelten weiter.

Ein unfreiwilliger und ein freiwilliger Rausschmiss

Taktierer Oletzky spielte offensichtlich auf Zeit, attackierte nach außen seine Kritiker mit fadenscheinigen Vorwürfen, während er nach innen größte Fürsorge für seine Schmuddelmanager an den Tag legte. Im September 2012 schrieb der *Spiegel* über ihn:

> »Selten zuvor hat ein Top-Manager ein armseligeres Bild abgegeben. Es wurde entschuldigt und beschwichtigt, statt jenes Treibhaus einmal ernsthaft zu kartographieren, in dem diese Art von Herrengedeck-Sexismus und Provisionsgier gedeihen konnte.«[42]

Erst im Oktober 2012 vermeldete Oletzky ein Bauernopfer: Ludger Griese, der im Vorstand der Ergo-Lebensversicherung für die HMI-Vertriebsstruktur verantwortlich war, musste gehen. Im Umfeld der Ergo wurde kolportiert, Griese solle einem Vertreter noch nach dem Auffliegen der Skandale zugesagt haben, dass er Kosten von 25 000 Euro, die bei der Ergo für eine Reise in einen Swingerclub auf Jamaika entstanden waren, nicht erstatten müsse. Als der Konzern auf der Zahlung bestand, habe Griese dem Vertreter die Hälfte davon aus privaten Quellen bezahlt.[43]

»Als Werkzeug war dieser plötzlich nicht mehr verwendungsfähig – zack, abgesägt«, beklagte sich Francisco Moraga über das Ausscheiden seines Kollegen in der Konzernleitung. Er bestätigte, dass er es war, dem Griese 12 500 Euro angeboten hatte.

Als der Fall dann im Rahmen der Budapest-Untersuchungen aufflog, sei ihm eine Rüge erteilt worden. Darin hatte er ja schon etwas Übung, aber schlimmer traf ihn, dass die HMI-Manager ihm »rund 25 000 Euro einfach aus meinem von mir versteuerten Orga-Fonds abzogen«. Moraga wurde wütend: »Ich verstand die Welt nicht mehr.« In der Pause eines Executive-Board-Meetings in Hamburg habe Griese dann zur Besänftigung »plötzlich klammheimlich einen Briefumschlag aus seiner Jackett-Innentasche hervorgezogen« – als »kleine Wiedergutmachung«. Darin befanden sich nach Moragas Angaben 12 500 Euro, die Hälfte des ihm abgezogenen Betrags. Später teilten die Ergo-Juristen Moraga mit, dass der Betrag »nicht aus Mitteln der Gesellschaft geleistet« worden war.[44]

Auf einer Hauptversammlung der Munich Re wurde die Zahlung an Moraga nicht abgestritten, aber als »reine Privatangelegenheit« Grieses definiert.[45] Die internen Ermittlungen hatten ergeben, dass Moraga als Leiter der Frankfurter HMI-Geschäftsstelle in den Jahren 2009 und 2011 »eigenverantwortlich zwei Wettbewerbsreisen nach Jamaika in das ›Swingerhotel‹ Hedonism II geplant, organisiert und durchgeführt« hatte. Die Rechnungen hatte er bei der Ergo zur Erstattung über ein sogenanntes Orga-Fonds-Konto eingereicht und erstattet bekommen. Gekündigt wurde sein Vertrag aber nicht.[46]

Doch auch für Moraga war die Party vorbei. Auf den neuen Wettbewerbsreisen kam keine rechte Stimmung mehr auf. Ein Trip nach London wurde für ihn zur »Katastrophe«. Im Hotel gab es »als Empfang statt Champagner und feinstem Essen wie sonst üblich, ein kleines Tablett mit Plätzchen, dazu Kaffee und Wasser«.[47] Die Herren waren demotiviert. In den sogenannten Sechser- und Geschäftsführer-Runden der HMI-Spitzenleute sei immer häufiger die Frage aufgekommen: »Wo gehen wir hin?« Er habe sich nach dem Vorfall selbst entschlossen, auszusteigen, berichtete Moraga. Nicht einfach so, das wäre für einen Verkäufer von seinem Schlage doch zu billig: 6 Millionen Euro stellte er sich als Abgangsentschädigung vor, aber das war natürlich nicht mehr realistisch.[48]

Für seine »eigene Rauswurf-Kampagne« ließ er sich etwas ganz Besonderes einfallen. Als Location suchte sich Moraga Dubai aus. In einem Bordell ließ er sich mit zwei »Jägermeister-Promotion-Girls« ablichten und stellte die Bilder auf seine Facebook-Seite. Einen Monat später füllte er seine Facebook-Seite mit frischen Bildern aus Thailand mit ähnlichen Motiven. Die offensichtliche Provokation verfehlte in Hamburg ihre Wirkung nicht. »Das ist meine Seite, das ist mein Privatleben«, protestierte er gegen Aufrufe, die Bilder zu löschen. Im September 2012 meldete Moraga seinen Sieg via Facebook: »Ich bin draußen!«[49] Über Abfindungszahlungen redete er nicht mehr.

Die Reise ins Phantasialand

Unter dem Stichwort »Transparenz« publizierte die Ergo im Oktober 2012 verschiedene Auszüge von Untersuchungsberichten und Belegen zu den umstrittenen Wettbewerbsreisen, neue Richtlinien und Verhaltenskodizes für Mitarbeiter und Vertreter. Doch die Dokumentation der Vorfälle und der Beweismittel war mehr als ungenügend; insgesamt erreichte die Untersuchung das Niveau einer vertieften Spesenprüfung. In einigen Belegen wurde lediglich auf simple Online-Recherchen verwiesen, wie sie jedermann vornehmen könnte. »Das Hotel ist gemäß Internet-Recherche ein bekanntes Reiseziel für entsprechend interessierte Personen.« Auch in einem anderen Fall wurde ebenfalls nur via Internet und mit Telefonrecherchen operiert. Das Ergebnis war entsprechend dürftig: Einer der veröffentlichten Untersuchungsberichte umfasste gerade einmal vier Seiten.[50] Echte Ermittlungen sehen anders aus: Gefragt sind Spezialisten, die das vorhandene elektronische Datenmaterial sorgfältig aufbereiten, akribisch nach gelöschten Dokumenten suchen und engagiert nach Beweismitteln fahnden, Experten, die in der Befragung von Mitarbeitern geschult sind, und Rechercheure, die vor Ort detektivische Ermittlungen aufnehmen.[51] Die publizierten Ergo-Untersuchungen hingegen entsprachen in etwa der Qualität mancher Finanzprodukte des Hauses: Sie waren untauglich.

Auf den ersten Blick wirkten einige Berichte aber wie eine akribische Prüfung. Der Konzern publizierte sogar Einzelbelege aus Spesenaufstellungen. Darin konnte man sehen, dass die Besucher auf dem Zuckerhut in Rio de Janeiro 58 US-Dollar für Extras und an der Bar des Hotel Copacabana Palace 770 US-Dollar liegen ließen. Oder man fand einen Eigenbeleg eines Mitarbeiters für Eintritt und Getränke im

Striplokal Dollhouse an der Hamburger Reeperbahn: Der armselige Aufenthalt hatte für vier Vermittler 69 Euro und 50 Cent gekostet. Und in einem Kurzbericht wurde vermerkt, dass der »Mitarbeiterin Frau A. an das Gesäß gefasst« wurde. Andere berichtete Vorgänge lagen fünfunddreißig Jahre zurück.[52] Wen interessierte das? Die »Transparenz-Offensive« des Ergo-Konzerns passte zu dem Versuch, die Gemüter mit einer Imagepolitur zu beruhigen. Tages- und Wochenzeitungen wurden mit Großinseraten überschüttet, als wollte man den redaktionellen Text damit erdrücken. »Ich will schnellen Service, keinen Schneckenservice«, lautete zum Beispiel ein Slogan des Ergo-Maklervertriebes.[53]

Die Ergo-Fälle hatten strafrechtliche Konsequenzen. In der Riester-Causa nahm die Staatsanwaltschaft Hamburg das Unternehmen selbst ins Visier. Ein »Versehen«, ein »Druckfehler«, verteidigten sich die Ergo-Manager für die rund 12 000 Verträge aus den Jahren 2005 und 2006, in denen die Kosten falsch berechnet waren. Für die Ermittler handelte es sich um ein Organisationsverschulden, denn innerhalb des Unternehmens waren die Beschuldigten nicht namentlich und persönlich zu benennen. Die Strafverfolgungsbehörde stellte das Verfahren daher im März 2013 mit einer »Verbandsgeldbuße« gegen das Unternehmen in Höhe von 50 000 Euro ein.

Im Fall der Budapester Party erhob die Staatsanwaltschaft am 31. Juli 2012 Anklage gegen drei ehemalige Manager, darunter der ehemalige HMI-Vertriebsvorstand Kai Lange, ein ehemaliger Strukturvertriebsleiter sowie ein Event-Manager. Zwei von ihnen warfen sie Untreue im besonders schweren Fall vor, einem der Angeklagten die Beihilfe zur Untreue. Lange stritten sich die Richter um die Zuständigkeit, bis endlich das Landgericht Hamburg den Fall übernahm. Bis September 2014 war die Hauptverhandlung noch nicht eröffnet. Das Strafverfahren gegen einen weiteren ehemaligen

Ergo-Manager wurde mangels hinreichenden Tatverdachts eingestellt.[54]

Die Abwanderungsbereitschaft der Ergo-Vertreter stieg nach dem Skandal deutlich. Viele wollten in den Job des Versicherungsmaklers wechseln, um ihre Abhängigkeit von einer Organisation zu mindern, dies ergab eine Umfrage der Berufsorganisation der Vermittler. Dabei war es nicht überraschend, dass Vertreter umso eher zum Ausstieg bereit waren, je niedriger ihr Gewinn ausfiel. Das schnelle Geld war für viele Ergo-Verkäufer wohl nicht mehr so einfach zu machen. Dieses Phänomen betraf die Ergo besonders hart, aber nicht alleine. Eine weitere Studie zeigte, dass sich 18 Prozent aller befragten Vermittler der 25 größten Versicherungsunternehmen bereits darüber konkret informiert hatten oder schon Verhandlungsgespräche für einen Wechsel ins Maklergeschäft führten.[55]

»Der Name Ergo ist zum Synonym für schier unglaubliche Missstände geworden«, resümierte der kritische Unternehmensberater Benedikt Herles in seinem Buch *Die kaputte Elite*. Lustreisen, Fehlberatungen, falsche Abrechnungen: »Oletzky wusste von all dem natürlich nichts«, lästerte der Autor, »zwar entschuldigte er sich öffentlich für die Fehlgriffe seines Unternehmens, will aufräumen, der Firma ein neues Image verpassen. Doch glaubwürdig wirkt das nicht.«[56]

Clemens Vedder, der Profischlichter, kommentierte den Fall mit den ihm eigenen klaren Worten: »Die Herrschaften haben offenbar vergessen, wer ihre armen Kunden jahrelang beschissen hat.«[57] Am 3. Januar 2014 stellte die Staatsanwaltschaft Düsseldorf die von den Ergo-Juristen provozierten Ermittlungen gegen ihn vollständig ein. Es gab keinen hinreichenden Tatverdacht.[58] »Konstruierte Anschuldigungen« warf Vedder den Ergo-Managern vor. Nikolaus von Bomhard, Aufsichtsratschef der Ergo, beendete den Streit mit einer formvollendeten Entschuldigung. »Wenn Ihre Reputation durch eine Fehleinschätzung Ihres Vorgehens in unserem Hause und damit verbundene Handlungen gefährdet worden sein sollte, so bedaure ich dies ausdrücklich«, schrieb er Vedder im April 2014. Der Brief beendete den mehrjährigen Streit mit dem mächtigen Mediator, der seinerseits auf Schadensersatz verzichtete.[59]

Für die Ergo-Aufsichtsräte wäre eigentlich die Zeit reif gewesen für ein überschaubares, aber wirksames Investment: das Honorar für einen Headhunter, der als Ersatz für Oletzky einen neuen Konzernchef suchen würde. Doch Oletzky blieb. Die Aufsichtsräte verlängerten im März 2013 seinen Vertrag um weitere fünf Jahre. Oletzky hatte sich mit zwei großartigen Ideen hervorgetan: Im Vertriebsmanagement strich er 1350 Stellen, und für die schwer verkäuflichen Lebensversicherungen entwickelte er ein neues Finanzprodukt. Seine Imagekampagne für den Konzern, die weitgehend verpufft war, hatte hingegen rund 75 Millionen Euro gekostet.[60]

Rund 20 000 Vertriebsmitarbeiter verkauften nur noch 7000 Neuverträge. Das System zum Aufschwätzen der lausigen Policen hatte den toten Punkt erreicht. Der klassische Versicherungsvertrieb steckte im Overkill. »Nach unserer Bilanzanalyse hat kein anderer Lebensversicherer im vergangenen Jahr so viel Bestandskunden verloren wie die ehemalige Hamburg-Mannheimer« resümierte der Versicherungsexperte Manfred Poweleit im September 2012: »Wir reden hier über rund 171 000 Verträge. In relativen Zahlen gerechnet verliert die Ergo dreimal so viel Verträge wie im Marktschnitt. Bei der Konzernschwester Victoria Leben, die das Neugeschäft eingestellt hat, sind es übrigens 146 000 Verträge.«

Dieser Prozess setzte nach Poweleits Einschätzung nicht erst seit den Skandalen ein, sondern dauerte schon fünfzehn Jahre an. In diesem Zeitraum hat nach seinen Berechnungen die Hamburg-Mannheimer respektive Ergo fast 2,3

Millionen Verträge mit einer Versicherungssumme von 21 Milliarden Euro verloren. Der Grund in den Augen von Poweleit: »Der Vertrieb hat seit mindestens 15 Jahren gewaltige Probleme und das Management bekommt sie nicht wirklich in den Griff. Die Ergo konzentriert sich viel zu stark auf das überholte Modell Strukturvertrieb.« Er kenne nur noch einen einzigen Strukturvertrieb, der geschäftlich funktioniere: »Andere strukturvertriebsbasierte Versicherer haben dagegen ebenfalls Probleme.«[61]

Konzernrevisor Bruno Viggen konnte zum Abschluss seiner Untersuchungen selbst auf eine Vergnügungstour gehen: »Zum Ausklang hielten wir einen Workshop ab, bei dem wir alle Revisoren an einen Ort einluden. Dieses Treffen war mal weniger von den ernsten Themen dominiert, sondern hatte selbst einen Incentive-Charakter. Wir legten es an einen Ort, an dem man ganz regelkonform Spaß haben kann: ins Phantasialand.«[62]

VERKAUFSMASCHINE AWD: WIE VERTRIEBSKÖNIG CARSTEN MASCHMEYER SEINE KUNDEN VERKAUFTE

»Manche denken, mein Erfolg hätte nur etwas mit Geldkompetenz zu tun. Ich bin der Meinung, dass es ganz besonders auf andere Fähigkeiten ankommt, die zum Erfolg, aber auch zum Wohlstand führen.«
(CARSTEN MASCHMEYER, 2012)[1]

»Der Mandant erhält sein Geld trotz angenommenen Totalverlustes nach 12 Jahren zurück.«
(VERKAUFSLEITFADEN FÜR FINANZBERATER)[2]

Carsten Maschmeyer wurde steinreich mit dem Finanzvertrieb AWD, dem Allgemeinen Wirtschaftsdienst, die allermeisten seiner Kunden jedoch nicht. Viele haben mit dem AWD viel Geld verloren. Sie wussten nicht, dass es sich hierbei um eine große Geldumverteilungsmaschine handelte, die im Prinzip ähnlich funktionierte wie weiland Bernie Cornfelds IOS, nur erfolgreicher – für den Erfinder. Maschmeyer hatte das IOS-System perfektioniert, und anders als Cornfeld ging er nicht pleite – wenn auch etliche der Investments, die er seinen Kunden angedreht hatte.

Totalverlust inklusive

Beispiel Nummer 1: Jürgen Amann. Der Geldjongleur galt in Köln einst als Institution. Erfinder der »Bauherren-Modelle« wurde er genannt, er versprach Geldanlagen mit Steuerspareffekt, des Deutschen liebstes Investment. Amann hatte bereits Ende der siebziger Jahre illustre steuermindernde Abschreibungsobjekte in den USA ausfindig gemacht und deutschen Anlegern offeriert. Die Investorengelder wollte er im Bundesstaat Denver in einen King Mountain Club anlegen, einen geplanten Freizeitpark. Den Wert dieser Anlage schätzte er etwa dreimal so hoch ein wie ein örtliches Gutachten. Interessant waren auch die transkontinentalen Bande, die Amann in Denver knüpfte: John M. King hieß der Investor, der das Gelände für den Freizeitpark an die Bank abgeben musste, nachdem sein Geschäft zusammengekracht war. King, Jahrgang 1927, war Ende der sechziger Jahre beim Versuch gescheitert, bei Bernie Cornfeld IOS einzusteigen, als dessen Genfer Imperium schon heftig wackelte.[3] Amanns Investment ging gehörig schief. Nach dem ersten Scheitern tauchte er erst einmal aus der Finanzwelt ab, bis er nach der Jahrtausendwende erneut auf Kundenfang ging.

Amann war also kein Unbekannter mehr, als Carsten Maschmeyer, der einst fleißige OVB-Finanzberater, in Hannover mit seinem eigenen Strukturvertrieb AWD auf die neuen Finanzprodukte des Kölners stieß. Maschmeyers Vermittler halfen Amann und verkauften ab 2001 dessen Investments in Deutschland mit einem bahnbrechenden Verkaufsargument: Die Investoren der Zuger Kommanditgesellschaften sollten später in den Genuss der staatlichen Schweizer Rentenversorgung (AHV) kommen. Das ging so lange gut, bis die AHV-Verantwortlichen den Massenandrang von Vorsorgekandidaten aus dem Norden untersagten.

Die AWD-Verkäufer stiegen aus, Amanns Investmentfirmen wurden von der Schweizer Finanzaufsicht Finma zwangsweise in Konkurs geschickt, die Staatsanwaltschaft ermittelte wegen Betruges und Veruntreuung gegen Amann, der den Dingen ziemlich gelassen von seinem neuen Domizil in England aus zusah. Vom Investment konnte nicht viel übrig bleiben: Die Vertriebsprovisionen fraßen zeitweise ein Drittel der Erträge auf. Doch das war nur ein kleiner Fall: Im Mai 2011 wurde Amann in Zug wegen gewerbsmäßigen Betruges zu drei Jahren Gefängnis verurteilt.

Beispiel Nummer 2: die IMF-Medienfonds, die ebenfalls von den AWD-Verkäufern fleißig feilgeboten worden waren. Die Filmfonds der Internationalen Medienfonds GmbH & Co. Produktions KG waren von der Deutschen Capital Management AG (DCM) entwickelt worden. Gelockt vom Steuersparmotiv, zeichneten 13 000 AWD-Kunden. Das bittere Ende: Im Oktober 2008 wurde die Insolvenz eröffnet. Wie die Kunden animiert wurden, das unsinnige Investment zu tätigen, lässt ein internes Schulungspapier erahnen, das den AWD-Verkäufern als Leitfaden für den Vertrieb des Medienfonds IMF 3 diente. Einige Auszüge:

»*AWD-Mitarbeiter:* Welchen guten Film haben Sie zuletzt im Kino gesehen?

Mandant: Film X.

AWD-Mitarbeiter: ... Sie sehen, dass in diesem Bereich viel Geld verdient werden kann. Stellen Sie sich einmal vor, Sie selber könnten in Zukunft an diesem Wachstumsmarkt ebenfalls profitieren, wäre das gut?

Mandant: Ja.

AWD-Mitarbeiter: Gut. Um von diesem Wachstumsmarkt zu profitieren, müssen Sie folgende Voraussetzungen erfüllen: Sie investieren 50 000 Mark in diesem Jahr. Das Finanzamt zahlt 25 000 Mark im nächsten Jahr zurück. Sie haben also 25 000 Mark investiert. Sie erhalten dafür ca. 75 000 Mark in den nächsten sieben Jahren zurück. Ist das für Sie interessant?

Mandant: Natürlich.«[4]

Sollte der Kunde dennoch Bedenken haben, wurde ein alternatives Konzept vorgeschlagen. Dabei sollten die vom Finanzamt erstatteten Beträge in eine Lebensversicherung gesteckt werden: »Der Mandant erhält sein Geld trotz angenommenen Totalverlustes des IMF 3 nach 12 Jahren zurück.« Den Kunden wurden häufig noch Darlehen einer Bank vermittelt, die sie neben ihren eigenen Spargeldern in den Fonds steckten.

Wer sich so zur Anlage bei diesem finanziellen Hokuspokus überreden ließ, verlor zumeist den Löwenanteil des Investments. Der IMF-Fonds 1 ging 2008 in Insolvenz, IMF 2 stand bereits 2006 vor der Liquidation, und IMF 3 zahlte ab 2006 nichts mehr aus. Was die Sache noch schlimmer machte: Einige Kunden wurden davon überzeugt, gleich in alle drei IMF-Fonds zu investieren, obwohl dies dem allgemein bekannten Investorengebot widersprach, nicht alle Gelder in einen Korb zu werfen, um Klumpenrisiken zu vermeiden. Hinterher verteidigte sich der AWD damit, dass die Berater ihre Kunden stets auf die Risiken hingewiesen hätten. Sie hätten sich regelmäßig von den Kunden unterschreiben lassen, dass diese den Fondsprospekt gelesen hätten. Nach den gravierenden Verlusten hatten die Verkäufer für ihre Kunden sogar noch ein paar Worte des Trostes parat: Sie könnten damit ja immerhin noch einen Verlust bei der Steuererklärung geltend machen. Das IMF-Investment sei das dunkelste Kapitel seines Lebens gewesen, zitierte der *Spiegel* einen Ex-Kunden, für »diesen Mist« habe er jahrelang noch monatlich seinen Kredit abzahlen müssen.[5]

Auf Klagen von geschädigten Anlegern urteilte das Oberlandesgericht Naumburg später, dass die Prospekte der Fonds IMF 1 und IMF 2 das Risiko des Totalverlusts »gezielt verharmlosten«. Das Landgericht Frankenthal in der Pfalz schloss sich dieser Entscheidung in einem anderen Fall an. Etliche Gerichtsverfahren endeten aber auch mit Urteilen zugunsten der AWD-Vermittler. So befanden die Richter in einem Fall, dass die Kundin wissen musste, dass sie bei einem Filminvestment in den USA ein Währungsrisiko einging. Auch das Landgericht Hannover am Domizil der AWD-Zentrale wies Kundenklagen wegen der Medienfonds ab. Und in sechzehn Urteilen wies das Oberlandesgericht Köln Zivilklagen wegen angeblich überhöhter Provisionen zurück. Die Geschädigten konnten oft nur noch frustriert feststellen: Pech gehabt, beim nächsten Mal besser aufpassen! Denn die Richter entließen die geprellten Kunden keineswegs aus der Verantwortung für ihre eigenen finanziellen Entscheidungen, die Bürger müssten sich selbst schützen und wenigstens ein Mindestmaß an Achtsamkeit und Sachverstand aufbringen.[6]

Beispiel Nummer 3: die Falk-Fonds. Maschmeyers Vertriebsorganisation versorgte seine Kundschaft mit Steuersparfonds des deutschen Initiators Helmut Falk, dessen Milliardenimperium 2005 pleiteging – mit zweitausend Gerichtsverfahren. »Falks System hat nur in der Vorwärtsrolle funktioniert«, resümierte der Münchner Insolvenzverwalter Josef Nachmann. Vor Gericht erklärten Zeugen, dass bei den Falk-Immobilienfonds zum Teil mehr als 16 Prozent an Provisionen an die AWD-Leute geflossen waren.[7] Ein ehemaliger Mitarbeiter der Falk Financial Services bezeugte im März 2010 vor dem Landgericht München, dass für zwei ihm bekannte Falk-Fonds 15 Prozent an Provision an die Vermittler gezahlt wurden – der Höchstsatz, den deutsche Gerichte überhaupt noch unterhalb der Wuchergrenze zulassen.[8]

Beispiel Nummer 4: die Dreiländerfonds, der wirklich große AWD-Verkaufsschlager. Die dreizehn Dreiländer-Fonds (DLF) des Stuttgarter Initiators Walter Fink wurden vom AWD als »Mercedes unter den Anlagen« vertrieben. Sie lockten ab 1988 mit einem »optimalen Vermögensmix«, der Risikostreuung der Kundengelder auf drei Säulen: je ein Anteil Immobilien in Deutschland und den USA und ein Schweizer Wertpapierdepot.[9] Die Fink-Fonds begleiteten den Aufstieg Maschmeyers über Jahre hinweg, die AWD-Verkaufsmaschine und die Fink-Fonds bildeten eine gefährliche Symbiose.

Im Februar 2001 hatten mehr als 34 000 AWD-Kunden ihr Geld in die Fink-Investments gesteckt. Die ersten sieben Fonds mit maximal zweistelligen Millionenvolumen entwickelten sich mittelprächtig, doch dann legte Fink von Jahr zu Jahr mit dem AWD-Vertrieb immer größere Fonds auf, einen sogar mit einem Volumen von mehr als einer Milliarde Euro. Zeitweise war sogar ein Drittel aller AWD-Verträge in Fink-Anlagen platziert. Was dabei offensichtlich niemanden interessierte: Seit Ende der neunziger Jahre war »Walter der Große« ein Thema in Pressebeiträgen über falsche Versprechungen, Verluste und merkwürdige Investmentmethoden. 2004 war er vom Landgericht Stuttgart sogar wegen Untreue verwarnt und zu einer Geldstrafe von 255 000 Euro an gemeinnützige Einrichtungen verurteilt worden. Sein Geschäftsführer musste 85 000 Euro zahlen. Weitere Geldstrafen in gleicher Höhe für beide wurden zur Bewährung ausgesetzt.[10]

Aus der ersten Fondssäule flossen gewaltige Summen in eine Stuttgarter Immobilie, die von dem damals schon angeschlagenen Musical-Betreiber Stella genutzt wurde. Doch die Betreiberfirma ging bald pleite. Fink sprach damals von einem »Stabilisierungskonzept der Stella AG«, das Nachrichtenmagazin *Stern* bezeichnete es als »eine Umschuldung zu Lasten der Anleger«. Aber auch Walter Finks dritte Säule, das Schweizer Wertpapierdepot bei der Rabo Bank und der deutschen Landesbankentochter LB Swiss, musste mit Verlust geschlossen werden. Wer die Geschäftsberichte genau studierte, konnte rasch entdecken, dass dort ebenfalls in Papiere der Stella investiert worden war.

Als seine Immobilienfonds heftiger schwächelten, setzte Fink auf eine neue Stabilisierungsvariante. Er empfahl Neukunden seine Dreiländer-Handel-Beteiligungsgesellschaften (DHB), welche die Kundengelder »nach Abzug der Kosten und Gebühren hauptsächlich in Anteile an bereits bestehenden DL-Fonds« lenkten. Der Trick: Fink kaufte an einer Hamburger Börse für den Sekundärhandel die Fondsanteile von unzufriedenen Kunden auf, die ihre Investments abstoßen wollten. Das stabilisierte Finks Fonds tatsächlich für eine gewisse Zeit. Die Kunden bekamen zu diesem merkwürdigen Konstrukt vom AWD eine bemerkenswerte Erklärung geliefert: »Aufgrund der Tatsache, dass die DHB ständig neue Dreiländer-Fonds an der Zweitmarktbörse in Hamburg ankauft und sich hierdurch eine große Bandbreite verschiedener DLF im Portefeuille befindet, wird eine hohe Risikostreuung erreicht.« Wie auch immer das zu verstehen war: Für sehr viele Kunden endete das Spiel desaströs.

2012 und 2013 notierten die Fink-Fonds an der Zweitbörse zwischen 6,5 und 16 Prozent des eingezahlten Investments, falls überhaupt noch ein Handel zustande kam, denn für die meisten DLF-Fonds war dieser Zweithandel seit 2013 ganz ausgesetzt.[11] Und die Kunden der DHB-Investments konnten in den Geschäftsberichten lesen, dass auch ihr Geld in Obligationen gelandet war, die »im Wertpapierdepot bei der LB (Swiss) Privatbank« lagen. Sie wurden auf null wertberichtigt, nachdem deren Bewertung »infolge Insolvenz an der Börse ausgesetzt worden war«. Als wäre dies nicht schlimm genug, animierten die AWD-Vermittler, die oft selbst in diese Anlagen investiert hatten, viele ihrer Kunden, auch noch Kredite zur Finanzierung ihrer DLF-Investments aufzunehmen. Sie wurden mit dem Argument gelockt, dass die Renditen den Darlehenszins mehr als decken würden.[12]

Erst als die Verkaufsmaschine auf Hochtouren lief, wurden das Ermittlungsverfahren der Staatsanwaltschaft Stuttgart gegen Fink und die Geldstrafe gegen ihn bekannt. Und die Stiftung Warentest hatte die AWD-Investments bis 2006 auf einer Warnliste aufgeführt. In der AWD-Zentrale in Hannover bestanden weniger Bedenken. Im Oktober 2004 einigten sich die AWD-Manager sogar noch mit den Fondsbetreibern, die Provisionen auf 13 Prozent zu erhöhen. Im Klartext: Von jedem Kunden, der 100 000 Euro anlegte, zog der AWD erst einmal 13 000 Euro als Provision ein, bevor auch nur ein Cent investiert wurde.[13]

Das war schlecht für den Kunden, aber gut für die AWD Holding. Das Unternehmen setzte 2007, im letzten vollständigen selbständigen Jahr des Konzerns, mit 6439 Beratern 762 Millionen Euro um und erzielte dabei einen Gewinn von 57 Millionen Euro.[14] Aus den Geschäftszahlen für 2001 ging hervor, wie viel der Konzern pro Versicherungsvertrag verdiente: Sach- und Unfallversicherungspolicen lieferten pro Vertrag durchschnittlich 42 Euro, Lebensversicherungen 276 Euro, Krankenversicherungen 272 Euro sowie Immobilien und steueroptimierte Anlagen sogar 1120 Euro.[15]

»Holen Sie sich alle nebenberuflichen Funktionäre, Schatzmeister, Vereinsmeister, Freiwillige Feuerwehr Oberjosef«, feuerte Maschmeyer seine Leute bei einem Auftritt im Jahr 2003 an, »holen Sie sich die ganzen Kameraden, die haben nämlich alle noch Riesen-Adresslisten. Holen Sie sich alles, was Sprecher ist: Elternsprecher, Klassensprecher, Uni-Sprecher, Elternvorsitzende, alle, die gerne quasseln, die haben ja auch wieder Riesen-Listen.« Als Maschmeyer seine besten

Verkäufer im Dezember 2004 ins Berliner Hotel Estrel einlud, erschien als Überraschungsgast kein Geringerer als der Bundeskanzler, Maschmeyers Hannoveraner Freund. Die AWD-Mitarbeiterzeitung frohlockte:

»Carsten Maschmeyer kündigte als besonderen Ehrengast den deutschen Bundeskanzler Gerhard Schröder an! Das hatte niemand erwartet – der Bundeskanzler bei einer AWD-Vertriebstagung! Seine Botschaft: SIE als AWD-Mitarbeiter und Mitarbeiterin erfüllen eine staatsersetzende Funktion. Sichern Sie die Rente Ihrer Mandanten, denn der Staat kann es nicht! Private Vorsorge lautet das Gebot der Stunde. Die überwältigten Zuhörer dankten es ihm mit Standing Ovations.«[16]

Wie zu Bernie Cornfelds Zeiten wurden prominente Politiker zum Motivationsschub aufgeboten. Und wie bei den Vertretern der HMI-Organisation wurden die »Berater« durch weitere Gaben bei Laune gehalten. Beim AWD waren viele regelrecht an das Unternehmen gekettet, denn sie hatten oftmals mehrere Tausend Euro Schulden bei ihrem Brötchengeber, einige sogar mehr als hunderttausend Euro. Die Gelder waren ihnen als Starthilfe, als Vorschuss oder als Unterstützungszahlung gewährt worden.

Die Swiss Life greift zu

Das waren die guten Zeiten des Carsten Maschmeyer. Anders als viele seiner Ex-Kunden war der pfiffige Investor aber auch ein Meister beim Timing seines Ausstiegs. Die Zeiten für ungestörte Einsätze von Drückerkolonnen zum Verkauf von

Finanzprodukten wurden nämlich erkennbar schwieriger. Im Mai 2007 trat die Versicherungsvermittler-Richtlinie der Europäischen Union in Kraft, im November folgte die strenge MiFID-Richtlinie, im Dezember ein neues Versicherungsvertragsgesetz in Deutschland, und in England verschärfte die Aufsicht die Anforderungen an die Beratungsqualität. Damit wurde im Laufe des Jahres 2007 klar: Das Geschäftsmodell war fragil.

Im Juni 2007 nahm ein Swiss-Life-Manager mit der AWD-Führung in Hannover Tuchfühlung auf: Man wollte über mehr Kooperation sprechen. Einen Teil der Vertragsabschlüsse für Swiss-Life-Versicherungen beschafften bereits die Verkäufertruppen vom AWD. Aber die Swiss Life hatte in Deutschland nur ein kleines Team und wenig Umsatz – und in der Zentrale in Zürich saßen die Konzernverantwortlichen, allen voran der damalige Konzernchef Rolf Dörig, auf einem Haufen Geld. Dörig, gelernter Anwalt, ehemaliger Credit-Suisse-Banker und Fußballfunktionär, hatte gerade zuvor eine ungeliebte Beteiligung, die Tessiner Bank Banca del Gottardo, verkauft. Mehr als 4 Milliarden Franken hatte er in der Kasse, und die Versuchung lockte, damit große Managerleistungen anzuzetteln, zum Beispiel durch eine Übernahme des AWD.[17]

Doch der Stern des AWD war bereits am Sinken: Immer mehr Rechtsstreitigkeiten mit geprellten Kunden belasteten die Kassen, und in den Herbstmonaten 2007 fiel der AWD-Aktienkurs kontinuierlich – wie bei allen Finanztiteln unter dem Eindruck der weltweiten Bankenkrise. Für Maschmeyer war der Zeitpunkt gekommen, sein Unternehmen zu verkaufen: Er signalisierte, dass es mehrere heiße Interessenten für den AWD gab. Angesichts der sinkenden Kurswerte der AWD-Aktie hätten die Swiss-Life-Leute wohl nur ein wenig warten müssen, um einen besseren, niedrigeren Kaufpreis zu erzielen. Und sie hätten auch alle Zeit der Welt gehabt, die zum Verkauf stehende Unternehmensbraut im Rahmen der sogenannten Due-Diligence-Prüfung mittels einer genauen Analyse der Firmenbücher gründlich zu untersuchen und zu bewerten. Tatsächlich aber gaben sich die Swiss-Life-Manager damit zufrieden, nur drei Tage lang die Akten im Datenraum der AWD zu sichten.[18] Am 3. Dezember 2007 verkündeten Rolf Dörig und Carsten Maschmeyer einer überraschten Finanzgemeinde, dass die Swiss Life beim AWD einsteige – für 1,9 Milliarden Franken.

Dörig wählte schöne Worte. Er sprach von einer »Partnerschaft«, von »internationalen Wachstumsstrategien« und einer »breiten Best-Select-Palette«. »Die Transaktion wird sich spätestens ab 2009 positiv auf den Gewinn je Swiss-Life-Aktie auswirken«, versprach er: »Gemeinsam werden wir stärker.« Mit dem AWD habe man »Managerkapazitäten eingekauft«, und der Konzernchef frohlockte weiter: Der AWD habe neue Berater eingestellt, 6300 Finanzberater würden rund 370 000 Kunden betreuen, insgesamt habe man die Kundenbasis um mehr als 1,9 Millionen Privatkunden vergrößert. »Die Chancen dieser strategischen Partnerschaft überwiegen bei weitem«, erklärte ein AWD-Vertriebsmann, »wir haben ein Super-Team.« Die Schweizer Wirtschaftspresse war rasch überzeugt und berichtete optimistisch.[19] Und bald nach der Übernahme der Aktienmehrheit am AWD jubelte auch der neue Swiss-Life-Chef Bruno Pfister im Mai 2008 darüber, dass man »zusätzliche Marktintelligenz erhalten« habe. Pfister, ein gelernter McKinsey-Mann und stromlinienförmiger Karrieremanager, hielt unbekümmert an dieser Linie fest.

Maschmeyer zog in den Verwaltungsrat der Swiss Life ein und animierte dort 2008 die Manager zu einem feindlichen Investment bei seinem deutschen AWD-Konkurrenten MLP. Die MLP AG funktionierte ähnlich, hatte sich aber auf den Markt der Akademiker spezialisiert: Mediziner, Lehrer, Selbständige. Wie andere mit Ex-Minister Riester auf Werbetour gingen, setzte MLP auf den Wirtschaftsweisen Bert Rürup. Die MLP-Verkäufer galten daher als etwas feiner im Auftritt – für Maschmeyer also ein interessantes Unternehmen. Nach wenigen Wochen hatte die Swiss Life aber gegen die Abwehrschlacht von MLP verloren, der Konzern blieb auf dem MLP-Aktienpaket sitzen und musste den Wert der MLP-Beteiligung schließlich um 159 Millionen Franken berichtigen. 2009 musste das AWD-Geschäft in Österreich mit hohen Kosten um- und abgebaut werden. Auch zerschlugen sich große Hoffnungen auf das Osteuropa-Geschäft des AWD. Im Juni 2010 war der Kurssturz der Swiss-Life-Aktie so weit fortgeschritten, dass das Unternehmen den Swiss Market Index (SMI) mit den zwanzig größten Blue-Chip-Titeln verlassen musste.

Als Konzernchef Pfister im Februar 2012 Journalisten und Analysten die Vorjahres-Ergebnisse mit den üblichen Powerpoint-Folien vorstellte, fehlten die Charts mit dem Aktienkurs ebenso wie die üblichen Benchmark-Vergleiche mit den Konkurrenten. Vollmundig hingegen stellte der Karrieremanager sein neues Programm vor, das alles besser machen sollte: Er nannte es »Milestone«, ein schönes Synonym für den Fortschritt. Dabei war intern längst klar: Schon 2008, ein Jahr nach dem Kauf, musste die AWD Holding 265 Millionen Franken abschreiben und einen Verlust aus Gewinnabführungen mit den Vermittlerfirmen von 118 Millionen Franken verkraften.

Es passte eigentlich gar nichts. Hier Maschmeyers AWD, der für aggressive Beratungspraktiken seiner Vermittler und fragwürdige Vorsorgeprodukte bekannt war, dort der behäbige Schweizer Versicherungskonzern, der sich gerne auf eine lange, seriöse Tradition berief. Doch auf den zweiten Blick ergab sich ein durchaus gemischtes Bild, denn der gediegen wirkende Zürcher Konzern, 1857 als Schweizerische Rentenanstalt gegründet, hatte schon längst seine Unschuld verloren. Das Traditionshaus hatte nach der Jahrtausendwende die Banca del Gottardo im Tessin für 2,4 Milliarden Franken erworben, musste aber 2005 deren Bilanzwert auf 1,5 Milliarden nach unten korrigieren und 2007 das Institut an die BSI verkaufen, eine Schweizer Tochter des Generali-Versicherungskonzerns, die im Sommer 2014 selbst an die brasilianische BTG Pactual verkauft wurde.

Im Sommer 2002 flog bei der Swiss Life auf, dass sich einige Manager heimlich eine eigene Pensionskasse eingerichtet hatten, der sie den hochtrabenden Namen Long Term Strategy AG (LTS) gegeben hatten. Die Staatsanwaltschaft ermittelte, die Versicherungsaufsicht nahm eine Untersuchung auf. Die Ermittlungen zeigten, dass die beteiligten Manager, die immerhin in der Konzernleitung saßen, »zu Lasten der Rentenanstalt Vermögensvorteile erlangten«. Im Klartext: Sie hatten sich bereichert: »Die Versicherten wurden durch die LTS geschädigt.« Die Untersuchungen der schweizerischen Staatsanwaltschaft dauerten – wie so oft bei großen Wirtschaftsstraffällen – ein ganzes Jahrzehnt bis zum gerichtlichen Abschluss. Der ehemalige Finanzchef wurde im Juli 2014 in letzter Instanz vom Zürcher Obergericht wegen ungetreuer Geschäftsbesorgung zu 22 Monaten Freiheitsentzug auf Bewährung verurteilt. Dem Kanton Zürich musste er eine Million Franken als widerrechtlich erlangten Vermögensvorteil zurückerstatten. Vier weitere Ex-Manager mussten zur Wiedergutmachung des Schadens insgesamt 1,5 Millionen Franken an den Konzern zahlen.[20]

Die Altlasen

2011, vier Jahre nach der Übernahme des AWD, war das Desaster nicht mehr zu beschönigen. Auslöser war ein Mediendrama, AWD-Gründer Carsten Maschmeyer lieferte frischen

Stoff für Boulevard- und Klatschblätter. Mit seiner Lebensgefährtin, der Schauspielerin Veronica Ferres, stand er im Blitzlichtgewitter beim Beschreiten roter Teppiche und sonnte sich in der Nähe prominenter Politiker wie Ex-Bundeskanzler Gerhard Schröder. Doch das Nachrichtenmagazin *Spiegel* enthüllte, dass er für ein Milliönchen die Rechte an den Kanzlermemoiren gekauft hatte. Im medialen Höhenrausch ereilte ihn auch noch eine eigentlich harmlose Fernsehdokumentation der ARD mit altbekanntem Stoff: Maschmeyer verweigerte das Interview und ließ gegen die Ausstrahlung des Beitrags unter dem Titel *Der Drückerkönig und die Politik* schweres presserechtliches Geschütz auffahren. Das Echo blieb nicht aus: Deutschland redete über Maschmeyer. Oppositionspolitiker wollten die »Hannover-Connection«, Maschmeyers Bekanntschaften mit dem deutschen Bundespräsidenten Christian Wulff und Alt-Kanzler Schröder, im Bundestag diskutieren. Und der Düsseldorfer Wirtschaftsanwalt und Ex-Bundesinnenminister Gerhart Baum forderte zwei damalige Maschmeyer-Berater, den Ex-Sozialminister und Renten-Namensgeber Walter Riester und den einstigen Regierungsberater Bert Rürup, auf, »ihre Funktionen nicht mehr fortzusetzen«.[21]

Das war nicht im Sinne der Swiss Life. Wer wollte schon eine solche Presse? »Die Diskussion in den Medien bezieht sich auf Fälle, die weit zurückliegen«, besänftigte ein Konzernsprecher, »sie haben mit dem AWD heute nichts zu tun.« Das stimmte, die fraglichen Fälle waren tatsächlich alt. Gleichwohl war die Sache nicht ausgestanden, denn die Fälle standen nun zur Debatte, weil es sich um »Finanzprodukte« handelte, die am Ende ihrer Investitionsphase standen, und sich nun die unschöne Schlussbilanz offenbarte. Anwälte und Gerichte wollten abrechnen: Weil Verjährung drohte, bearbeiteten neben Gerhart Baum, dem Düsseldorfer Advokaten, Dutzende von Anwaltsbüros ziemlich unter Druck insgesamt mehrere Hundert AWD-Altfälle – Maschmeyers Altfälle, die schwere Hypothek der Beratungspraktiken des AWD beim Verkauf von Immobilien- und Filmfonds, die sich als Schrottinvestments herausgestellt hatten. Die Stiftung Warentest sprach von »systematischer Falschberatung«, wogegen der AWD umgehend protestierte. Zu den vielen Kundenprozessen kam in Österreich noch eine Sammelklage von 2500 Kunden gegen den AWD hinzu.

Diese Altfälle waren so alt, dass die Swiss-Life-Manager gravierende Rechtsprobleme hätten erkennen können, bevor sie sich im Herbst 2007 entschieden, das Konzernvermögen in den AWD zu stecken. Eine Due-Diligence-Prüfung des AWD, die diesen Namen verdient, hätte damals schon Erstaunliches über die Finanzprodukte des AWD offenbart. Man hätte sich die Prüfung sogar einfach machen können: Googeln hätte völlig gereicht. Denn im Winter 2007, als die Swiss-Life-Oberen den AWD-Kauf prüften, musste man in der Suchmaske nur den Namen »Jürgen Amann« und das Wörtchen »Betrug« eingeben. Und in der Schweizer Mediendatenbank waren damals bereits Berichte über Amann unter eindeutigen Headlines archiviert. Die Stichworte: »Razzia«, »Hausdurchsuchung«, »Staatsanwalt«, »Millionenfiasko«.[22]

Vor deutschen Gerichten waren in zahlreichen AWD-Einzelfällen bereits Anlageberater zu Schadensersatz verurteilt worden – wenn sie beispielsweise negative Medienberichte über die Investmentvehikel verschwiegen hatten. Grundsatzentscheide des deutschen Bundesgerichtshofs bestätigten diesen Trend, nicht nur in AWD-Fällen: Die falsche Darstellung der Entwicklung eines Vorgängerfonds durch einen Vermittler könne zur Prospekthaftung führen: Der Anbieter müsse auch liefern, was er im Fondsprospekt verspreche. Wer Immobilienfonds zur sicheren Altersvorsorge empfehle, begehe einen Beratungsfehler. Und Anlagevermittler seien verpflichtet, ihre persönlichen Modellberechnungen einer Plausibilitätsprüfung zu unterziehen.[23]

Gewiss, es handelte sich um Altlasten, und die Swiss-Life-Oberen gelobten, dass solche Praktiken nicht mehr vorkommen sollten. So war auch die Tochter AWD Schweiz schon seit Jahren nahezu beschwerdefrei unterwegs. Doch die Reputation des Schweizer Versicherers war ernsthaft gefährdet. Maschmeyer und Swiss Life stellten aber in Abrede, dass der AWD systematisch, also von der Führungsspitze gewollt und gezielt, die Kunden falsch beraten habe. Der AWD habe bereits 1995, früher als andere Finanzvertriebe, Gesprächsprotokolle eingeführt, welche die Kunden unterschreiben mussten. Auf einer Roadshow, einer Konferenzrundreise zu den Finanzmarktanalysten, sagte der Konzernchef 2012, dass er davon ausgehe, in zwölf bis achtzehn Monaten die Rechtsstreitigkeiten mit AWD-Kunden respektive ihren Anwälten beigelegt zu haben. Und im März 2011 erklärte die Swiss Life noch: »AWD ist eine starke Marke.« Doch alle schönen Managerworte konnten es nicht mehr beschönigen: Der Kauf des AWD endete für die Swiss Life mit einem grandiosen Flop.[24]

Der Marktwert des Swiss-Life-Konzerns war vom Höhepunkt im Januar 2006 bis zum Sommer 2012 auf ein Viertel abgerauscht, der Aktienkurs von rund 300 auf 90 Franken gefallen. Nicht ganz so kritisch wie die Aktionäre zeigte sich das Kompensationskomitee im Verwaltungsrat. Es gönnte Verwaltungsratspräsident Rolf Dörig 1,6 Millionen Franken und Konzernchef Bruno Pfister 4,16 Millionen. »Wer hat es vermasselt?«, fragten die Aktionäre. »Die Krise!«, riefen die leitenden Angestellten aus – wie so oft, um von eigener Fehlleistung abzulenken. Ein Vergleich mit den Mitbewerbern bestätigte dies allerdings nicht: Die Aktie der Zurich-Versicherung fiel von ihrem Höhepunkt im Januar 2007 von 330 auf etwa 215 Franken, also um etwa 35 Prozent, und selbst die Generali-Aktie sank nur um die Hälfte.

Die Zahlen waren auch sonst desaströs. Geplant war ursprünglich, dass die Zahl der AWD-Berater auf 8500 steigen sollte; tatsächlich waren es nur noch 4600. Für den Preis von 1,9 Milliarden Franken hatte die Swiss Life mit dem AWD in den vier Jahren nach dem Kauf gerade einmal 35 Millionen Euro Gewinn eingespielt. Für 2012 war ein Vorsteuergewinn von 130 Millionen Euro versprochen worden, doch im ersten Semester lag der Wert bei kärglichen 6 Millionen Euro – nach fast zweihundert Jahren würde sich bei dieser Gewinnentwicklung der Kauf für die Swiss-Life-Aktionäre rentieren.[25] Und im November 2012 musste der immaterielle Vermögenswert des AWD in der Swiss-Life-Bilanz von 1,34 Milliarden Franken auch noch auf 765 Millionen korrigiert werden.[26] Die AWD Holding in Hannover wurde zunächst in eine Swiss-Life-Gesellschaft umfirmiert und nach einer weiteren Firmenverschmelzung in die Swiss Life Deutschland Holding verwandelt, die nun auch die alten AWD-Geschäfte steuert. Nach einem Werthaltigkeitstest mussten auf die alte AWD Holding zunächst nahezu 463 Millionen Euro abgeschrieben werden – wegen »dauerhafter Wertminderung«, hieß es im Jahresabschluss für das Geschäftsjahr 2012. Auch 2013 verlief das Geschäft miserabel. Der Nachfolgekonzern musste erneut Verluste melden, diesmal in der Höhe von 196 Millionen Euro. Nach diesen zwei Jahren musste Swiss Life für das AWD-Abenteuer insgesamt 672 Millionen Euro nachschießen. Der Swiss-Life-Konzern schaute beim AWD nur noch in ein großes Loch.[27]

Schadensbegrenzung war angesagt: Die Buchstaben AWD wurden aus allen Marketingtexten gestrichen. Der Name AWD verschwand völlig, stattdessen firmiert das Geschäft nur noch unter Swiss Life Select. Und das 2002 mit Maschmeyers Sponsorengeldern in AWD-Arena umgetaufte Niedersachsenstadion in Hannover verlor die drei Buchstaben ebenfalls: Im Februar 2013 teilte die Rechtsnachfolgerin

Swiss Life Select mit, dass der auslaufende Namensrechtevertrag nicht verlängert würde, stattdessen trat die Hannoveraner HDI-Versicherungsgruppe als neuer Taufpate in Maschmeyers Fußstapfen.

Es ist das vorläufige Ende einer Unternehmensgeschichte, die Tausenden Kunden schlaflose Nächte bereitete. Die Rechtsprobleme dauerten an: Im Mai 2013 reichten Anwälte 1751 Klagen von ehemaligen Kunden der Dreiländerfonds beim Landgericht Stuttgart ein.[28] Erst im November 2013 einigte sich die Swiss Life mit dem Verein für Konsumenteninformation in Österreich auf eine Mediation über die seit Jahren laufenden Sammelklagen. Für viele der klagenden Kunden endeten die Prozesse aber mit einer Abfuhr durch die Richter. Ihre Urteile ließen sich auf einen einfachen Nenner bringen: selbst schuld!

IM DUNKELFELD: VERSORGUNGSWERKE OHNE DURCHBLICK

»Geld ist heute nicht mehr nur für die Reichen da.«
(IOS-Werbespruch, 1969)[1]

Neben der klassischen Lebensversicherung und der staatlichen Rentenversorgung sind viele Deutsche über eine weitere Variante der finanziellen Alterssicherung mit einem Versorgungswerk pflichtversichert, in der Regel als Alternative zur gesetzlichen Rentenversicherung. Die Google-Suchmaschine liefert mehrere Hunderttausend Einträge zu diesem Stichwort, zum Beispiel die Nordrheinische Ärzteversorgung (NAEV), ein hier zufällig gewähltes Beispiel.

Die NAEV wurde 1958, gleich nach Adenauers Rentenreform, gegründet, um den Ärzten der Region eine Altersversorgung zu verschaffen, die der gesetzlichen Rentenversicherung adäquat sein sollte. Die Anlage der Versichertengelder besorgt das Versorgungswerk selbst, ihr Management wird im Aufsichtsausschuss von angestellten und niedergelassenen Ärzten kontrolliert – wie der Kassenwart in einem eingetragenen Verein. Die NAEV gab im Geschäftsjahr 2012 eine Rendite auf Wertpapiere von 4,4 Prozent und einen Verwaltungskostensatz von 1,9 Prozent an. Das klang vernünftig, bedeutete aber in absoluten Zahlen immerhin 27,6 Millionen Euro für die Verwaltung der Kapitalanlagen, den Versicherungsbetrieb und das Unternehmen als Ganzes. Für die 42 957 beitragszahlenden Mitglieder hieß das, dass jedes Mitglied von den eingezahlten Beiträgen erst einmal 643 Euro für die Verwaltung seiner Anlagen ausgab, bevor diese überhaupt investiert wurden. Für viele Mitglieder entsprach dies bereits einem Monatsbeitrag. Eine sorgsame Kapitalanlage kostet Geld, könnte man meinen. Aber beim Blick auf die Wertanlagen entdeckt man weitere Kostenblöcke, die in diesen Zahlen gar nicht zum Vorschein kommen.[2]

Wie investieren also die nordrheinischen Ärzte? Der Geschäftsbericht des NAEV ist in dieser Frage weitgehend intransparent und zeigt nicht besonders detailliert, welche Wertpapiere erworben wurden. Einzelne Investments in Immobilienfonds sind dennoch erwähnt. So übergaben die Manager des Versorgungswerks einen Teil der Mitgliederbeiträge an die Münchner Fondsfirma TMW Asia Property Fund I GmbH & Co. KG, die einen Immobilienfonds mit Investments in asiatische Immobilien betreibt: den TMW Asia Property Fund 1 und den TMW Asia Property Fund 2. Der Fonds 1 hat zum Beispiel seit 2003 für 1,2 Milliarden Euro Bürohochhäuser in Seoul, Tokio und Singapur gekauft, aber auch Shoppingcenter in Malaysia oder Wohnhäuser in Indien. Die nordrheinischen Ärzte können bei ihrem Urlaubstrip nach Tokio so bekannte Gebäude wie den HP Tower und das Adidas Building besichtigen, an deren Eigentum sie beteiligt sind. Sie sollten dabei allerdings bedenken, dass der größte Teil auf Pump erworben wurde, denn Ende 2011 waren 950 Millionen Euro von den Immobilienwerten mit Darlehen belastet.

Es war kein besonders glückliches Investment. Etliche Immobilien verloren an Wert, der HP Tower allein zum Beispiel büßte 27 Millionen Euro ein. Ende Dezember 2011 standen mehr als 18 Prozent der vermietbaren Flächen dieser Objekte leer, dementsprechend gingen die Mieteinnahmen von fast 90 Millionen auf rund 80 Millionen Euro in 2011 zurück. Neben den Mietkosten von 45 Millionen Euro fielen 24,4 Millionen an Zinskosten, 8,5 Millionen für Immobilienentwicklungen sowie stolze 11 Millionen Euro an Fondsverwaltungsgebühren plus 4,4 Millionen an Beratungs- und Verwaltungskosten an. Die Bilanz des Fonds demonstriert: Die Fondsverwaltung fraß mehr als 19 Prozent der Mieteinnahmen auf. Was aber warf das Fondsgeschäft ab, nachdem die Fondsmanager auf ihre Kosten gekommen waren? Das Resultat ist frappierend: Der Fonds erwirtschaftete ein Minus von 72,6 Millionen Euro – während mehr als 11 Millionen bei den Fondsmanagern hängenblieben. Fazit: Die Ärzte am Nordrhein verlieren, die Fondsmanager verdienen.

Gewollte Intransparenz

Wer aber sind diese cleveren Fondsmanager? Die Münchner Fondsverwaltungsfirma nennt sich seit 2003 Pramerica Real Estate Investors. Sie wurde 1982 als TMW Immobilien in München gegründet und 2002 an den amerikanischen Versicherungskonzern Prudential verkauft. Einer der Gründerväter der Firma war ein gewisser Klaus Trescher, Jahrgang 1941, ein promovierter Volkswirt. In seiner Vita, die auf Webseiten verschiedener Fondsanbieter präsentiert wird, ist erwähnt, dass er zuvor als Geschäftsführer »verschiedener Finanzdienstleistungsgesellschaften« tätig war.[3] Tatsächlich dürfte der Name Klaus Trescher unter den Haudegen der Branche noch in Erinnerung sein: Er war nämlich in den Jahren vor dem Zusammenbruch Geschäftsführer der IOS-GmbH in Deutschland, somit Bernie Cornfelds Deutschland-Manager. Als 27-Jähriger war der Hoteliersson aus Titisee im Schwarzwald nach zwei Jahren als Assistent im BMW-Vorstand zu der ersten Strukturvertriebsorganisation gestoßen – wieder einmal eine IOS-Erbschaft.[4]

Treschers Pramerica-Fondsverwaltungsgesellschaft ist mit

Versorgungswerken gut im Geschäft. Im April 2012 meldete die Firma, dass sie von der Berliner Ärzteversorgung das Mandat erhalten hatte, ein »paneuropäisches Immobilien-Portfolio« zu verwalten und zudem einen Spezialfonds zu betreuen.[5] Die Berliner Ärzteversorgung verwaltet die Anlagegelder von rund 26 500 Mitgliedern. Für das Geschäftsjahr 2012 lieferte sie ihren Mitgliedern einen Auszug aus dem Geschäftsbericht – nur mit den »wesentlichen Daten«. Darin konnten die Mitglieder nicht erkennen, wie es um das Immobilienportfolio stand.[6]

Die Beispiele zeigen, wie bei der Kapitalanlage der Versorgungswerke in mehreren Stufen, manchmal sogar in Kaskaden Verwaltungskosten anfallen: zuerst beim Versorgungswerk selbst, dann bei der Fondsverwaltungsgesellschaft und oftmals bei der eigentlichen Fondsgesellschaft noch einmal. Und wenn es sich um sogenannte Umbrella-Fonds, Dachfonds oder Fund of Funds handelt, wie sie die IOS bereits unter Bernard Cornfeld eingesetzt hatte, werden die Gelder letztlich über mehrere Einzelfonds an den Finanzmärkten investiert und auf einer weiteren Stufe Verwaltungsgebühren kassiert. Auf diese Weise bedienen sich zahlreiche Mitspieler der Finanzbranche an den Vorsorgegeldern, bevor diese investiert werden. Der Kuchen ist riesig: Die Versorgungswerke verwalten rund 140 Milliarden Euro.[7]

Es wäre nun interessant zu erfahren, wie sich das Investment in den TMW Asia Property Fund 1 für die Mitglieder der nordrheinischen Ärzteversorgung NAEV ausgewirkt hat. In ihrem Geschäftsbericht hat sie das Investment mit einem Zeitwert von rund 25 Millionen Euro in den Büchern stehen und im TMW Asia Property Fund 2 nochmals 23 Millionen. Aber zu Gewinnen oder Verlusten mit diesem Einzelinvestment informierte das Versorgungswerk seine Mitglieder nicht: Sie lasen im Geschäftsbericht nichts über die Verluste bei den Asienimmobilien, und sie wussten vermutlich auch nicht, dass der NAEV-Geschäftsführer und Kapitalanlagechef, der rund 10 Milliarden Euro verwaltete, neben seinem Amt eine Beratungsfirma gegründet hatte. Nicht einmal über die Umstände seines plötzlichen Ausscheidens im Mai 2013 war etwas zu erfahren.[8]

Das ist das kennzeichnende Merkmal vieler Versorgungswerke: Intransparenz. Von den mehr als achtzig Versorgungswerken kommen nur wenige ihrer gesetzlichen Pflicht nach, ihre Jahresabschlüsse im *Bundesanzeiger* zu veröffentlichen. Diese Verpflichtung haben alle Kapitalgesellschaften mit Beginn der Bilanz 2006, die bis zum 31. Dezember 2007 hätte publiziert werden müssen. Einige sind aber Körperschaften des öffentlichen Rechts und müssen daher ihre Bilanzen nicht offenlegen.

Vereinzelt publizieren Versorgungswerke Bilanzauszüge oder dürre Jahresabschlüsse, zum Teil mit wenig aussagekräftigen Zahlen, die manchmal kaum den minimalen Standards der Rechnungslegung genügen. Die Vermögensanlagen sind darin teilweise überhaupt nicht erwähnt, in anderen Fällen liegt nur die Bilanz der Verwaltungsgesellschaft vor – ohne Daten zu einzelnen Kapitalanlagen.

Stichproben ergeben ein kurioses Bild. Einige Versorgungswerke wie die der Dachdecker verwalten nicht mehr als 22 Millionen Euro, erzielten im guten Jahr 2012 aus den Kapitalerträgen ein versicherungstechnisches Ergebnis von gerade einmal 0,4 Prozent der Anlagesumme, insgesamt 93 380 Euro – für alle 2938 Mitglieder. Die Aufsichtsräte des Dachdecker-Versorgungswerks kassierten für ihre Kontrolltätigkeit hingegen 19 000 Euro Honorar.[9] Das Versorgungswerk der nordrhein-westfälischen Steuerberater verteilte 2012 für mehr als 10 500 Mitglieder rund 58 Prozent des Vermögens auf zehn verschiedene Fonds. Trotz einer Gesamtperformance von etwa 11 Prozent und einem Geschäftsjahr, das an den Finanzmärkten eigentlich gute Chancen bot, wurde nur eine

Nettorendite von 4,11 Prozent erreicht. Das versicherungstechnische Ergebnis, also der Reingewinn aus dem Anlagegeschäft, sank von 18,4 Millionen Euro im Vorjahr auf nur noch 7 Millionen. Auch das sonstige Ergebnis, das mit dem Unternehmen als solchem erzielt wurde, sank von 18,3 Millionen auf 6,8 Millionen Euro.[10] Die Performance-Unterschiede sind gravierend: Manche Versorgungswerksmitglieder kommen nur auf ein Drittel der Rentenzahlung anderer, obwohl sie gleich hohe Beiträge einzahlen.

Lukrative Pöstchen und andere Verlockungen

Immer wieder kam es zu Investmentpannen oder gar Unregelmäßigkeiten, auch Betrugsfälle gab es schon, so etwa beim Versorgungswerk der Hamburger Rechtsanwälte. Hier wurden der Vizevorsitzende des Verwaltungsausschusses, dessen Ehefrau sowie ein ehemaliger Bezirksdirektor der Provinzial Versicherung vom Landgericht der Hansestadt wegen Bestechlichkeit und Untreue verurteilt, was der Bundesgerichtshof später bestätigte. Der Versorgungswerkmanager hatte verdeckte Provisionen von fast 2 Millionen Euro bezogen. Der Bezirksdirektor musste sogar nach einer letztinstanzlichen Entscheidung des Bundesgerichtshofes zwei Jahre ins Gefängnis.[11]

Beim Versorgungswerk der Zahnärztekammer Nordrhein (VZN) waren im Mai 2008 der Kapitalanlagechef und der frühere Präsident der Apothekerkammer Nordrhein wegen des Verdachts auf Untreue angeklagt worden. Auch ein ehemaliger Geschäftsführer der Berliner Zahnärztekammer hatte für seine eigene Versorgung einen lukrativeren Weg gefunden: Er hatte Gelder vom Versorgungswerk abgezweigt und auf Konten in der Schweiz und Luxemburg überweisen lassen. Dafür wurde er vom Berliner Landgericht zu 23 Monaten Haft auf Bewährung und einer Geldbuße von 30 000 Euro verurteilt.[12]

Solche Vorfälle könnten die Kammern vermeiden, wenn sie ihre Manager streng beaufsichtigen und darauf achten würden, dass ihre Kompetenzen auf klar begrenzte Aufgaben eingeschränkt bleiben. Doch das geschieht nur selten, allzu oft bauen die Kassenmanager Macht und Einfluss mit einem Pöstchenkarussell aus. Zwischen den Verwaltern und Managern der Versorgungswerke und den Fondsgesellschaften bestehen deshalb manches Mal recht enge Bande.

So saßen im Anlageausschuss der Commerz Real Spezialfondsgesellschaft mbH insgesamt sieben Geschäftsführer und Manager von Versorgungswerken oder Pensionskassen, zum Beispiel die Vertreterin des Versorgungswerks der baden-württembergischen Rechtsanwälte, ein Vorstand der Caritas-Pensionskasse, der Chef des nordrhein-westfälischen Wirtschaftsprüfer-Versorgungswerks, die Geschäftsführer des Versorgungswerks der Apotheker in Hessen sowie des Versorgungswerks der Steuerberater in Schleswig-Holstein. Die Fondsgesellschaft betrieb unter anderem die Immobilienfonds Euro Property 1, Euro Logistik 1 und Euro Office 1. Sie war bis Sommer 2013 eine Tochter der Commerzbank mit Sitz in Wiesbaden und ist seitdem im Besitz zweier britischer Finanzfirmen. Die Spezialfondsgesellschaft nannte in ihrem Jahresbericht 2010 die Mitglieder des Anlageausschusses, wies aber nicht aus, welche Honorare sie für die Tätigkeit erhalten hatten. Für das Geschäftsjahr 2011 wurden die Aufwendungen für die Anlageausschusssitzungen immerhin mit 16 000 Euro beziffert.

Diese Nähe zu den Organen der Investmentfirmen kann zu Interessenkonflikten führen, insbesondere wenn es zu

Störungen kommt, wie es bei etlichen Fonds der Fall war. So stand der Fonds Euro Office 1 Ende 2013 vor der Abwicklung, weil mehr Kunden ihr Geld zurückhaben wollten, als liquide Mittel vorhanden waren. Zunächst wurde diesen Kunden – institutionelle Kunden wie Pensionskassen und Versorgungswerke – die Rücknahme verweigert und ein Jahr lang ausgesetzt; es drohte eine Schließung des Fonds. Das war natürlich nicht im Interesse der Kunden. Zwar erklärte im Juli 2013 der Manager des Versorgungswerks der Steuerberater in Nordrhein-Westfalen in einer außerordentlichen Anlageausschusssitzung, dass er seine Kapitalzusage von 40 Millionen Euro kündigen wolle, was allerdings nicht im Interesse der Fondsgesellschaft war: Sie brauchte das Geld, um flüssig zu bleiben. »Die weitere Vorgehensweise wird derzeit geklärt«, vermerkte dazu der Jahresbericht, »eine Schließung des Sondervermögens soll vermieden werden.« Wichtigstes Ziel des Fondsmanagements war »die Sicherstellung der Zahlungsfähigkeit«.[13]

Und es gab weitere solche Verflechtungen: Susanne Prossliner, Abteilungsdirektorin Kapitalanlagen im Versorgungswerk der Rechtsanwälte im Lande Nordrhein-Westfalen, hatte nicht nur einen Sitz im Anlageausschuss der Commerzbank-Tochter inne, sie saß auch im Beirat der HF-Fonds X Unternehmensbeteiligungsgesellschaft mbH in Hannover, die in mittelständische Unternehmen investiert. An ihrer Seite hatte sie weitere Vertreter von den Versorgungswerken für Ärzte, Anwälte und Apotheker.[14]

Genaue Zahlen fehlen

Heute gibt es in Deutschland insgesamt 89 Versorgungswerke, die 140 Milliarden Euro verwalten.[15] 2013 hatten sie nahezu 840 000 anwartschaftsberechtigte Mitglieder und rund 208 000 Rentenempfänger: Ärzte, psychologische Psychotherapeuten, Zahnärzte, Tierärzte und Apotheker, Architekten und Ingenieure, Notare und Rechtsanwälte, Steuerberater und Steuerbevollmächtigte, Wirtschaftsprüfer und vereidigte Buchprüfer.[16] Sie sind nicht auf Bundesebene, sondern über Landesgesetze geregelt, auch die Aufsicht findet jeweils auf Landesebene statt. Seit 1995 sind aufgrund gesetzlicher Regeln keine neuen Versorgungswerke mehr entstanden.

Gemeinsam lassen sie sich politisch in Berlin und Brüssel von der Arbeitsgemeinschaft berufsständischer Versorgungseinrichtungen (ABV), einer Lobbyorganisation, vertreten. Dafür unterhalten sie Büros für die fünf Geschäftsführer, jeweils mit eigener Sekretärin, finanzieren einen sechzehnköpfigen Vorstand, drei Ausschüsse und zwei Arbeitskreise mit insgesamt 42 Mitgliedern. Und seit 2007 beloben sie sich an ihren Jahreskonferenzen gegenseitig: Verdiente Funktionäre überreichen dann an verdiente Funktionäre eine »Ehrenschale« aus weißem Porzellan der königlichen Porzellanmanufaktur in Berlin.

An sich waren die Versorgungswerke lange Zeit für viele Mitglieder ein Segen. Zumindest mussten sie keine hohe Provision wie bei einer Lebensversicherung berappen, und ihre Leistungen waren besser als die der staatlichen Rentenversicherung. Doch das Problem ist: Außer den Managern der Versorgungswerke weiß niemand so genau, was wirklich mit dem Geld der Mitglieder geschieht. Das Wirtschaftsmagazin *Impulse* unternahm 2007 einen ersten Versuch, die Leistungen aller Versorgungswerke zu vergleichen. Das war ganz offensichtlich nicht erwünscht. Nach der Anfrage der Redaktion bei den Funktionären verhängten die Oberlobbyisten von der Arbeitsgemeinschaft berufsständischer Versorgungseinrichtungen eine Nachrichtensperre. Der damalige Geschäftsführer Michael Jung verteidigte die Blockade, weil die Daten nicht vergleichbar seien. Er habe die Kassen gebeten, keine Daten herauszugeben. Jung: »Wem soll das nützen? Die Versicherten sind Pflichtmitglieder und können ihr Versorgungswerk nicht wechseln.«[17] Das Motto war deutlich: Die Zwangsmitglieder haben keine Fragen zu stellen – eine antiquierte Haltung der öffentlich-rechtlichen Vermögensverwalter.

Anhand einzelner Fallbeispiele demonstrierte *Impulse*, dass die Leistungen der Versorgungswerke sehr unterschiedlich ausfielen: Während nordrhein-westfälische Steuerberater nach lebenslanger Beitragszahlung mit 65 Jahren ein Altersruhegeld von 4000 Euro pro Monat erwarten konnten, kamen bayerische Ärzte nur auf 2000 Euro. Selbst die Bundesregierung scheint über keine umfassenden Erkenntnisse zur Lage der Versorgungseinrichtungen zu verfügen. Im Januar 2010 konnte sie lediglich Angaben referieren, die sie ihrerseits bei der ABV abgefragt hatte: »Da die ABV nicht über prozessproduzierte Statistikdaten verfügt, konnten in der zur Verfügung stehenden Zeit nur Daten bis zum Jahre 2006 berücksichtigt werden.« Nur so viel war zu erfahren: 2006 bezogen die Rentenempfänger der Versorgungswerke durchschnittlich 1948 Euro Altersruhegeld. Zahlen zur Bezugsdauer, zur Geschlechterverteilung, zum Volumen der gegenwärtig erworbenen Anwartschaften, zum Verhältnis von Umlagekomponente und Kapitaldeckung in den Bilanzen: Fehlanzeige. Die Bundesregierung hatte dazu keine Daten.[18]

Im Oktober 2012 kritisierte das Wirtschaftsmagazin *Capital* das »Kartell der Geheimniskrämer«. Ein Anwalt aus München rechnete vor, wie ihm sein Versorgungswerk heimlich 30 Prozent der erwarteten Rente gekürzt hatte. »Zahlen geben sie auch auf Anfrage keine bekannt«, klagte das Wirtschaftsmagazin, »die Rentenkassen sind nicht verpflichtet, ihren Mitgliedern gegenüber Rechenschaft abzulegen.« Dabei sei die finanzielle Lage mancher Werke höchst prekär, recherchierte das Blatt, die erwirtschafteten Kapitalerträge oftmals »deutlich niedriger als einkalkuliert«. Um dies zu kaschieren, würden die Kassen bei den jungen Beitragsneulingen die Zinsen eindampfen und somit die Rentenleistungen an die Alten unangetastet lassen. Ein »Schweigekartell«, kritisierte *Capital*. Ein Kassenmanager ließ das Magazin mit dem Argument abblitzen, es ergäbe »keinen Sinn, öffentlich über die Kapitalanlage und deren Ergebnisse Rechenschaft abzulegen«.[19]

Bei den Recherchen zu diesem Buch wurden Anfragen nach einer Vorlage der vollständigen Jahresbilanzen von vielen Versorgungswerken abschlägig beschieden. Außenstehenden erlauben sie keinen kritischen Blick auf ihre Zahlen. »Der Geschäftsbericht der Bayerischen Ärzteversorgung ist nur für den Mitgliederkreis bestimmt«, lautete eine Antwort.[20] Ein Abteilungsdirektor begründete die Informationsverweigerung formvollendet mit dem geltenden bayerischen Versorgungsgesetz. Dieses hält dazu nur so viel fest: »Auf Verlangen sind jedem Mitglied oder Versicherten der Jahresabschluss und der Lagebericht zuzusenden.«[21] Die Versorgungswerke könnten ihre Geschäftsberichte darüber hinaus auch der Medienöffentlichkeit und der Fachwelt offenlegen, aber sie müssen es nicht.[22] Regelmäßig lehnen sie gegenüber anfragenden Medienvertretern die Herausgabe von Geschäftsberichten ab und verweisen auf ihre Lobbyorganisation Arbeitsgemeinschaft berufsständischer Versorgungseinrichtungen in Berlin. »Wer sich informieren will, beißt auf Granit«, schrieb die *Süddeutsche Zeitung*, »Transparenz gehört nicht zu den Stärken der Branche.«[23] So können die Wirtschaftsmedien auch keine Vergleichsberechnungen darüber anstellen, welche Versorgungswerke gut und welche schlecht wirtschaften.

Dabei kämen wohl auch merkwürdige Entwicklungen ans Licht der Öffentlichkeit – zum Beispiel die Gründe für das abrupte Ausscheiden des Investmentchefs der Baden-Württembergischen Versorgungsanstalt für Ärzte, Zahnärzte und Tierärzte, die nicht einmal der Fachpresse für institutionelle Investoren genannt wurden.[24] Dabei war der Mann bis zum März 2011 als Kapitalanlagechef verantwortlich für ein Vermögen von mehr als 9 Milliarden Euro. Er hatte Millionen in eine Firma namens Bioceuticals gesteckt und die Versorgungsanstalt mit 13 Prozent der Kapitalanteile an dieser beteiligt. Praktischerweise war er selbst Aufsichtsrat dieser Firma, die 2012 Verluste von rund 90 Millionen Euro vor sich herschob und wohl auf den großen Durchbruch bei der Arzneimittelentwicklung hoffte.[25]

Bei der Bayerischen Ärzteversorgung ließ sich nur aus einer verkürzten Fassung der Jahresabschlüsse der Jahre 2012 und 2013 ablesen, dass die Aufwendungen für die Kapitalanlagen enorm schwankten: 2012 betrugen sie fast 122 Millionen Euro, im Jahr 2013 nur noch rund 36 Millionen. Die Gründe für diese Veränderungen auf der Kostenseite sollten in den Erläuterungen zur Bilanz erklärt werden, die öffentlich nicht vorgelegt wurden. Das Versorgungswerk verwaltet mehr als eine Milliarde Euro Beitragsgelder, geht aber mit ihren Geschäftsberichten wie ein Tierschutzverein um.[26]

Selbst das Presse-Versorgungswerk, die Kasse der Journalisten und Medienangestellten, lieferte ihren Mitgliedern nur Auszüge der Jahresabschlüsse. Im Geschäftsbericht wurde das Thema Kapitalanlagen auf nur zwei Seiten abgehandelt, in nur wenigen Sätzen wurden die Ergebnisse grob beschrieben. Die Mitglieder konnten darin zwar erkennen, dass ihr Nettoüberschuss 2012 in absoluten Zahlen so schlecht wie fünfundzwanzig Jahre zuvor war, als das Versorgungswerk nur ein Drittel der Mitglieder betreute.[27]

Verbandsfunktionäre und Manager blockieren. Beim Versuch, mehr Klarheit zu schaffen, könnte ein Besuch der jährlichen Mitgliederversammlung der Deutschen Aktuarvereinigung helfen. Der Club der rund 4300 Versicherungs- und Finanzmathematiker traf sich im April 2014 im Bonner World Conference Center. Eine gediegene Veranstaltung: Die Herren trugen einen dunklen Businessanzug mit Standardkrawatte und weißem Hemd, die wenigen Damen einen Business-Blazer. Vom Institut der Versicherungsmathematischen Sachverständigen für Altersversorgung (IVS) saß Horst-Günther Zimmermann auf dem Podium, er vertritt rund achthundert Vorsorgeaktuare, die sich mit so prickelnden Themen wie der Pensionsversicherungsmathematik oder der Rechnungslegung in der betrieblichen Altersversorgung beschäftigen.

Die Experten machten keinen Hehl aus dem großen Informationsloch. Aktuar Zimmermann, der die Bilanzen der Versorgungswerke eigentlich noch am besten überblicken müsste, erklärte es freundlich, aber klar: »Die berufsständischen Versorgungswerke sind nicht sehr freizügig mit ihren Informationen. Man weiß manchmal gar nicht so ganz genau, wie eigentlich der finanzielle Status dort ist.« Der Moderator fuhr ihm dazwischen: »Aber Sie wissen das doch!« Seine frustrierte Antwort: »Zum Teil.«[28]

Aktuar Peter Schramm, ein ausgewiesener Experte aus der Zunft der Versicherungsmathematiker, konnte immerhin errechnen, dass sich die Mitglieder künftig auf weit niedrigere Renten einstellen müssten. Dabei seien »die jüngeren Beitragszahler die ersten Verlierer«, weil sich die Manager der Versorgungswerke nicht trauten, bei den Mitgliedern ihrer eigenen Generation zu kappen. Man kann es auch gut verstehen: Viele Geschäftsführer befinden sich in einem Alter, in dem man über den Rentenbezug nachdenkt.

Auch ein kritischer *Capital*-Artikel löste bei den Verbandsfunktionären und Managern der Versorgungswerke einen Sturm der Entrüstung aus: Er zeuge »von fehlender Sachkenntnis des Autors«, polterte zum Beispiel das Versorgungswerk der Ärztekammer Hamburg. Gleichzeitig korrigierten sie einen falschen Eindruck, den sie lange Zeit selbst gefördert hatten: »Die Höhe der jährlich mitgeteilten Rentenanwartschaften inklusive der erwirtschafteten Kapitalerträge ist nicht garantiert, sondern nur ein Prognosewert unter bestimmten Annahmen.«[29]

Die Folgen der Finanzkrise

Der Anwalt Wolfgang Hastenrath ließ nachrechnen, was die Senkung des Rechnungszinses beim Versorgungswerk der Berliner Juristen für ihn bedeutete. Allein für den Zeitraum von 2005 bis 2010 kam er auf eine reale Rentenkürzung von 30 Prozent. »Ich will einfach wissen, ob mein Geld verjubelt wird«, erklärte ein weiterer Jurist gegenüber dem *Spiegel*. Wie viele andere hatte er versucht, von seinem Versorgungswerk genaue Informationen zur Anlagesituation zu erhalten – vergeblich.[30] Statt werthaltiger Daten gab ABV-Vorstandsvorsitzender Hartmut Kilger im Frühjahr 2013 eine pauschale Parole zur Beruhigung durch. »Kein Versorgungswerk wackelt!« Es bestehe überhaupt kein Anlass, über wirtschaftliche Schwierigkeiten der berufsständischen Versorgungswerke zu spekulieren. Die Versorgungswerke erfüllten ihren Auftrag. Daran habe bisher auch die Finanzmarktkrise der letzten Jahre nichts ändern können – bisher. Aber das ist allenfalls die halbe Wahrheit.[31]

Kilger könnte eigentlich Klartext reden, denn seine Mitglieder können ja nicht weglaufen. Doch die Lobby der Versorgungswerke rückte mit der Wahrheit über die Finanzlage erst zögerlich heraus. Lange Zeit haben die Versorgungswerke mit einer Rendite von rund 4 Prozent kalkuliert, doch sie können und müssen nachjustieren, wenn sie über einen längeren Zeitraum eine schlechtere Rendite erwirtschaften. Dieses Risiko ist groß, denn seit der Finanzkrise fahren die Notenbanken eine Niedrigzinspolitik. Folglich begann im Herbst 2013 auch Kilger über die Zinsentscheide der Europäischen Zentralbank (EZB) zu jammern. Diese würden eine »finanzielle Unterdrückung« bedeuten.[32] Damit spielte er auf einen Fachbegriff aus der Welt der Notenbanken an: »finanzielle Repression« – eine Politik, die auf den Schultern der Kleinsparer die Staatsschuldenkrise lösen soll.

Einer der Mechanismen: Die Zentralbanken senken die Zinsen. Für die Staaten ist das gut, denn sie müssen wenig Zinsen zahlen und können sich entschulden. Für die Sparer hingegen ist das schlecht, denn einerlei, ob ihr Geld auf dem Sparbuch, bei Lebensversicherungen oder Versorgungswerken liegt, sie erhalten weniger Zins auf ihre angesparten Geldvermögen. Die Fleißigen zahlen dabei also die Rechnung. Sie würden »um den Lohn ihrer Anstrengungen gebracht«, sagte Kilger, »die Niedrigzinspolitik ist nichts anderes als der Versuch, die Haushalte überschuldeter Staaten auf Kosten der deutschen Vorsorgesparer zu sanieren«.[33] Kilger weiß also, dass diese Repression nicht spurlos an den Bilanzen der Versorgungswerke vorbeigeht, wenn der Niedrigzinstrend länger anhält. Oder wie es Aktuar Zimmermann vom Sachverständigen-Verband IVS sagte: »Die Versorgungswerke können nicht zaubern.«[34]

Daher sind die Einrichtungen gezwungen, den Rechnungszins zu senken. Sie haben etwa zwei Drittel der Mitgliederbeiträge in festverzinsliche Wertpapiere, zum Beispiel Staatsanleihen, investiert, weil solche Wertschriften traditionell als weniger riskant gelten im Vergleich zu Aktien und anderen Anlagen. Dabei setzten sie häufig auf lange Laufzeiten von fünf, zehn oder gar dreißig Jahren, in denen der einmal vereinbarte Zins fix ist. Solange die Versorgungswerke noch viele solche »Langläufer« im Depot haben, profitieren sie von den früher vereinbarten höheren Zinsen. Staatsanleihen brachten um die Jahrtausendwende nämlich oftmals 7 Prozent, doch heute geht der Zins im Fall von stabilen Staaten gegen null. Das bedeutet aber auch, dass sich der Effekt der Niedrigzinsphase erst zeitverzögert in den Bilanzen der Versorgungswerke niederschlagen wird. Die Zeit »üppiger Rentenanpassungen« sei vorbei, erklärte Kilger. Die Folge: Die Rentenleistungen müssen eingefroren werden, während die Beiträge regelmäßig steigen – wozu die Versorgungswerke gesetzlich angehalten sind.

Die Versorgungswerke haben deshalb das Renteneintrittsalter auf 67 Jahre erhöht. Wenn sie aber ihre Berechnungen an die gestiegene Lebenserwartung ihrer Mitglieder anpassen müssen, entsteht eine weitere Lücke. Denn die Jungen finanzieren wie bei der gesetzlichen Rente die Alten – daran ändert auch das Wahlgeschenk einer »Rente mit 63« nichts, die im Sommer 2014 in Kraft trat. Sie begünstigt die rentennahen Jahrgänge, die mindestens fünfundvierzig Jahre lang Beiträge gezahlt haben. Was den einen offeriert wird, muss anderen später weggenommen werden, fürchten Rentenexperten.[35]

Daher haben seit 2013 viele Einrichtungen ihren Rechnungszins bereits bis auf 2 Prozent nach unten korrigiert, wie die Mehrzahl der Versorgungswerke der Anwälte oder das Versorgungswerk der nordrhein-westfälischen Apotheker. Aktuar Peter Stamm rechnet sogar damit, dass der Rechnungszins auf 1,75 Prozent fallen wird. Das trifft junge Freiberufler, die noch nicht lange eingezahlt haben, besonders hart. Daher wird ein wenig improvisiert. So hat die Kammerversammlung der NRW-Apotheker kurzerhand einen »Generationengerechtigkeitsbeschluss« gefasst: Zu einem späteren Zeitpunkt, wenn sich die Zinslage wieder entschärft, sollen die Jungen wieder bessergestellt werden.[36]

Der Bayerische Oberste Rechnungshof beschäftigte sich mehrfach mit den Risiken der Versorgungswerke. Während die Versorgungswerke des Freistaats 2008 ihre Zielrendite durchwegs mit über 3 Prozent vorgaben, lagen die Nettoerträge der Versorgungseinrichtungen – mit einer Ausnahme – meist deutlich unter dieser Marke. Bei fast allen Versorgungswerken war der Rechnungszins langfristig nicht gesichert. »Als überfällig« bezeichneten daher die stattlichen Prüfer dessen Senkung: »Als Folge der Finanzmarktkrise und des dauerhaft niedrigen Zinsniveaus werden auch in Zukunft noch weitere Anpassungen erfolgen müssen.« Falls die Versorgungswerke auch mit reduziertem Rechnungszins unter dem auf 67 Jahre erhöhten Renteneintrittsalter nicht klarkämen, müssten »strukturelle Eingriffe in die Leistungsseite« erfolgen.[37] Und im Januar 2014 berichtete der bayerische Innenminister zwar über bessere Renditeresultate der Einrichtungen, die geforderte Sicherheitsrücklage sei aber »noch bei keiner Anstalt erreicht«. Alle Versorgungswerke hatten im Frühjahr 2014 Sondersitzungen einberufen, um Lösungen zu entwickeln, die Bayerische Apothekerversorgung wechselt ab 2015 sogar das Finanzierungssystem.[38]

Das angesehene Institut für Vermögensaufbau wollte mehr zur Anlagepolitik der Versorgungswerke wissen und verschickte entsprechende Fragebögen – ohne aussagekräftiges Ergebnis. Die Einrichtungen mauern weiterhin, wenn es um eine offene, transparente Informationspolitik geht. Wir erfahren daher auch wenig darüber, wie sich die Versorgungswerke während der heißen Jahre der Bankenkrise von 2007 bis 2008 geschlagen haben. Hatten sie – anders als Banken und Fonds – ein goldenes Händchen gezeigt? Oder mussten sie auch Verluste mit Fehlinvestments verkraften? Haben einige vielleicht sogar ein doppeltes Problem: Verluste in den Krisenjahren und Niedrigzinsanlagen in den Folgejahren?

Die Schweiz als Vorbild

Die Freiberufler müssen sich wohl die Informationen vor Gericht erstreiten, wenn sie Genaues wissen wollen und sich gegen die autoritäre Haltung der Versorgungswerke zur Wehr setzen möchten. Doch selbst dieser Weg muss nicht von Erfolg gekrönt sein: Vor dem Münchner Verwaltungsgericht unterlag 2010 ein Rechtsanwalt, der genau dies erreichen wollte. Informationen darüber, in welche Aktien, Immobilien und sonstigen Anlagen seine Anwaltsversorgung investiere, stünden ihm nicht zu. Seine persönlichen Rechte seien davon nicht betroffen. Basta.[39]

Für die Verdunklungspraxis gibt es eigentlich keine vernünftigen Gründe. Das zeigt die Schweiz: Dort sind Performance-Vergleiche der Pensionskassen, die als zweite Säule der Alterssicherung für die Mitglieder verpflichtend sind, seit langem üblich. Die Arbeit der Pensionskassenmanager wird regelmäßig diskutiert, kritisiert und untersucht,[40] Missstände sind große Medienthemen. Die Deckungslücken aufgrund der demographischen Entwicklung sind ein Dauerbrenner, der offen und verantwortungsvoll diskutiert wird.

So informiert die Pensionskasse Publica, die 35 Milliarden Franken für das Personal des Bundes verwaltet, regelmäßig und umfassend, nicht nur über den Deckungsgrad (105 Prozent), die Rendite des Anlagevermögens (7,94 Prozent) oder das Nettoergebnis (2,6 Milliarden Franken). Ganz selbstverständlich publiziert die Pensionskasse auch umfangreiche Geschäftsberichte und Jahresrechnungen. Darin werden die Entscheidungsprozesse beschrieben, die Vergütungen und Honorare an die Manager deklariert und ihre Nebentätigkeiten aufgelistet und erläutert, wie die Anlagestrategie angesichts der Niedrigzinspolitik angepasst wurde. In umfangreichen Listen publiziert sie alle Anlageklassen und Arten von

Wertpapieren, deren Anteil und exakten Betrag im Portfolio, deren Anteil am Erfolg, die externen Vermögensverwalter, die Risikopolitik und eine exakte Performancerechnung. Die Schweizer Bundesangestellten wissen, woran sie sind.[41] Und andere Schweizer Pensionskassen liefern auf ihren Webseiten sogar monatsaktuelle Performance-Daten, perfekt grafisch aufbereitet mit allen wichtigen Risikokennzahlen, den Daten der Asset-Allokation und Entwicklungen. Regelmäßige Datenvergleiche liefern den Mitgliedern einen anschaulichen Überblick.[42]

Dabei gibt es auch in der Schweiz nichts zu beschönigen: Trotz hoher Renditen und satter Gewinne auf den Finanzmärkten brachte das Jahr 2012 den Pensionskassen nicht die erhoffte Erholung. Die Pensionskassen erzielten zwar Renditen zwischen 5 und 10 Prozent, die Kassen befänden sich aber im Durchschnitt immer noch knapp mit 99,9 Prozent in einer Unterdeckung, stellte das St. Galler Analyseinstitut Complementa fest, das seit Jahren die Zahlen von etwa zwei Dritteln aller Schweizer Pensionskassen untersucht.[43]

Das Schweizer Modell ist transparenter und professioneller, es hat aber auch Schwachstellen. Einige Pensionskassen reichen die Beitragsgelder zur Vermögensverwaltung an Versicherungskonzerne weiter – und dann ist es mit der Transparenz wieder vorbei. Die Pensionskassenmitglieder erhalten in diesen Fällen weniger umfassende Informationen, für die Versicherer ist das aber ein überaus einträgliches Geschäft. Sie können ihr Kapitalvolumen steigern, ohne Kunden anwerben zu müssen, denn diese kommen automatisch via Pensionskasse. Zwischen 2005 und 2012 schöpfte die Versicherungsindustrie auf diese Weise beim Geschäft mit den Pensionskassen 3,6 Milliarden Franken ab, allein 661 Millionen im Jahr 2012. Als »skandalös« bezeichnete die Gewerkschaftsorganisation Travailsuisse dies. Ihre Risikoprämien würden sie dabei viel zu hoch ansetzen.[44] Eine Untersuchung der Eidgenössischen

Finanzaufsicht Finma ergab, dass die Prämieneinnahmen der Versicherer sogar doppelt so hoch wie ihre Ausgaben waren.[45]

Im großen Loch der Finanzindustrie verschwinden auch Millionensummen von Versicherten der vielen kleinen Schweizer Sammelstiftungen, die Mitarbeiter zahlreicher Kleinunternehmen kollektiv aufnehmen. Die Sammelstiftungen buhlen um Kunden, um zu wachsen, und dafür zahlen sie an Makler- und Vermittlerbüros, die ihnen die Mitarbeiter kleiner Betriebe zuschanzen, hohe Provisionen – aus dem Topf der Beitragsgelder. »Bestandspflegekommissionen« oder »Courtage« werden diese Zahlungen in der Branche vornehm genannt. So bekommen die Versicherten natürlich nicht die beste Sammelstiftung, sondern die mit den höchsten Provisionen. Sammelstiftungen, die bei dem Spiel nicht mitmachen, bekommen von den Maklern keine Anfragen mehr. Einen durchschnittlichen Arbeitnehmer mit 65 000 Franken Jahresarbeitslohn kosten diese Provisionsverluste an einem Beispielfall durchgerechnet nach vierzig Jahren rund 24 000 Franken.[46]

Dabei ist es zweifelhaft, ob diese Provisionszahlungen überhaupt rechtens sind. Das schweizerische Bundesgericht in Lausanne untersagte solche stillen Vermittlungsprovisionen im Bankengeschäft, dort »Retrozessionen« genannt, solange der Kunde darüber nicht informiert ist. Dieses Urteil änderte aber nicht die Provisionspraxis, sondern lediglich das Kleingedruckte in den Allgemeinen Geschäftsbedingungen der Banken: Kaum bemerkbar weisen sie seitdem auf ihre Provisionen hin. 2011 bekamen die 12 200 Versicherten der Pensionskasse von Siemens Schweiz aufgrund eines Urteiles des Bundesgerichts einige Millionen verdeckt gezahlter Entschädigungen zurückerstattet.[47]

Wie im Fall der Siemens-Pensionskasse häuften sich in den vergangenen Jahren auch in der Schweiz Betrugs- und Korruptionsfälle sowie Meldungen über drastisches Missmanagement bei Pensionskassen und Krankenversicherungen.[48] So geriet der Manager einer kleinen Sammelstiftung sogar zweimal hintereinander ins Visier der Staatsanwälte und wurde schließlich inhaftiert.[49]

Schwere Verletzungen der Sorgfalts- und Treuepflichten hatten auch zum größten Korruptionsfall in der Zürcher Geschichte geführt: Daniel Gloor, der ehemalige Anlagechef der Pensionskasse BVK – mit 110 000 Mitgliedern die größte der Schweiz –, hatte fünfzehn Jahre lang ein System unterhalten, mit dem es sich befreundete Vermögensverwalter, Berater und Banker gutgehen ließen. Es verwundert kaum, dass unter dieser Führung die Gelder der BVK äußerst lausig verwaltet wurden: Rund 2 Milliarden Franken mussten die Steuerzahler zur Sanierung der Kasse nachschießen. Eine parlamentarische Untersuchungskommission sah die Verantwortung auch in mangelnder Aufsicht.[50] Anlagechef Gloor wurde im August 2014 in zweiter Instanz vom Zürcher Obergericht zu sechs Jahren Gefängnis verurteilt. Weitere Strafverfahren im BVK-Komplex behandeln Vorwürfe der Kursmanipulation und des gewerbsmäßigen Betruges. Die Gerichte haben noch nicht in allen Fällen letztinstanzlich entschieden, so dass die Unschuldsvermutung gilt.[51]

Konkurs ausgeschlossen?

Anders als in der Schweiz werden die Anlageentscheidungen bei den deutschen Versorgungswerken in der Regel nicht von ausgewiesenen Fachleuten getroffen, die Berufsleute aus den Kammern sind dafür letztlich verantwortlich. Und in Zeiten, in denen Anlageentscheidungen diffizil und komplex sind, neigen einige auch dazu, etwas höhere Risiken einzugehen, um Performanceschwächen auszugleichen. »Das Risikomanagement könnte in den berufsständischen Versorgungswerken besser ausgestaltet werden«, gibt selbst ihr Verbandsaktuar Horst-Günther Zimmermann zu.[52]

Die Versorgungswerke berufen sich gerne auf ihren öffentlich-rechtlichen Status. Das vermittelt den Mitgliedern den Eindruck, dass sie selbst im Fall einer gravierenden Schieflage eines Versorgungswerks oder gar eines Zusammenbruchs geschützt wären. So sicher ist das aber keineswegs, denn die Haftungssituation ist unterschiedlich: Einige Versorgungswerke sind Körperschaften des öffentlichen Rechts, andere sind als Gesellschaften mit beschränkter Haftung (GmbH) eingetragen. Für den Fall einer Insolvenz ist rechtlich nicht geklärt, was passieren kann. »Eine ausdrückliche Regelung hinsichtlich der Haftung gibt es – so weit ersichtlich – nicht«, befand auch der wissenschaftliche Dienst des Deutschen Bundestages, der danach befragt wurde. Ungeklärt ist auch, wer im Pleitefall einspringt. Die Versorgungswerke sind jedenfalls frei, kurzfristig ihre Leistungen anzupassen. Im Falle einer finanzieller Schieflage könnten sie die Beiträge für die Einzahler erhöhen. So geschah es beispielsweise vor dreizehn Jahren bei der Zahnärztlichen Altersversorgung in Niedersachsen, die nach Turbulenzen die Renten um 50 Prozent kürzen musste.[53] Das niedersächsische Kammergesetz für die Heilberufe hält dementsprechend fest: »Das Vermögen der Kammer haftet nicht für Verbindlichkeiten der Versorgungseinrichtung.« Oder im Hamburger Kammergesetz für die Ärzte: »Für Verbindlichkeiten des Versorgungswerkes haftet jeweils nur dessen Vermögen.« Im Klartext: Die Kammern können zwar Versorgungseinrichtungen schaffen, sind aber im Fall einer Pleite zu nichts verpflichtet. Wenn die Manager das Geld verjubeln, dann genießen die Mitglieder keinen weiteren Schutz.[54] Entgegen dieser Rechtslage versicherten die Funktionäre der Hamburger Ärzteversorgung ihren Mitgliedern: »Versorgungswerke sind als öffentlich-rechtliche Institutionen nicht insolvenzfähig.«[55]

Die Abgeordneten des Düsseldorfer Landtags hatten es in dieser Frage leichter. Als in ihrem Versorgungswerk eine Unterdeckung drohte, verabschiedeten sie im Januar 2012 kurzerhand ein Gesetz, das ihnen eine Diätenerhöhung von 500 Euro zusprach, die direkt in die Kasse ihres Versorgungswerks fließen sollte. Ihr Beitrag liegt nun bei 2114 Euro im Monat.[56]

SCHWARZES GELD: WIE DIE UPPERCLASS-VERSICHERUNG SCHEITERTE

»Bei einer Einhaltung der rechtlichen Vorschriften ist die Auszahlung der Lebensversicherung einkommensteuerfrei.«
(AUS EINEM PROSPEKT DER CREDIT SUISSE LIFE & PENSIONS AG, LIECHTENSTEIN)[1]

»Die Entwicklung der Zusammenarbeit zwischen den Strafverfolgungsbehörden in Europa lässt sich bildhaft durchaus als Expresszug begreifen.«
(MARK ZÖLLER, RECHTSPROFESSOR IN TRIER)[2]

Das Schulungszentrum der MWB Vermögensverwaltung befand sich in einem feinen Wohnquartier, an bester Adresse am Zürichberg. Die Verwaltung hatte ihren Sitz in einem Bürohaus an der Zürcher Dufourstraße, wenige Meter vom See entfernt. Eine Schwesterfirma residierte im lieblichen Schwendetal in Appenzell, einem Ort der Ruhe. So liefen auch die Geschäfte über Jahrzehnte hinweg: geräuschlos und diskret. Der deutschstämmige Versicherungsmann Hans-Peter Fieber hat das Vermögensverwalternetzwerk aufgebaut, zunächst über das Maklerbüro Rekord Versicherungs-Vermittlung und Betreuungsgesellschaft für Selbständige sowie die MWB-Vermögensverwaltung für den Mittelstand.

Anfang 2006 wurde die Ruhe gestört: Deutsche Steuerfahnder interessierten sich plötzlich für die Kunden der MWB – für alle Kunden. Sie wollten ganz genau wissen, wie es um deren Steuerehrlichkeit stand, und filzten die Unterlagen über rund 6000 Kunden, die in dem Netzwerk ihr Geld gebunkert hatten. Bei einem – konservativ geschätzten – durchschnittlichen Depotvolumen von 100 000 Franken stand bei 35 000 deutschen Anlegern ein Kundenvermögen von rund 500 Millionen Euro auf dem Spiel. Den Anlegern war eine zusätzliche Altersvorsorge offeriert worden, still und sicher in der Schweiz.

Der MWB-Fall war nach den flächendeckenden deutschen Steuerstrafermittlungen der neunziger Jahre gegen Banken und Kunden, die ihr Erspartes heimlich nach Luxemburg und Liechtenstein transferiert hatten, der erste Mammutfall dieser Art seit der Jahrtausendwende. Zunächst durchsuchten Steuerfahnder und Staatsanwälte im Dezember 2005 in Essen die Büros eines Call-Center-Betreibers, der für die MWB per Telefon auf Kundenfang gegangen war. Die Firma hieß ganz unspektakulär CT Consulting & Marketing, mit Filialen in ganz Deutschland, und hatte ihre Netze weitflächig ausgeworfen, um deutschen Kleinunternehmern die Geldanlage bei der Zürcher MWB schmackhaft zu machen. »Fast jeder deutsche Mittelständler ist seitdem von den Telefonverkäufern der MWB kontaktiert worden«, sagte ein Strafermittler. Wer schwach wurde, erhielt umgehend Besuch von einem MWB-Berater. Natürlich verfügte die MWB auch über ein Qualitätssiegel: Es stammte praktischerweise vom Zürcher Institut für Finanz- und Betriebswirtschaft IFW, das zugleich zum Netzwerk von MWB-Gründer Fieber zählte.

So wurden Erträge von ablaufenden Kapitallebensversicherungen in die Schweiz transferiert, sogenannte quellensteuerfreie Schweizer Franken Anlagen, oder Gelder für ein »Schweizer Vermögensaufbauprogramm« eingesammelt. Oder es wurden hochriskante Zinsdifferenzgeschäfte der Credit Suisse mit einem mehrfachen Hebel mit Darlehensverträgen angeboten. Mitunter kassierte der Mann von der mittelständischen Vermögensberatung die erste Rate in bar und besorgte den Papierkram für die Kontoeröffnung bei der Credit Suisse in Zürich. Auch die Dexia Privatbank und die Fonds der Bank Julius Bär wurden empfohlen. Und manchmal brachten Kuriere Bares über die Grenze.

Die Geschäfte mit den Kleinen

Als besonders clevere Anlage wurde Kleinunternehmern eine »Ummantelung« ihres Gelddepots mit einer Lebensversicherung angeboten, die von der Zürcher Filiale der Generali Versicherung kam. »Insurance-Wrappers« wurden diese Konstruktionen in der Finanzwelt genannt. »Wrapping« war das neue Zauberwort seit der Jahrtausendwende: Die Anlagegelder sollten verpackt, eingewickelt, umhüllt werden. Versicherungs- und Bankmanager waren begeistert: Unter ihnen galten die sogenannten Versicherungsmäntel nun als großartige Innovation. Eine perfekte Lösung, meinten sie: anonym, zinsfrei und auch noch legal.

Bei der MWB erzielten die neuen Finanzprodukte eine vorteilhafte Hebelwirkung. Versicherungsprovisionen, Kreditagio, neuerliche Ausgabekosten für Zweitverträge: Die Gebühren waren mannigfaltig. Diese Honorare lägen »dank tiefer laufender Gebühren über die durchschnittliche Vertragsdauer im unteren Segment«, erklärte Manager Jürg Schlienger, der bis Juni 2011 bei dem Unternehmen verantwortliche Positionen begleitete. Er begründete die einmaligen Kosten bei Vertragsabschluss mit dem »Arbeitsaufwand für die Bedürfnisanalyse, die Erarbeitung eines Vermögensaufbauplanes und nicht zuletzt die umfassenden Arbeiten im regulatorischen Bereich«.

Für die Kleinsparer der MWB sah es allerdings danach aus, dass ihr Vermögen eher ab- als aufgebaut wurde. Freilich bemerkten die meisten Kunden dies erst, nachdem sie durch die Staatsanwälte aufgeschreckt worden waren. Zur Geschäftspolitik gehörte ansonsten professionelle Verschwiegenheit. Auf der Internetseite der MWB verschwanden die Einträge der Dexia, der Bank Bär und der Credit Suisse, nachdem der Fall öffentlich geworden war.

Die Großbank Credit Suisse schwieg ebenso, sie berief sich wie immer auf das Bankgeheimnis. Von der Generali erläuterte ein Direktionsmitglied die Rechtsauffassung des Unternehmens: »Es ist rechtlich zulässig, dass deutsche Staatsbürger in der Schweiz bei Banken oder Versicherungen Gelder anlegen, solange die Geldwäschebestimmungen sowie die übrigen relevanten Bestimmungen des schweizerischen Rechts eingehalten werden.« Im Klartext: Die Kunden sind für die Einhaltung der relevanten Bestimmungen des deutschen Rechts selbst verantwortlich.

Genau dies prüften die deutschen Staatsanwälte und verfuhren dabei wie immer nach einem lange eingeübten Schema: Zunächst wurde in den Steuererklärungen der Betroffenen nach Einnahmen und Erträgen gesucht, die in der Schweiz deponiert waren. Fehlten Erklärungen über das Schweizer Vermögen, dann klingelten die Damen und Herren von der Steuerfahndung die säumigen Staatsbürger in den frühen Morgenstunden aus dem Bett. Gewöhnlich war die Sache dann schnell geklärt – und prompt folgte die Rechnung vom Fiskus.[3]

Die Strafermittlungen förderten erstmalig eine interessante Kooperation zwischen Banken, Vermögensverwaltern und Versicherungen im Schwarzgeldgeschäft zutage. Als sogenannter Sponsorpartner von MWB diente die Generali-Lebensversicherung. Neben der Vermögensanlage bei der Credit Suisse oder einer anderen Schweizer Bank schlossen die

Anleger bei der Generali eine Lebensversicherung ab. Dabei kassierte die MWB, die ihre Kunden bereits mit »Auslandsgebühren« von bis zu 1700 Euro schröpfte, nochmals: mit einer klassischen Provision auf den Abschluss einer Lebensversicherungspolice. Bis zu 5 Prozent wurden auf den Abschluss gewährt, zuzüglich einer jährlichen »Qualitätsprovision« von 2,5 Prozent der laufenden Bestandsprämie. Damit wurde die MWB zur Vertriebsmaschine für die Generali – den Leuten von der MWB gewährte sie sogar eine Inkassovollmacht, schließlich waren sie wichtige Prämienlieferanten. Für die Kunden war das Ganze oft nicht sehr attraktiv: Etliche mussten massive Verluste hinnehmen. Denn schon zu Beginn wurden auf ihre Anlagen exorbitante Gebühren angerechnet, die bis zu 50 Prozent des eingezahlten Betrages ausmachten.[4]

Als der Fall in der Schweiz enthüllt wurde, reagierte die Partnerbank Credit Suisse umgehend. Sie schickte der MWB bereits im März 2006 ein Schreiben zur Weiterleitung an die Anleger, in dem sie Verwaltungsvollmachten der Kunden aberkannte: Die Kunden sollten sich eine neue Bank suchen. Doch viele Kunden bekamen den Brief gar nicht zu sehen. MWB-Manager teilten ihren Kunden stattdessen scheinheilig mit, sie hätten eine neue, »günstigere« Bank für ihre Depots gefunden. Es war die Niederlassung der indischen Bank Amas in Zürich, die heute unter dem Namen Hunduja Bank Switzerland firmiert.[5]

Mehrere deutsche auf Anlegerschutzklagen spezialisierte Anwaltskanzleien klagten gegen die MWB – mit langem Atem, aber schließlich mit Erfolg. Zunächst verurteilte zum Beispiel das Oberlandesgericht Dresden die MWB Vermögensverwaltung zu 30 000 Euro Schadensersatz an einen Kunden. Nach jahrelangen Rechtskämpfen urteilte das Landgericht Leipzig, dass die MWB-Leute in Deutschland illegal Anlagegelder eingesammelt hatten, und entschied zugunsten eines Kunden, dass die MWB das einbezahlte Geld zurückzahlen müsse; zudem stehe dem Investor ein »Ersatz des entgangenen Gewinns« zu. Die Kanzlei Engelhard, Busch & Partner konnte in den Jahren 2008, 2009 und 2010 mehrere Urteile gegen die MWB erstreiten, so vor den Landgerichten Frankfurt am Main, Coburg, Landshut, Traunstein, Erfurt, Gera und Weiden in der Oberpfalz. Die Oberlandesgerichte München, Bamberg, Dresden und Köln bestätigten erstinstanzliche Urteile gegen die MWB Vermögensverwaltung.

Zudem klagten deutsche Konsumentenanwälte auch direkt gegen MWB-Verantwortliche: Sie forderten von den Verwaltungsräten Schadensersatz und erreichten dafür vor den Landgerichten Passau, Darmstadt und München II positive Urteile. Im Oktober 2013 erzielten Kläger einen Vergleich mit einem MWB-Verwaltungsrat, in dem dieser in die Wiedergutmachung eines Teiles des Schadens einwilligte.[6] Und schließlich stellte der Bundesgerichtshof im Oktober 2010 in einem wegweisenden Urteil fest, dass deutsche Gerichte für die Verfahren gegen die Schweizer MWB Vermögensverwaltung AG zuständig seien, und erklärte, dass in Deutschland auch deliktische Schadensersatzansprüche gegen die MWB geltend gemacht werden könnten, obwohl in den MWB-Verträgen stets Zürich als Gerichtsstand vermerkt sei. Vor den Zürcher Gerichten hätten die Kunden aufgrund der dort geübten Praxis kaum eine Chance auf einen Schadensersatz.[7]

Die langwierigen Kämpfe durch alle Instanzen zeigten, wie mühsam – und teuer – es für geprellte Kunden sein kann, das Recht durchzusetzen. Immerhin hatten am Ende viele MWB-Anleger erreicht, dass ungerechtfertigte Zahlungen wie die ominöse Auslandsbearbeitungsgebühr und Prämienzahlungen an Lebensversicherungen zurückerstattet wurden. Andere Kunden lösten ihren Fall mit einem außergerichtlichen Vergleich, bei dem Teile des erlittenen Schadens reguliert wurden.

Erst im November 2013 wurde die MWB in Zürich vom Bezirksgericht nach einer Nachlassliquidation aufgelöst. Dem eingesetzten Call-Center wurde durch die deutsche Bundesanstalt für Finanzdienstleistungsaufsicht (BaFin) die weitere Anwerbung von Kunden für die MWB untersagt, während in der Schweiz die Eidgenössische Finanzaufsicht Finma im Fall MWB keine öffentlich wahrnehmbaren Sanktionen verhängte. Das erlaubte dem ehemaligem MWB-Direktor Guido Gilardoni, unter neuem Namen weiterzumachen. Mit seiner Einzelfirma GMC Finanz-Consulting und als Manager der Finanzfirma Swiss Financial Partners (SFP) ging er erneut auf Kundenfang. Doch im November 2007 entzog ihm die Finma die Unterschriftsberechtigung bei der SFP im Kanton Zug. Der eingetragene Zweck der Firma: »Vermögensverwaltung, treuhänderische Verwaltung von Vermögen, Tätigkeiten auf dem Gebiet der Kapitalanlagen inklusive deren Vermittlung.« Im Mai 2009 beantragte die Finma auch für Gilardonis GMC von Amts wegen das Insolvenzverfahren: Er habe 8 bis 10 Prozent Jahreszins versprochen und illegal Gelder eingetrieben, so der Vorwurf der Aufsichtsbehörde. Swiss Financial Partners hatte rund 40 Millionen Euro vor allem bei Mittelständlern eingesammelt, etwa 400 Unternehmer und Handwerker aus Deutschland setzten auf den Sparplan mit angeschlossener Versicherung.

Damit war Ex-Versicherungsjongleur Gilardoni noch längst nicht vom Schweizer Finanzplatz verbannt. Ausgerechnet die amtlich von der Finma eingesetzten Liquidatoren schlugen den Geschädigten in einem Schreiben vom 5. Februar 2008 eine neue Vermögensverwalterin vor: die Sankt Galler OFL AG. Im Management saß dort: Guido Gilardoni. Die OFL war dabei nichts weiter als der schweizerische Ableger einer deutschen Versicherungsvertriebsgruppe, die zunächst unter dem Namen OFL und seit 2008 unter der Firma Four Gates AG operierte.

Die Four-Gates-Manager ließen sich übrigens ebenfalls ein kreatives Finanzierungsmodell einfallen: Privatanleger konnten sich bei ihnen einkaufen, mit Aktien an der Four Gates oder mit Genussscheinen zum Beispiel. Eigentlich keine schlechte Idee, denn vielfach war es für Investoren wohl klüger, Versicherungsaktien zu kaufen, statt übertreute Versicherungsverträge abzuschließen. Im Fall der Four Gates, vormals OFL, konnte der Aktienkauf aber ins Auge gehen. Laut Zeichnungsschein und Prospekt wurden die Papiere zum Kurs von 4,60 Euro ausgegeben, doch im Januar notierten die Papiere nur noch bei 20 Cent das Stück – ein Minus von 95 Prozent. Und der Wert der Genussscheine der Four Gates? Sie standen im Herbst 2014 bei 0 Euro.[8]

Gegen den schwachen Kurs kannten die Four-Gates-Manager ein Rezept, nämlich den »Aufbau eines Netzwerkes von Journalisten, in dem exklusiv über die Geschäftsentwicklung berichtet wurde«. Man sei dabei erfolgreich gewesen, schrieben die Manager in ihrem Jahresbericht 2008: »Der Pressespiegel des Jahres 2008 belegt, dass wir insgesamt eine hinreichende Publizität in bedeutenden Online-Medien der Fach- und Publikumspresse erreicht haben, dass Four Gates überdurchschnittlich oft positiv in den Printmedien erwähnt wurde und dass wir unseren Publikationspflichten und Transparenzgeboten vollumfänglich gerecht geworden sind.«[9] Seit dem Geschäftsjahr 2011 hat das Unternehmen bis zum Herbst 2014 keine neuen Jahresberichte mehr publiziert.

Karl Sternberg, ein 86-jähriger Rentner aus Affoltern am Albis, einer Gemeinde in der Nähe von Zürich, erzählte dem Schweizer Verbrauchermagazin *K-Geld*, wie es ihm mit seinem Investment in die Four Gates ergangen war. Anfang 2008 war er von einem Vermittler einer gewissen BBG Business to Business Group AG beraten worden. Der Vermittler empfahl ihm den Kauf von Partizipationsscheinen – Aktien ohne Stimmrecht – der OFL-Vermögensverwaltungs AG mit damaligem Sitz in Sankt Gallen. »Jährlich 6 Prozent« Zins versprach der Berater, Sternberg legte 10 000 Franken an. Doch Dividenden wurden nie gezahlt. Als Sternberg seine Partizipationsscheine verkaufen wollte, verwies ihn ein OFL-Manager an die Four Gates AG in Deutschland, die Muttergesellschaft. Inzwischen kann sich Sternberg wie andere geschädigte Investoren mit seinem Hilferuf an eine Schutzgemeinschaft Four Gates AG wenden, ein Anlegerschutzanwalt übernimmt dann das Mandat.[10] Das ist die typische Endstation für Kleinanleger, deren Budget für einen eigenständigen Rechtskampf gegen die Vermittlerfirmen nicht ausreicht: Sie müssen Schutz im Kollektiv suchen – bei einem Anwalt, der die Interessen der vielen Kleinen bündelt.

Die Geschäfte mit den Großen

Der Fall MWB war im Frühjahr 2006 aufgeflogen, Versicherungsmanager an den Bankenplätzen in Frankfurt und Zürich waren also gewarnt. Die Steuerfahnder hatten die Insurance-Wrapper im Visier, bei der Vermittlung der Versicherungsmäntel an Schwarzgeldanleger drohten rabiate Strafuntersuchungen, im Zweifel flächendeckende Ermittlungen gegen alle Kunden, Großrazzien in den Büros der Versicherungsgesellschaften und der Partnerbanken. Und es drohten Klagen gegen die Verantwortlichen, sollte man dabei erwischt werden. Doch ungerührt bastelten Versicherungsmanager weiter an ihrem revolutionären Produkt. Sie drehten das Geschäft mit den Insurance-Wrappern sogar noch richtig auf, eroberten neue Märkte und konstruierten Wrapper mit schwindelerregenden Anlagesummen – mit dramatischen Folgen.

Heute untersuchen Steuerermittler in den USA und Deutschland die Wrapper-Geschäfte im ganz großen Stil.

Aufgeschreckt durch Ankäufe von Bankdatensammlungen und Zeugenaussagen von Whistleblowern haben Schwarzgeldkunden diesseits und jenseits des Atlantiks ihre Deals den Steuerbehörden gebeichtet. Amnestieähnliche Programme wie die strafbefreiende Selbstanzeige in Deutschland oder das amerikanische Programm zur freiwilligen Meldung (»offshore voluntary disclosure program«, OVDP) von Steuerversäumnissen haben den Behörden viel Stoff zur Untersuchung weiterer Fälle geliefert – Lernstoff. Denn beim Auswerten der Beichtdokumente sind die Ermittler auf Kniffe und Tricks, auf Muster und Maschen der Steuerhinterziehungsdeals gestoßen.

In Deutschland wurden den Behörden 2013 mehr als 23 000 Selbstanzeigen und im ersten Halbjahr 2014 allein bereits mehr als 22 500 gemeldet. In den USA waren es bis 2013 mehr als 39 000 Bürger, die sich beim Freiwilligenprogramm outeten und 5,5 Milliarden Dollar an den Staat abgaben.[11] Die US-Bürger müssen mit ihrer Selbstanzeige nicht nur die Konten und ihre Vermögen angeben, sie müssen zudem alle Banken, Versicherungen und Vermögensverwalter benennen, bei denen sie ihre Geschäfte getätigt haben, die Namen der Versicherungsagenten, Kundenbetreuer und Vermögensberater mit Adressen und Büros offenlegen. In Deutschland haben erfahrene Schwerpunktstaatsanwaltschaften sich der Fälle angenommen, in den USA ist der Fall sogar zur Chefsache der obersten Ankläger in der Steuerabteilung des Justizministeriums in Washington erklärt worden.

Die Untersuchungen ergaben, dass die grandiose Dienstleistung der Nullerjahre vielfach als neue Variante zum Verstecken von Schwarzgeld eingesetzt wurde. Viele Verträge waren illegal und entpuppen sich als schwere Hypothek für alle Beteiligten: Kunden werden angeklagt, Versicherungen, deren Partnerbanken und Vermögensverwaltern drohen hohe Strafen. Die Untersuchungen der Justizbehörden stehen erst am Anfang. Und diesmal haben sie es, anders als im MWB-Fall, nicht nur auf Kleinanleger abgesehen, sie wollen vielmehr die Millionärspolicen der hochvermögenden Kunden knacken. Diese werden in der Finanzwelt in die Klasse der »high-net-worth individuals« (HNWI) eingereiht – Personen mit mehr als einer Million US-Dollar frei verfügbarem, liquidem Vermögen – oder gar in die Klasse der Superreichen, die Ultra-HNWI mit mehr als 50 Millionen Dollar investierbarem Vermögen.

Das Bauprinzip dieser Versicherungsmäntel für die Wohlhabenden war einfach, die Varianten sind vielfältig. In der einfachen Form wurde das Vermögen des reichen Kunden in eine Lebensversicherungspolice eingebracht. Die Versicherungsgesellschaft mit Domizil im Ausland, meist an einem steuergünstigen Offshore-Finanzplatz, eröffnete auf ihren Namen ein Konto bei einer Schweizer Bank und verwaltete im Auftrag des Kunden das Vermögen. Rechtlich betrachtet, waren dies nun Vermögenswerte der Versicherung. Aber anders als bei einem gewöhnlichen Versicherungsvertrag wurde dem Kunden weiterhin das Recht eingeräumt, die Anlagepolitik individuell zu steuern. Die Einzahlung bei der Versicherung wurde wie eine Einmalprämie behandelt – die vielfach mehr als hundert Millionen Franken betrug. Das Wichtigste bei alldem: Fortan tauchte der Name des Kunden bei der Bank nicht mehr auf – eine höhere Form des Bankgeheimnisses also.[12]

»Bei einer Einhaltung der rechtlichen Vorschriften ist die Auszahlung der Lebensversicherung einkommenssteuerfrei«, erläuterte ein Vermögensverwalter in einem Prospekt die »effiziente Steueroptimierung« mit dem Versicherungsmantel der Credit Suisse Life & Pensions AG mit Sitz im Fürstentum Liechtenstein. Wie bei einer gewöhnlichen deutschen Lebensversicherung sollte der Kunde nach zwölf Jahren Laufzeit seine Ersparnisse abgabenfrei genießen können. Er dürfe zum Beispiel in Hedgefonds und andere alternative Anlagen investieren, und er könne »jederzeit eine Änderung des vereinbarten Anlageprofils verlangen«, notierte die liechtensteinische Credit-Suisse-Tochter in einer Beschreibung ihres Produktes aus dem Jahr 2003. Ein externer Vermögensverwalter sollte die Anlagen in einem gesonderten, internen Fonds verwalten, der vom übrigen Vermögen der Versicherungsgesellschaft getrennt war.[13]

Das Geschäft entwickelte sich rasant. An Offshore-Standorten wie Liechtenstein oder der Karibik explodierte das Prämienvolumen. Allein in Vaduz waren zwölf Lebensversicherer präsent, darunter Töchter von UBS, Swiss Life, Baloise, Vaudoise und Zurich, aber auch spezialisierte Vermögensverwalter wie Swisspartners, Valorlife oder Wealth-Assurance.[14] Auch Versicherungskonzerne wie die Generali, der Deutsche Ring oder die Vienna Life stiegen ein, bald wurden die Deals in Irland, in Singapur oder auf den Bermudas feilgeboten. 2009 verzeichnete Luxemburg ein Wachstum bei Lebensversicherungspolicen um 171 Prozent. Als »Wachstumstreiber« verkündete zum Beispiel die Swiss-Life-Konzernspitze dieses Geschäft, sie verkaufte allein 2010 Mantelverträge für 5 Milliarden Franken und rechnete weltweit mit einem Marktpotential von 300 Milliarden Franken. Wohlgemerkt, all dies geschah in den Jahren nach der Großrazzia gegen die MWB-Kunden, ungerührt und unbekümmert: Das tolle »Finanzprodukt« blieb en vogue. War das dumm, dreist oder beides? Jedenfalls hatten die Versicherungsmanager eine weitere Gelegenheit zur Umkehr.

Die US-Justiz schlägt zu

Den Schweizer Finanzplatz traf erneut ein heftiger Schlag: Das US-Justizministerium begann 2007, etwa ein Jahr nach dem MWB-Fall, mit intensiven Untersuchungen gegen die Schweizer Großbank UBS wegen des Verdachts der systematischen Beihilfe zum Steuerbetrug. Ein Whistleblower hatte die Behörden auf die Spur gebracht, und bereits ein Jahr später wurde klar, dass die Untersuchungen für den Bankgiganten zur existenzbedrohenden Gefahr werden konnten. Denn das amerikanische Justizministerium kann Unternehmen direkt anklagen – was in der Praxis den Ausschluss vom lebenswichtigen US-Geschäft bedeuten kann.

Der Verdacht gegen die UBS erhärtete sich. Die Großbank hatte amerikanischen Kunden im großen Stil beim Steuerbetrug geholfen. Im Februar 2009 wurde die Sache ernst, die UBS lieferte Bankkundendaten an das US-Justizministerium. Es war ein Dammbruch: 75 Jahre nach der Festschreibung des Bankgeheimnisses in einem Schweizer Gesetzbuch wurden erstmalig Hunderte Kundennamen einer ausländischen Behörde offenbart. Die Bankenaufsicht notierte:»Am 18. Februar 2009 ordnete die Eidgenössische Finanzmarktaufsicht Finma die Herausgabe einer klar begrenzten Zahl von UBS-Kundendaten an US-Behörden an, um eine drohende Anklage durch die US-Behörden und damit eine akute Bedrohung der Liquidität und Stabilität der Bank zu vermeiden.« Sie begründete diesen Schritt mit der bedrohlichen Lage der Bank:»Eine Anklage der UBS durch die US-Strafbehörde im Februar 2009 hätte nach damaliger Einschätzung der Finma die Liquiditätssituation und damit die Existenz der Bank insgesamt akut bedroht. Angesichts der Größe und Vernetzung von UBS in der Schweiz gefährdete dies auch die Stabilität des Finanzplatzes.«[15] Das Bankgeheimnis war damit Geschichte.

Die UBS bekannte sich nach Offenlegung ihrer gesamten Praxis im US-Geschäft vor einem amerikanischen Gericht schuldig. Sie musste 780 Millionen Dollar als Buße berappen und ein Programm aufsetzen, mit dem die Behörden künftig in der Lage sein würden, transparent und offen die Geldangelegenheiten amerikanischer Kunden zu prüfen. Daraus entstand ein ausgefeiltes Informations- und Prüfprogramm, das inzwischen von der US-Regierung weltweit unter dem Namen Foreign Account Tax Compliance Act (Fatca) als Steuerinformationsabkommen mit ausländischen Regierungen eingesetzt wird, so auch mit der Schweiz und der EU.

Für die beteiligten Kundenbetreuer und Manager der UBS war damit der Fall allerdings noch nicht abgeschlossen: Sie wurden angeklagt und, soweit sie sich nicht freiwillig stellten, was zunächst die Regel war, zur Fahndung ausgeschrieben. Dabei nahmen die US-Staatsanwälte vor allem jene UBS-Banker ins Visier, die nach dem Auffliegen des Falles zu einer anderen Bank gewechselt waren und dabei ihre Kunden mitgenommen hatten. Mit Hilfe der Angaben aus dem Programm zur freiwilligen Meldung OVDP konnten sie Datenbanken über Banker, Vermögensverwalter und Versicherungsleute erstellen, die sie nun als Gehilfen des Steuerbetrugs ins Visier nahmen. Auf sogenannten Leaver-Listen erfassten sie die »Abschleicher« und deren Gehilfen. In einem Fall setzten sie sogar einen Ex-UBS-Banker auf die internationale Fahndungsliste von Interpol: Dieser sah sich dort mit seinem Passbild neben Drogenhändlern, Menschenhändlern und Kinderschändern präsentiert. Die US-Staatsanwälte verfolgten ihre Ziele geduldig, aber beharrlich.[16]

Seit 2009 zählten die dramatischen Entwicklungen in diesen Strafverfahren zum Tagesgespräch am Schweizer Finanzplatz. Ob Banker oder Versicherungsmanager, niemand konnte sich mehr darauf berufen, nichts geahnt zu haben. Alle wussten, was einem Finanzunternehmen droht, wenn es in den USA der Gehilfenschaft zum Steuerbetrug angeklagt würde. Die Sankt Galler Bank Wegelin, die sogenannte Leaver, also »Abschleicher« aufgenommen hatte, wurde in einer Notaktion über Nacht geschlossen. Nur so konnten sich die Manager vor einer Anklage gegen die Bank retten. Freilich nur die Manager: Ihre einstigen Kunden waren und sind den Strafermittlungen in den USA weiterhin ungeschützt ausgeliefert. Kurzum: Seit Anfang 2009 musste jeder Versicherungsmanager das Geschäft seines Unternehmens darauf ausrichten, dass es nicht durch Steuerstrafverfahren in der Existenz gefährdet werden konnte. Denn ein Manager, der strafbare Handlungen in seinem Unternehmen ignoriert und damit dessen Existenz gefährdet, macht sich der Untreue schuldig. Einfach gesagt: Er riskiert damit bewusst eine Schädigung des Unternehmensvermögens, also der Vermögenswerte seiner Aktionäre.

Dieser Logik folgten auch die Vertreter des US-Justizministeriums, als sie nach langen diplomatischen Kämpfen mit den Schweizer Banken ein Programm zur systematischen Untersuchung vereinbarten, das ihre Steuerdelikte aufklären soll. Dabei präsentierten sie eine Regelung zur Bemessung der Strafen. Die Bußen werden dabei jeweils nach den Schlüsselereignissen von früheren Strafaktionen verschärft. Wer nach dem Auffliegen des UBS-Falles noch Kunden angenommen hat, wird härter bestraft.

Diese Logik muss – schon allein aus Gründen der gleichberechtigten Behandlung – auch für Versicherungsunternehmen und deren Manager gelten. Sie mögen sich immer noch ahnungslos geben, doch ihre Untersuchungsdossiers liegen in der Steuerabteilung des amerikanischen Justizministeriums schon bereit. Es ist lediglich dem Zeit- und Personalmangel geschuldet, dass diese Fälle noch nicht öffentlich aufgerufen wurden. »Die haben Material für zehn Jahre Ermittlungsarbeit«, berichtete ein Steueranwalt, der regelmäßig mit

US-Staatsanwälten verhandelt. Die mit dem Programm zur Untersuchung der Bankengeschäfte vertrauten Juristen gehen davon aus, dass die Versicherungen an die Reihe kommen, sobald die Bankendossiers erledigt sind. »Das wird die nächste große Sache«, sagte ein Berater. Die Dossiers werden Schritt für Schritt aufgearbeitet, und mit jedem Fall wächst zudem der Erkenntnisgewinn der Ermittler.

Was wird also mit den Versicherungsunternehmen passieren? Ein Blick auf ihre Geschäftspraxis lässt erahnen, dass es ihnen nicht anders als den fehlbaren Banken und deren Kunden ergehen könnte. Ihnen drohen sogar härtere Strafen, denn ausgerechnet nach dem Bekanntwerden der Untersuchungen des US-Justizministeriums forcierten sie ihr Geschäft mit amerikanischen Kunden. »Eine massive Abwanderung von UBS-Kunden«, registrierte der US-Anwalt William Sharp, »und diese suchten den Ausgang mit einer Versicherung.« »Alter Wein in neuen Schläuchen«, warnte der Zürcher Anwalt Walter Frei von der Kanzlei Bill Isenegger Ackermann bereits 2010; wer unversteuerte Gelder als Versicherungsprämien annehme, der mache sich als Gehilfe schuldig.[17] Die Branche ignorierte die Kritik weitgehend. In ihren Broschüren wurden die Anbieter nicht müde zu erklären, wie rechtskonform die Konstruktionen seien. Das Wörtchen »legal« stand auffallend oft auf den Papieren.

In den Heimatländern der Kunden sieht die Justiz die Sache ganz anders. In den Augen von Steuerermittlern sind die Verträge schlicht Pseudopolicen. So traf es auch einen prominenten deutschen Anleger: Im Februar 2014 flog der Berliner Kulturstaatssekretär André Schmitz wegen eines Steuerhinterziehungsfalles mit einem Wrapper in Höhe von 425 000 Euro bei einer Schweizer Bank auf.[18] Seit 2013 sitzt die Steuerabteilung im US-Justizministerium auf Aktenbergen von reuigen Kunden, die ihre Wrapper offenbart haben. Eine Anbieterin, die schweizerische Vermögensverwaltung

Swisspartners, hatte sich selbst noch rechtzeitig beim Justizministerium angezeigt und kam mit einer erträglichen Millionenstrafe davon.[19]

Ein New Yorker Anwalt zum Beispiel berichtete von Klienten, die beim Selbstanzeigeprogramm alles offenlegen mussten: die Policen, die Verträge mit dem Vermögensverwalter, die Bankdokumente und natürlich die Unterlagen der Versicherer. Die US-Justiz hält einen weiteren Trumpf in der Hand: Banker, die werthaltige, neue Insider-Informationen über Straftaten in ihrer Bank liefern, können mit Belohnungen in Millionenhöhe rechnen. Im Fall des ehemaligen UBS-Bankers Bradley Birkenfeld haben die US-Behörden bereits demonstriert, dass sie dies tatsächlich umsetzen: Der UBS-Whistleblower erhielt für seine Informationen die sagenhafte Summe von 104 Millionen Dollar zugesprochen.

Wenn das amerikanische Justizministerium beim Strafmaß die gleiche Elle anlegen sollte wie beim Programm für die Schweizer Banken, dann drohen auch den Versicherungskonzernen Milliardenbußen in den USA; einige Versicherungsdienstleister könnten sogar an den Lasten der Strafzahlungen zugrunde gehen. Um die existenzbedrohende Lage zu verstehen, sollte man sich die Bestrafungspraxis in der Bankenwelt vor Augen halten: In der Schweiz haben sich insgesamt mehr als hundert Banken dazu durchgerungen, an dem für sie bitteren US-Programm teilzunehmen – rund ein Drittel des gesamten Finanzplatzes. Die meisten Banken, die über diesen Schritt öffentlich kommunizierten, reihen sich damit in eine Kategorie von Instituten ein, die davon ausgehen, das amerikanische Steuerrecht verletzt zu haben. Darunter befinden sich auch kleine Geldhäuser, die mit einigen wenigen Milliarden Kundenvermögen allenfalls einen Jahresgewinn im einstelligen oder niedrigen zweistelligen Millionenbereich erreichen.[20]

Die Regeln des US-Programms sehen vor, dass im Fall einer Steuerstraftat eine Buße erhoben wird, die 20, 30 oder 50 Prozent des verwalteten deliktischen Kundenvermögens beträgt. 20 Prozent müssen für jene Konten berappt werden, die bereits vor dem 1. August 2008 bestanden. Für Konten von US-Schwarzgeldanlegern, die nach diesem Stichtag eröffnet wurden, müssen die Banken 30 Prozent des Vermögens als Strafe bezahlen. Dieser Zeitpunkt wurde gewählt, weil die USA im Juni 2008 mit der Verurteilung des UBS-Bankers Bradley Birkenfeld wegen der Beihilfe zur Steuerhinterziehung allen Beteiligten deutlich gemacht hatten, dass derlei Geschäfte die US-Gesetze verletzten. Und wer sogar noch nach dem 28. Februar 2009 Gelder entgegennahm, also nachdem klar war, dass der UBS eine Strafklage drohte und sie umfänglich Kundendaten liefern musste, wird mit einer Buße von 50 Prozent des betroffenen Kundenvermögens belastet.

Wie folgenreich diese Strafzahlungen sein können, demonstriert die Beispielrechnung eines fiktiven kleinen Institutes, das nie aktiv im US-Geschäft tätig war und sich auch nie systematisch um amerikanische Kunden bemüht hatte. Es hatte jedoch einen Kundenberater angestellt, der im entsprechenden Zeitraum einige wenige, gleichwohl sehr vermögende US-Kunden »mitgebracht« hatte, sogenannte Super- oder Ultra-HNWI. Es hatte daher zwei des Steuerbetrugs verdächtige Klienten mit je etwa 200 und 600 Millionen US-Dollar Vermögen in den Büchern stehen. Weil diese erst nach dem Eintritt des Kundenberaters im Herbst 2008 Kunden der Bank wurden, gilt die 30-Prozent-Regel. Das Institut müsste also auf die gesamte Anlagesumme von 800 Millionen immerhin 240 Millionen US-Dollar Buße zahlen. Bei einem durchschnittlichen Jahresgewinn von selten mehr als 10 Millionen Franken wäre damit das Geldinstitut in der Existenz gefährdet. Selbst wenn es die Bußenzahlungen langfristig strecken könnte oder die Aktionäre diese finanzieren könnten, würde über Jahrzehnte der Gewinn aufgefressen. Das ist nur ein Vorgeschmack auf die harten amerikanischen Strafuntersuchungen, mit denen die Versicherungen rechnen müssen, wenn sie sich mit Insurance-Wrappern als Gehilfen schuldig gemacht haben.

Probleme überall

Seit dem Fall MWB sind auch die deutschen Behörden gewarnt. 2009 verschärften die Finanzämter zunächst die Regeln: Steuerlich anerkannt wurden die Verträge nur noch bei einem hohen Anteil der Risikoprämie, zudem durfte der Kunde keinen Einfluss auf die Anlagepolitik haben. Aber schon bald wurde intensiv ermittelt. Rund 7000 Kunden der Credit Suisse waren im Sommer 2012 deutschen Steuerermittlern ins Netz gegangen, als sie die Büros der Bank in Frankfurt am Main durchsuchten. Dort fanden sie viele Versicherungsverträge aus Liechtenstein und den Bermudas. Im Dezember 2013 durchkämmten 270 Steuerfahnder den Frankfurter Büroturm der Commerzbank-Zentrale. Im Visier hatten sie die Wrapper-Verträge der Generali-Versicherung, mit der die Commerzbank kooperierte. Auslöser war diesmal die Selbstanzeige eines Kunden.[21]

So fielen den Ermittlern, wie Steuerexperten berichteten, Extremvarianten in die Hände. In einem Dokument über ein »Offshore-Insurance-Wrap« offerierte ein Vermögensverwalter seinen Kunden, ihr Vermögen in einem abgetrennten Konto für Investments in Offshore-Firmen zu verwalten. Diese würden wiederum das Privatvermögen diskret schützen, ohne dass nach außen ein Profit erkennbar würde. Einige Kunden ließen auf diese Weise ihre GmbH ummanteln, andere umhüllten ihre Immobilien, die von einer Offshore-Firma gehalten wurden, mit einem Versicherungsmantel.[22] Legal, meinten sie damals – nun melden sie sich bei den Steuerbehörden mit einer Selbstanzeige. Darin enttarnten sie alle Beteiligten: den Kundenbetreuer der Bank, den Vermögensverwalter, den Versicherungsverkäufer. Und selbst die Schweizer Finanzmarktaufsicht Finma ging gegen die übliche Praxis vor, Kundennamen gegenüber Banken zu verheimlichen. Die neue Regel: Sobald der Kunde Instruktionen zur Anlagestrategie erteilen darf oder gewisse Verfügungs- und Informationsrechte gegenüber der Bank hat, muss der Name dem Geldinstitut bekannt sein. Die Anonymität ist dann wieder weg.[23]

Es war der vorläufig letzte Versuch der Offshore-Finanzindustrie, Schwarzgeldanlagen galant zu kaschieren. Als größte Schurken in diesem Geschäft galten gemeinhin die Vermögensverwalterbanken, namentlich die feinen Schweizer Institute. In den vergangenen Jahren überdeckte die Auseinandersetzung um das Schweizer Bankgeheimnis viele Mitspieler, die ebenfalls im Geschäft mit »steuerneutralem« Geld mitmischten. So verschwanden in der öffentlichen und politischen Wahrnehmung die Geldhäuser an den konkurrierenden Finanzplätzen rund um den Globus aus dem Blickfeld, die sich nicht minder aktiv um das schwarze Geld bemühten, von London über Hongkong bis Miami.

Doch während inzwischen Schweizer Banken von Neukunden ausführliche Bestätigungen einfordern, dass sie ihre Vermögen bei den heimischen Steuerbehörden deklariert haben, und sogar umfangreiche Dokumente über die Besteuerung sehen wollen, bevor sie eine Kundenbeziehung eingehen, betreiben deutsche Banken von Konstanz bis Flensburg ihre Geschäfte wie eh und je. Kein deutscher Bankkundenberater käme auf die Idee, seine Kunden nach einer Steuererklärung zu fragen. Kein Banker im österreichischen Kleinwalsertal oder in einer Vermögensverwalterbank in Wiens erstem Bezirk wird durch gesetzliche Regeln aufgefordert, einen osteuropäischen Kunden über seine steuerlichen Pflichten aufzuklären, wenn er mit seinen Millionen eintrifft. Und in den Bankentürmen der großen US-Institute in Miami muss kein lateinamerikanischer Anleger fürchten, dass seine Steuerpflichten thematisiert werden. Selbst im Herzen Südamerikas, am großen Finanzplatz Montevideo in Uruguay, ist das Wort »Weißgeld« eine unbekannte Kategorie. So wie das Bankgeheimnis den einzigartigen Mythos der Schweiz begründete, so steht sie seit Jahren im Fokus der internationalen Angriffe auf das Bankgeheimnis. Denunziationen durch interne Zeugen, Whistleblower genannt, Ankäufe von gestohlen Bankdaten, Strafermittlungen in Deutschland, Frankreich, Italien, Indien, Brasilien und nicht zuletzt das systematische Untersuchungsprogramm des amerikanischen Justizministeriums haben dem Schweizer Bankenplatz schwer zugesetzt.

Ein Blick in die Zahlenwerke der Schweizerischen Nationalbank für das Jahr 2012 lässt erahnen, welche Spuren dieser Prozess hinterlassen hat. Das Geschäftsjahr 2012 endete nämlich für den Schweizer Finanzplatz nahezu mit einem Nullsummenspiel, wenn man die nationalen Geschäfte der Schweizer Stammhäuser unter die Lupe nimmt, also ohne die Gewinne und Verluste in den ausländischen Filialen und Niederlassungen, die man von den Konzernbilanzen kennt. Von den 297 Banken in der Schweiz wiesen 254 einen Jahresgewinn von insgesamt fast 7,1 Milliarden Franken aus – nur noch etwa halb so viel wie in den Jahren 2010 und 2011. 43 Institute schlossen jedoch mit einem Jahresverlust ab, der in der Summe 6,9 Milliarden betrug. Saldiert ergeben die Zahlen nicht einmal 200 Millionen Franken an Gewinn, bezogen auf die Geschäftstätigkeit in der Schweiz selbst. Seit 1997 waren diese nationalen Jahresgewinne des Schweizer Finanzplatzes nie so niedrig. Die Zahlen zeigen auch die strukturellen

Schwächen in den Filialen ausländischer Banken, die in der vergangenen Fünfjahresperiode nur einen positiven Saldo von rund 260 Millionen erzielten. 2012 und 2013 gaben bei der Schweizer Finanzmarktaufsichtsbehörde Finma dreißig Banken und Effektenhändler ihre Lizenz zurück, schlossen oder verkauften ihr Institut. Von den Töchtern und Niederlassungen der ausländischen Banken in der Schweiz schrieben 2013 zahlreiche Institute Verluste. Insgesamt bauten die Schweizer Banken fast 3000 Stellen ab, etwa 129 000 Stellen wurden noch gezählt.[24]

Die Reinigungsprozesse gehen in die Tiefe, und sie sind noch längst nicht abgeschlossen. Vielfach zeigte sich, dass die Reputationsprobleme des Finanzplatzes in den Heimatländern der Mutterhäuser zum Problem werden. In Berlin mussten Bankmanager der Commerzbank und der Deutschen Bank im Bundestag erklären, was sie an den Offshore-Finanzplätzen treiben. Die Befragungen verliefen für die Manager noch glimpflich, weil die meisten Fragesteller unter den Bundestagsabgeordneten nicht gerade mit besonders viel Sachverstand glänzten, dennoch wurden die eidgenössischen Töchter der Dresdner und der Commerzbank verkauft. Bankgeschäfte in der Schweiz mit staatlicher Unterstützung: Das ging einfach nicht mehr. Und das Missmanagement einiger deutscher Landesbanken sorgte dafür, dass auch sie ihre Schweizer Töchter verkauften. Präsent ist noch die Deutsche Bank mit Büros im Zürcher Prime Tower. Der Frankfurter Finanzkonzern hatte sich die traditionelle Privatbank Sal. Oppenheim nach dramatischen Betrugsskandalen einverleibt – mitsamt der Zürcher Tochter. Dennoch sank auch bei der Deutschen Bank Schweiz die Zahl der Mitarbeiter von 1000 auf etwa 700, und seit 2009 verringerte sich das verwaltete Vermögen um 20 Prozent. 2012 fuhr die Deutsche Bank sogar einen Verlust von 14 Millionen Franken ein.[25]

Indirekt sind von diesem Exodus auch Versicherungskonzerne betroffen. So ist die große italienische BSI, mit 130-jähriger Präsenz eine der ältesten Banken der Schweiz, von ihrer Mutter, dem Generali-Konzern, schon 2012 zum Verkauf parat gemacht worden. 2012 fuhr sie noch einen Gewinn von 71 Millionen Franken ein, ein Jahr später schrieb sie einen zehnfachen Verlust in Höhe von 722 Millionen Franken. Die Kaufinteressenten zierten sich, denn sie fürchten vor allem eines: Schwarzgeldanlagen. Im Sommer wurde die Generali-Tochter endlich an den brasilianischen Finanzkonzern BTG Pactual verkauft – zu einem traurigen Preis.[26]

Im Falle einer anderen Bank berichtete ein Insider, wie man sich deren Versicherungstochter entledigte. Nach mühsamen Versuchen, einen Käufer zu finden, konnte man einen Interessenten mit einem skurrilen Deal begeistern: Die Käufer zahlten 3 Millionen Franken, erhielten dafür die Versicherungstochter mitsamt Management und Kundenstamm sowie zusätzlich mit einem Cash-Bestand von 6 Millionen. Die Käufer bekamen also 3 Millionen als Geschenk für die Übernahme der ungeliebten Tochter. Doch das allein reichte den Käufern nicht. Sie verlangten zusätzlich, dass die Bank die neuen Eigentümer zehn Jahre lang vor allen Rechtsstreitigkeiten und Strafverfahren schadlos halten sollte. Zerknirscht willigte sie ein, sie wollte das Versicherungsgeschäft unbedingt loswerden, auch wenn sie für Rechtskosten und Strafzahlungen aufkommen muss. Der einzige Vorteil: Dies würde dann Namen und Reputation des einstigen Mutterhauses nicht mehr belasten.

Verstecken gilt nicht

Die Rechtslage wird sich radikal wandeln, denn künftig werden schwere Steuerdelikte als Vortaten der Geldwäsche gelten. Das wird alle betreffen, die arglistig falsche Angaben machen oder gefälschte Dokumente verwenden, um nennenswerte Schwarzgeldbeträge zu verstecken. Auch das Ermittlungsregime wird sich rasant ändern: International wird ein automatischer Informationsaustausch zwischen den Finanzbehörden zum Standard. Der automatische Informationsaustausch wird von der Industrieländervereinigung OECD vorangetrieben und existiert bereits seit Erlass der Zinsbesteuerungsabkommen zwischen vielen EU-Staaten.

Aber das läuft noch nicht reibungslos. So liefern sich zum Beispiel Frankreich und Deutschland jährlich Datensätze über Kontoinhaber, die im Nachbarland ihren Wohnsitz haben. Doch für professionelle Steuerhinterzieher hat das kaum Bedeutung, weil Frankreich nur die Namen der natürlichen oder juristischen Personen liefert, auf die das Konto läuft: Sie halten ihre Konten unter dem Namen von Verschleierungsvehikeln wie Trusts oder Stiftungen. »Diese Daten haben für unsere Arbeit keine große Bedeutung«, sagte ein erfahrener deutscher Steuerfahnder. So zeigte auch das European Policy Forum, ein britischer Banken-Thinktank, im Dezember 2012 in einer Studie, dass die Datenflüsse in vielen Staaten ungenutzt verpufften, in anderen nicht verarbeitet werden konnten. Es existieren zwar längst Vereinbarungen über Datenbankplattformen zur verschlüsselten Übertragung, doch immer noch müssen einzelne Länder wie Irland die Kontodaten von Hand auswerten oder fehlende Informationen nachtragen wie in Deutschland. Und in einigen Ländern scheint das Interesse an dem Material gegen null zu gehen wie in Malta. Kritisch äußerte sich auch ein EU-Kommissionsbericht im März 2012.[27]

Unterdessen haben die Ermittler bessere Werkzeuge in der Hand. So erlaubt seit 1. Januar 2013 ein neues Steueramtshilfegesetz in der Schweiz, das die zwischenstaatliche Amtshilfe nach den Doppelbesteuerungsabkommen umsetzt, weitreichende Gruppenanfragen von Behörden aus Deutschland oder anderen Staaten. Und so könnten schon bald, nach Inkrafttreten der neuen Geldwäscheregeln, Personendaten und auch Daten aus den Polizeiregistern übermittelt werden, aber auch Transaktionsdaten und Namen der Finanzintermediäre. Dabei ist zumeist nicht einmal mehr notwendig, dass ein unmittelbarer Verdacht auf Steuerhinterziehung vorliegt, es reicht, wenn die Daten einen Bezug zur Steuerpflicht haben. Den Steuerermittlern ist es dabei unmittelbar noch nicht erlaubt, auf einen Schlag bei allen Banken Nachforschungen anzustellen, auch wenn das praktisch schon möglich wäre.

Den nächsten Transparenzschritt bringt die Revision der EU-Konsumentenschutzregel MiFID (Richtlinie über Märkte für Finanzinstrumente). Sie erlaubt in der Schweiz Vorortkontrollen durch ausländische Aufsichtsbehörden. So kann die deutsche BaFin dann in Banken, die sich wegen des Marktzutritts dem MiFID-Standard unterworfen haben, Prüfungen vornehmen. Dazu zählt auch der Einblick in Protokolle der Kundengespräche. Schweizer Institute werden damit praktisch gezwungen, innerhalb der EU eine Lizenz zu erwerben und ihre Kunden dort zu verbuchen.

Vor allem beim Informationsaustausch zwischen den Strafverfolgungsbehörden sind rasante Fortschritte erkennbar. »Die Entwicklung der Zusammenarbeit zwischen den Strafverfolgungsbehörden in Europa lässt sich bildhaft durchaus als Expresszug begreifen«, sagte der Trierer Rechtsprofessor Mark Zöller. Auch dies geht an der Schweiz nicht vorbei. Sie ist nämlich Teil der sogenannten »schwedischen Initiative«, unter deren Namen das Prinzip des spontanen Informationsaustauschs zwischen den Behörden der Schengen-Staaten vereinbart wurde. So können seit Januar 2010 ausländische Justizbehörden innerhalb von sieben Tagen und im dringenden Fall sogar innerhalb von acht Stunden bei Schweizer Ämtern Informationen über Tatverdächtige abfragen. Dabei werden Gesuche von anderen Schengen-Staaten ebenso behandelt wie inländische Anfragen. Betroffen davon sind »alle Arten von Daten, die bei Strafverfolgungsbehörden vorhanden sind«.[28]

Dieser Paradigmenwechsel wurde bereits mit dem Prümer Vertrag vollzogen, der im Mai 2005 im kleinen Eifelstädtchen Prüm von etlichen EU-Staaten unterzeichnet wurde, darunter auch Luxemburg. Mit diesem völkerrechtlichen Vertrag wird auf das Ersuchen eines Staates verzichtet, es erlaubt erstmals den direkten Online-Zugriff auf Indexdaten in Datenbanken anderer Vertragsstaaten. Zunächst geht es dabei nur um DNA-Datensätze, Fahrzeughalterdaten und Fingerabdruckregister. Es ist ein »Quantensprung«, sagte Strafrechtler Zöller – auch für das Versagen des Datenschutzes: »Staatliche Eingriffe in das Recht des Bürgers auf Privatheit bedürfen grundsätzlich nicht mehr der Rechtfertigung.« Dieses Programm wird inzwischen auch von Steuerermittlungsbehörden genutzt. Zwar hat die Schweiz bei der gesetzlichen Umsetzung darauf geachtet, dass Daten der Eidgenössischen Steuerverwaltung ausgenommen sind. Doch im Falle des Abgabenbetrugs liefert auch die Schweiz Daten an die Schengen-Staaten, zum Beispiel bei Verdächtigen, die Mehrwertsteuerrückzahlungen oder Kapitalertragssteuererstattungen erschlichen haben.[29]

Das Programm »zielt letztlich darauf ab, sämtliche nationalen und supranationalen Informationssysteme in Europa zu vernetzen«, erklärte Strafrechtler Zöller, die Daten sollen »europaweit unmittelbar abrufbar, speicherbar und übermittelbar sein«. In seiner Reinform bedeute der Grundsatz – zumindest innerhalb der EU – den Abschied von allen Irrungen und Wirrungen des Rechtshilfeverkehrs, vor allem aber von Frustrationen durch unverhältnismäßige Wartezeiten oder gar vollkommen ausbleibenden Reaktionen der ersuchten Staaten, sagte Zöller. Er beschrieb den Ermittlertraum: Sie könnten sich mit einem Zugangscode direkt in die Datenbanksysteme im Nachbarland einloggen.

Der Expresszug der Regulierer rast weiter. Die Versicherungskonzerne sind bereits seit 2006 gewarnt, als die erste Razzia wegen ihrer Schwarzgeldgeschäfte stattfand. Seitdem ruhen die Untersuchungsbehörden nicht. Sie werden nicht aufgeben.

DER OVERKILL: VOM RIESTER-UNFUG ZUM INTERNET-SCHWINDEL

»Maßgebend (für die Pflicht besonderer Fürsorge des Staates auf dem Gebiete des Versicherungswesens) ist einerseits die Rücksicht auf die große wirtschaftliche, soziale und ethische Bedeutung des Versicherungswesens, andererseits auf die Gefahr schwerster Schädigung des Volkswohls, die von einem Missbrauche des Versicherungswesens droht und um so näher liegt, als auf diesem Gebiete des Wirtschafts- und Verkehrslebens selbst der sorgsame und verständige Bürger ohne Hilfe von anderer Seite zu eigener zuverlässiger Beurteilung der Anstalten, denen er sich anvertrauen muss, regelmäßig nicht imstande ist. (…) Bei langfristigen Versicherungen, namentlich bei der Lebensversicherung, vertraut der Versicherungsnehmer für seine Lebenszeit oder für Jahrzehnte seine oft nur unter den empfindlichsten Entbehrungen erzielten Ersparnisse der Anstalt in der Zuversicht an, dass redlich dem Versicherungszweck entsprechend geschaltet wird. Der Staat hat ein lebhaftes Interesse daran, dieses Vertrauen zu schützen.«
(BEGRÜNDUNGEN ZUM VERSICHERUNGSAUFSICHTSGESETZ, 1901)[1]

Sechs Nachkriegsjahrzehnte lang verstanden es die Versicherungskonzerne, mit politischer Hilfe ihr Wachstum aufrechtzuerhalten. Von der Rentenreform unter dem ersten Bundeskanzler Konrad Adenauer über die Wiedervereinigung bis hin zur Deregulierung der Versicherungsverträge im Jahr 1994 waren es immer wieder die politischen Impulse, die das Geschäft stabilisierten oder gar förderten.

Den vorläufig letzten großen Schub brachte die Riester-Reform. Die neuen Riester-Produkte verdrängten rasch die klassische Kapitallebensversicherung, die im Jahr 1990 noch einen Anteil von 63,6 Prozent an allen Lebensversicherungsverträgen hatte und 2013 nur noch 8,3 Prozent. 2001 gab es 1,4 Millionen abgeschlossene Riester-Verträge, im Rekordjahr 2002 kamen fast 2,6 Millionen Verträge hinzu, und im 1. Quartal 2014 waren bereits 15,91 Millionen Verträge im Bestand. 7 Milliarden Euro zahlten die Deutschen allein 2013 in ihre Riester-Renten ein.[2] Die Verkaufskurve des Riester-Geschäfts zwischen 2001 und 2013 hat den Charakter eines modischen Hypes:[3] Bis 2007 steigerte sich der Verkauf auf ein sehr hohes Niveau, danach verlor das Riester-Business von Jahr zu Jahr an Fahrt. Und erstmals seit der Einführung schrumpfte 2013 sogar der Bestand der Riester-Versicherungen um 100 000 Verträge.[4] Die Kurve zeigte also bereits nach unten, als Riestern in vielen Medien noch empfohlen wurde.

Trotz Kritik gut?

»Trotz Kritik gut«, attestierte die Zeitschrift *Finanztest* von der Stiftung Warentest die Riester-Rente noch im September 2010. Die große Titelstory des Magazins eröffnete mit dem Porträtfoto von Karl Spieler, damals 62 Jahre alt. Ein Mann in seinen besten Jahren im sportlichen Poloshirt, gesund und gelassen wirkend, wie geschaffen für ein Werbeinserat, das ein sorgloses Pensionärsleben verspricht. Spieler war damals einer der Ersten, die eine Riester-Rente beziehen sollten – in Höhe von 63 Euro.[5]

Die Medienberichte wurden kritischer, und die Versicherungsbranche antwortete mit immer neuen PR-Studien, die sie auf die Medien herunterregnen ließ, mal eine Analyse von einem Institut der Deutschen Bank, mal eine Umfrage von einer anderen Lobby-Akademie.[6] Dann erschien eine der seltenen kritischen Studien zum Thema, erstellt von der Friedrich-Ebert-Stiftung, eigentlich die Parteistiftung des Erfinders Walter Riester. Das Ergebnis war frappierend: Je nach Modellrechnung müsse man sogar mehr als 80 Jahre alt werden, um halbwegs normale Zinsen zu bekommen. »Riester-Sparer werden in vielen Fällen nur so viel Rendite erzielen, als hätten sie ihr Kapital im Sparstrumpf gesammelt«, sagte die Ökonomin Kornelia Hagen vom Deutschen Institut für Wirtschaftsforschung (DIW).

Versicherungsmathematiker Axel Kleinlein, der engagierte Chef des Bundes der Versicherten, rechnete vor, dass eine 35-jährige Frau, die zwei Kinder hat, 85 Jahre oder sogar noch älter werden müsste, bis sie ihr eingesetztes Kapital mit halbwegs passablen 2,5 Prozent Zinsen wieder eingespielt hat – bei der unwahrscheinlichen Prognose gleichbleibender Versicherungsleistungen und Überschusszahlungen. Würde sie krisenbedingt von den Versicherern nur noch den Garantiezins erhalten, müsste sie sogar 109 Jahre alt werden, damit sich die Sache rechnete. Der Grund lag darin, dass die Versicherungen die Sterbewahrscheinlichkeit zu ihren Gunsten und zum Schaden der Versicherten exorbitant erhöht hatten: Für eine 50-Jährige unterstellten die Konzerne ein Sterbealter von 95 bis 103 Jahren. Und Kleinlein warnte, dass die Anbieter bei vielen Verträgen für die Lebenszeit nach dem 85. Lebensjahr eine Extraversicherung für ihre Kunden abschließen müssten, welche für die Zeit danach die Rente übernehme. Für eine Kundin, die mit 35 Jahren zu zahlen beginnt, könnte das bedeuten, dass 40 Prozent ihres angesparten Einsatzes dafür blockiert würden.[7] Zwei Wochen später reagierte der Gesamtverband der Deutschen Versicherungswirtschaft (GDV), wie zu erwarten, mit schöneren Zahlen. Die Verbandsmanager hatten dafür ein paar Fälle mit ihrer Maklersoftware durchrechnen lassen. »Ich habe eine Riester-Rente«, erklärte Chef-Lobbyist Peter Schwark, »und ich bin glücklich damit.« Und Johannes Lörper, Vorstand der Ergo-Lebensversicherung, verkündete vor der Bundespressekonferenz in Berlin: »Wir bemühen uns darum, für mehr Transparenz zu sorgen.« Eine Journalistin kommentierte: »Man weiß nicht, ob das eine Drohung oder ein Versprechen ist.«[8] Jedenfalls konnten die vollmundigen Versprechen der Lobbyisten den negativen Trend nicht aufhalten.

Der Verkauf von förderfähigen Riester-Produkten und anderen förderfähigen »Basisrenten« ging 2013 um rund 26 und 33 Prozent gegenüber dem Vorjahr zurück. Insgesamt lief das Jahr 2013 katastrophal im Lebensversicherungsgeschäft. Mit nur zwei Policengattungen, nämlich Pflegerentenversicherungen und Restschuldversicherungen, konnte das Geschäft gesteigert werden. Alles andere verkaufte sich schlechter als im Vorjahr: von der klassischen Kapitalversicherung über fondsgebundene Modelle bis hin zur Berufsunfähigkeitsversicherung.[9]

In der Assekuranzbranche versprach man sich wieder einmal eine Unterstützung durch die Politik. Im Bundesfinanzministerium gab man eine Studie in Auftrag, um »effiziente Wege für eine Begrenzung der Kosten zu entwickeln«. Dazu sollten die internen Kosten der Riester-Verträge vom Berliner Institut für Transparenz (ITA) analysiert werden. Das endete allerdings mit einer peinlichen Panne. Die erste publizierte Studienversion des Instituts, das sich mit Softwareprodukten für Vermittler einen guten Namen gemacht hatte, erweckte den Eindruck, dass die jährlichen Erträge für die Kunden nach Abzug der Kosten bei 3,6 Prozent und mehr lägen. Die aufmerksame Redaktion des *Handelsblattes* rechnete nach und fand heraus, dass die Berechnungen Fehler enthielten. »In den Tabellen zu den Kosteneffekten hat das ITA ausgerechnet beim Vorzeigeprodukt Riester-Rentenversicherung die Ausgangsrenditen zu positiv dargestellt«, schrieb das *Handelsblatt*, »damit ergaben sich am Ende auch gute Renditen nach Kosten.« Die Riester-Verträge erschienen daher plötzlich als durchaus lukrativ. Die *Handelsblatt*-Berechnungen ergaben aber Differenzen von 1,8 Prozentpunkten zu den angegebenen Renditen nach Kosten. Der Beispielfall des Blattes: »Ein Kunde, der über dreißig Jahre monatlich 100 Euro einbezahlt, bekommt bei einer Rendite von jährlich 3,6 Prozent rund 28 200 Euro reinen Zinsertrag. Richtig wären aber 2,89 Prozent gewesen. Dadurch würde sich der Zinsertrag des Sparers um rund 7240 Euro verringern.«[10]

Die Studienautoren entschuldigten umgehend ihren Lapsus, sie hätten nichts schönrechnen wollen: »Es wurden im Wesentlichen zwei Tabellen versehentlich vertauscht, was bei einem Projekt solcher Komplexität passieren kann.« Als der Fehler ruchbar wurde, stellte das Institut eine überarbeitete Fassung online.[11] Es war nicht das erste Mal, dass sich das Institut solcher Kritik stellen musste. Bereits 2012 hatten Experten eine verhalten freundliche ITA-Studie zur Riester-Rente zerrissen. Sie enthalte »schwere handwerkliche Mängel«, hieß es damals.[12] Die neue Studie war im Tenor durchaus kritischer: Die Kunden sollten die Kosten der Altersvorsorgeprodukte besser vergleichen können. Im Zweifel sollte der Gesetzgeber Obergrenzen für sämtliche Einzelkosten festlegen oder die Effektivkosten kombiniert mit bestimmten Einzelkosten begrenzen. Lebensversicherer sollten ihre kollektiven Kapitalanlagekosten ausweisen.¹³

Aber selbst mit derlei Expertisen konnte das Bundesfinanzministerium nicht mehr übertünchen: Das Riester-Modell leidet unter einem großen Ansehensverlust. Riestern ist out, die staatlich geförderten Produkte verstauben in den Verkaufsregalen der Versicherer. Die Kunden haben das Vertrauen in den Zauber verloren und viele mussten wieder einmal registrieren, dass sie Opfer einer Verkaufsorgie geworden waren, dass ihnen eine sorglose Zukunft versprochen wurde, die es so nicht gibt.

Die Versicherungskonzerne hätten also eigentlich allen Grund, genauer zu untersuchen, wie sich ihr Markt entwickelt. Aber eine Marktforschung, die diesen Namen verdient, gibt es in der Branche nur selten – und selbst dann geht es kaum um die Erforschung der politischen, geographischen und sozialen Veränderungen, sondern lediglich um billige Kundenbefragungen.¹⁴ Deren Ziel sind keine strategischen Erkenntnisse über Marktentwicklungen, sondern Kundenzufriedenheitsanalysen, die sich gut zur Werbung eignen.

Die Konzerne und ihre Tausende Vermittler versuchen, die Absatzdelle natürlich durch andere Erfindungen aus ihrer Produktschmiede zu kompensieren. In solchen Situationen sprechen die Marketingmanager der Konzerne von »Innovationen« und meinen damit neue Produktlabels, andere Verpackungen, eine neugestaltete modische Verkleidung. Oder noch besser: eine große, einleuchtende Story, die sich gut vermarkten lässt. Doch beim Hauptgeschäft mit der Altersvorsorge erscheinen die Marketingleute eher ermüdet. Irgendwie klingen alle ihre Finanzprodukte so, als gäbe es sie schon eine halbe Ewigkeit:»Relax-Rente«,»IndexSelect«,»Vorsorge Vario«,»Alpha Balance«,»PrivatSofortRente« oder »Flex-Vorsorge«. Die Produktnamen sind zum Verwechseln ähnlich, und sie ändern sich kaum.

Nicht als Kunde, aber als Aktionär eines Versicherungsunternehmens würde man sich sicherlich wünschen, dass die Kreativen in Marketingabteilungen das Geschäft ankurbeln. Doch dabei kommen so unsinnige Versicherungsangebote wie der »Gegenstands-Schutz« der Ergo heraus: Damit dürfen die Kunden ihre Smartphones versichern lassen. In diesem Fall kostet der Versicherungsbeitrag für einen Lieblingsgegenstand wie zum Beispiel eine Stereoanlage im Wert von 3000 Euro stolze 195 Euro im Jahr. Dafür könnte man allerdings bei der Ergo Direkt den Hausrat einer 100-Quadratmeter-Wohnung im Wert von 200 000 Euro versichern. Bevor sie sich auf den versprochenen »Vollkasko-Schutz« verlassen, sollten die Kunden einer Gegenstandsversicherung sich die Tricks und Kniffe in den Vertragsbedingungen genau durchlesen, mit denen allerhand Risiken ausgeschlossen werden.[15] Wer braucht solche Innovationen?

Hilfe zur Selbsthilfe

Eine Versicherungsgruppe operierte unterdessen lange Zeit ziemlich skandalfrei: die Debeka-Gruppe. Sie galt als Hausversicherung für Beamte und Staatsbedienstete aller Art, als bieder und seriös. Die Debeka ist der größte private Krankenversicherer und Marktführer in der Beamtenschaft. Selbst die kritische Autorin Anja Krüger konstatierte noch 2012: »Das Koblenzer Unternehmen hat einen ausgezeichneten Ruf. Es gilt als einer der solidesten, ja vielleicht als der solideste Versicherer Deutschlands.«[16]

Das war einmal. Im November 2013 enthüllte das *Handelsblatt* den großen Zaubertrick der Debeka unter dem Titel »Bestechend erfolgreich«. Leitende Angestellte der Debeka hatten nämlich über Jahrzehnte hinweg eine besondere Marketingpraxis perfektioniert: Sie kauften von Insidern aus staatlichen Verwaltungen Adressen potentieller Kunden. Sie hatten es dabei vor allem auf die besonders begehrten Kandidaten abgesehen, die kurz vor der Verbeamtung standen oder diese gerade erreicht hatten. »Die Adressen kamen von meinem Chef«, verriet ein ehemaliger Debeka-Vertreter dem Blatt. »Jahrelange Hehlerei mit Adressen von Männern und Frauen, die frisch verbeamtet waren«, schrieb das *Handelsblatt*. »Zustände wie beim Drogenhandel«, beschrieben Ex-Mitarbeiter den Umgang beim Adresshandel. Sehr trickreich wurden die Beamten mit dem Argument angesprochen, die Debeka sei ein Verein auf Gegenseitigkeit. Als solcher war das Traditionsunternehmen tatsächlich gegründet worden, aber mit Solidarität hatte ihr Geschäft wahrlich nichts mehr zu tun. Die verbeamteten Adressenlieferanten bekamen für ihre Dienste Provisionen, so der Verdacht.[17] Debeka-Außendienstler konnten auf ihrem Computer per Knopfdruck ermitteln, wie hoch die Provision für einen Schulleiter, einen Polizisten oder einen Steuerbeamten ausfiel, der einen Kunden vermittelte.[18] Immerhin gab es einen Vorteil für die Versicherten: Die Debeka konnte ihre Abschlusskosten niedrig halten. Mit 3,6 Prozent lag sie 2013 bei der Lebensversicherung weit unter dem Branchenschnitt von 5,1 Prozent.

Nachdem diese Praktiken publik geworden waren, räumte das Unternehmen solche Vorgänge für die achtziger und neunziger Jahre ein. Der Adresshandel sei vom Unternehmen »zu keinem Zeitpunkt gewünscht oder angewiesen worden«, die Mitarbeiter hätten damals die Adressen auf eigene Faust beschafft. Das hörte sich nach verjährten Taten an, doch die Staatsanwaltschaft Koblenz eröffnete sofort ein Verfahren gegen Unbekannt wegen des Verdachts der Bestechung, der Bestechlichkeit und der Verletzung von Dienstgeheimnissen. Die Finanzaufsicht schaltete sich ein, ebenso die Datenschutzbeauftragten. Die Debeka gab neue Verhaltensrichtlinien für ihre 17 000 Mitarbeiter heraus.[19] Aber obwohl die Strafermittlungen lange vor dem Abschluss des Jahresberichtes 2013 bekannt geworden waren, schrieb der Konzern darin kein Wort zu den Vorfällen.

Die Untersuchungen lösten auch eine Recherche der Bundesregierung aus. Sie förderte zutage, dass nicht nur die Debeka mit sogenannten »Vertrauensbeamten« oder Versicherungsvermittlern im Nebendienst operierte. In 53 Behörden wurden Beamte entdeckt, die für insgesamt 34 Versicherungsgesellschaften tätig waren. Die Bundesregierung konnte allerdings nur Beamte ermitteln, die ihre Nebentätigkeit offiziell genehmigen ließen, »abschließende Gesamtzahlen« konnte sie nicht liefern. Die Bundesregierung verwies aber auf das Bundesdatenschutzgesetz, das derlei Adressenhandel gegen Entgelt mit einer Freiheitsstrafe bis zu zwei Jahren oder mit einer Geldstrafe ahndet. Und zu dem Werbetrick mit dem Versicherungsverein auf Gegenseitigkeit stellte die Regierung klar: »Eine staatliche oder behördliche ›Anerkennung‹ als Selbsthilfeeinrichtung der Bundesbeamten gibt es nicht.«[20]

Siegel ohne Wert

Der Debeka-Fall macht deutlich: Die Werbekanäle ändern sich. Noch um die Jahrtausendwende herum konzentrierten sich die Versicherer auf Fernsehspots und Inserate in Printmedien, vor allem in den vielen Wirtschafts- und Verbrauchermagazinen. Dort bewarben sie ihre Produkte oder schalteten Imagekampagnen, damit das Unternehmen bekannt wurde und einen positiven Eindruck hinterließ. Herr Kaiser und seine Kollegen zählten zu den festen Begleitern der Zuschauer und Leser. Das ist längst nicht mehr so. Statistiken der Medienindustrie zeigen: Die Wirtschaftsblätter erzielten im Jahr 2000 mit Werbeschaltungen aus der Finanz- und Versicherungsindustrie noch 29 Prozent ihrer Bruttoerlöse, heute sind es nur noch 13 Prozent.[21]

Stattdessen setzen die Marketingleute der Assekuranz auf »Social Commerce« und Online-Marketing, sprich das Internet. Dazu gehört natürlich, dass die Versicherer an ihren Internetauftritten feilen. Mit übersichtlichen und einfachen Tools können ihre Kunden und Interessierte die Leistungsversprechen lesen, die Performanceprognosen mit einem »Vorsorgerechner« ermitteln, das Angebotsformular sogleich online ausfüllen und die Police anfordern – direkt per E-Mail. In nur »wenigen Schritten« kann der Vertrag online vorbereitet und abgeschlossen werden. Dagegen ist eigentlich nichts einzuwenden. Ohne das verkaufsfördernde Gequatsche eines Versicherungsvermittlers sollten die Kunden dabei die Chance haben, sich auf die Sache zu konzentrieren. Sie könnten sorgfältig und ohne Zeitdruck kalkulieren, abwägen und auch vergleichen – natürlich immer nur aus der ihnen vorliegenden Produktauswahl.

Mit ein paar Klicks erfährt zum Beispiel die Musterkundin, Jahrgang 1969, auf der Webseite der Hannoverschen, dass sie ab dem 65. Lebensjahr eine »garantierte monatliche Rente« von 1500 Euro erreicht, wenn sie einen monatlichen Beitrag in Höhe von 1650 Euro einzahlt. »Bausteinrente« heißt das Produkt. Das vermittelt einen klaren und einfachen Eindruck. Die Kundin kann sich die Versicherungsbedingungen ebenfalls online anschauen und als PDF-Dokument sichern. Darin kann sie dann zu ihrer »Bausteinrente/B14« über die Frage, wie die Hannoversche mit den erwirtschafteten Überschüssen umgeht, Sätze wie diesen lesen: »Ihre Versicherung gehört zum Gewinnverband 8 in der Bestandsgruppe R der

Rentenversicherungen.« Die weitere Prosa des Formblatts »Besondere Bedingungen« eignet sich nicht zur Wiedergabe in diesem Buch, die Leser würden es wohl erschrocken weglegen oder weiterblättern.

Der Online-Rechner der Hannoverschen animiert die Beispielkundin mit einem lukrativ wirkenden Angebot. Ihre »flexible monatliche Rente« könnte statt 3000 Euro sogar 4742 Euro betragen. Dazu müsse sie sich nur für die »dynamische Gewinnrente« oder die »flexible Gewinnrente« entscheiden. Die Kurzbeschreibungen dieser Varianten deuten an, dass keine Wunder versprochen werden: Bei der »flexiblen« Version muss die Kundin »auf die Garantie der einmal erreichten Rentenniveaus verzichten«, und unter »Dynamik« versteht die Hannoversche »die vereinbarungsgemäße Erhöhung der Beiträge«. Da dürfte bei unserer Kundin ein gewisser Aha-Effekt einsetzen – wenn sie denn die Unterlagen genau studiert.

»Ist das wirklich sinnvoll?«, wird sich Frau Muster fragen. Die Webseite der Hannoverschen erleichtert ihrer Musterkundin die Entscheidung mit dem Hinweis auf eine Kundenbewertung: 4,6 von 5 möglichen Punkten habe die Hannoversche erreicht, viereinhalb gelbe Sterne symbolisieren Qualität, und das »Silber-Siegel« der Firma eKomi wird als Auszeichnung präsentiert. Das erscheint recht gut, Gold gibt es erst ab 4,8 Punkten. Das »Bewertungszertifikat« ermittelt, wie zufrieden die Online-User mit der Gestaltung der Webseite sind, über die Qualität der verkauften Versicherungspolicen besagt dieses Gütesiegel gar nichts. Es ist von Michael Ambros, dem Chef der Firma eKomi, unterschrieben.

Michael Karl Ambros, Jahrgang 1985, ist ein aufstrebender Internetunternehmer. Er war als Online-Marketing-Spezialist bei der Fondsgesellschaft der drei Samwer-Brüder beschäftigt, die mit Internet-Start-ups inzwischen einen gewissen Reichtum entwickelt haben, aber auch für

»ihre ruppigen Geschäftspraktiken gefürchtet« sind.[22] Ambros gründete zusammen mit einem Geschäftsfreund eine Internet-Vermarktungsagentur und im Sommer 2008 die Firma eKomi. Sein Unternehmen mit Sitz in Berlin bezeichnet sich als »unabhängiger Bewertungsdienstleister«, das Unternehmensziel: »Durch eingesetzte Social Commerce Technologien generiert eKomi Kundenmeinungen, Produktbewertungen, Kommentare, Empfehlungen und virale Effekte auf Webseiten, in sozialen Medien und Suchmaschinen, um Kundenvertrauen und Umsätze zu steigern«. Die junge Firma eKomi blicke bereits auf »über 40 Millionen professionell durchgeführte Kundenbefragungen« zurück. Ihre Kunden sind Unternehmen, die ihre Produkte im Internet feilbieten. Mehr Umsatz, weniger Marketingkosten, mehr Aufmerksamkeit in der Google-Suchmaschine verspricht eKomi. Das Konzept ist nicht dumm, Werbeforscher wie Forrester & Jupiter Research haben ermittelt, dass sich zwei Drittel der Online-Käufer von Kundenbeurteilungen bei der Kaufentscheidung beeinflussen lassen.[23]

Versicherungsunternehmen wie die Hannoversche können die Kundenbewertungen mitsamt Siegel bei eKomi kaufen. Es gibt Pakete für 1000, 1500 oder 3000 Kundenbewertungen pro Monat – je nachdem wie viele Kunden auf der Webseite Bestellungen ordern. Und sie kosten nicht viel, ein »eKomi Premium-Paket« ist bereits für rund 1750 Euro zu haben. Es gibt dafür Werbesiegel in der Standardversion, in Bronze, Silber und Gold – und der Kundendaumen zeigt darauf immer nach oben. Wenn die Kunden auf der Webseite des Versicherers den Bestellbutton gedrückt haben, werden sie in der Regel in einem Dialogfenster mit ein paar Fragen behelligt: »Bitte bewerten Sie: Wie viele Sterne möchten Sie vergeben?« Natürlich können die Befragten zu diesem Zeitpunkt noch gar nicht bewerten, was ihnen das Vorsorgeprodukt dereinst im Rentenalter bringen wird. Und am Ende wird auch nicht offengelegt, wie das Bewertungsergebnis zustande kommt. Darum geht es auch nicht, es geht um Werbung. Ambros durchlebt übrigens eine typische Start-up-Karriere eines Jungunternehmers. Die eKomi Ltd. hat er zusammen mit seinem Geschäftspartner Gunther Schmidt im April 2008 in Großbritannien gegründet, sie hat ihren Sitz in Berkshire und übt ihre Geschäftstätigkeit in Berlin aus. Im ersten Geschäftsjahr erwirtschaftete die Berliner eKomi einen Jahresfehlbetrag von rund 150 000 Euro. Inzwischen hat er ein breites Kundensegment, vom Friseurzubehörlieferanten über eine Billighotelgruppe bis hin zu namhaften Versicherungskonzernen. Die Bilanzverluste sind durch Eigenkapital und Rücklagen mehr als gedeckt. Er wird mit dem Modell wohl zum Millionär.

Online-Marketing, so wie es Ambros betreibt, ist ein großes Geschäft. Aus dem Auszeichnungswesen ist inzwischen eine kleine Bewertungsbranche entstanden. Nicht nur die Hannoversche nutzt diese Dienste. Wer die Webseite eines Versicherers anklickt, wird mit Testsieger-Buttons, Zufriedenheits-Awards, Qualitätssiegeln und Leistungsrankings erschlagen. Manche Internetauftritte überschütten die Leser mit ihren »Auszeichnungen«. Mehr als zwanzig bunte Siegerplaketten hat sich zum Beispiel die Debeka erkauft.

Wer sich als Kunde dabei von dem Gedanken leiten lässt, hier das Urteil einer geschäftlich unabhängigen Institution zu sehen, sollte wissen, dass diese Bewertungen in aller Regel von den Versicherungsunternehmen in Auftrag gegeben und bezahlt werden. Einige dieser Bewertungsanbieter legen dies auch offen, weil sie als Ratingagentur nach einer EU-Regel dazu verpflichtet sind.[24] So erklärt die Assekurata, die erste deutsche Ratingagentur des Versicherungsgewerbes, dass sie mit den Kunden HUK-Coburg, LVM Versicherung, Signal Iduna und Talanx mehr als 5 Prozent ihrer Jahreseinnahmen erzielt. Die Ratings werden durch jährliche Befragungen von

800 Versicherungskunden ermittelt. Die Assekurata wird dabei von der Europäischen Aufsichtsbehörde European Securities and Markets Authority (ESMA) in Paris überwacht und hat sogar eine Compliance-Beauftragte, die auf die Einhaltung der Regeln und die Unabhängigkeit der Analysen achtet.[25]

So viel Transparenz ist in dieser Plakettenindustrie eher selten. Der Bund der Sparer e.V. zum Beispiel versorgt Interessierte mit einem »EUR-Zertifikat«. Damit kann man sich von diesem Verein als »unabhängiger Berater« qualifizieren lassen und darf mit dem Zertifikat auf der Webseite werben. Hinter dem Bund der Sparer e.V. steht der Großhandelskaufmann Franz Hermann, in seinem Vereinsvorstand sitzen außerdem ein Filmtheaterleiter, eine Buchhalterin und eine Studentin. »Unabhängig, gemeinnützig, überparteilich« präsentiert sich Hermann auf der Internetseite seines Vereins, im dezent-blauen Businessanzug vor einer gediegen wirkenden Bücherwand sitzend. Auf eine Anfrage, wie sein Zertifikat zustande kommt, antwortete er einfach nicht.[26]

Große Vertriebsunternehmen wie AWD, OVB und MLP nutzen gerne die Zufriedenheitsbefragungen unter dem Label »Kubus«, die vom Kölner Beratungsunternehmen MSR Consulting durchgeführt werden.[27] Auch Versicherungskonzerne wie die Generali werben mit der »bundesweit repräsentativen Versicherungsmarktstudie Kubus«.[28] Mehr als zwanzig Assekuranzen nutzen diesen Dienst. MSR wirbt damit, dass ihre Marktforschung gemäß einer empirischen Studie bei den Versicherungsunternehmen, also ihren Kunden, die höchsten Zufriedenheitswerte erreiche. Das Unternehmen verschweigt zugleich aber ein anderes Resultat derselben Studie. Demnach wurde MSR von den Versicherungsunternehmen eher selten überhaupt beauftragt, das heißt: wenige, zufriedene Auftraggeber.[29] Somit wäre schon einmal klar, dass die Versicherer zufrieden sind.

Aber was taugt das Kubus-Gütesiegel für die Kunden? Bei der Bewertung der Vertriebsunternehmen schnitten die Großen der Branche erstaunlich gut ab: AWD, DVAG, OVB, Horbach oder MLP. Demnach sind die Kunden voll des Lobes für die Strukturvertriebsleute. Und die Organisationen werben entsprechend mit dem Kubus-Gütesiegel: Es gibt die Noten hervorragend, sehr gut und gut. Es wäre daher interessant, die Studie mit den Daten über die Befragungsmethode zu lesen, die diese hervorragenden Ergebnisse erbrachte. Doch eine Managerin der MSR Consulting teilte mit: »Die Studie ist generell nicht öffentlich, wird nur Klienten-Beziehern zur Verfügung gestellt.« Warum? »Unsere Absicht ist es nicht, die Unternehmen, die sich am unteren Marktende bewegen, öffentlich bloßzustellen.« Auch die bewerteten Unternehmen rücken die Studie nicht heraus, MSR Consulting untersagt ihren Kunden nämlich, ohne ihre Zustimmung aus der Studie »auch nur teilweise zu veröffentlichen«.[30] Für die Unternehmen ist die Kubus-Bewertung übrigens keine große Sache: Der Dauerbezugspreis kostet Vertriebsgesellschaften 16 500 Euro und Versicherungen 17 500 Euro.[31]

Als die Manager des Ergo-Konzerns im Dezember 2011, auf dem Höhepunkt der Skandaldebatten nach der Budapest-Sause, nach erlösenden Nachrichten suchten, konnten sie überraschend positive Ergebnisse einer Marktforschungsanalyse präsentieren. »Die Kundenbefragung von g/d/p Marktforschung kommt bereits heute zu dem Ergebnis, dass 87 Prozent der HMI-Kunden mit der Beratung vollkommen oder sehr zufrieden sind«, verkündete der Kommunikationsmanager Alexander Becker.[32] Die Studie der Forschungsgruppe g/d/p – Unternehmensleitbild ist der »ehrbare Kaufmann« – wurde vom Ergo-Konzern nie publiziert, die Anlage der Umfrage nie erläutert. Für eine wissenschaftliche Beurteilung ist sie somit für Außenstehende ohne Bedeutung. Wozu diente diese Kundenbefragung also? Ein PR-Gag?

Dann gibt es noch »Deutschlands größten Servicetest« von ServiceValue. Die Firma ermittelt gemäß ihren eigenen Angaben einen sogenannten »Service-Experience-Score«. Dazu stellt sie den Kunden zwei einfache Fragen: »Sind und waren Sie in den letzten 36 Monaten Kunde bei [Unternehmen/ Marke]?« und »Haben Sie bei [Unternehmen/Marke] einen sehr guten Kundenservice erlebt?«. Die Antwortmöglichkeiten sind einfach: ja oder nein. Die Ergebnisse werden in einem Ranking erfasst. Die ersten hundert genannten Unternehmen oder Marken erhalten Gold, die Plätze 101 bis 175 bekommen Silber. Die sehr simple Methodik der Studie beschreiben die unbekannten Autoren von ServiceValue auf nur fünf Seiten, davon zwei Seiten unter der Überschrift »Wissenschaftlichkeit« – merkwürdig, weil es sich im Ganzen ja um eine wissenschaftliche Studie handeln sollte.

Wer wird befragt, wer bewertet? Zur Frage der Repräsentativität erwähnt die Studie eine Definition aus dem *Brockhaus*-Lexikon, aber exakte Daten über die Zusammenstellung der befragten Population fehlen. Nur so viel: Die Kunden würden online befragt. Für die Teilnahme an jeder Befragung bekämen diese zwischen 15 und 60 Punkten, und wenn sie lange genug mitmachten, würden sie einen Gutschein erhalten. Bei 80 000 Punkten gäbe es 20 Euro zur Belohnung, bei 100 000 Punkten sogar 25 Euro. Man rechne: Wer dabei 25 Euro »verdienen« will, müsste mindestens 1666 Befragungen über sich ergehen lassen. Wer macht so etwas? Im Leben stehende Menschen mit einem Sinn für eine angemessene, vernünftige Altersvorsorge? Die Studie gibt leider nur wenige werthaltige Angaben darüber, wie sich die Gruppe der Befragten zusammensetzt, sie liefert dazu nur ein Beispiel einer Befragung für die Automobilbranche. 43 Prozent der Befragten würden über ihr Haushaltsnettoeinkommen zum Beispiel keine Angaben machen, 26 Prozent verfügten über einen Hochschulabschluss.

Die Firma ServiceValue führt ihre Befragungen nicht selbst durch, sondern lässt dies von ihrem »Marktforschungspartner« Toluna Germany erledigen. »Insgesamt wurden hierfür 600 000 Kundenurteile eingeholt«, heißt es in der Service-Value-Studie.[33] Dieses Unternehmen sendet einer großen Zahl von Interessierten in ihrer »Community« regelmäßig per E-Mail ein Angebot zur Teilnahme an einer Umfrage. Auf Chat-Seiten im Internet, wo sich Menschen mit viel Zeit sehr viel Zeit für den Austausch untereinander nehmen, gewinnt man einen Eindruck, wie das Toluna-System funktioniert. Dort werden immer wieder Beschwerden und illustre Erfahrungsberichte ausgebreitet über die Sache mit den Gutscheinen. »Toluna ist eine Community, bei der man an Umfragen teilnimmt und seine Meinung zu verschiedenen Themen kundtun kann«, schreibt einer, der schon ein Jahr lang Punkte sammelte. »Nach vier Monaten hatte ich es geschafft und konnte meinen Gutschein beantragen. Dies geschah am 6. Januar dieses Jahres und am 1. März hatte ich ihn dann endlich«, notierte der fleißige Kandidat. Der Frust kam erst, als er den 25-Euro-Gutschein bei dem ausstellenden Unternehmen einlösen wollte: »Ratet, was passiert ist! Mir wurde mitgeteilt, dass der Gutschein-Code verbraucht ist.« Ein anderer ist sehr zufrieden. 92 Cent bekam er pro Umfrage, die zwischen 10 und 30 Minuten dauerte: »Da kann man nicht meckern«, kommentierte er auf dem Portal *kröten-verdienen.de*. Wieder andere berichten, wie sie sich online für ihre Punkte abrackern und dann aus dem System herausfliegen, bevor sie die vorletzte Frage beantworten wollen – und somit keine Punkte erhalten. Es sind wohl ziemlich traurige Geschäfte für Menschen, die um jeden Cent kämpfen müssen.

Die Mitglieder der Toluna-Community werden auch zu politischen Themen befragt. So ermittelte das Institut, dass 71 Prozent ihrer Befragten sich für eine Reichensteuer aussprächen und dabei die Vermögensgrenze schon bei 2 Millionen Euro festlegen wollten. Das kommt dann mit einer klaren Schlagzeile in die Zeitung: »Großteil der Deutschen ist für Reichensteuer.«[34] Oder in einer anderen Befragung kam heraus, dass »zwei Drittel der Befragten ihren Versicherungsschutz als genau richtig« empfänden.[35] Das Ergebnis war wenig verwunderlich, wenn man die Sorgen der Toluna-Community kennt.

Die armen Befragten dürften wohl erblassen, wenn sie die Millionengewinne in der Bilanz der deutschen Toluna-Tochter läsen. Der Befragungskonzern wurde von Franzosen gegründet und zählt heute zu den erfolgreichsten Geschäften im Internet mit Ablegern rund um den Globus. Mitgründer Frédéric-Charles Petit kommt nicht aus der wissenschaftlichen Welt der Demoskopen, er war zuvor als Unternehmensjurist bei einem Werbekonzern tätig. 2011 wurde Toluna für rund 215 Millionen Euro an eine britische Investmentgruppe verkauft: Man sollte eben bei der Toluna nicht Community-Mitglied, sondern Aktionär sein.[36]

Im blühenden Geschäft mit den Test-Labels tummeln sich auch Befrager, bei denen man vermuten könnte, dass sie von einer öffentlichen Einrichtung geschickt werden, zum Beispiel bei den Umfragen des Deutschen Instituts für Service-Qualität. Dahinter steckt schlicht ein Geschäft mit Umfragen und Gütesiegeln, das Institut ist eine klassische GmbH & Co. KG in Hamburg, also ein privatwirtschaftliches Marktforschungsunternehmen. Allein die traditionsreiche Stiftung Warentest ist ein öffentlich-rechtliches Institut, frei von Interessenbindungen gegenüber der Industrie. Ihre Unabhängigkeit könnte man allenfalls beim Urteil über staatlich geförderte Riester-Produkte in Zweifel ziehen.

Das Geschäft mit den Vergleichsportalen

Kunden erliegen im Internet oftmals einem Irrglauben, wenn sie über Vergleichsportale einen Versicherungsvertrag abschließen. Netzdienstleister wie Check24 oder Verivox (Toptarif) werden von fast allen großen Assekuranzkonzernen als Vertriebskanal eingesetzt, von der Allianz bis zur deutschen Zurich-Tochter können Policen aller Art angefordert werden, von der Autoversicherung bis zur Zahnzusatzversicherung. Dieser Verkaufskanal wird immer wichtiger: 2012 wurden zum Beispiel 14 Prozent aller Kfz-Versicherungen auf diesem Weg online abgeschlossen. Allein Check24 vermittelte 2013 rund 750 000 Kfz-Policen. Noch wird dieser Vertriebskanal von den einfachen Versicherungsverträgen dominiert, aber die Zukunft zeichnet sich bereits ab: Alles kann so vermittelt werden. Und jedes Internetunternehmen mit entsprechender Power könnte selbst Finanzprodukte entwickeln und damit sogar in Konkurrenz zu den Versicherungskonzernen treten. Leidtragende sind vor allem aber die Haustürvertreter. Sie werden wohl genauso vom Markt verdrängt wie Buchhändler.[37]

Die Allensbacher Computer- und Technikanalyse ermittelt regelmäßig, wie die Zahl der Online-Käufer wächst. Die Vergleichsportale stehen dabei ganz oben im Interesse der Internetnutzer: 66 Prozent aller Internetnutzer informieren sich online über Preisvergleiche, und 34 Prozent informieren sich im Internet über Versicherungen.[38] 89 Prozent derjenigen, die im Internet Versicherungsprodukte kaufen, informieren sich zuvor auch online über die Angebote.[39]

Diese Online-Vertriebsfirmen präsentieren nach einem Preisvergleich das angeblich günstigste Produkt. Ob der so ermittelte Vertrag für den Kunden der beste ist, kann mit diesen vereinfachenden Vergleichsrechnern nicht erkun-

241

det werden. Die Portale sind einfach gestaltet, das Angebot kommt nach einem Klick an die eigene E-Mail-Adresse. Und Check24 hat übrigens 4,6 Punkte bei der Kundenbewertung der Firma eKomi, selbstverständlich mit dem Daumen nach oben auf dem Gütesiegel, und ein tolles Testurteil im »ServiceRating« – das Portal ist Testsieger hier, Testsieger dort. Die Eigenwerbung: »Bei Check24 können Sie viele Angebote und verschiedene Preise vergleichen – so erhalten Sie einen umfassenden Marktüberblick.«
Wer aber glaubt, dass im Internet keine Provisionen fließen, irrt gewaltig. Der Unternehmenszweck der Portale ist nicht der Vergleich, sondern die Vermittlung von Versicherungen. Vergleichsportale kassieren ebenso wie Hotelbuchungsportale eine Provision von 10 bis 15 Prozent. Unabhängig sind sie also nicht, sie sind virtuelle Versicherungsverkäufer. Bekannt jedenfalls sind Streitfälle zwischen Versicherungen und Vergleichsportalen über Provisionshöhen und Rankings, aber dennoch bleibt völlig intransparent, wer wie viel an Provision bezahlt. Versicherer, welche die hohen Gebühren der Vergleichsportale nicht zahlen wollen, fliegen aus dem System.[40]

Die Konsumenten scheinen diese Vergleichsportale jedenfalls mit der üblichen Gratismentalität zu nutzen, nach der solche Dienste gänzlich kostenfrei sein müssen. Nur 6 Prozent der Nutzer wären bereit zu zahlen, wenn Gebühren verlangt würden.[41] Doch sie vergessen dabei, dass sie unbemerkt zur Kasse gebeten werden. Und ob bei einem Vergleichsranking vielleicht ein wenig nachgeholfen wurde, können sie ebenfalls nicht erkennen, auch nicht, wie die Ergebnisse zustande kommen.

Wer meint, dass es sich hier um Kleingeldgeschäfte handelt, sollte sich zum Beispiel die letzte verfügbare Bilanz der Münchner Check24-Gruppe anschauen. Mit rund 220 Mitarbeitern hat sie im Geschäftsjahr 2010/2011 Umsatzerlöse in Höhe von 93,5 Millionen Euro und einen Bruttogewinn vor Steuern, Zinsen und Abschreibungen von rund 18 Millionen Euro erwirtschaftet. Das Unternehmen ist kerngesund: kaum Schulden, große Rücklagen, hohe Gewinnvorträge. Das Wachstum ist atemberaubend: »2013 haben wir mit den unterschiedlichen Angeboten auf unserer Plattform ein Transaktionsvolumen von circa 5 Milliarden Euro erreicht«, erklärte Check24-Chef Henrich Blase, der Umsatz war auf 160 Millionen Euro gestiegen. Ähnlich vielversprechend entwickeln sich die Zahlen des Heidelberger Konkurrenten Verivox.[42] Auf diesen Zug wollten auch die Versicherungsunternehmen HDI, HUK-Coburg und WGV aufspringen und gründeten das eigene Portal Transparo. Doch sie scheiterten, das Geschäft verstehen die echten Internetunternehmen offenbar besser: Transparo wurde im April 2014 eingestellt.[43]

Der Online-Verkauf ist inzwischen ein Thema für die Gerichte. Im November 2013 befasste sich der Bundesgerichtshof als letzte Instanz mit dem Kaffeehändler Tchibo. Im Internetportal hatte das Unternehmen, das bekanntlich allerhand Gebrauchsartikel verkauft, Versicherungen im Angebot. »Tchibogünstig«, »tchibofair« und »tchiboeinfach« sollten die Policen sein. »Tchibo empfiehlt für ihre Vorsorge: Asstel und BIG.« Und »ein schönes Lächeln« wurde versprochen gegen den Abschluss einer Zahnzusatzversicherung. Online konnten die Kaffeekunden den Antrag abschicken, das Formular öffnete sich in einem neuen Fenster, das immer noch mit einem Tchibo-Logo warb. Wer den Antrag abschickte, erhielt umgehend eine Bestätigungsmail: Es grüßte das »Asstel und Tchibo Experten-Team«.

Kaffeeröster als Assekuranzprofis, die Marketingleute von Tchibo als Versicherungsvermittler? Das ging einem Verband, der sich um fairen Wettbewerb bemüht, doch etwas zu weit. Der Verband klagte durch die Instanzen, über das Landgericht Hamburg bis hin zum Bundesgerichtshof, denn sie sahen darin eine klassische Vermittlertätigkeit. Dafür wäre zumindest eine Genehmigung nach der Gewerbeordnung notwendig, und außerdem dürften Versicherungsverträge nur vermittelt werden, wenn die in der Versicherungsvermittlerverordnung verlangten Informationspflichten erfüllt würden. Die beklagten Tchibo-Manager sahen die Sache viel einfacher: Tchibo habe online der Versicherung Asstel nur einen Werbeauftritt möglich gemacht, mehr nicht. Die Versicherung sei alleine verantwortlich für die Vermittlung der Verträge.[44] Die Bundesrichter entschieden aber klar gegen dieses Modell: Tchibo musste diese Verkaufsmethode unterlassen. Der Verbraucher konnte gar nicht erkennen, dass er beim Ausfüllen des Versicherungsantrags virtuell auf eine Internetseite des Assekuranzunternehmens gewechselt war.[45] Dieses Modell war also gescheitert, neue Ideen waren wieder einmal gefragt.

NEUE FINANZPRODUKTE UND NEUE MARKETINGTRICKS: WIE DAS PROVISIONSSYSTEM KOLLABIERTE

»Man hat gewinnorientierten Aktiengesellschaften die Verwaltung von Treuhandgeldern überlassen, ohne dass sie Buch darüber führen müssen. Und das ist in etwa so unheilvoll, als wenn man Vampire mit der Verwaltung einer Blutbank beauftragt, ohne sie zu verpflichten, das eingehende Blut zu registrieren.«
(HANS DIETER MEYER,
VERSICHERUNGSKRITIKER, 1993)[1]

Kapitalgarantiepolice, kreditfinanzierte Rentenpolice, Nettopolice: Der sprachliche Erfindergeist in den Fabrikationsstätten der Assekuranz scheint keine Grenzen zu kennen. Mit vielversprechenden Namen werfen sie immer neue Varianten der alten Lebensversicherung auf den Markt. Es klingt immer gut, was die Entwicklerbüros der Versicherungskonzerne ausschütten. Man ahnt es schon, dass diese Produktlabels oftmals nicht halten, was sie versprechen. Die gründliche Aufklärung über Sinn und Unsinn der Produkte findet immer häufiger in den Gerichtssälen statt, wenn Kunden und Versicherungsunternehmen mit ihren Anwälten aufeinandertreffen.

Urteile im Namen des Volkes

Zum Beispiel in der Sache »Kapitalgarantiepolice«. Aktenzeichen 30 O 14/12, verhandelt vor dem Landgericht Köln. In diesem Fall erschien ein Kunde vor den Richtern, der eine fondsgebundene Kapitallebensversicherung mit zwölf Jahren Laufzeit abgeschlossen hatte. Die Erträge sollten steuerbegünstigt sein, die Beitrage hatte er in den ersten fünf Jahren in gleich großen Raten eingezahlt. Das Anlagevolumen betrug 100 000 Euro. Die von ihm beklagte Versicherungsgesellschaft hatte das Geld merkwürdigerweise in zwei Fonds investiert, die diese Anlagegelder wiederum in britische Kapitallebensversicherungen und in eine amerikanische Risikolebensversicherung steckten. Der Versicherungsvertreter hatte es auch geschafft, der Ehefrau des Klägers und dessen Brüdern solche Versicherungen aufzuschwatzen.

Der Kunde wollte eigentlich kein nennenswertes Risiko eingehen und dachte, dass dies bei einer Lebensversicherung sehr gering wäre. Der Verkäufer hatte ihn in diesem Glauben bestärkt: Mit einem Datenblatt hatte er demonstriert, dass es nur um das Risiko einer Insolvenz der britischen und amerikanischen Versicherungsgesellschaft ginge und dieses »äußerst gering« sei. Zudem hatte der Versicherungsmann dem Kunden eine Szenarioanalyse vorgelegt, die im schlimmsten Fall (»worst case«) immer noch eine schöne Rendite von 4,32 Prozent auswies. Alles grundsolide, berechenbar, sicher, so dachte der Kunde, schließlich versprach die Präsentation eine Lebensversicherung »mit Kapitalgarantie«. Doch es kam alles ganz anders: Die erhoffte Rendite kam nie zustande. Die Anlage floppte, weil die Fonds in Wirklichkeit in hochriskante Policen-Deals in Großbritannien und den USA investiert hatten.

Was der geplagte Kunde nun vor Gericht erlebte, passiert

in solchen Fällen häufig. Die Anwälte des Versicherungskonzerns argumentierten, dass der Kunde gar keine »Anlageberatung« erbeten hatte, sondern lediglich einen Lebensversicherungsvertrag vermittelt haben wollte. Zudem habe der Vertreter eine ganz andere Präsentation vorgelegt, sogar ausdrücklich auf die Risiken hingewiesen. Der Kunde sei darauf aufmerksam gemacht worden, dass ein »Schlussbonus«, den er erwartet hatte, nicht garantiert sei. Das Worst-Case-Szenario sei eine unverbindliche Prognose gewesen. Wenn er die Unterlagen genau studiert hätte, hätte er bereits aus den Wertermittlungen ersehen können, dass die angegebene Rendite nicht erreicht würde. Die Konfliktlage war klassisch: Aussage gegen Aussage.

Immerhin kamen die Richter im Januar 2013 zum Schluss, dass der Versicherungsvermittler »irreführende Angaben« gemacht hatte. Beim Leser käme ein Worst-Case-Szenario wie eine Garantie an, er müsse diese Informationen zwangsläufig als Sicherheit begreifen. Daher verurteilten die Richter die beklagte Versicherung, dem Kunden den vollen Anlagebetrag zu ersetzen. Sie gaben ihm endlich die Garantie, die ihm vom Versicherungskonzern versprochen worden war.[2]

Genugtuung bekamen viele Kläger auch im Fall Clerical Medical mit dem »kreditfinanzierten Rentenmodell«, Aktenzeichen IV ZR 269/10. Mehr als tausend Versicherungskunden klagten, rund dreißig Rechtsfälle wurden bis zur obersten Instanz in den Bundesgerichtshof getragen, der am Ende zugunsten der Kunden ein weitreichendes Urteil sprach.

Clerical Medical (CM) ist eine traditionsreiche britische Assekuranz, die heute zur Bankengruppe Lloyds gehört. Seit 1995 war das Unternehmen auf den lukrativen deutschen Markt vorgestoßen, und immer verwies das 1824 gegründete Unternehmen auf die lange Geschichte. Die Produkte hatten seriös klingende Namen wie »Lex-Konzept-Rente«, »EuroPlan«, »System-Rente«, »Individual-Rente« oder für die anglophile Kundschaft »Wealthmaster Noble«. Mehr als 120 000 Anleger hatten ihr Geld in solche Modelle gesteckt. Das Konzept dieser Policen machte einen pfiffigen Eindruck. Die Vermittler erschienen mit einer Broschüre über die »Lebensversicherung der zweiten Generation«. Das Wort »Beitragsgarantie« war mit einem fetten gelben Stempel auf das Deckblatt geprägt, mitsamt einer kleingedruckten Anmerkung: »Vorbehaltlich der Bedingungen in Abschnitt 5.2 der Verbraucherinformation.« Auf dem Titel prangte ein kitschig-romantisches Foto eines alten Baumes auf einer grünen Wiese vor dem Sonnenuntergang.

In einem typischen Fall hatte eine Kundin aus Chemnitz 2002 eine fondsgebundene Lebensversicherung abgeschlossen, die vorab mit einem Darlehen in Höhe von 247 000 Euro als Einmalprämie finanziert wurde. Die Policen waren mit Krediten »gehebelt«, sagen die Finanzleute. Die Zinsen für das Darlehen waren mit 6,5 Prozent ziemlich happig, aber diese sollten aus den Ausschüttungen der Fonds mehr als gedeckt werden. Zudem sollte sich die Kundin darauf freuen können, im März 2012 zur Rückzahlung des Darlehens insgesamt 254 000 Euro ausgeschüttet zu bekommen. Doch die erhofften Renditeträume erfüllten sich nicht. Entgegen den Zusagen der Vermittler erzielten die Fonds in den ersten beiden Jahren nur 3 und 1,5 Prozent.

Das Konzept war im Grunde ziemlich simpel, denn es verdienten nur drei an dem Deal: die Versicherung, die Fondsgesellschaft und die kreditgewährende Bank. Einer war der Verlierer: der Kunde. Aber nicht nur die britische Clerical Medical operierte nach diesem Schema, auch die italienische Generali mischte im Geschäft mit fremdfinanzierten Rentenversicherungen mit. Auf der Bankenseite waren vor allem Landesbanken dabei wie die hessische Helaba, die HSH Nordbank und die Bayerische Landesbank, wobei die Helaba mit ihrer damaligen Schweizer Tochter eine besonders riskante Variante beisteuerte: Die Kunden vereinbarten dort ein Darlehen in Schweizer Franken. Als dann der Franken-Kurs gegenüber dem Euro kräftig zulegte, mussten sie nach Ablauf der Zinsbindungsfrist zudem noch drastische Währungsverluste hinnehmen. Das pfiffige Modell mit dem Kredithebel endete für viele Kunden in einem Anlagedesaster. Doch anders als noch in den neunziger Jahren reagierten die Gerichte nun kritischer auf die Policentricks der Versicherer. Es hagelte so viele Urteile, dass die Clerical Medical am Ende freiwillig zahlte. Im Chemnitzer Fall sprach das Landgericht der Klägerin einen Schadensersatz über die versprochenen 254 000 Euro zu. Der Bundesgerichtshof bestätigte das Urteil, Clerical Medical gab sich geschlagen und zahlte. Wie in ihrem Fall erkannten die obersten Richter in ähnlich gelagerten Fällen auf Schadensersatz,[3] und in vielen ähnlichen Fällen verurteilten Gerichte die Versicherung selbst dann zur Zahlung, wenn der Wert des angesparten Kapitals dies nicht hergab.[4] Ein lukrativer Sieg, auch für die involvierten Anwälte: Mehrere Anwaltskanzleien hatten solche Mandate gesammelt und sich auf solche Rechtskämpfe spezialisiert, darunter die fachlich versierte Kanzlei Witt Rechtsanwälte in Heidelberg.

Als Clerical Medical sich nach dem Scheitern dieser Prozesse an ihren eigenen Versicherungsvermittlern schadlos halten wollte, marschierten diese nun selbst zu den Fachanwälten der Kanzlei Witt. Sie wussten ja, wer den Erfolg in den Verfahren gegen Clerical Medical davontrug. Ein Vermittler, der nun von Witt vertreten wurde, hatte selbst eine Lex-Konzept-Rente und einen EuroPlan von Clerical Medical gekauft. Die Versicherung war mit diesen Modellen vom Oberlandesgericht Celle zu Schadensersatz verurteilt worden. In der Zwangsvollstreckung versuchten die Briten nun, Schadensersatzansprüche, welche Kunden dieses Vermittlers gegen die Clerical Medical gerichtlich durchgesetzt hatten, gegenzurechnen.

»Damit ist Clerical Medical kläglich gescheitert«, freute sich Witt-Anwältin Tamara Knöpfel für ihren Klienten. Das Gericht sah das »überwiegende Verschulden« beim Versicherer und nicht beim Vermittler. Die vorbereiteten Unterlagen hätten die Funktionsweise des Produkts nur unzureichend erklären können, weitere Informationen besaßen die Vermittler nicht und konnten somit die Risiken gar nicht verstehen. Bis Januar 2014 endeten alle obergerichtlichen Verfahren der Kanzlei Witt gegen Clerical Medical mit einem Erfolg für die Kunden. Ähnlich erfolgreich konnte die Anwaltsfirma auch gegen das Modell einer »KombiRente« der SpaRenta vorgehen, bei der eine Lebensversicherung der Generali zum Einsatz kam. Auch die Bayerische Landesbank wurde verurteilt.[5]

Inzwischen arbeitet die Clerical Medical auf dem deutschen Markt mit der Heidelberger Leben zusammen. Für Rechts- und Beratungskosten musste das Unternehmen in Deutschland seit 2010 rund 19 Millionen Euro aufwenden. Der Imageschaden wirkte sich nachhaltig aus. Wie schon im Jahresbericht 2011 vermerkte das Unternehmen auch im Bericht zum Abschluss des Jahres 2012,»dass sich insbesondere die Marke Clerical Medical mit den negativen Auswirkungen diverser Presseberichte und Gerichtsverfahren zu sogenannten Hebelgeschäften auseinandersetzen musste. Dies führte zu einer weiteren Verunsicherung bestehender und potentieller Kunden ebenso wie unserer Vertriebspartner mit der Folge, dass weniger Dienstleistungen der HLCM nachgefragt wurden.« 2012 brach der Umsatz um 15 Prozent ein.[6]

Die deutsche Webseite der Clerical Medical liefert inzwischen hauptsächlich nur noch Informationen für die Bestandskunden sowie Kontaktdaten zum Einreichen von Beschwerden. Für die Kunden der Wealthmaster-Noble-Police hat man die Sache freundlicherweise sogar erleichtert: Sie können ihre Daten gleich online in ein dreizehnseitiges

Formular eintragen. Man verspricht eine rasche Erledigung, nach acht Wochen soll die Untersuchung abgeschlossen sein.

Haftung ausgeschlossen

Der Fall Clerical Medical löste in der Versicherungsindustrie einige Nervosität aus. Die Richter des Bundesgerichtshofs hatten die Modelle der Briten zum Beispiel als Anlagegeschäfte eingeordnet und daher strengere Maßstäbe angelegt. Sie verlangten, dass die Anlageberater schon bei den Vertragsverhandlungen verständlich und vollständig informieren müssen, insbesondere über Nachteile und Risiken.

Ängstlich erarbeiteten branchenfreundliche Juristen Analysen, ob davon nun auch andere fondsgebundene Lebensversicherungen und Policen betroffen waren, die aus einem Mix aus Anlagegeschäft und Versicherungsprodukt zur Abdeckung von Risiken bestehen. Denn ein Produkt wird erst dann zur Versicherung, wenn ein wirtschaftliches Risiko, zum Beispiel das »biometrische Todesfallrisiko«, durch den Versicherer übernommen wird, und zwar in einem Umfang, der zum Zeitpunkt des Eintritts eines solchen Risikofalles erkennbar und deutlich über den angesparten Beträgen liegt. Vereinfacht geht es um die Frage, ob jemand gegen ein Risiko versichert wird oder lediglich eine klassische Kapitalanlage zur Vorsorge vorliegt und welche Maßstäbe im jeweiligen Fall für die Verkäufer gelten.

Eine solche Analyse lieferten Versicherungsrechtler der Großkanzlei Bach Langheid Dallmayr, die als versicherungsfreundlich gilt. Martin Schaaf, Koautor dieser Analyse, zum Beispiel verfasste seine Dissertation mit einem Promotionsstipendium des Deutschen Vereines für Versicherungswissenschaft, an dessen Spitze Torsten Oletzky steht, der Vorstandschef der Ergo-Gruppe. Schaaf und sein Kollege Joachim Grote klagten in ihrem Fachbeitrag, dass der BGH-Richterspruch mit der »Heranziehung der Grundsätze zur Aufklärung bei Kapitalanlagen eine erhebliche Haftungsverschärfung für Versicherungsvermittler und damit einhergehend auch für die Versicherer« bedeute. Denn die Versicherungsverkäufer müssten nicht nur über das aufklären, was unerlässlich sei, damit der Kunde vor Schaden bewahrt werde, sondern über alle ihm bekannten Umstände, die für die Entscheidung wichtig seien. Derart klare Ansagen zur Aufklärungspflicht waren den Juristen der Branche natürlich ein Graus. Sie sprachen von einem »regelrechten Abladen von Vertreterwissen über das Unerlässliche hinaus ohne Rücksicht auf die Komplexität des betreffenden Produkts«. So etwas sei dem Versicherungsvertragsgesetz »fremd«. Hinzu käme, dass der Anlageberater auch noch Beratungspflichten während der Vertragslaufzeit habe, der Versicherungsvermittler hingegen dazu nicht verpflichtet sei. Besonders aufgeregt reagierten die Autoren auf ein Urteil des Bundesgerichtshofs, das vom Anlageberater verlangt, den Inhalt eines beim Vertrieb eingesetzten Prospekts zu überprüfen.

Versicherungsverkäufer sollten Prospekte lesen, die Informationen sogar prüfen? Mit kritischem Fachwissen an ihre Aufgabe herangehen? Die hochmotivierten Jungs an der Verkaufsfront sollten nun auch noch ihre Prospekte verstehen? Das ging den Assekuranzjuristen entschieden zu weit, sie sahen das ganz anders: »Mitnichten folgt daraus etwa«, schrieben Grote und Schaaf ziemlich unverblümt, »dass der Versicherungsvertreter beim Vertrieb einer fondsgebundenen Lebensversicherung mit signifikantem Todesfallschutz die Fondsprospekte zu den Fonds aus der Fondspalette des Versicherers auf ihre Richtigkeit hin überprüfen muss (wozu er ohnehin kaum in der Lage sein wird)«. In der Praxis werde bei den fondsgebundenen Lebensversicherungen schließlich vom Versicherer in den Dokumenten darauf hingewiesen, dass die Beschreibungen der Anlageziele, der Anlagegrundsätze und der Anlagerisiken von der Fondsgesellschaft erstellt würden, der Versicherer für deren Richtigkeit keine Haftung übernähme. Grote und Schaaf entwickelten dazu eine interessante Argumentation: Im Falle der fondsgebundenen Lebensversicherungen sei nach ihrer Rechtsmeinung der »Anleger nicht der Kunde, sondern der Versicherer selbst«, und folglich sei die Versicherungsgesellschaft – als Kunde des Fonds – »nicht prospektverantwortlich«. Daher sei nicht erkennbar, »warum – und wie – der Versicherungsvermittler die Fondsprospekte überprüfen müssen soll«.[7]

Diese Haltung mag den naiven Kunden erschrecken, aber er weiß nun, woran er ist: Im Zweifel lehnen sowohl Vermittler als auch Versicherung die Haftung für die verkauften Fonds ab. Dies ist nicht nur eine theoretische Rechtsmeinung, es ist die übliche Praxis in der Versicherungsbranche. Im Falle des Fondsvertriebs Hansainvest der Signal Iduna wurden beispielsweise die Verantwortlichen gebeten, Prospekte und Jahresberichte eines bestimmten von Hansainvest vertriebenen Fonds mit einem etwas ungewöhnlichen Geschäftsdomizil auf den Seychellen zu liefern. Doch die Hansainvest-Manager gaben das Material nicht heraus, stattdessen verwiesen sie auf die Fondsmanager. Sie nannten nicht einmal nachprüfbare Unternehmensdaten über die Fondsbetreiber, wie die Namen der Fondsdirektoren, die Statuten und die Registerdaten. Erst nach einer Intervention beim Aufsichtsratspräsidenten der Signal Iduna wurden Fragen überhaupt beantwortet.[8]

Die Kunden können daraus nur eines lernen: Sie sollten nie Fondsanteile bei einer Versicherung kaufen. Die Versicherungsgesellschaft und ihr Vermittler werden dabei nur kassieren, sich aber inhaltlich und in Haftungsfragen zu nichts verpflichten. Wenn Anleger in Fonds investieren wollen, dann sollten sie dies direkt bei den Fondsgesellschaften tun, die Anteile also direkt über eine Bank oder einen Online-Broker zeichnen. Versicherungen stellen die Fonds nur in ihre Verkaufsregale, sie haften aber für nichts – und haben daher in diesem Business nichts zu suchen.

Provisionsverbote für mehr Beratungsqualität

Lehrreich war auch der Streitfall »Nettopolice«. Aktenzeichen 3 C 1612/02, verhandelt im Amtsgericht Ulm. Die Nettopolice wurde einmal als Durchbruch der Ehrlichkeit gefeiert: Die Kunden sollten dabei mit ihren Prämien ausschließlich ihre Beiträge an die Versicherung zahlen, ohne einen versteckten Provisionsanteil. »Abschlusskostenfreie Tarife, in die namentlich keine Provision eingerechnet wird«, definierte die Finanzaufsichtsbehörde BaFin dieses Angebot. Das Honorar an die Vermittler sollte separat bezahlt werden, mit einer gesonderten Honorarvereinbarung, offen und transparent.

Die Anbieter solcher Nettopolicen machten sich den Unmut unter den Kunden zunutze, die nicht mehr mit versteckten Provisionen belastet werden wollten. Schließlich fordern die Verbraucherschutzorganisationen schon lange eine Trennung von Beratung und Verkauf mit einer transparenten Darstellung der Vermittlerkosten. Sie galten daher auch in kritischen Medien als Geheimtipp, denn das Angebot wurde nur von rund dreißig meist kleinen Versicherungsunternehmen vertrieben, zum Beispiel Alte Leipziger, Barmenia, Condor, Continentale, Europa, Fortis, Interrisk, Legal & General, LV 1871, Neue BBV, Volkswohlbund oder Ergo-

Tochter Vorsorge. Tatsächlich könnten die Kunden bei einer korrekten Vorgehensweise bei Personenversicherungen 15 bis 20 Prozent und bei Sachversicherungen zwischen 5 und 30 Prozent sparen. Bei einer Lebensversicherung würden sie so oftmals viele Tausend Euro gewinnen. So weit die Theorie, in der Praxis lebte aber mal wieder das alte Schema auf. Denn die wenigsten Kunden ahnten, was sie da unterschrieben. Konditor K. war auf das Spiel an einer Verkaufsveranstaltung hereingefallen, die als »Informationsseminar« getarnt war. Die Versicherungsgesellschaft verkaufte mit einem Schneeballsystem wie zu den Urzeiten des Strukturvertriebs den Interessenten nicht nur eine Nettopolice, sie animierte diese außerdem, selbst als Vermittler für Nettopolicen einzusteigen. Als Konditor K. das Seminar verließ, hatte er eine fondsgebundene Lebensversicherung, eine Risikolebensversicherung, eine Berufsunfähigkeitsversicherung und eine Unfallversicherung abgeschlossen – mit Laufzeiten von 25 Jahren. Das war noch nicht alles: Der Konditor schloss zugleich auch eine »Vermittlungsgebühren-Vereinbarung« mit einem »Cash 2000 Treuhandauftrag«. Er war damit nun Handelsmakler für die Versicherung. Darüber hinaus hatte er einer Treuhänderfirma den schriftlichen Auftrag erteilt, die Beitragszahlungen abzuwickeln. Als der Konditor zurückgekehrt war und in seiner häuslichen Stube den Papierhaufen studierte, kamen ihm Zweifel, und er kündigte.

Das Gericht kam zu dem Urteil, dass dieser Treuhandvertrag überflüssig und unsinnig war – eine vernünftige Klarstellung. Als »geschäftlich unerfahrener Vertragspartner«, so stellte das Gericht fest, hatte der Konditor hintereinander acht Unterschriften zu leisten und dabei eine Vielzahl von vorgedruckten Seiten vorgelegt bekommen. Die gesamte Konstruktion war für ihn »nicht durchschaubar«. Es war für ihn auch nicht ersichtlich, »zu welchem Zweck und zu welchen Kosten« er den Treuhandauftrag gegeben hatte. Die

Dienste der Treuhandfirma waren in den Augen der Richter schlicht nicht notwendig. An der notwenigen Aufklärung habe es »in eklatanter Form« gefehlt, die »Intransparenz« der Konstruktion sei offensichtlich.[9] Das Richtergremium musste den Konditor in einem anderen Punkt allerdings enttäuschen: Die versprochene Provision, mit der die Versicherung ihm das ganze Paket schmackhaft gemacht hatte, musste er zum Teil zurückzahlen.

Grundsätzlich gilt: Honorarvereinbarungen sind erlaubt, wenn der Versicherungsvertreter den Kunden ausdrücklich darauf hinweist, dass er das volle Honorar auch dann zahlen muss, wenn der vermittelte Versicherungsvertrag nach kurzer Zeit wieder gekündigt wird.[10] Doch nicht selten wird dabei getrickst. Eine Untersuchung des Kölner Instituts für Versicherungswirtschaft förderte zutage, dass mehr als die Hälfte einer Gruppe von geprüften Anbietern keineswegs alle Vermittlergebühren herausgerechnet hatten, sondern nur die Courtagen.[11] Unter dem Etikett »Netto« verbarg sich in diesen Fällen also einmal wieder ein Verkaufsbluff. Bei vorzeitiger Kündigung erhielten etliche Kunden bei einigen Anbietern die Aufforderung, Provisionsschulden bis zu 8000 Euro nachzuzahlen. Die Provisionshöhe war mitunter exorbitant: bis zu 7 Prozent der Versicherungssumme.[12]

Dabei wäre der provisionsfreie Verkauf einer Lebensversicherung eine gute Idee. In Deutschland haben sich deshalb Honorarberater, die auf das Provisionsgeschäft verzichten und ihre Dienste mit einer transparenten Rechnung anbieten, in einer kleinen Vereinigung zusammengeschlossen, dem Verbund Deutscher Honorarberater (VDH), der als GmbH eingetragen ist und Beratern als Servicestation dient. Sie wollen sich aus dem »Hamsterrad des permanenten Produktverkaufs« befreien, wie VDH-Geschäftsführer Dieter Rauch sagt. Etwa 1500 Mitglieder hat der Verbund. Zum Vergleich: In Deutschland sind insgesamt rund 240 000 gebundene

Versicherungsvertreter, Versicherungsmakler und Versicherungsvertreter registriert – neben den Beratern in Banken und Sparkassen, die ebenfalls provisionsgetrieben Finanzprodukte und Versicherungen verkaufen. Das Interesse an einer offenen Verkaufssituation ist also sehr gering, das Beharren auf der verdeckten Abzockerei nach wie vor der Standard. Das müsste nicht so bleiben, die Spielregeln ließen sich leicht ändern – schlicht und einfach mit einem Provisionsverbot.

In vielen Ländern, in denen die Versicherungslobby geringeren Einfluss auf das Parlament hat, wurden die Verkaufspraktiken bereits transparenter gestaltet. In den Niederlanden beispielsweise müssen Vermittler komplexer Finanzprodukte, darunter auch die Lebensversicherungen, bereits seit 2009 ihre Provisionen gegenüber den Kunden offenlegen, auf Anfrage müssen sie ihre Einnahmen genau und schriftlich benennen. In Großbritannien dürfen Makler keine Courtagen mehr einkassieren und müssen ihre Dienste gegen eine Honorarrechnung anbieten; Provisionsvermittler müssen ihre Vergütung direkt und erkennbar von der Prämienzahlung abziehen und zu Beginn des Beratungsgespräches über ihre Kosten informieren. In Dänemark wurden die Courtagezahlungen in der Lebens- und Sachversicherung verboten und das gesamte System auf ein »Netquoting« umgestellt. Schweden folgte diesem Modell. Auch Norwegen änderte das System, nachdem die Versicherungsbranche sich dort selbst zu mehr Transparenz durchgerungen hatte; die Regierung erwägt dort sogar ein komplettes Provisionsverbot.

In den Niederlanden, in Australien und in Großbritannien haben die Aufseher aus zahlreichen Skandalen gelernt. »Ich behaupte, dass wir ein Vertriebsmodell haben, das weder dem Produzenten noch dem Konsumenten der Dienstleistungen dient«, sagte Callum McCarthy, ehemals Chef der britischen Finanzaufsicht. Er hält das gesamte provisionsbasierte Vertriebssystem für völlig verfehlt: »Es ist überdies fraglich, ob es dem Vermittler dient.« In diesen Ländern hat man sich daher dazu durchgerungen, den Provisionsverkauf zu untersagen.

In Großbritannien zahlt ein Kunde beispielsweise seinem Finanzberater ein Basishonorar von rund 1200 Euro pro Jahr. Der Berater erscheint dafür zu einer Besprechung von etwa 90 Minuten, im Büro muss er sich aber nochmals 15 Stunden mit dem Papierkram beschäftigen.[13]

Als im Frühsommer 2014 in Deutschland über ein neues Lebensversicherungsgesetz beraten wurde, votierten sogar einige wenige Vertreter der Versicherungsbranche dafür, die Vertriebsprovisionen endlich gesetzlich zu begrenzen. Das war ein erstaunlicher Hilfeschrei, zugleich auch ein bemerkenswertes Eingeständnis: Die Konzerne bekommen ihre Vertriebsorganisationen ganz offensichtlich nicht in den Griff, sie sind abhängig von freien Vermittlern, deren Provisionsansprüche zum Problem für die gesamte Branche werden. Die Konzerne wollen, angeblich, gut ausgebildete Verkäufer, aber sie wollen diese nicht bezahlen. Und so wird deren Lohn immer noch von den Beiträgen der Versicherten abgezwackt.

Die Berliner Regierung weiß längst, dass die Provisionsberatung enorme Schäden für die Kunden verursacht. Eine Studie des Bundesverbraucherschutzministeriums hat errechnet, dass unzureichende Anlageberatung bei den Bürgern einen Schaden von 20 bis 30 Milliarden Euro verursacht – pro Jahr.[14] Und eine weitere Studie hat ermittelt, dass Kunden durch vor- oder frühzeitige Kündigung von privaten Rentenversicherungen und Kapitallebensversicherungen während zehn Jahren ein Schaden von 100 bis 160 Milliarden Euro entstanden ist.[15]

Die schädliche Wirkung ist vielfach untersucht und bekannt, erklärt Konsumentenforscher Christian Thorun. Er hat an der Universität Oxford studiert, ein Institut für Verbraucherpolitik aufgebaut, berät die Europäische Kommission in Verbraucherfragen und zählt zu den wenigen Vordenkern für eine zeitgemäße Konsumentenpolitik. Mit seinem Institut tritt er für einen kompletten Systemwechsel ein. Das Provisionsunwesen will er verbieten lassen, am liebsten europaweit.[16] Denn die Provisionen führten dazu, die Beratung zugunsten des Vertriebs zu vernachlässigen. Die Anbieter gerieten so in einen Wettlauf um Provisionen, was die Preise der Finanzprodukte nach oben treibe. Portfolios, die von provisionsabhängigen Beratern betreut würden, hätten schlechtere Rendite-Risiko-Werte, würden häufiger umgeschichtet und enthielten unsinnigerweise aktiv gemanagte statt passiver Fonds.

Ein bisschen mehr Transparenz reicht dabei nicht. Die Kunden sind wie im Fall des Konditors oftmals nicht in der Lage, die Vergütungsmodelle zu durchschauen, die ihnen präsentiert werden.»Angesichts der Komplexität provisionsbasierter Vergütungsstrukturen und der geringen finanziellen Bildung von Anlegern kann der Transparenzansatz nicht greifen«, stellte Chris Bowen fest, der australische Minister für Finanzdienstleistungen. Transparenzgebote könnten die Sache sogar verschlimmern. So ergaben Tests der amerikanischen Verbraucherbehörde, dass Kunden dazu neigten, nur noch nach der Honorarhöhe zu entscheiden, welches Finanzprodukt sie wählen, und andere wichtige Informationen vernachlässigten. Am Ende unterschrieben sie schlechtere Verträge, weil die ausgewiesene Provision niedriger war.

Provisionen sollten auch in Deutschland unterbunden werden, fordert Christian Thorun. Er weiß natürlich, dass viele Vermittler nach einem Systemwechsel auf eine flächendeckende Honorarberatung erst einmal erklären müssten, warum ihre Beratungsleistung das verlangte Honorar überhaupt wert ist. Sie müssten wie andere Dienstleister ihre Qualität permanent beweisen. Damit wären manche überfordert und würden aus dem System fallen. Aber langfristig würden sowohl die Professionalität der Beratung als auch die Qualität der Produkte steigen, meint Thorun. Natürlich müssten auch die Konsumenten lernen, dass der wirklich gute Rat und die Betreuung Geld kosten. Erst wenn sie sich Modellrechnungen mit Performance-Vergleichen anschauten, könnten sie erkennen, dass ein Beratungshonorar sich selbst dann lohne, wenn es die 1000-Euro-Grenze überschreite und der Berater ihm das beste Produkt empfehle. Der Beispielfall, den der VDH präsentiert: Ein 30-jähriger Mann schließt bis zum Endalter 67 eine fondsgebundene Rentenversicherung mit Beitragsrückgewähr und Rentengarantie von fünf Jahren mit einem Monatsbeitrag von 300 Euro ab. Mit einem Vergleichsrechner, den der Verbund seinen Beratern zur Verfügung stellt, kann der Kunde in der Ablaufleistung etwa 15 Prozent in Höhe von 75 000 Euro gewinnen.[17]

Wie verhindert man aber, dass trickreiche Verkäufertypen wieder unter dem Deckmantel des Honorarberaters ihr Unwesen treiben und sich nur mit einer neuen Visitenkarte beim Kunden vorstellen? Thorun ist das Problem bewusst: »Schwarze Schafe haben in der Honorarberatung nichts zu suchen«, sagt er, »hier brauchen wir klare Leitplanken.« Er will sie durch Selbstregulierung in der Branche einführen.[18] Nun ja, so viel Vertrauen in eine sich selbst regulierende Branche ist wohl etwas optimistisch. Ein Strafenkatalog, der gesetzlich verankert ist, wäre sicher die bessere Lösung.

Auch im Verbund der Honorarberater ahnt man allmählich, dass man nicht nur Ehrenleute anzieht. »Schaumschläger aller Orten«, schrieb der VDH-Experte Klaus Barde im monatlichen Rundbrief, »etlichen Honorarberatern geht es gar nicht so gut, wie sie vorgeben. Das ist im Rahmen des Finanzvertriebs jedoch nichts Neues. Im Kampf um jeden Krümel Kostenersparnis lassen sich auch Honorarberater auf windige Lösungen ein.« Echte Honorarberater sollten keine Vermittler sein, die von wenigen Anbietern abhängig sind, sie sollen ausschließlich beraten und empfehlen. Das Ziel ist die Wahl der besten Lösung zum günstigsten Preis, ausgesucht aus dem kompletten Marktangebot – theoretisch. In der Praxis wird es natürlich so sein, dass ein Berater nur das empfiehlt, was er auch selbst halbwegs kennt. Aber professionelle Finanzberater können inzwischen auf wertvolle kostenpflichtige Vergleichsdatenbanken zurückgreifen, die ihnen jeweils eine aktuelle Übersicht über die verfügbare Palette liefern.

Die Versicherungsbranche fürchtet sich vor dieser Idee und warnt mit illustren Argumenten. Verbraucher mit geringem Einkommen würden von Honorarberatung ausgeschlossen, warnte Provisionsverteidiger Jörg Christian Hickmann: »Anleger mit geringen Finanzkenntnissen – dies sind ca. 80 Prozent der Bevölkerung – benötigen die Unterstützung professioneller Anlageberater.« Er meinte damit die provisionsgetriebenen Verkäufer. Ein Provisionsverbot führe zum Rückgang der Beraterzahl und damit zur Abnahme der Beratungsdichte. Am Beispiel Großbritannien erläuterte er, dass dort »90 Prozent der Berater vom Markt verschwunden sind«, nachdem dort der Markt schärfer reguliert wurde. Und nachdem das Provisionsverbot kam, verschwanden nochmals 20 Prozent der Berater, erklärte die Association of Professional Financial Advisers, die Vereinigung der britischen Finanzberater.[19]

Ist das wirklich so schlimm? Es wäre wohl eher ein willkommener Nebeneffekt, denn eine Vielzahl der Vermittler, die sich derzeit auf dem Markt tummeln, sind keineswegs ein Gewinn für die Kunden. Zwischen Anfang 2013 und Ende Juni 2014 sank die Zahl der erfassten Vermittler ohnehin schon um über 10 000 Personen.[20] Von den rund 248 000 im Register eingetragenen Versicherungsvermittlern waren Ende 2013 weniger als 100 000 hauptberufliche Agentur- und Maklerbetriebe. In einer Studie untersuchten die Professoren Matthias Beenken und Michael Radtke die Folgen einer strengeren Regulierung für die Vermittlerbranche, wenn das bisherige Provisionsmodell fallen würde. Sie rechneten die Auswirkungen in drei Szenarien durch: Im Falle moderater Eingriffe des Gesetzgebers durch Kostenoffenlegung auf Nachfrage würde der Vermittlerbestand um 30 Prozent sinken, bei größeren Eingriffen mit dem Zwang zur Kostenoffenlegung würde die Zahl um 38 Prozent sinken, und bei weitgehenden Eingriffen wie einem Courtageverbot in der fondsgebundenen Lebensversicherung, dem Zwang zur Verteilung der Abschlussprovision auf die gesamte Laufzeit und einer Förderung der Honorarvermittlung würde der Bestand der hauptberuflichen Vermittler gar um 45 Prozent auf rund 49 300 sinken.[21] Im Umkehrschluss kann man daraus folgern, dass fast die Hälfte des hauptberuflichen Vermittlerbestands nur dank einer intransparenten und undurchschaubaren Verkaufspraxis überlebt. Die Versicherungsbranche zittert vor diesen Aussichten, aber für die Kunden wäre es durchaus begrüßenswert, wenn diese Verkäufergruppe aus dem System herausgeworfen würde – je schneller, desto besser für die Vermögenslage der Versicherten.[22]

Das umfassende Provisionsverbot kam aber bei den neuen Direktiven für das Gewerbe, die auf EU-Ebene und in Berlin beraten wurden, nicht durch und bleibt vorerst Zukunftsmusik. Die europäische Verbraucherschutzrichtlinie MiFID II wurde nur mit einem Kompromiss verabschiedet, für die Assekuranzen endete ihre Lobbyarbeit mit einem Erfolg: Die Richtlinie, die den Banken mitunter strenge Dokumentationspflichten auferlegt, gilt nicht für die Versicherungsanlagenvermittler, auch wenn sie fondsgebundene Versicherungen vermitteln, letztlich also Investments in Fonds vermarkten. Im Mai 2014 verabschiedete die Bundesregierung lediglich einen Aktionsplan, mit dem sie die Honorarberatung »vorantreiben« will. Immerhin wurde mit dem Kleinanlegerschutzgesetz im Winter 2014 eine Prospektpflicht für Finanzprodukte auf dem »grauen Kapitalmarkt« geschaffen. Damit können die Aufsichtsbeamten der Bafin neuerdings den Verkauf dubioser Finanzprodukte verbieten und dieses Verbot auch auf der Bafin-Webseite publizieren.[23]

Eine effektive Kontrolle fehlt

Die Europäische Union will das Geschäft der Versicherungsvermittler mit einer neuen Richtlinie zur Versicherungsvermittlung (IMD 2) novellieren. Die Novelle soll mehr Transparenz bringen, strengere Regeln zur Vermeidung von Interessenkonflikten und höhere Anforderungen an die Qualifikation der Vermittler. Und mit der Verordnung über Basisinformationsblätter (PRIP) sollen Dokumentationspflichten geregelt werden. Für besonders komplexe Produkte will das Europaparlament verlangen, dass die Produktinformationen einen Warnhinweis enthalten. Ein detailliertes Produktinformationsblatt soll Pflicht werden. Das geht den Lobbyisten vom Gesamtverband der Deutschen Versicherungswirtschaft natürlich zu weit.[24]

Bislang haben es die Finanzvertriebe immer noch ziemlich einfach. Seit Januar 2009 muss sich jeder Vermittler in ein Register eintragen lassen (www.vermittlerregister.info). Seitdem wird auch eine gewisse Fachqualifikation verlangt. Dies wurde durch die EU-Vermittlerrichtlinie geregelt, die seit Mai 2007 in Deutschland gilt. Für die Erfassung im Register brauchen Vermittler seitdem eine Erlaubnis gemäß der Gewerbeordnung. Bedingung dafür ist eine Sachkundeprüfung, die vor der örtlichen Industrie- und Handelskammer abgelegt wird. Bei »ungeordneten Vermögensverhältnissen« kann diese Genehmigung versagt werden, allerdings erst in gravierenden Fällen, in denen über das Vermögen der Kandidaten das Insolvenzverfahren angeordnet wurde. Ausgeschlossen wird damit also nur, wer definitiv unter Beweis gestellt hat, dass er mit seinem eigenen Geld nicht umgehen kann. Der Kandidat darf in den letzten fünf Jahren vor der Antragstellung auch nicht wegen Diebstahls, Unterschlagung, Erpressung, Betrugs, Untreue, Geldwäsche, Urkundenfälschung, Hehlerei, Wuchers oder einer Insolvenzstraftat rechtskräftig verurteilt worden sein – immerhin ein Fortschritt. Das hält tatsächlich einige aus dem System heraus, die immer wieder in diesem Gewerbe gesehen wurden.[25]

In den ersten vier Jahren, seitdem diese Vermittleraufsicht existiert, wurden tatsächlich in 2600 Fällen beantragte Erlaubnisse verweigert, bestehende entzogen oder Bußgelder verhängt. Im Verhältnis zur Gesamtzahl der Vermittler ist das nicht viel: Anfang 2014 waren 246 776 Vermittler registriert, davon etwa 100 000 hauptberufliche Agentur- und Maklerbetriebe. Mit den Nebenberuflern tummeln sich auf dem Markt nach Erhebungen von Fachleuten aber mehr als 366 000 Vermittler.[26]

Bei der Sachkundeprüfung hingegen gab der Gesetzgeber dem Druck der Branche nach – mit einer »Alte-Hasen-Regelung«: Wer seit August 2000 selbständig oder unselbständig ununterbrochen als Versicherungsvermittler oder -berater tätig war, brauchte keine Sachkundeprüfung abzulegen. Qualifikationen wie der Abschluss als Sparkassenkaufmann mit zwei Jahren Berufserfahrung reichten ebenfalls aus. Eine Ausnahme gab es auch für Vermittler, die ausschließlich für ein Unternehmen tätig sind, sofern dieses die Haftung übernimmt. Und wer tatsächlich eine Sachkundeprüfung über sich ergehen lassen muss, muss keine intellektuelle Überforderung befürchten. Im Protokollbogen zum praktischen Teil der Prüfung werden Punkte für so grundlegende Fähigkeiten vergeben wie »Hört konzentriert und aktiv zu« oder »Nimmt den Antrag oder die Anfrage auf Angebotserstellung mit dem Kunden auf«.[27] Beim Vertrieb anderer Finanzprodukte ist die Sachkundeprüfung nicht notwendig.

Seit einem Urteil des Bundesgerichtshofs von 2005 ist allerdings klar, dass der Finanzvermittler dem Kunden eine anleger- und anlagengerechte Beratung schuldet. Die Anlage muss dem Wissensstand und der Risikobereitschaft des Investors angepasst sein, die gelieferten Informationen müssen wahrheitsgemäß, vollständig und verständlich sein. Dabei darf sich der Berater jedoch auf eine Prüfung der Finanzprodukte durch Ratingunternehmen oder andere Prüfer verlassen.[28]

Nach einem Verkaufsgespräch sollte dem Kunden eigentlich eine Beratungsdokumentation übergeben werden, worin Gespräch und Ergebnis protokolliert sind. Diese sind für die Kunden wichtig – nicht nur wenn es zum Rechtsstreit kommt und Beweismittel im Gerichtssaal vorgelegt werden müssen. Die Informationsblätter sollen vor allem vor einer Falschberatung schützen und den Kunden helfen, nach dem Beratungsgespräch eine vernünftige, möglicherweise weitreichende Investmententscheidung zu treffen, so weit die Theorie. Die Praxis sieht aber düster aus. »Wunsch und Wirklichkeit liegen häufig nicht sehr nah beisammen«, resümierte eine großangelegte, 500 Seiten umfassende Studie im Auftrag des Bundesfinanzministers:

»In der Praxis erfüllen Beratungsdokumentationen diesen Zweck aber häufig nicht. Viele Berater haben unseren Testkäufern zwar Unterlagen übergeben. Aber nur etwa in jedem vierten Beratungsgespräch haben unsere Testkäufer eine Dokumentation erhalten. Am seltensten haben Versicherungsvermittler Dokumentationen übergeben, am häufigsten Honorarberater.«

Und selbst in den Fällen, in denen Dokumente vorgelegt würden, seien diese nicht ausreichend. Es stellte sich sogar heraus, dass die Vermittler die Beratungsdokumente, die eigentlich zur Transparenz und Entscheidungsfindung beitragen sollten, dazu missbrauchten, einen schnellen Abschluss unter Dach und Fach zu bringen. Das Instrument für mehr Klarheit würde von den Vermittlern sogar pervertiert, um den Kunden regelrecht zu überrumpeln, wie die Studie konstatierte:

»Wenn Dokumentationen übergeben wurden, haben Berater weder im Anlage- noch im Versicherungsbereich durchgehend die gesetzlichen Vorgaben beachtet. In allen Bereichen mussten wir feststellen: Wesentliche Inhalte des Gesprächs, zum Beispiel Empfehlung eines Produkts und deren Begründung, haben Berater in vielen Fällen gar nicht dokumentiert. Andere Gesprächsinhalte wurden unvollständig wiedergegeben. Solche unvollständigen Dokumentationen geben Verbrauchern keine Grundlage, um das Gespräch richtig nachzuvollziehen. Und ohne Dokumentation geht das schon gar nicht. Die Beratungsdokumentationen sind auch nicht sehr verständlich verfasst und übersichtlich gestaltet.«

Das ernüchternde Fazit: Viele Versicherungsvermittler beachteten die gesetzlichen Vorgaben gar nicht oder zu wenig. Das untersuchende Institut für Transparenz (ITA) bemängelte zudem, dass gar keine Kontrolle stattfände: »Bisher wurden Versicherungsvermittler im Hinblick auf Dokumentationen gar nicht überwacht. Die Überwachung von Finanzanlagenvermittlern durch Gewerbebehörden erscheint nicht genügend effektiv zu sein.«[29]

Anfang Juni 2014 legte die Bundesregierung nach längeren Kämpfen mit Lobbyisten ihren Gesetzentwurf zur Reform der Lebensversicherungen vor. Im Kern ging es angesichts der anhaltenden Niedrigzinskrise um ein Rettungspaket, mit dem die Versicherungen vor dem Absturz bewahrt werden sollten: Gesetz zur Absicherung stabiler und fairer Leistungen für Lebensversicherte, kurz Lebensversicherungsreformgesetz (LVRG). Statt eines Provisionsverbots sollte darin unter dem Stichwort »Kostentransparenz für Versicherungsprodukte« zumindest etwas mehr Offenheit verlangt werden – ein Zugeständnis an die Verbraucherschützer und die Sozialdemokraten in der Großen Koalition: Versicherungsvermittler sollten ihre Provision gegenüber den Kunden offenlegen.[30]

Eigentlich sollte dies kein Problem mehr sein, wenn man den ständigen Beteuerungen der Lobbyorganisation der Vermittler Glauben schenkt: »Wir sind unseren Kunden verpflichtet.« Am 3. Juli 2014 aber versammelten sich Hunderte Vermittler am Potsdamer Platz in Berlin zu einer angekündigten Protestkundgebung, organisiert von ihrem Bundesverband Deutscher Versicherungskaufleute (BVK). Sie wollten die Regel zur Offenlegung der Provisionen unbedingt verhindern, natürlich in ihrem eigenen Interesse. Die Argumente waren so fadenscheinig, wie sie in einer solchen Debatte nur sein können: Die Provisionshöhe lasse sich nicht genau berechnen, außerdem würden die Versicherungsunternehmen die Provisionen anheben, nicht die Vermittler.

Das Problem der Demo-Organisatoren war nur, dass ihr Problem schon gar nicht mehr existierte. Zwei Tage zuvor hatten die politischen Unterhändler hinter den Kulissen nämlich erreicht, dass der Passus zur Offenlegung der Provisionen aus dem Entwurfstext für das Gesetz verschwand – wieder ein Erfolg der Assekuranzlobbyisten. Im Änderungsantrag der Koalitionsparteien, die über die Mehrheit im Bundestag verfügen, war das Transparenzgebot am Abend des 1. Juli gestrichen.[31] Eigentlich hätten sich die Demonstranten also triumphierend in die Gasthäuser oder andere von ihnen so geliebte

Etablissements zurückziehen und Champagner ordern können. BVK-Präsident Michael Heinz wollte aber »Triumphgeheul« vermeiden, zu peinlich wäre das gewesen. Stattdessen zogen die Vermittler gelassen und zufrieden mit ihren Transparenten durch die Straßen, machten aus dem Protest einen Werbeumzug. »Wir sind ehrbare Kaufleute!«, rief Heinz ins Mikrofon. »Wir sind qualifiziert und kompetent« und »Wir beraten Verbraucher« stand auf der Leinwand. Etwas Sieggeschrei gab es aber dennoch. »Wir lassen uns nichts mehr vorschreiben«, donnerte Obervertreter Michael Heinz in seiner Rede los, »Verbraucherschützer sind verzichtbar.«[32]

Es ist überhaupt fraglich, ob der weiche Transparenzansatz, das Gewerbe zu zähmen, der richtige ist. Offensichtlich halten sich die Verkäufer nicht an strengere Gebote für die Dokumentation der Verkaufsgespräche. Sie bauen diese gutgemeinte Pflicht oftmals schlicht in ihre Verführungstaktik ein. Das war aber nie das Ziel dieser Übung. Zudem kann das Beratungsdokument gerade jene Kunden, die sich mit der komplexen Struktur und Sprache der Finanzwelt schwertun oder sich damit nicht ernsthaft beschäftigen wollen, zu Fehlentscheidungen verleiten: Sie wähnen sich in einer falschen Sicherheit, glauben an einen geregelten, verlässlichen Ablauf. Viel zu spät müssen sie dann erleben, dass diese Papiere sie nicht schützen. Und wie so oft droht die bittere Erkenntnis erst, wenn der Vermittler längst neue Prospekte modischer Finanzprodukte in seinem Aktenköfferchen bereithält: Weder der Staat noch die Justiz schützen vor der Dummheit eines Fehlinvestments. Den Vermittlern dient das Beratungsdokument oftmals nur als »Enthaftungsinstrument«, wie es der Versicherungsprofessor Matthias Beenken nannte.[33] Sie wähnen sich damit auf der sicheren Seite, fühlen sich vor der rechtlichen Verantwortung für spätere Schäden exkulpiert.

Das Dokumentationsgebot ist offensichtlich gescheitert. Es ist letztlich auch der Weg in die Entmündigung der Kunden, die sich in der Gewissheit wähnen, dass staatliche Aufseher aufpassen. Dieses Modell ist das Ergebnis einer Regulierungsdebatte, bei der am Ende der Finanz- und Versicherungsbranche einige Zugeständnisse abgerungen wurden, deren Kerngeschäft mit undurchschaubaren Gebührenpraktiken aber bestehen bleibt. Konsumenten, die sich nicht selbst schützen, werden damit nichts gewinnen. Der Systemwechsel nach dem liberalen britischen Modell hingegen könnte langfristig das Bewusstsein der Bürger für die Finanzmärkte stärken und ihr Finanzwissen fördern. Nur so können sie finanziell überleben.

DIE MILLIARDENRECHNUNG: KOSTEN FÜR DIE KUNDEN, GEWINNE FÜR DIE AKTIONÄRE

> »Da in der Versicherungspolice Dinge miteinander vermengt sind, die getrennt werden sollten, und weil das Wissen darüber, was bei einem solchen Vertrag eigentlich vor sich geht, zwangsläufig fast vollständig nur auf einer Seite vorhanden ist, und weil dadurch die Möglichkeit des Schwindels so groß ist, muss man sich fragen, ob Lebensversicherungen jemals mit einem gewissen Grad an Ehrlichkeit betrieben werden.«
> (ELIZUR WRIGHT, INSURANCE COMMISSIONER IN DEN USA, 1877)[1]

Lebensversicherungen sind Zukunftsprojekte. Wer eine Police abschließt, will an einen fernen Tag denken, vorbauen für eine Zeit, die nach zwölf oder fünfzehn oder zwanzig Jahren beginnt – zum Beispiel für den Tag des Renteneintritts im Jahr 2023. Daher sind Lebensversicherungen extrem langfristige Investments, und deshalb bestehen für jeden Kunden die größten Risiken in ebendieser Langfristigkeit, in der nahezu ewigen Vertragsdauer. Was kann während der anvisierten zwanzig Jahre einer Policen-Laufzeit nicht alles passieren – außer dem eigenen Tod, dessen ökonomische Folgen Sie mit der Versicherung abdecken? Eine Scheidung? Eine Pleite des Arbeitgebers? Arbeitslosigkeit? Verschuldung? Geldnot?

All diese und viele weitere Unwägbarkeiten sind den meisten Kunden in der Regel bewusst, und sie nehmen diese

Risiken in Kauf. Dennoch kündigen sehr viele Kunden ihre Lebensversicherungspolice wegen dieser alltäglichen Gründe. Sie kündigen oder verkaufen ihre Police zum Beispiel, weil sie nach einer Scheidung Geld benötigen, um die Hypothekenraten für das zuvor gemeinsam finanzierte Einfamilienhaus alleine tragen zu können. Es sind die allzu menschlichen Hoffnungen und Erwartungen, die positiven Lebenseinstellungen, die dafür sorgen, dass viele Kunden solche Risiken ignorieren. Das ist menschlich, und das ist wohl auch gut so. Dies sind die Risiken auf der Kundenseite. Aber was ist mit den Risiken auf der Seite des Vertragspartners? Kann nicht auch ein Versicherungsunternehmen scheitern, gar pleitegehen? Nach einer misslungenen Fusion in eine Schieflage geraten, wie der unglückliche Kunde nach einem üblen Scheidungskampf? Und was passiert, wenn ein Versicherungskonzern insolvent wird: Schützt dann der Staat die Kunden? Diese Fragen mögen viele überraschen, denn solche Risikogedanken waren bislang kein Thema.

Die Zinsfalle

Versicherungen versprachen eine sichere Zukunftsvorsorge und galten als immerwährender Garant finanzieller Solidität. Niemand kalkulierte ernsthaft damit, dass der Anbieter seiner Vorsorgepolice selbst scheitert. Doch das wird sich ändern, denn es wird immer deutlicher, dass die Versicherungsbranche in eine schwierige Phase schlittert. Es ist nicht nur das Geschäftsmodell mit provisionsfinanzierten Verkäufern, das allmählich zum Eigenrisiko wird. Es ist nicht nur die Übersättigung der Märkte mit immer unsinniger gestalteten »Finanzprodukten«, die Umsätze und Gewinne der Versicherungskonzerne gefährdet. Es ist ihr rechnerisches System, aus dem eine Gefahr für die Versicherungslandschaft erwächst. Das Kernproblem: Die Assekuranzkonzerne haben ihren Altkunden über Jahrzehnte hinweg Zinserträge garantiert, die sie an den Finanzmärkten nicht mehr erzielen können. Zugleich können sie Neukunden nur noch lausige Zinsversprechen anbieten – und damit bricht das Neugeschäft ein. Das Schwungrad der großen Versicherungsmaschinen beginnt zu stottern. Es kann dazu kommen, dass die eine oder andere Maschine dabei zum Stillstand kommt.

Was gilt also im Jahr 2023, dem Auszahlungsjahr der Police unseres Beispielkunden? Ein Satz in komplizierter Fachsprache liefert einen Vorgeschmack: »Mit einem lang anhaltenden Niedrigzinsumfeld würde bis zum Jahr 2023 mehr als ein Drittel der deutschen Lebensversicherer die regulatorischen Eigenmittelanforderungen nach den bislang gültigen Solvabilitätsvorschriften nicht mehr erfüllen können.«[2] Was heißt das? Mit den regulatorischen Eigenmittelanforderungen sind die Mindestbeträge für die eigenen Kapitalpuffer gemeint, die durch Gesetze und Verordnungen von den Versicherungsunternehmen verlangt werden – wie das Eigenkapital, das eine Bank vorrätig halten muss, damit sie ihre Zulassung nicht verliert. Diese Kapitalpuffer werden in einer bestimmten Höhe verlangt, damit garantiert ist, dass das Unternehmen zu jedem Zeitpunkt genügend Mittel für den täglichen Betrieb, aber auch für gewisse Krisenereignisse hat. Wie bei den Banken werden diese Anforderungen auch für die Versicherungsbranche künftig mit einer international abgestimmten Vorschrift festgelegt. Kurz gefasst geht es darum, dass den Verpflichtungen jederzeit genügend Vermögen gegenübersteht. Derzeit gelten noch nationale Vorschriften, Solvency I genannt. Sie werden bald durch das internationale Regelpaket Solvency II abgelöst, dessen Einführung die deutsche Versicherungswirtschaft mit aller Macht verzögern wollte.[3]

Mehr als ein Drittel der Lebensversicherer soll also diese Regeln im Jahr 2023 nicht mehr erfüllen können, wenn es bei der derzeitigen Niedrigzinsphase an den Weltfinanzmärkten bleibt, so lautet der beunruhigende Satz. Er stammt nicht von einem sozialistischen Verbraucherschützer, auch nicht von einem Crashguru aus der Börsenwelt. Dieser Satz steht im offiziellen Finanzstabilitätsbericht der Deutschen Bundesbank für das Jahr 2013 – eine deutliche Warnung der Notenbanker vor einem »beachtlichen Gefährdungspotential« durch das anhaltende Niedrigzinsumfeld.[4] Die Wissenschaftler der Bundesbank hatten in einem Stressszenario durchgespielt, wie die Kapitalpuffer der Versicherungskonzerne unter Druck geraten, wenn die Zeit niedriger Zinsen lange anhält. Sie stellten dabei nicht nur fest, dass ein Drittel der Assekuranzunternehmen unter das geforderte Limit rutscht, sondern errechneten auch, dass davon 43 Prozent aller Beitragszahler betroffen wären. Selbst in einem »milden Stressszenario, in dem niedrige Renditen simuliert werden, wie sie in Japan längere Zeit vorherrschten«, könnten Lebensversicherer mit einem Marktanteil von 14 Prozent bis 2023 ihre Kapitalanforderungen nicht mehr erfüllen.[5]

Diese Situation trifft die Versicherungskonzerne zu einem Zeitpunkt, da sie sich auf einem historischen Tiefpunkt befinden: durchgeschüttelt durch eine Serie gravierender Skandale, fett und träge geworden durch korrumpierte Verkaufsorganisationen, im Ansehen geschädigt durch falsche Versprechen, lausige Renditen und erbärmliches Personal. Mit anderen Worten: Ändert sich die derzeitige Situation nicht, läuft unser Beispielkunde Gefahr, dass sein Vertragspartner in eine Krise rutscht. Versicherungen, deren Geschäft in der Bewirtschaftung von Risiken besteht, würden dann selbst zum Risiko.

Der entscheidende Grund für die drohenden finanziellen Gefahren liegt in den hohen Zinsgarantien der Versicherer gegenüber ihren Kunden. Die Folge: Bestehende Altverträge werden zum Risiko für die Versicherungsunternehmen selbst und lasten schwer auf den Bilanzen der Konzerne. Denn der ursprüngliche Plan der Konzerne war ein anderer: Die bestehenden Verträge sollten als stetige Quelle stabiler Beiträge das laufende Geschäft finanzieren. Versicherungsmathematisch war das so austariert, dass die Menschen früher starben als vertraglich kalkuliert, seltener erkrankten und andere Risiken weniger kosteten, als die Kunden für deren Abdeckung bezahlten. So weit funktioniert die Rechnung immer noch – seit Jahrhunderten das übliche Geschäftsmodell von Assekuranzen.

Doch die Lebensversicherer, die den Löwenanteil des gesamten Versicherungsgeschäfts ausmachen, haben sich mit ihren Kapitalanlagen verrechnet: Auch hier sollten höhere Einnahmen an den Weltbörsen die laufenden Kosten dauerhaft übersteigen, so die einfach klingende Idee. Zu Zeiten einer anhaltend hohen Zinsphase erwarteten die Versicherungsmanager weiterhin Inflations- und Zinsbewegungen in einer relativ hohen Bandbreite. Deshalb versprachen sie hohe Zinsgarantien, oftmals im Bereich von 4 Prozent pro Jahr. Sie glaubten zu wissen, dass sie auch in der ferneren Zukunft mit ihren meist festverzinslichen Kapitalanlagen, die sie in der Regel mit langen Laufzeiten abschlossen, eine noch höhere Rendite erzielen würden – bis zum Ablauftag der Policen.

Doch dieser Plan ging nicht auf. Die Anlageprofis in den Versicherungskonzernen haben sich verkalkuliert, ihre Prognose langfristig stabiler Einnahmen aus ihren Investments in Staats- und Unternehmensanleihen erwies sich als falsch. Denn die Folgen der zweiten historischen Weltfinanzkrise in den Jahren 2007 und 2008 provozierten radikale Wiederbelebungsstrategien der Notenbanken: Rund um den Globus senkten die Gouverneure der Nationalbanken die Zinsen auf das historisch niedrige Niveau knapp über der Null-Prozent-

Marke. Ob Federal Reserve in Washington, Bank of England in London, Europäische Zentralbank in Frankfurt oder Schweizerische Nationalbank in Zürich: Alle drückten den Leitzins gegen null. Und was die Profis in den Versicherungskonzernen noch weniger erwarteten: Die Notenbanker hielten den Leitzins über Jahre hinweg so tief – bis heute.

Dieser Leitzins hat Orientierungscharakter: An ihm bemessen die Banken die Darlehenszinsen, die sie von ihren Kunden verlangen, an ihm loten die Weltfinanzmärkte und Börsen ihre Renditeversprechen aus. Die Logik der Finanzmärkte lässt sich mit einem Beispiel verdeutlichen: Ein deutscher Chemiekonzern hat verschiedene Möglichkeiten, sich das Geld für den Bau einer 2 Milliarden Euro teuren Fabrik in Brasilien zu beschaffen, wenn er nicht genügend Cash in der Kasse hat. Er könnte bei seiner Bank einen Kredit aufnehmen und den Zins auf dieses Darlehen aus den Einnahmen, die er mit seiner Fabrik erzielt, erwirtschaften und den Kreditbetrag nach einer bestimmten Laufzeit zurückzahlen. Der Chemiekonzern könnte aber auch an den Finanzmärkten eine Unternehmensanleihe ausschreiben, die von Investmentbanken institutionellen Kunden, darunter Pensionskassen und Versicherungskonzerne, angeboten wird. Ein Versicherungsunternehmen investiert dann beispielsweise 50 Millionen Euro aus dem Topf seiner deutschen Beitragseinnahmen als Anteil einer Unternehmensanleihe von insgesamt 2 Milliarden Euro zur Finanzierung einer brasilianischen Chemiefabrik. Der Chemiekonzern zahlt die 50 Millionen nach Ablauf einer vereinbarten Laufzeit zurück – inklusive eines Zinses. Dessen Höhe orientiert sich dabei am Marktgeschehen auf den Finanzmärkten und am Leitzins: Wenn die Zentralbanken den Leitzins sehr niedrig halten, können Geldinstitute ihren Kunden zinsgünstige Darlehen gewähren. Der Chemiekonzern erhielte also in einer Niedrigzinsphase einen günstigen Bankkredit für seine Fabrik, zum Beispiel zu einem Zinssatz von

1,25 Prozent. Fremdkapital von Anleiheinvestoren würde er nur dann aufnehmen, wenn er es dort zu ähnlich günstigen oder besseren Konditionen bekäme, zum Beispiel zu 1,15 Prozent.

Dieses Beispiel zeigt, warum Versicherungen und Pensionskassen unter einem niedrigen Leitzins leiden. Wenn die Notenbanker den Zinsdaumen senken, können sie an den Finanzmärkten weniger Rendite erzielen. Die Versicherungen sind besonders abhängig von diesem Effekt, weil sie gesetzlich gehalten sind, den größten Teil ihrer Beitragsgelder in risikoarme Anleihen, also kurz- und langfristig laufende festverzinsliche Papiere, zu investieren. Niedrige Einnahmen in diesen Anlageklassen können sie nur zu einem geringen Anteil mit riskanteren Investitionen wie Aktien, Edelmetallen, Rohstoffen oder Immobilien kompensieren. Ende September 2013 hatten deutsche Lebensversicherungen insgesamt 793 Milliarden Euro investiert, davon gerade einmal 3,1 Prozent in Aktien. 89 Prozent der Beitragsgelder waren hingegen in Rentenpapieren wie Pfandbriefen, Staatsanleihen, Unternehmensanleihen oder Darlehen an Banken und Staaten angelegt. Alle Erstversicherer zusammen, inklusive Lebensversicherer, Schadens-, Unfall- und Krankenversicherern, hatten zum gleichen Zeitpunkt 1157 Milliarden Euro zu 88,3 Prozent in Rentenpapieren und zu 3,2 Prozent in Aktien investiert.[6] Die Dimension wird deutlich, wenn man sich zum Vergleich den deutschen Börsenindex Dax 30 ansieht: Die dort vertretenen Großkonzerne hatten zusammen nur einen Aktienwert von rund 660 Milliarden Euro.[7]

Für die meisten Versicherungsunternehmen hat diese einseitige Konzentration auf festverzinsliche Wertpapiere mit fixer Laufzeit unangenehme Folgen: In Zeiten niedriger Zinsen müssen sie auslaufende Anleihen, die mit hohen Zinsen noch vor der Krise abgeschlossen wurden, allmählich durch neue Anleihen ersetzen, die eine viel geringere Rendite abwerfen.

Das dauert zwar etwas, weil Anleihen gewöhnlich sehr lange Laufzeiten besitzen und jedes Jahr nur rund 10 Prozent erneuert werden müssen (»roll over«). Die Effekte von Zinsänderungen zeigen sich daher erst mit zeitlicher Verzögerung.[8] Je länger allerdings die Niedrigzinsphase anhält, desto mehr Gelder des Anlagetopfes müssen in schlecht verzinste Investments umgeschichtet werden. Die Gesamtrendite des Anlagebestands sinkt folglich stetig und kann sich auch erst dann sehr langsam wieder erholen, wenn die Notenbanker irgendwann den Leitzins allmählich erhöhen.

Einem großen Teil ihrer Altkunden haben die Versicherungen aber hohe Zinsen rund um die 4-Prozent-Marke versprochen. Sie stecken daher in der »Zinsfalle«: Niedrigen Zinseinnahmen auf der Anlageseite stehen hohe Zinsversprechen auf der Kundenseite gegenüber. Ein klassisches geschäftliches Dilemma.

Neues aus der Trickkiste

Was tun? Auf der Anlageseite könnten die Versicherungen versuchen, auf besser verzinste Investments auszuweichen. Doch diese sind auf den Weltmärkten gerade rar, weil die niedrigen Leitzinsen fast alle Anlageklassen beeinflussen. Zudem sind den Versicherungen gesetzlich enge Grenzen gesetzt: Sie dürfen zum Beispiel nur einen geringen Teil ihrer Beitragsgelder in Aktien investieren, die höhere Dividenden und auch Kursgewinne erzielen könnten. Die Versicherungen müssen daher Auswege auf der Kundenseite suchen.

Dabei greifen sie wieder einmal ganz tief in die Trickkiste. Ein Kniff der Versicherer ist ebenso primitiv wie wirksam: Sie schicken ihre Vermittler los, damit diese ihre Kunden animieren, die alten hochverzinsten Lebensversicherungsverträge frühzeitig zu kündigen. Weil kein vernünftig denkender Kunde darin einwilligen würde, wenn er die wahren Hintergründe verstünde, müssen die Verkäufertruppen eine neue Story auftischen: Sie versprechen etwas (vermeintlich) neues Gutes, wofür die Kunden aus ihren Altverträgen aussteigen sollen. Zum Beispiel für ein neuartiges fondsbasiertes Finanzprodukt mit den üblichen Versprechungen: dynamisch, flexibel, mit Kapitalgarantie.

Weitere Varianten aus der Trickkiste: Kunden, die ihrer Beitragszahlungen überdrüssig werden, sich die monatlichen Raten nicht mehr leisten können oder kurzfristige Geldprobleme haben, werden zum Weiterverkauf ihrer Police animiert. Die Versicherungen können dann bei ihren Berechnungen das durchschnittliche Sterbealter ein wenig zu ihren Gunsten verändern. Das bringt »Sterblichkeitsgewinne«.

Schon immer konnten die Versicherungen an einigen Stellschrauben drehen, wenn sie Kunden am »Garantiezins« beteiligten. Denn diesen gibt es grundsätzlich nicht für das gesamte eingezahlte Prämienvolumen, sondern nur für den sogenannten Sparanteil. Wie viel aber die Versicherung von den Prämien für den Versicherungsschutz einsetzen muss, errechnet sie nach komplizierten versicherungsmathematischen Formeln, die für Laien völlig unverständlich sind. So kürzen sie zum Vertragsende auszuzahlende Überschüsse oder verpulvern die Jahresbeiträge für Verwaltungs- und Abschlusskosten: »Die in die Beiträge eingerechneten Abschluss- und Verwaltungskostenanteile sind seit Jahren mehr als kostendeckend«, stellte die BaFin in ihrem jüngsten Jahresbericht zu den Statistiken der Erstversicherungsunternehmen fest.[9] Wieso eigentlich »mehr als kostendeckend«? Warum reicht es nicht, dass den Kunden die tatsächlichen Kosten abgezogen werden? Bei privaten Rentenversicherungen kann daher regelmäßig keine gute Rendite mehr erwirtschaftet werden.[10] Die

Zeitschrift *Öko-Test* berechnete für die Jahre 2002 bis 2012, dass die Beteiligungen der Kunden am Topf der Überschussbeteiligung kontinuierlich von 92,3 auf 84,4 Prozent sanken, während sich die Unternehmen aus diesem Pool zunehmend bedienten (von 7,7 Prozent auf 15,6 Prozent steigend). Das Ergebnis: Kunden bekamen immer weniger vom Gewinn ab.[11] Auch die hohen Abschlusskosten sind immer wieder ein großes Ärgernis. Was viele Kunden nicht wissen: Die Abschlusskosten können schon zu Vertragsbeginn in Rechnung gestellt werden. Das führt dazu, dass die ersten Monatsraten erst einmal zur Tilgung der Abschlusskosten verwendet werden, die von der Versicherung auf die gesamte Laufzeit berechnet wird. Das kann die Prämien mehrerer Jahre auffressen, im Extremfall sogar dazu führen, dass die Gewinne aus den verbliebenen Geldern nicht einmal die Abschlusskosten hereinspielen. Für die Kunden bedeutet das bei Vertragsende einen Verlust. Immerhin wurden bei den Krankenversicherungen im April 2012 gesetzliche Vorgaben zur Begrenzung der Abschlusskosten eingeführt.[12]

Eine andere »pfiffige Idee« beschrieb Konsumentenschützer Axel Kleinlein: »In der Kapitalanlage werden eher teure Anlagen mit hohen Kick-backs erworben. Wenn diese höheren Kosten dann etwa zur Entlohnung des Managements verwendet werden und die Kick-backs nur minimal an die Kunden als Überschüsse weitergegeben werden, dann hat das Unternehmen zusätzliche Extraeinnahmen oder dem eigenen Management etwas Gutes getan.«[13]

Neue Labels und neue Produkte mit angeblichen Kapitalgarantien, mit vielversprechenden Fonds oder neue Versicherungen gegen Risiken, die kaum eintreten, sind weitere Maschen der Versicherer. Es sind die üblichen Finessen aus den Erfinderlabors für raffinierte Finanzprodukte, die den Verkäufern nutzen, aber nicht den Käufern. Die Allianz hat eine solche »Innovation« aus ihrem Kreativlabor bereits auf den Markt gebracht. »Perspektive« nennt sich das Angebot, das seit dem Sommer 2013 auf dem Markt ist. Versicherungsexperte Axel Kleinlein versuchte es durchzurechnen und zu verstehen. Das gelang ihm nur begrenzt. »Höchst kompliziert« fand er das Produkt. Es sei so verwirrend konstruiert, dass selbst er nach jahrzehntelanger Erfahrung als Aktuar, Versicherungsmathematiker und Verbraucherschützer nur mit viel Rechercheaufwand und nach vielen Nachfragen bei den Mathematikern der Allianz eine grobe Einschätzung abgeben konnte. Die Allianz warb zwar mit einer Garantie der einbezahlten Beiträge, unklar blieb in den Unterlagen aber, wie hoch der Garantiezins für den Kunden ausfallen sollte. Kleinlein kam auf einen Rechnungszins von kargen 0,6 Prozent.

Die Produktmacher dürften »vermutlich aus strategischer Sicht die neuen Produkte auch nicht allzu verständlich gestalten«, meinte Kleinlein. »Durchschauten die Versicherten genau, wie da Zusagen aufgeweicht oder abgesichert werden, würden sie womöglich die neuen Produkte nicht kaufen.« Kleinlein beschrieb den Trick: »Die Allianz gewährt bei der neuen Police zunächst 1,75 Prozent Garantiezins, senkt diesen aber, sobald der Erhalt der bis dahin eingezahlten Beiträge gesichert ist. Von diesem Zeitpunkt an sind es bis zum Ende der Ansparphase nur noch etwa 0,6 Prozent.« Der Kunde könne dabei nicht erblicken, welchen Durchschnittszins er in der Ansparphase erhält: »Das ist selbst Experten kaum möglich.« Im Zweifel könnten später »Überschüsse gefleddert werden, um etwaige Fehlkalkulationen auszugleichen«. Und zum Rentenbeginn würden die Karten völlig neu gemischt: »Die entscheidende Sterbetafel für die Verrentung und der Rechnungszins zur Berechnung der Rente sind erst zu Rentenbeginn bekannt.«[14] Das Beispiel zeigt, wie Versicherer die Verträge so undurchsichtig gestalten, dass sie während der langen Laufzeit ungehindert die Stellschrauben nach ihren Wünschen justieren können.

Der Ausblick ist negativ

Das Ziel ist klar: Neue Policen braucht die gefräßige Assekuranz. Doch alle diese Verkaufstricks lösen keine Begeisterungsstürme unter der Kundschaft aus. Sicher, hier werden hunderttausend Policen mit verfänglichen Angeboten an den Mann oder die Frau gebracht, dort hunderttausend Altpolicen abgelöst. Und hin und wieder lässt sich eine Familie sogar neue Riester-Verträge aufschwatzen, die bisher noch keine hatte. Doch die Verkaufsmaschine stottert. Viele Kunden haben gehört und gelesen, was von den Riester-Versprechen zu halten ist. Viele haben die politischen Debatten um die Zinsfalle verfolgt und sind verunsichert. Viele haben die Skandale von Ergo und Debeka registriert und wenden sich angewidert ab. Die Branche steckt in einer Wachstumskrise.

Was nun? Die Versicherungsmanager haben rasch erkannt, dass sie wieder einmal einen Schub von der Politik benötigen. Eine neue Wiedervereinigung kommt nicht, aber so etwas wie Riester, eine echte Versicherungsreform, das würde ihnen jetzt helfen. Deshalb kämpfen sie mit ihren Lobbyisten und vielen ihnen wohlgesinnten Parlamentariern in Berlin seit 2013 um eine gesetzliche Erlösung aus ihrer Misere. Sie setzten sich zunächst diskret in den Hinterzimmern für einen Ausweg aus der Zinsfalle ein, später lautstark und flächendeckend über die Massenmedien. Das Ziel, vereinfacht gefasst: Die Politik soll sie von der Pflicht befreien, die versprochenen Renditeleistungen zu erfüllen.

Wären sie Autohändler, die kollektiv in Erwartung einer guten Kundenstimmung mit Halden überteuerter Limousinen in die drohende Pleite abrutschten, würden sie nur Achselzucken ernten: Man würde im Zweifel ihre Insolvenz in Kauf nehmen und auf bessere Zeiten mit klügeren Autohändlern warten. Doch bei den Assekuranzen geht es um viel mehr: Die angehäuften Milliardenvermögen der Bürger stehen auf dem Spiel – und damit ein wichtiger Teil ihrer Altersvorsorge. Die Versicherungswirtschaft ist systemwichtig, ein kollektiver Kollaps kann von der Politik nicht in Kauf genommen werden. Daher ist auch eine große Versicherungskrise analog einer Bankenkrise, wie wir sie 2007 und 2008 erlebten, kaum denkbar.

Skeptiker mögen einwenden, dass vor der großen Finanzkrise niemand einen globalen Bankencrash dieses Ausmaßes für möglich gehalten hatte. Und sie werden daran erinnern, dass damals mit der amerikanischen American International Group (AIG) der größte Erstversicherungskonzern der Welt gescheitert ist – für den amerikanischen Staat immerhin die teuerste Rettungsaktion der Finanzgeschichte: Die Regierung musste damals selbst als Aktionär einsteigen und hielt zeitweilig 92 Prozent der Aktien, um den Konzern zu stabilisieren. Man fürchtete damals wegen der engen Verflechtung des AIG-Konzerns mit anderen Banken, Versicherungen und Großunternehmen über Kreditversicherungen einen Dominoeffekt und in der Folge nicht weniger als einen Zusammenbruch des Weltfinanzsystems.[15] Die Befürchtungen waren realistisch und begründet, die panischen Ängste wurden im Nachhinein auch durch den Bericht einer nationalen Untersuchungskommission bestätigt.[16] Ein solches Crashszenario wie im Fall der AIG ist derzeit nicht zu erwarten. Es ist vielmehr ein schleichender Prozess, eine allmähliche Erosion des Geschäfts und eine Verringerung der Sicherheitspuffer. Es geht um die schwerste Krise der Assekuranz seit der Nachkriegszeit, um drohende Milliardenlöcher in den Konzernbilanzen verbunden mit einer tiefen Krise auf der operativen Seite durch gravierende Reputationsverluste.

Die Folgen sind unübersehbar: Die Ratingagentur Moody's senkte deshalb ihren »Ausblick« für die größten deutschen Lebensversicherer auf »negativ«. Die Analytiker warnten unter anderem vor den hohen rechtlichen Risiken der Lebensversicherer. Auch der niedrige Zins werde die Margen weiterhin erodieren lassen. Und die Versuche der Versicherer, mit neuen Produkten dagegenzuhalten, würden nur einen marginalen Erfolg bringen. Daher bliebe den Unternehmen keine andere Wahl als Investments in neue Anlageklassen mit höheren Kreditrisiken. Explizit negativ bewerteten sie den Ausblick für die Allianz, Axa Deutschland, DBV, AachenMünchner, Cosmos und Generali Deutschland. Dabei würden sich die negativen Effekte erst mit einer zeitlichen Verzögerung in den Bilanzen der Konzerne offenbaren. Außerdem würden bei den Krankenversicherungen, die in vielen Konzernen das Geschäft stabilisieren, die Profite sinken, weil die Politik das System der Krankenversicherung strenger regulieren werde.[17]

Mit dem Regelwerk Solvency II wollen die Regulierungsbehörden vermeiden, dass so etwas wie die Bankenkrise auch den Versicherungen passiert. Sie wollen daher ab 2016 die Kapitalpuffer bei den Assekuranzen stärken und europaweit strengere Regeln einführen. Die neunzig deutschen Lebensversicherungsgesellschaften müssen ihr Kapital insgesamt um 3 bis 5 Milliarden Euro erhöhen. »Ich bin nicht sicher, ob das alle Versicherer schaffen«, sagte Felix Hufeld, der Chef der Versicherungsaufsicht bei der BaFin. Er rechne mit »fünf bis zehn« Unternehmen, welche die Vorgaben nicht erreichen werden. »Wir müssen darauf vorbereitet sein«, warnte der BaFin-Beamte.[18] Eine Umfrage des *Handelsblatts* zeigte, dass viele Versicherungen »für Turbulenzen an den Finanzmärkten noch nicht gerüstet sind«.[19]

Und die Bundesbank erinnerte in ihrem *Finanzstabilitätsbericht* an den Fall AIG und fragte nach der Systemrelevanz der Versicherungen, ob durch die Pleite eines Versicherungskonzerns also das ganze Finanzsystem gefährdet werden könne: »Bei den Überlegungen zur systemischen Relevanz von Versicherungsunternehmen sollte vermieden werden, allein aufgrund langjähriger stabiler Verhältnisse in eher traditionellen Geschäftsbereichen zwangsläufig auf die Abwesenheit systemischer Risikopotentiale für die Zukunft zu schließen.« Mit anderen Worten: Was bisher stabil war, muss es nicht bleiben.[20] Vor allem die Lebensversicherer würden aufgrund ihrer Verpflichtungen aus lang laufenden Garantien höhere Risiken übernehmen. Mit der Rendite der deutschen Bundesanleihen könnten sie ihren Zinsbedarf nicht decken, und so investierten die Versicherungen wieder stärker in Staatsanleihen der europäischen Krisenstaaten Spanien und Italien sowie in die sogenannten Programmländer Griechenland, Portugal, Irland und Zypern, die mit Finanzhilfen aus dem Europäischen Stabilitätsmechanismus gestützt wurden. Mitte 2013 hatte die deutsche Assekuranz 137 Milliarden Euro an diese Staaten ausgeliehen.[21]

Die Bundesbank richtete ihr Augenmerk vor allem auf die steigenden Investments in Unternehmensanleihen, die im Sommer 2013 indirekt oder direkt bei den Versicherungsunternehmen nahezu 45 Milliarden Euro ausmachten. Seit 2007 haben die Versicherungen diese Investments verdoppelt: »Um ihre Anlageergebnisse aufzubessern, haben die Versicherer, anders als Banken, das Gewicht der am Markt recht hoch bewerteten Unternehmensanleihen in ihren Portfolios deutlich angehoben.« Insgesamt 83 Milliarden Euro hatten sie Mitte 2013 in Unternehmensanleihen stecken – zum größten Teil über Spezialfonds. Das bedeutet, dass auch die Fondsbranche kräftig mitverdient. Dies kann zu einer drastischen Überbewertung bei den Unternehmensanleihen führen, weil sich viele Marktteilnehmer im Niedrigzinsumfeld auf die höher verzinsten Anleihen stürzen. Wenn die Unternehmensanleihen an den Märkten im Wert fallen oder es sogar zu Zahlungsausfällen kommt, müssen die Versicherungen mit empfindlichen Verlusten rechnen.[22]

Seit Anfang 2014 spielt der Markt für die Unternehmensanleihen nämlich verrückt: Es werden immer mehr Anleihen neu emittiert, also von den Unternehmen ausgegeben, während bestehende Anleihen auf dem Markt immer weniger gehandelt werden. Auch die Europäische Zentralbank und die Bank von England wiesen in ihren Finanzstabilitätsberichten besorgt auf den Mangel an Liquidität auf den Anleihemärkten hin. Sollte die Stimmung umschlagen, könne dies dazu führen, dass alle gleichzeitig verkaufen wollten, es aber zu wenig Kaufinteressenten gäbe.[23] In den Konzernen sieht man dies gelassener. Ein Analyst der Allianz zum Beispiel gab Entwarnung: »Solange die Bewertungen auf dem Markt für Unternehmensanleihen nach wie vor im Einklang mit den Fundamentalwerten stehen, sehen wir zum gegenwärtigen Zeitpunkt keinen Anlass zu größerer Besorgnis.«[24]

Ein paradoxer Effekt hat die Lage der Lebensversicherer zusätzlich verschlechtert. Bis 2008 durften sie die Anteile der Versicherten an den gesetzlich geforderten Bewertungsreserven einbehalten, wenn ein Kunde seine Police vorzeitig kündigte. Diese Puffer, auch stille Reserven genannt, können stark schwanken. Es sind Buchgewinne, die in der Niedrigzinsphase vor allem mit festverzinslichen Wertpapieren wie Staats- und Unternehmensanleihen anfielen.[25] So betrugen die stillen Reserven der deutschen Versicherer 1999 rund 75 Milliarden Euro, zu Beginn der Finanzkrise nur noch rund 20 Milliarden und Ende 2012 wieder 162 Milliarden Euro.[26] Die Versicherungsnehmer wurden so um einen Teil des Anlageerfolgs beschnitten, und die Versicherungen konnten damit den Erfolg des verbleibenden Geschäfts verbessern.

Das neue Versicherungsvertragsgesetz (VVG) machte diesem verdeckten Reibach ein Ende. Seitdem müssen die Lebensversicherungsunternehmen die Kunden zum Vertragsende hälftig an den angesparten Bewertungsreserven beteiligen, und zwar in allen Anlageklassen. Doch inzwischen waren – auch durch die Effekte der Niedrigzinspolitik – die

Bewertungsreserven auf festverzinsliche Wertpapiere drastisch gestiegen: von 2,7 Milliarden Euro Anfang 2011 auf fast 88 Milliarden Euro Ende 2012. Die Bundesbank erklärte die Folgen: »Die derzeit geltenden Vorschriften bewirken somit, dass die Lebensversicherer in Zeiten sinkender Zinsen steigende Ausschüttungen an ausscheidende Kunden leisten müssen.«[27] Tatsächlich mussten die Versicherungen im Jahr 2013 Monat für Monat rund 300 Millionen Euro Bewertungsreserven an ihre Kunden ausschütten, etwa 80 Prozent mehr als 2011.[28]

Die Branche reagierte auf die vertrackte Situation mit einem neuen Trick – zu Lasten der Kunden. Still und leise wollte sie die fünfzigprozentige Beteiligung der Kunden an der Bewertungsreserve wieder kippen; schon seit Mitte 2010 lobbyierten Assekuranzvertreter hinter den Kulissen für eine Änderung. Als sogenannte kleine Novelle des Versicherungsaufsichtsgesetzes (VAG) wollten sie diese – versteckt in einem Anhang zum SEPA-Begleitgesetz über die einheitliche Überweisungspraxis im EU-Raum – durch Bundestag und Bundesrat durchboxen. Die aufmerksamen Redakteure der Zeitschrift *Öko-Test* bemerkten den Trick, Verbraucherorganisationen protestierten, so dass die geplante Änderung nicht durchkam.[29]

Doch die Branche lässt nicht locker. Sie wird weiterhin für ihr Anliegen kämpfen. Allianz-Chef Michael Dieckmann gab die Richtung vor: »Durch die lange Niedrigzinsphase sind die Buchgewinne bei den festverzinslichen Wertpapieren in die Höhe geschossen. Aber diese Gewinne stehen nur auf dem Papier. Wenn die Versicherer diese stillen Reserven vorzeitig realisieren müssen, fehlt das Geld den Kunden, die bleiben.«[30]

DER GROSSE STRESSTEST: WENN VERSICHERUNGEN PLEITEGEHEN

»Es geht darum, die Gewinne der Unternehmen den Kunden vorzuenthalten. Diese Maßnahmen wirken nur, wenn die Unternehmen sowieso Gewinne machen. Gerät ein Versicherer tatsächlich in eine Schieflage, dann müssen andere Maßnahmen ergriffen werden.«
(AXEL KLEINLEIN, VORSITZENDER DES BUNDES DER VERSICHERTEN, 2013)[1]

»Lebensversicherer können in eine Situation geraten, in der sie Eigenmittel aufzehren müssen. Dies ist dann der Fall, wenn die von den Unternehmen festgelegte Überschussbeteiligung oder sogar die garantierten Leistungen nicht mehr aus den laufenden Kapitalerträgen erwirtschaftet werden können.«[2] Diese kritische Lagebeschreibung stammt von der Deutschen Bundesbank. Die Frage ist also erlaubt, sogar geboten: Was würde es bedeuten, wenn im Jahr 2023 ein Lebensversicherer die neuen Solvenz-Regeln nicht mehr einhalten kann? Auch dieser Fall ist grundsätzlich gesetzlich geregelt. Wenn ein einzelnes Versicherungsunternehmen diese Kapitalpuffer nicht mehr erreicht, dann müsste die Aufsichtsbehörde zu Notfallplänen greifen.

Die Regelung des Undenkbaren

Notfall? Pleite? Solche Worte waren in der Versicherungswelt bislang tabu. Kaum ein Versicherungsvertreter wird dazu etwas Substantielles erklären können, darüber weiß er meist selbst nichts – trotz zahlreicher »Schulungen«. Aber es ist nicht so, dass für den Krisenfall einer Versicherung nicht vorgesorgt wäre. Dann kommt das Versicherungsaufsichtsgesetz (VAG) zur Anwendung, von dem wohl kaum ein Kunde jemals gehört hat. Dieses Gesetz stammt aus dem Jahr 1901, wurde zuletzt im August 2014 geändert und hält fest, was passiert, wenn die Kapitalpuffer unter das geforderte Limit fallen:

»Sind die Eigenmittel eines Versicherungsunternehmens geringer oder drohen sie geringer zu werden als die Solvabilitätsspanne, so hat das Unternehmen auf Verlangen der Aufsichtsbehörde dieser einen Plan zur Wiederherstellung gesunder Finanzverhältnisse (Solvabilitätsplan) zur Genehmigung vorzulegen. Drohen sich die Finanzverhältnisse weiter zu verschlechtern, so kann die Aufsichtsbehörde (…) unter außergewöhnlichen Bedingungen die freie Verfügung über die Vermögensgegenstände des Unternehmens einschränken oder untersagen.«

Und weiter heißt es:

»Rechtfertigen Tatsachen die Annahme, dass die Erfüllbarkeit der Verpflichtungen aus den Versicherungen gefährdet ist, hat das Unternehmen auf Verlangen der Aufsichtsbehörde einen Plan zur Verbesserung seiner Finanzverhältnisse (finanzieller Sanierungsplan) vorzulegen.«

An die hochbezahlten Manager wurde ebenfalls gedacht: Das VAG regelt, dass sie im Krisenfall auf ihre exorbitanten Bonuszahlungen verzichten müssen. Wenn aber alles schiefgeht, kann die Aufsichtsbehörde schließlich den Antrag auf Eröffnung des Insolvenzverfahrens stellen. Die Kunden erhalten in diesem Fall ein Formblatt ins Haus geschickt, auf dem in fetten Lettern ganz oben steht: »Aufforderung zur Anmeldung und Erläuterung einer Forderung. Fristen beachten!« Dann wird verteilt, was übriggeblieben ist – wie in jedem Insolvenzverfahren.

Aber auch für den Fall, dass ein Versicherungsunternehmen noch nicht gleich in die Insolvenz rutscht, sich aber bei der Prüfung der Vermögenslage und der Geschäftsführung herausstellt, dass »dieses für die Dauer nicht mehr imstande ist, seine Verpflichtungen zu erfüllen«, hat das Gesetz die erforderlichen Rettungsschritte festgelegt. Sie sind in Paragraph 89 geregelt, unter der Überschrift »Zahlungsverbot, Herabsetzung von Leistungen«. Davon hat wohl kaum ein Kunde etwas gehört, aber nach der Erfahrung der Finanzkrise lohnt sich die Lektüre, denn die hier verordneten Maßnahmen für den Krisenfall haben für die Versicherten empfindliche Folgen. Die Aufsichtsbehörde kann auf der Basis dieses Paragraphen nämlich »alle Arten Zahlungen, besonders Versicherungsleistungen, Gewinnverteilungen und bei Lebensversicherungen der Rückkauf oder die Beleihung des Versicherungsscheins sowie Vorauszahlungen darauf zeitweilig« verbieten. »Wenn nötig«, kann die Aufsichtsbehörde zudem »die Verpflichtungen eines Lebensversicherungsunternehmens aus seinen Versicherungen dem Vermögensstand entsprechend herabsetzen«. Im Klartext: Bei einer drohenden Insolvenz können die Zahlungen an die Versicherten ausgesetzt werden. Nichts ist dann mehr heilig, die Behörde darf die Versicherten sogar unterschiedlich behandeln:

»Dabei kann die Aufsichtsbehörde ungleichmäßig verfahren, wenn es besondere Umstände rechtfertigen, namentlich wenn bei mehreren Gruppen von Versicherungen die Notlage des Unternehmens mehr in einer als in einer anderen begründet ist. Bei der Herabsetzung werden, soweit Deckungsrückstellungen der einzelnen Versicherungsverträge bestehen, zunächst die Deckungsrückstellungen herabgesetzt und danach die Versicherungssummen neu festgestellt, sonst diese unmittelbar herabgesetzt.«

Es liegt dann im Ermessen der Aufsichtsbehörde, welche Maßnahmen sie trifft. Das Zahlungsverbot soll nur vorübergehend eingesetzt werden, bis man weiß, welche Sanierungsmaßnahmen greifen. Die Leistungskürzung in der Lebensversicherung hingegen kann endgültig und auf Dauer angeordnet werden. Sie darf selbst dann ergriffen werden, wenn der Versicherungsfall schon eingetreten ist, die Versicherungssumme aber noch nicht ausgezahlt wurde.[3]

Wer meint, er müsse in dieser Situation keine Beiträge mehr leisten, wird enttäuscht. Das oberste Ziel bleibt dann die Rettung des Unternehmens, nicht die Sorge um die Kundengelder. Auf Gesetzesdeutsch: »Die Pflicht der Versicherungsnehmer, die Versicherungsentgelte in der bisherigen Höhe weiterzuzahlen, wird durch die Herabsetzung nicht berührt.«

Die Kunden haften immer

Versicherungskunden sollten wissen, dass ihre Investition in eine Police nicht nur den ganz gewöhnlichen Marktrisiken ausgesetzt ist, sondern dass sie im schlimmsten Fall auch mit der Pleite ihres Vertragspartners rechnen müssen. Dies könnte sie empfindlich treffen. »Die Insolvenz eines Lebensversicherers oder Krankenversicherers träfe die Verbraucher viel härter, als dies bei einer Bankeninsolvenz der Fall wäre«, erklärte Reinhard Laars, ein Mann von der BaFin, in einem wissenschaftlichen Beitrag, der seine persönliche Sicht der Dinge ziemlich deutlich wiedergab:

»Wenn eine Bank schließt, erhalten die Einleger zumindest einen Teil ihres Geldes von der Einlagensicherung zurück. Durch die Insolvenz eines Lebens- oder Krankenversicherungsunternehmens hingegen können vor allem ältere und kranke Menschen in schwere Not geraten, da nicht nur das für sie angesammelte Kapital zumindest teilweise verlorengeht, sondern auch ihr Versicherungsschutz verlorenginge, ohne dass sie eine realistische Chance hätten, eine neue Versicherung abzuschließen.«

Kunden der Schadensversicherungen müssen das Risiko im Pleitefall also selbst tragen. In der Kraftfahrtversicherung bestehen staatliche Sicherungsmechanismen, weil sonst die Allgemeinheit gefährdet wäre. Nur für Lebensversicherungen und private Krankenversicherungen hat der Gesetzgeber einen eigenständigen Sicherungsfonds eingerichtet, eine Art Einlagensicherung, wie es sie für die Banken gibt. Die beiden Einrichtungen heißen Protektor AG für die Lebensversicherungen und Medicator AG für die privaten Krankenversicherungen.[4]

Im Mai 2006 betraute der Bundesfinanzminister die Protektor Lebensversicherungs-AG mit Sitz in Berlin mit den Aufgaben des Sicherungsfonds. Das Nettovermögen der Einrichtung betrug Ende 2013 allerdings nur 780 Millionen Euro. Der Marktwert dieses Sicherungsvermögens betrug 820 Millionen Euro.[5] Das äußerst schwache Volumen der Einrichtung erinnert fatal an die Diskussionen zu Beginn der Bankenkrise. Aufmerksame Leser werden sich noch erinnern: In den deutschen Medien wurden nach den ersten Meldungen über Krisenbanken in den USA allerhand Beiträge über die Einlagensicherung der Banken publiziert. Der Tenor: Den Deutschen könne so etwas nicht passieren, ihre Einlagen seien sicher. Schließlich verfüge das deutsche Bankensystem seit dem Crash der Herstatt-Bank im Juni 1974 über ein starkes Sicherheitsnetz.

Die Berichte vermittelten jedoch einen falschen Eindruck. Tatsächlich war gar nichts sicher, denn zu diesem Zeitpunkt waren die Mittel der Einlagensicherungsfonds bereits weitgehend aufgebraucht. Im April 2008 ging die DüsselHyp, eine Minibank, pleite. Zur Stützung mussten ein Bankenkonsortium und der Einlagensicherungsfonds 1,57 Milliarden Euro aufbringen, anschließend war der Fonds schon ausgebrannt. Als Monate später die deutsche Tochter von Lehman Brothers in die Pleite rutschte, da beliefen sich die Einlagen der Kunden auf 6,7 Milliarden Euro. Das Sicherungssystem war bereits völlig überfordert, lange bevor die riesigen Verluste bei den großen Landesbanken, der Hypo Real Estate und der Commerzbank bekannt wurden.[6] So würden wohl auch im Fall der Schieflage eines Versicherungskonzerns ganz andere Rettungsübungen erforderlich sein als die Sicherung über die Protektor. Mit ihrem Minivermögen kann sie höchstens helfen, wenn kleine Versicherungskonzerne zusammenbrechen.

Protektor war im Jahr 2002 gegründet worden und kam bereits wenige Monate später zum Einsatz. Die Mannheimer Lebensversicherung stand vor der Pleite, denn sie hatte sich während der Finanzkrise der Jahre 2000 und 2001 verzockt. Zunächst versuchten die Manager, mehr Kapital aufzutreiben, dann suchten sie nach einem neuen Aktionär. Vergebens: Niemand wollte das marode Haus haben. Schließlich konnte nur noch eine Rettungsaktion mit Hilfe der Protektor-Einrichtung helfen. Die Mannheimer Leben blieb bisher der einzige Fall einer Protektor-Rettung, es lohnt sich daher, den Rettungsverlauf genauer zu studieren.

Die Hauptaufgabe der Protektor bestand in der Übernahme des Policenportfolios des Lebensversicherers, so dass die Risiken für die Policeninhaber weiterhin gedeckt blieben. Im Todesfall zum Beispiel sollte dann die Protektor einspringen und die vereinbarte Versicherungssumme zahlen. Doch das bedeutete nicht, dass die Geschäfte wie bei einer normalen Lebensversicherung weiterliefen.

Die Protektor übernahm zwar den Policenbestand im Juni 2003, zugleich aber nur die Hälfte des Personals der Mannheimer Leben, nämlich die wichtigsten administrativen Kräfte ohne den Verkaufsapparat. Denn bei der Protektor-Abwicklung war der Vertrieb neuer Versicherungsverträge nicht mehr vorgesehen. Der Bestand lief damit aus, es gab einen sogenannten »Run-off«. Dennoch waren die Verwaltungskosten in den ersten Jahren sehr hoch, unter anderem durch Aufwendungen für Beratung und für den Aufbau einer neuen IT-Struktur.

Die Abwicklung der Mannheimer Leben hatte wirtschaftlich nachteilige Effekte: Der Policenbestand alterte über die Jahre immer mehr, weil keine neuen Verträge mit jungen Policeninhabern nachrückten. Wie bei einer schlecht austarierten Krankenversicherung bekam das Portfolio allmählich eine Schräglage, die Risikoverteilung wurde ungünstig: Denn alte Kunden sterben häufiger als junge. Die schlechte Mischung und die fehlende Auffrischung des Bestands verschlechterten auch die Performance. Zudem bestand für die Protektor-Manager kein Anreiz, mit einer erstklassigen Anlagepolitik zu glänzen: Sie mussten ja nicht mehr für ihr Produkt werben. Den Investment-Job reichten sie einfach weiter und ließen ihn extern erledigen.

Das führte dazu, dass die Kunden allmählich die Lust verloren und ihre Verträge vorzeitig kündigten. Bis 2009 war bereits die Hälfte des Portfolios durch Ablauf oder vorzeitige Kündigung abgebaut. Und 28 Prozent der verbliebenen 166 593 Verträge waren inaktiv, nachdem die Kunden von ihrem Recht Gebrauch gemacht hatten, für den Schluss der laufenden Versicherungsperiode den Vertrag in eine prämienfreie Versicherung umzuwandeln. Dies war möglich, nachdem die Mindestversicherungsleistung erreicht war.[7]

Eine wissenschaftliche Analyse der Protektor-Bilanzen zeigte, dass die Einrichtung die Personalkosten trotz stetigem Abbau nicht im Griff hatte. Und auch ein Versuch im Jahr 2004, das gesamte Paket zu verkaufen, scheiterte. Protektor fand keinen Käufer, der einen akzeptablen Preis zahlen wollte.[8] Die lustlose Abwicklung setzte sich fort. Im Geschäftsjahr 2012 beantragte die Protektor bei der BaFin, ihre Ausschüttungsreserven zu reduzieren. 2013 sank das Ergebnis der normalen Geschäftstätigkeit von 4,8 Millionen Euro auf nur noch 128 000 Euro, knapp über null sozusagen.[9] Der Fall Mannheimer Leben machte deutlich, dass die Kunden durchaus in Mitleidenschaft gezogen werden, wenn ihre Versicherungsgesellschaft abgewickelt wird.

Sollten die Mittel der Protektor in einem Notfall nicht ausreichen, kann die BaFin die Versicherungsunternehmen auffordern, ihre Beiträge um 5 Prozent zu erhöhen. Wenn auch das nicht reicht? Ja, dann reicht es eben nicht. In diesem Fall ist gar nichts sicher.

Versicherungspleiten sind selten, aber keineswegs undenkbar. In Japan ging 1997 die Nissan Mutual Life bankrott, in Frankreich 1993 die Garantie Mutuelle des Fonctionnaires. In den USA kamen Versicherungsinsolvenzen immer wieder vor, zum Beispiel die Conseco Inc. oder die First Executive Life Insurance Co. Der Fall AIG zeigte dort, dass selbst systemrelevante Giganten beinahe umfallen können.[10] In den USA gab es eine regelrechte Haftpflichtkrise von 1984 bis

1986, weil die Versicherer von Haftpflichtklagen wegen Asbest-, Umwelt- und Gesundheitsschäden überrollt wurden. Das Nachrichtenmagazin *Time* titelte:»Sorry America Your Insurance Has Been Cancelled.« Die Wirtschaftsgeschichte lieferte einige Fälle von großen Rückversicherern, die sich verkalkulierten: 1868 stand beispielsweise die Schweizer Rück, heute Swiss Re, nach einem langen Sommer mit ungewöhnlich vielen verheerenden Bränden vor der Insolvenz.[11] Und letztlich zwangen die Erlebnisse der jüngsten Weltfinanzkrise auch die Risikomanager in der Versicherungswirtschaft zum Umdenken: Lange gültig geglaubte Lehrinhalte und Glaubenssätze waren plötzlich ad absurdum geführt.[12]

Der Blick auf den Rettungsfall der Mannheimer Leben demonstriert eindrücklich: Die Versicherungskunden sind während der gesamten Laufzeit auf Gedeih und Verderb darauf angewiesen, dass die Konzernmanager ihr Geld nicht über Gebühr verbrennen. Sie können vielleicht noch darauf hoffen, dass eine Schieflage diskret ausgebügelt wird, wie dies immer mal wieder in der Branche vorkommt. Dann wird das Unternehmen fusioniert, übernommen, oder es wird mit einer Geldspritze nachgeholfen. Die Sache wird publizistisch in schöne Worte gekleidet und als geschäftlich kluger Schritt den Kunden mitgeteilt. Von den Krisengesprächen im Hintergrund erfahren sie in diesen Fällen nichts.

Bevor es so weit kommt wie im Fall der Mannheimer Leben, kann ein Versicherungsbestand auch durch einen privaten Investor abgewickelt werden. Diese Krisenlösung ist in Großbritannien schon länger üblich und in der Branche als Instrument verbreitet, mit dem sich die Versicherungsunternehmen auf einen Schlag von einem unglücklichen Geschäft verabschieden können. Solche kontrollierten»Run-offs« hat es bei deutschen Lebensversicherungen bislang kaum gegeben. In der Sachversicherung hingegen ist dieses Lahmlegen des Neugeschäfts unkompliziert und eine häufige Übung: 85

Prozent der Versicherer haben das in diesem Segment schon getan.

Ein prominenter Fall bei den Lebensversicherern war eine konzerninterne Variante der Ergo, die 2009 einige schlecht laufende Portfolios nicht mehr fortführte, die Marken Victoria und Hamburg-Mannheimer vom Markt nahm und intern weiter verwaltete. Als »flexible Antwort auf alle Kundenwünsche« erklärte Ergo-Chef Torsten Oletzky den Schritt auf Managerdeutsch.[13] Weitere fünf Lebensversicherungen wurden seit 2009 eingestellt: die Bayerische Beamten Versicherung, Delta Lloyd mit der Tochter Hamburger Leben, Heidelberger Leben, Plus Leben und Skandia. Der Grund für einen solchen Schritt muss dabei nicht unbedingt in einer finanziellen Schwäche liegen, es können auch geschäftspolitische Überlegungen dahinterstehen. Für die Policeninhaber bedeuten solche Run-offs jedoch nie etwas Gutes, wie der ökonomische Verlauf bei der Mannheimer Leben bewies. »Für die Kunden gibt es nur noch das absolute Minimum«, stellte Axel Kleinlein vom Bund der Versicherten fest.[14]

Das Wort »Run-off« wird man bald wohl häufiger hören. Das hat Vorteile für die Unternehmen: Wenn die Versicherungen wie die Ergo diesen Schritt konzernintern vollziehen, können sie immerhin noch über die Verwaltungskosten komfortabel profitieren – zu Lasten der Kunden. Und wenn dann die enttäuschten Kunden vermehrt vorzeitig kündigen, können sie sich zusätzlich noch über Stornoabschläge bedienen. So hat der Kunde den Schaden und der Versicherer eine Last weniger. Auf diese Weise erledigt sich die Pflicht der Versicherer, ihre Garantien zu erfüllen, von selbst. Die Heidelberger Leben, einst selbst ein Run-off, will aus diesem Trend Kapital schlagen: Sie bietet sich als Aufkäufer für Lebensversicherungsbestände an, die sie anschließend stilllegt.[15]

Viele Versicherungsmanager jammern über das schlechte Neugeschäft mit Riester-Produkten. Die hohen Garantiezinsen machen das Business unattraktiv, und die anhaltende Niedrigzinsphase kann zu Schieflagen führen. Auch die Finanzaufsicht BaFin präferiert die Run-off-Lösung, weil so vergleichsweise still und heimlich das Auffangen durch die Protektor oder gar eine große staatliche Rettungsaktion verhindert wird. »Dann hätten wir mehr Pfeile im Köcher«, sagt BaFin-Mann Felix Hufeld, »falls das Niedrigzinsumfeld noch länger anhält und einzelne Anbieter in Schieflage geraten.« Sogar Versicherungskonzerne könnten an diese Kasse gehen. »Kurz- bis mittelfristig ist die Branche stabil«, erklärte Hufeld im April 2014, »aber langfristig kann niemand aus Stroh Gold machen, auch die Lebensversicherer nicht. Verharren wir weiterhin in einer Ultra-Niedrigzinsphase, wird dies Auswirkungen auf die Lebensversicherer haben. Alles andere zu glauben wäre irreal.«[16]

Die Risiken werden immer unkalkulierbarer

In einem ersten politischen Schritt »zur Stärkung der Risikotragfähigkeit« senkte die Bundesregierung die Garantiezinsen für Neukunden zum 1. Januar 2015 auf nur noch 1,25 Prozent und begrenzte die Ausschüttungen an einige Altkunden. Das entlastet die Konzerne, bringt den neuen Kunden aber kaum noch nennenswerten Gewinn.[17] »So manche Versicherungsgesellschaft verzeichnete zuletzt Milliardengewinne und schüttete Rekorddividenden an ihre Aktionäre aus«, kommentierte die *Zeit*, »nun befreit die Regierung die Anbieter wohl zusätzlich von hohen Auszahlungen an die Kunden.«[18]

Die Bilanzzahlen der Swiss Life in Zürich zum ersten Halbjahr 2014 demonstrieren diese Effekte: Die realisierten Kapitalgewinne sanken drastisch, von 964 Millionen Franken auf 391 Millionen. Der Reingewinn des Versicherungskonzerns stieg jedoch um 3 Prozent auf 487 Millionen.[19] Und Verbraucherschützer Axel Kleinlein wagte bereits einen Ausblick: »Es geht darum, die Gewinne der Unternehmen den Kunden vorzuenthalten. Diese Maßnahmen wirken nur, wenn die Unternehmen sowieso Gewinne machen. Gerät ein Versicherer tatsächlich in eine Schieflage, dann müssen andere Maßnahmen ergriffen werden.«[20]

Die Stresstests der BaFin zeigen zwar, dass die Lebensversicherungsgesellschaften bis 2018 durchhalten sollten. Dabei hilft unter anderem eine Zinszusatzreserve (ZZR), die der Gesetzgeber seit 2011 von den Unternehmen verlangt. Sie dient als Extrakasse für schwierige Zeiten, damit auch dann noch die Zinsversprechen gehalten werden können. Die Garantien sind bis dahin »erst einmal nicht« in Gefahr, bestätigte Hufeld. Grundsätzlich haben die Anlagen der Versicherer eine höhere Qualität als die Kreditbücher der Banken. Und die Anlageportfolios enthalten in der Regel viele liquide Instrumente, die sich schnell veräußern lassen. Schnelle Crashs durch plötzliche Liquiditätsklemmen wie in der Bankenwelt sind daher nicht zu erwarten. Aber gefahrlos ist das Versicherungsgeschäft längst nicht mehr.[21]

Sollte etwa die Niedrigzinsphase länger andauern, dann könne »es für einzelne Anbieter enger werden.« Es kommt noch hinzu, dass das neue Regelwerk Solvency II, das mehr Kapitalpuffer von den Unternehmen verlangt, diese Entwicklung sogar verschärft. Die Regeln sind so angelegt, dass Lebensversicherungsverträge mit hohen Garantieversprechen für die Versicherer besonders unattraktiv werden.[22] Verschiedene internationale Studien über die finanzielle Lage der deutschen Lebensversicherer untermauern dieses kritische Urteil.[23]

Risiken sind zwar ihr Geschäft – aber es sind die eigenen

Risiken, die den Lebensversicherern zum Verhängnis werden können. Zu den bedrohlichen Problemen an den Finanzmärkten kommen nun auch rechtliche Risiken hinzu. Die Kunden lassen sich nicht mehr alles bieten, und eine Heerschar von Anwaltskanzleien hat das Feld der Verbraucherschutzklagen als lukratives Gebiet erkannt. Im Mai 2014 präsentierten die Richter des Bundesgerichtshofs der Versicherungsbranche ein Urteil mit besonders kostspieligen Folgen. Es ging dabei wieder einmal um Kündigungsfragen. Das Gericht hielt fest, dass Kunden aus alten Verträgen, die zwischen 1994 und 2007 aufgesetzt worden waren, dann fliehen können, wenn sie unzureichend oder falsch über ihre Widerrufsrechte belehrt wurden. Damit können Betroffene ihre Verträge, ob schon gekündigt oder noch laufend, widerrufen, und die Versicherungen müssen sämtliche Beiträge verzinst erstatten. Die Richter milderten die Ansprüche der Kunden dabei nur insofern, als sie bei der Rückabwicklung der Verträge »einen vernünftigen Ausgleich« und eine »gerechte Risikoverteilung zwischen den Beteiligten« verlangten. Die Kunden könnten nicht uneingeschränkt die gesamten eingezahlten Prämien zurückfordern, weil sie während der Laufzeit einen Versicherungsschutz genossen hätten. Damit bestätigte der Bundesgerichtshof eine Entscheidung des Europäischen Gerichtshofs. Branchenweit wären mehr als 100 Millionen Verträge mit einem Prämienvolumen von rund 400 Milliarden Euro betroffen, hatte ein Rechtsvertreter der Allianz vor dem Europäischen Gerichtshof in gleicher Sache zur Verteidigung erklärt. Seit das Urteil da ist, meint der Branchenverband GDV, es seien nur »Einzelfälle« betroffen.[24]

Wenig später, im Juli 2014, scheiterte dann aber ein Kunde mit einer ähnlichen, aber sehr spät eingereichten Klage auf Rückabwicklung wegen der ungenügenden Widerrufsregeln vor dem Bundesgerichtshof. Wäre der Mann durchgekommen, hätten nicht nur die Konzerne gelitten, weil Millionen Verträge, die im sogenannten Policenmodell zustande gekommen waren, automatisch hinfällig geworden wären. Eine Massenrückabwicklung hätte zweifelsohne auch die Anlagepools der Gemeinschaft aller Versicherungsnehmer belastet. »Millionen von Verträgen stünden dann unter dem Damoklesschwert der Unwirksamkeit«, begründete die BGH-Richterin Barbara Mayen ihre Entscheidung. Sie scheute ein Urteil, das der Versicherungswirtschaft extrem geschadet hätte.[25]

In einem anderen, weitreichenden Fall hatten die Richter am Bundesgerichtshof die Aufklärungspflichten über Rückvergütungen für Kapitalanlagen allerdings deutlich ausgedehnt.[26] Im Sommer 2014 wurde die AachenMünchener Lebensversicherung, eine Tochter des Generali-Konzerns, vom Landgericht Köln dazu verurteilt, endlich ein BGH-Urteil aus dem Jahr 2012 umzusetzen, das bestimmte Klauseln zur Kündigung und Beitragsfreistellung untersagt hatte. Die Versicherung wollte offenbar auf Zeit spielen, doch die Richter machten das nicht mehr mit.[27]

Es drohen weitere Risiken, über die selbst innerhalb der Branche kaum nachgedacht wird. So legte der Internationale Währungsfonds IWF im Sommer 2014 einen neuen Plan vor, wie überschuldete Staaten schneller und radikaler einen sogenannten Schuldenschnitt umsetzen sollten. Was das mit Versicherungspolicen zu tun hat? Sehr viel, denn die Assekuranzen zählen bekanntlich zu den größten Investoren auf dem Markt für Staatsanleihen. Als die europäischen Krisenstaaten Griechenland, Irland, Portugal und Zypern sich nach den Bankencrashs nicht mehr aus eigener Kraft finanzieren konnten, halfen die europäischen Rettungsfonds und der IWF. Letztlich mussten also die Steuerzahler die Kosten und Risiken der Rettungsaktionen übernehmen. Damit dies nicht mehr passiert, will der IWF mit einem Regelwerk dafür sorgen, dass seine helfende Hand nur noch gereicht wird, wenn auch die privaten Gläubiger, also die Anleiheinvestoren, zur Kasse gebeten werden. Damit gehen die Versicherungen wie ein gewöhnlicher Aktionär bei ihren Investments in Staatsanleihen das Risiko ein, einen Teil ihres Einsatzes oder gar alles zu verlieren, wenn ein Land in Schieflage gerät. Der IWF dürfte dann zum Beispiel die Laufzeit der Staatsanleihen per Dekret verlängern, während nicht einmal der Zinssatz angepasst würde.[28] In diesen Fällen würde auch die Anlage der Kunden leiden.

Die Europäische Aufsichtsbehörde für das Versicherungswesen (EIOPA) in Frankfurt untersuchte 2014 zum zweiten Mal die Widerstandsfähigkeit der Versicherungsbranche. Mit einem europaweiten Stresstest spielte sie bei 167 Assekuranzunternehmen mehrere Krisenszenarien durch. Im November 2014 lieferte sie das alarmierende Ergebnis: »Eine Fortdauer der gegenwärtigen Niedrigzins-Bedingungen könnte bei einigen Versicherern dazu führen, dass sie in 8 bis 11 Jahren Schwierigkeiten bekämen, die Versprechungen gegenüber den Versicherten zu erfüllen.« 24 Prozent der untersuchten Unternehmen könnten nach einer Zinslage, wie sie in den vergangenen Jahren in Japan herrschte, die Kapitalanforderungen nach den neuen Solvency-II-Regeln nicht mehr erfüllen. Käme als weiteres Stress-Element noch eine Börsenkrise hinzu, dann hätten nur noch 56 Prozent der Versicherer einen ausreichenden Kapitalpuffer.[29]

Lebensversicherungen wurden einst erfunden, um das Leben sorgloser zu gestalten: Sie sollten Sicherheit bringen. Geblieben ist nur noch die große Verunsicherung.

GEGEN DEN FINANZIELLEN ANALPHABETISMUS: DIE KUNDEN MÜSSEN SELBST LERNEN

»Lebensversicherung zur Altersvorsorge = legaler Betrug.«
(Ein Satz, dessen Veröffentlichung die Versicherungswirtschaft erfolglos gerichtlich verbieten lassen wollte, aus einer Broschüre des Bundes der Versicherten und der Verbraucherzentrale Hamburg, 1983)[1]

»Die Fakten, die der Bund der Versicherten und die Verbraucherzentrale Hamburg damals anführten, um die Rede vom ›legalen Betrug‹ zu begründen, sind im Großen und Ganzen auch heute noch aktuell.«
(Axel Kleinlein, Vorsitzender des Bundes der Versicherten, 2013)[2]

Das Meinungsforschungsinstitut Allensbach befragt die Bevölkerung regelmäßig zu Themen der Altersvorsorge. Die repräsentativen Umfragen zeigen, dass »die Deutschen nur vage Vorstellungen von der Renditeerwartung bei Altersvorsorgeprodukten« haben. Und »sofern konkrete Vorstellungen bestehen, bewegen sie sich auf relativ niedrigem Niveau«. Eine Mehrheit von 63 Prozent kann in der Befragung nicht angeben, welche Rendite sie zu erwarten hat. Personen, die selbst eine Lebensversicherung abgeschlossen haben, schätzen die Rendite daraus deutlich höher ein als der Gesamtschnitt der

Bevölkerung. Eine deutliche Mehrheit denkt skeptisch über Aktien nach, aber die Skepsis gegenüber Riester-Produkten steigt überdeutlich.[3]

Diese Einschätzungen zeigen, dass die Deutschen über das, was sie erwartet, schlecht informiert sind. Woran liegt das? Wieso setzen die Menschen so viel ihres hart verdienten Geldes in Schwindelprodukte? Und wieso hat sich dies seit den Zeiten von Bernie Cornfeld nicht geändert? Warum ist das Finanzwissen seit der Nachkriegszeit nicht wesentlich gestiegen?

Gewiss, die Versicherungsbranche macht es den Kunden nicht leicht. Sie gestaltet ihre Finanzprodukte intransparent und unübersichtlich. Sie versteckt in ihren Informationsblättern Wesentliches im Kleingedruckten und präsentiert in ihrer Werbung Unwichtiges. Die Angebote der Dienstleister sind so verwirrend gestaltet, dass nur noch Aktuare, Versicherungsmathematiker und Spezialadvokaten durchblicken. Sowohl die öffentlich-rechtlichen Versorgungswerke als auch die Anbieter der Versicherungsbranche lassen die Bürger im Dunkel.

Das muss nicht so sein. Die Dänen haben zum Beispiel ein Pensionsinformationssystem, in dem staatliche und private Beiträge erfasst werden und mit einem Datenbankauszug jedem Versicherungsnehmer mitgeteilt wird, wie hoch seine bereits erworbenen Altersvorsorgeansprüche insgesamt sind.[4] In der Schweiz gibt es zwar kein Informationssystem, das alle drei Säulen der Altersversorgung, die staatliche Alters- und Hinterlassenenversicherung (AHV), die obligatorischen Pensionskassen für die Betriebe und Unternehmen und die freiwilligen privaten Vorsorgeprodukte, gemeinsam abdeckt. Aber die AHV liefert auf Online-Anfrage einen Auszug der eingezahlten Beträge, und Online-Rechner ermitteln den Rentenanspruch. Und die Pensionskassen liefern zum Jahresende relativ aussagekräftige Kontoauszüge für die Versicherten mit den konkreten Angaben über ihr Altersguthaben, die zu erwartenden Renten und Ansprüche im Versicherungsfall.

Das allgemeine Unwissen

In Deutschland hingegen herrscht ein Informationschaos, das bis in die Politik hineinreicht. Nur wenige Mitglieder des Deutschen Bundestages verstehen etwas von der Materie, wenn sie über neue Regeln für die Versicherungsbranche zu entscheiden haben. Die Parlamentarier haben das Geschäft für Hedgefonds allumfassend geregelt, obwohl kaum ein Hedgefonds sein Geschäftsdomizil in Deutschland hat. Aber für die Finanzprodukte der Schwindelindustrie darf jeder einen Finanzsupermarkt eröffnen. Daher zählt der deutsche Finanzmarkt weltweit zu den wildesten. »Der kaum regulierte graue Kapitalmarkt ist ein Unikum, das in dieser Ausprägung in keinem anderen EU-Land existiert«, urteilte eine Regierungsstudie aus dem Verbraucherministerium. Der Grund: fehlendes Finanzwissen auf beiden Seiten, bei den Verkäufern wie bei ihren Kunden. »Die Vermögensschäden aufgrund mangelhafter Finanzberatung werden auf jährlich 20 bis 30 Milliarden Euro geschätzt«, resümierte die Studie. 50 bis 80 Prozent aller Langfristanlagen würden vorzeitig mit Verlust abgebrochen.[5]

Der Mangel an finanzieller Allgemeinbildung erreicht sogar wohlhabende Bürgerschichten, wie eine Studie der Bertelsmann Stiftung über den »finanziellen Analphabetismus in Deutschland« bestätigt. Die Forscher ermittelten eine »unzureichende Befähigung der Bürger, sich mit der Finanzmaterie auseinanderzusetzen«. Ihr Fazit: »In weiten Teilen der Bevölkerung ist das grundlegende finanzielle Wissen für angemessene Vorsorge und Anlageentscheidungen nicht ausreichend.« Der Münchner Sozialpsychologe Dieter Frey zeigte sich sicher, dass in Deutschland »keine Bevölkerungsschicht über die finanzielle Allgemeinbildung verfügt, die man brauchen würde, um auch wenig Geld so zu investieren, dass es im Alter reicht«. Gespräche über Geld seien in Schule, Elternhaus und Gesellschaft selten, Geld ein Tabuthema.[6] »Nichts wissen, alles verlieren«, so brachten die Hamburger Autoren Marc Brost und Marcus Rohwetter ihre Analyse über das fehlende Finanzwissen auf den Punkt.[7] Versicherungskritiker Hans Dieter Meyer klagte schon:

»Die Versicherten sind hundert Jahre lang nicht in ausreichender Form an den ihnen zustehenden Überschüssen und stillen Reserven beteiligt worden, was über diese Zeit – einschließlich Zinseszins – zu finanziellen Verlusten von mehreren Billionen Mark und Euro geführt haben dürfte. Die Versicherten haben von diesen Verlusten nichts gewusst, sondern – über Jahrzehnte – mehrere hundert Millionen kapitalbildende Versicherungen abgeschlossen, im Vertrauen darauf, dass Gesetze und eine staatliche Versicherungsaufsicht einen Missbrauch der Überschüsse verhindern würden.«[8]

Schon 1998 zeigte eine repräsentative Meinungsumfrage des Emnid-Instituts zur »Überschussbeteiligung bei Lebensversicherungen« gravierende Wissenslücken auf der Kundenseite:

»Bei allen Aspekten zur Überschussbeteiligung haben sich bedeutsame Quoten von Befragten ergeben, die aus mangelndem Wissen oder Unverständnis die Antwortkategorie ›weiß nicht‹ gewählt haben. Selbst in der Kernzielgruppe der 30- bis 59-jährigen war der Anteil der ›Nicht-Wisser‹ mit 26–34 % recht hoch.«

Etwa ein Drittel der Bevölkerung wisse nicht, wie die Überschussbeteiligung zu Kapitallebensversicherungen funktioniere, schrieb Emnid im Abschlussbericht. Knapp zwei Drittel der Befragten, die dieses zu wissen glaubten, »betrachten die anfallenden Risiko- und Zinsüberschüsse als ein Kapital, das den Versicherungsnehmern zusteht und das die Versicherer durch Abschreibungen, Vermögensverschiebungen innerhalb der Konzerne und Ausgleich von Kostenüberschreitungen nicht dezimieren dürfen«.[9]

Der Marburger Makroökonom Bernd Hayo forschte auf dem Feld der finanziellen Bildung. Er fand heraus, dass die Deutschen auch über die Finanzmärkte generell und darüber, wie sie in groben Zügen funktionierten, allgemein wenig wissen. Über die Aufgaben der Europäischen Zentralbank (EZB) hätten sie nur bruchstückhaftes Wissen. Die Mehrheit wisse nicht, dass die Notenbank unabhängig entscheiden soll. Sie wisse auch nicht, welche grundsätzlichen Folgen eine Leitzinserhöhung hat. »Die Mehrheit der Deutschen kann die elementaren geldpolitischen Fragen nicht beantworten«, sagte Hayo. Das führe zu finanziellen Fehlentscheidungen: »Wer nicht ahnt, dass Zinsen auch irgendwann wieder steigen, entscheidet sich oft falsch«, stellte der Marburger Forscher fest. Er räumte damit auch mit der weitverbreiteten Glaubenslehre vieler Ökonomen auf, dass die Menschen rationale Erwartungen haben und vollständig informiert sind.[10] Eben weil die Menschen nicht rational handeln, erreichen sie in der Regel nur ein niedriges Sparniveau und können entsprechend wenig Wohlstand aufbauen.[11]

Das hat dramatische volkswirtschaftliche Folgen. Nach Berechnungen des Deutschen Instituts für Wirtschaftsforschung wurde deutsches Spargeld massiv in dämlichen Anlagen im Ausland verbrannt, vielfach über Banken, Fonds und Versicherungen. Allein zwischen 2002 und 2012, so schätzte das Institut, wurden damit Verluste von rund 600 Milliarden Euro produziert.[12]

Internationale Vergleichsstudien des italienischen Forschers Tullio Jappelli zeigten, dass die Deutschen im wirtschaftlichen Wissen gerade einmal im Mittelfeld liegen, in der Rangliste weit hinter den Bürgern in Finanzzentren wie Singapur und Hongkong. Je nach Anlage der Studie und den Wissensfragen ändern sich allerdings die Länder-Rankings. Die Ergebnisse sind aber allemal erschreckend.[13] Auch in den USA herrscht eine Lücke zwischen der Selbsteinschätzung über das eigene Finanzwissen und dem Verhalten in der realen Welt. Nach den Erfahrungen der Finanzkrise initiierte die amerikanische Regierung eine regelmäßige Studie über die finanzielle Befähigung der Bevölkerung: 75 Prozent der Befragten konnten demnach einzelne aus einem Paket von wichtigen Testfragen richtig beantworten, aber nur 14 Prozent waren in der Lage, alle Wissensfragen richtig zu beantworten. Zusätzlich messen die Amerikaner, warum die Befragten in »finanziellen Stress« geraten, wie sie mit ihrer Vorsorgeplanung umgehen. Vorurteile sind nicht angebracht: Die Amerikaner schneiden nicht schlechter ab als die Deutschen.[14] Viele empirische Studien haben nachgewiesen, dass eine schwache Finanzbildung eine schwache Risikoverteilung, ineffiziente Anlageziele und eine schlechte Vermögensbildung zur Folge hat.[15]

Jeder Kunde bekommt den Berater, den er verdient

Diese Wissenslücken bei den Kunden sollten eigentlich durch die »Berater« gefüllt werden. Vertreter, Vermittler, Makler, Verkäufer, Finanzberater: Sie alle sollten über das notwendige Wissen verfügen und dieses eigentlich an ihre Kunden weitergeben. Nur so würde das Wort »Beratung« für dieses Verfahren einen Sinn ergeben. Doch der finanzielle Analphabetismus scheint ausgerechnet bei jenen Berufsgruppen verbreitet zu sein, deren Aufgabe die finanzielle Aufklärung ist. Es ist ein paradoxes System: Vertriebsleute, die von den komplexen Fragen der Finanzwelt kaum eine Ahnung haben, »beraten« Kunden, die in diesem Metier ebenfalls als hilfsbedürftig gelten müssen.

Es mag daher kaum überraschen: Schlechte Berater verursachen bei naiven und unerfahrenen Kunden eine schlechte Performance bei der Geldanlage. Untersuchungen zu diesem Thema ergaben aber, dass diese Regel selbst dann gilt, wenn Berater auf erfahrene, ältere Investoren treffen.[16] Im Ergo-Konzern zum Beispiel versuchte man auch nach dem großen Skandal, dieses Problem mit einem altbekannten Konzept zu umschiffen, das schon in den Gründungsjahren der HMI-Organisation eingeübt worden war: standardisierte Verkaufsabläufe für die Verkäufer. »Wesentliche Elemente der Beratungsunterlagen, der Schulungsprogramme und der Starterseminare werden zentral und verbindlich vorgegeben«, verkündete ein Ergo-Kommunikationsmanager, »so wird beispielsweise der Einsatz des computerbasierten, strukturierten Beratungstools ›Finanzkompass‹ nach einer Überarbeitung verpflichtend.«[17] In der Praxis bedeutet dies, dass die Verkäufer mit Laptop und einer Software ausgestattet werden, so dass sie ohne nennenswerte gedankliche Verrenkung zum Ziel kommen – nämlich dem Verkauf eines Finanzprodukts. Finanzwissen benötigen sie dafür kaum, denn ihre Gesprächspartner bemerken davon kaum etwas. Viele Anleger sind überfordert oder überschätzen ihre Fähigkeiten, wenn ein monetärer Heilsbringer anruft.

Der kollektive Finanzanalphabetismus ist ein idealer Nährboden für die Offerten von Schurken. So ziehen die Kunden nicht nur schlechte Verkäufer an, die ihnen Produkte mit lausiger Performance anbieten. So geraten sie auch an die Verkäufer von knallharten Anlagebetrugssystemen. »Ganz viele kommen gar nicht aus der Finanzbranche«, berichtete ein Zürcher Fachanwalt über die typischen Vermittler solcher Schwindelangebote, »und sie haben auch nur rudimentäre Kenntnisse vom Finanzgeschäft. Aber ein paar moderne Fachbegriffe setzen sie alle ein, wenn auch oft falsch.«[18]

Selbst bei den Produktfabriken der Versicherungskonzerne und deren Kontrollinstanzen mangelt es an der angemessenen Expertise zur Prüfung von Fondsangeboten. So landen immer wieder Schwindelprodukte in Verkaufsprogrammen der Versicherungen, wie bei den »Fonds« des Finanzkünstlers Florian Homm oder seines Kollegen Helmut Kiener. Der Fall Homm demonstriert auch, dass der Finanzanalphabetismus nicht vor den Massenmedien haltmacht. Homm durfte jahrelang in quotenstärksten TV-Talkshows erklären, wie Wirtschaft funktioniert. Auf nahezu allen Fernsehkanälen wurde er als prominenter Hedgefondsmanager befragt. Er galt als der Experte schlechthin, der aufklärte, wie das internationale Finanzgeschäft funktioniert, wie man mit Geld umgeht, was von Private Equity und sozialer Marktwirtschaft zu halten ist. Eine bizarre Situation: Tatsächlich betrieb Fernsehdozent Florian Homm Geschäfte mit Börsenramsch.

Seitdem wird in den Talkshows und Nachrichtenmagazinen ein neues Trendthema präsentiert: verschuldete Promis, hereingelegte Kunden. Sie erzählen, wie sie überrumpelt wurden. Zum Beispiel Jens Lehmann, der ehemalige Nationaltorwart: »Mir geht es da wie vielen Fußballern, aber auch wie Ärzten und Mitgliedern anderer Berufsgruppen, die gut verdienen und Opfer schlechter Anlageberatung werden«, berichtete Lehmann, »als Fußballer hatte ich mich nicht mit Geldanlage beschäftigt.«[19]

Was lernt man daraus? Es gibt verschiedene politische Ansätze, auf diese misslichen Verhältnisse zu reagieren. Man kann wie in den USA dafür sorgen, dass die Bürger in Finanzfragen besser gebildet werden; dafür gibt die amerikanische Regierung inzwischen viel Geld aus.[20] Man kann die finanzielle Bildung fördern und verbessern – wenn man darauf verzichtet, Banker und Versicherungsleute als »Gastlehrer« einzusetzen. Man kann wie in Deutschland und der Europäischen Union die Regeln verschärfen, von den Finanzberatern obligatorisch Protokollnotizen verlangen und Versicherungsvertreter in Registern erfassen. Man kann die Emissionspflichten für die Auflage von Fonds und Finanzprodukten verschärfen. Das alles soll dem Gläubigerschutz dienen.

Vieles davon ist sinnvoll, manches sogar unerlässlich, beispielsweise ein Provisionsverbot oder eine Verpflichtung zur Ausbildung für die Verkäufer. Diese Strategie einer zunehmenden staatlichen Behütung hat aber eine entscheidende Schwäche: Die Kunden verlassen sich vielfach darauf, dass die staatlichen Institutionen alles geregelt haben. Sie wähnen sich in falscher Sicherheit, weil ein Fonds zum Beispiel in einer Datenbank der Finanzaufsicht erfasst ist, und übersehen dabei, dass sie die Emittenten, Prospekte, Jahresberichte und Bilanzen trotzdem selbst prüfen müssten. Denn die Erfassung in der Datenbank bedeutet keineswegs, dass die Finanzaufsichtsbeamten den dort registrierten Fondsprospekt auch inhaltlich geprüft haben. Und ein trickreich ausgefülltes Formular über den Kundenbesuch kann im Konfliktfall dem Versicherer mehr nutzen als dem Klienten. Wenn er nämlich dort entgegen den Tatsachen unterschrieben hat, dass er alle Unterlagen gelesen und verstanden hat, kann ihm auch kein Richter mehr helfen.

Daher können alle diese staatlichen Regeln und Programme nur die schlimmsten Auswüchse vermeiden. Für die investierenden Bürger gilt immer noch, was schon zu den Zeiten galt, als die ersten Versicherungen entstanden: Sie müssen selbst auf ihr Vermögen achten. Weder der Staat noch die Justiz werden sie vor ihren eigenen Dummheiten schützen.

WIDERSTEHEN: 20 REGELN ZUM SCHUTZ DES EIGENEN VERMÖGENS

Lebensversicherungen sind grundsätzlich eine Risikoanlage. Sie haben in der Regel eine lausige Rendite und sind wie alle Anlagen mit Marktrisiken, Zinsrisiken, Rechtsrisiken und politischen Risiken behaftet. Und sie haben den Nachteil einer sehr langen Laufzeit, die Sie an den Versicherer bindet. Bedenken Sie: Auch Versicherungsgesellschaften können Sie irgendwann verschaukeln oder sogar pleitegehen. Daher sollten Sie einige einfache Grundregeln beachten:

1. Meiden Sie Lebensversicherungen, Kapitallebensversicherungen, fondsgebundene Lebensversicherungen und alle Finanzprodukte, die Sie nicht wirklich verstehen und durchschauen.
2. Wenn Sie an die Zukunft und den Erfolg von Versicherungskonzernen glauben, kaufen Sie Aktien von Versicherungskonzernen, vor allem von bekannten Rückversicherungskonzernen. So können Sie tatsächlich von den Gewinnen profitieren, die Lebensversicherungen mit ihren Kunden einfahren.
3. Wenn Sie zu den einkommensschwachen Kunden zählen, haben Sie womöglich kein Anlageproblem, sondern ein Schuldenproblem. Lassen Sie sich daher keine Versicherung zur Vorsorge aufschwatzen. Sie sollten erst einmal mit der Entschuldung beginnen, bevor Sie sich Beitragslasten aufbürden, die Sie nur auf Pump finanzieren können.
4. Meiden Sie Mixturen verschiedener Risikoabdeckungen in einem Versicherungsvertrag. Wenn Sie Versicherungen nutzen wollen, dann versichern Sie Ihre Risiken separat.

Wer den Todesfallschutz abdecken will, kann dies über eine eigenständige Risikolebensversicherung erreichen, die etwa das Drei- bis Fünffache des Bruttojahreseinkommens abdeckt. Auch eine Berufsunfähigkeitsversicherung sollte separat abgeschlossen werden. Und fragen Sie sich, ob Sie überschaubare Risiken wie Rechtsfälle aus Ihrem Ersparten nicht selbst tragen können.

5. Informieren Sie sich gründlich und mit Geduld, bevor Sie investieren. Eile und Zeitdruck sind der sicherste Weg zu einem Fehlinvestment. Achten Sie auf die ausgewiesenen Kosten: Unseriöse Finanzprodukte haben oft hohe Eintrittskosten und Ausgabenaufschläge, zudem hohe Verwaltungskosten und Performance-Gebühren.
6. Lassen Sie die Finger von allen Finanzprodukten, die mit Fußballspielern, Rennfahrern, sonstigen Promisportlern, Politikern oder Showstars werben.
7. Lassen Sie sich nicht von Vermittlern und Verkäufern »beraten«: Wer Ihnen nur ein paar Produkte andrehen will, liefert Ihnen keine Finanzplanung. Suchen Sie sich zunächst die Vertragswerke auf den Internetseiten der Anbieter und studieren Sie diese genau. Meiden Sie Vergleichs- und Testportale im Internet, die gleichzeitig den Kauf anbieten. Vergessen Sie alle Gütesiegel, mit zwei Ausnahmen: Tests der Stiftung Warentest und der Zeitschrift *Öko-Test*.[1]
8. Falls Sie dennoch eine Erläuterung für Ihre Finanz- und Vorsorgeplanung benötigen, dann suchen Sie sich einen Honorarberater, dessen Leistung Sie selbst bezahlen. Teilen Sie ihm schriftlich mit, dass Sie ihn verklagen, falls er dabei dennoch versteckte Provisionen bezieht, von wem auch immer. Das kostet Sie weniger als eine versteckte Provision und allemal weniger als eine Fehlberatung.
9. Prüfen Sie den Honorarberater mit Hilfe öffentlicher Register, zum Beispiel auf der Internetseite des Honorarbera-

terverbandes (www.verbund-deutscher-honorarberater.de). Falls Sie als Kaufmann, Unternehmer oder Selbständiger mit Bilanzen vertraut sind, lesen Sie den jüngsten Jahresbericht der Firma des Honorarberaters. Sie finden diese auf dem Internetportal des *Bundesanzeigers* (www.bundesanzeiger.de). Sie werden dann erkennen, wenn er ein Aufschneider ist.

10. Lassen Sie sich gründlich beraten, falls Sie eine Police kündigen wollen – am besten von einem Fachanwalt. Nachrichtenmagazine und Wirtschaftsmagazine informieren hin und wieder über Fallstricke und Lösungswege beim Ausstieg.[2]

Lebensversicherungen, vor allem neue Verträge aller Art, sind grundsätzlich keine guten Anlageinstrumente. Wenn Sie für das Alter vorsorgen wollen, dann investieren Sie in andere Werte – in eine Wohnung oder ein Haus, in Aktien oder Anleihen. Fortgeschrittene, interessierte oder wohlhabende Anleger sollten Alternativen zur Lebensversicherung wählen. Informieren Sie sich dazu regelmäßig mit Hilfe von seriösen Wirtschaftsmagazinen und -zeitungen oder im Wirtschaftsteil der überregionalen Tagespresse. Lesen Sie hin und wieder ein Wirtschaftsbuch, das in diesen Medien empfohlen wird. Lassen Sie aber die Finger von Ratgeberbüchern, die schnellen Reichtum versprechen, denn damit machen Sie nur die Ratgeber reich. Wenn Sie sich aktiv mit Ihren Finanzen beschäftigen, helfen Ihnen abschließend noch einige fortgeschrittene Tipps und Warnhinweise für alternative Investments:

11. Wenn Sie die Zielinvestments in einem Fonds, der Ihnen angeboten wird, als kluge Investmentmischung erachten, investieren Sie einfach selbst direkt in diese Anlagen in der gleichen Mischung. Im Jahres- und Halbjahresbericht des Fonds finden Sie die Zielinvestments gelistet, in

welche die Fondsmanager investiert haben. Noch besser sind sogenannte ETF-Fonds (Indexfonds), die nicht von aktiv investierenden Fondsmanagern verwaltet werden, sondern einfach die Investmentmischung eines Börsenindex wie dem Dax abbilden. Damit sind Sie am Ende in der Performance nicht schlechter gestellt, aber auch nicht besser als dieser Index. Sie können sich mit zahlreichen wissenschaftlichen Studien trösten, die belegen, dass aktiv gemanagte Fonds im Schnitt nicht besser abschneiden, daher untauglich und kostspielig sind.

12. Bauen Sie sich nun – wenn das Budget dafür noch reicht – Ihre »Police« selbst zusammen, indem Sie klassisch konservativ wie eine Versicherung investieren, zum Beispiel in die verhältnismäßig sicheren staatsnahen Anleihen der Europäischen Investitionsbank (EIB) oder in Unternehmens- und Staatsanleihen. Ihr Geldinstitut sollte auf der Internetseite Preise und Kurse der Anleihen mitteilen und in der Lage sein, diese für Sie zu kaufen. Wenn nicht, dann wechseln Sie die Bank.

13. Investieren Sie die erzielten Zinsen sogleich wieder neu. So profitieren Sie vom wichtigen Zinseszinseffekt. Beginnen Sie in jungen Jahren mit Anleihen langer Laufzeit und kaufen Sie später kürzere Laufzeiten. Beachten Sie allerdings dabei auch die Leitzinsentwicklung. Stecken Sie einen kleinen Teil in Aktien von großen Unternehmen, die Sie kennen und deren Geschäft Sie verstehen. Das Risiko dieses Mischdepots ist so überschaubar wie das eines Versicherungsinvestments.[3]

14. Meiden Sie alle geschlossenen Immobilienfonds, Investments in Kommanditgesellschaften, Medien-, Schifffahrts-, Ökologie-, Solar-, Tropenholzfonds und alle modischen »Finanzprodukte«. Achten Sie bei allen Fondsinvestments darauf, welche Firma an welchem Ort haftet. Seien Sie vorsichtig mit allen Fonds, die nicht in

Luxemburg registriert sind. Bedenken Sie, welche Art von Wertpapier Sie für Ihr Geld erhalten: Als Darlehensgeber, Aktionär, Kommanditist oder Genussscheininhaber haben Sie nämlich im Insolvenzfall sehr unterschiedliche Rechte. Lassen Sie sich von einem wirtschaftlich versierten Rechtsanwalt kurz darüber beraten, falls Sie diese Unterschiede nicht überblicken.

15. Prüfen Sie Fonds anhand der Wertpapierkennnummer (WKN, ISIN) im Internet mit Hilfe von Börsenplattformen oder Börsendatenbanken auf der Internetseite Ihrer Bank. Lassen Sie die Finger von Fonds ohne solche Kennnummern. Studieren Sie den Prospekt und die Jahresberichte mit den Bilanzen, Gewinn- und Verlustrechnungen genau. Das kostet Zeit, die sich lohnt: Wenn Sie darauf verzichten, können Sie mehrere Monatseinkommen verjubeln.

16. Versuchen Sie, Ihre Investmententscheidung einer erfahrenen Vertrauensperson zu erklären. Vergessen Sie dabei Ihren Steuerberater: Er versteht etwas von Abgaben, nicht aber vom Investieren. Fragen Sie Juristen nach den rechtlichen Konstruktionen, falls Sie diese nicht durchschauen. Ein simpler Test: Geben Sie das Investitionsgeschäft in einfachen Worten und Erklärungen einem Kollegen oder Freund wieder. Prüfen Sie sehr genau, wenn Ihr Gesprächspartner den Sinn des Investments nicht versteht.

17. Vergessen Sie alles, was Ihnen mit dem Argument der Steuerersparnis angedreht wird. Wenn Sie auf solche Anlagen setzen, deutet das darauf hin, dass Sie sehr viel Spielgeld zur Verfügung haben. Investieren Sie dieses lieber in schöne Dinge: Musikinstrumente, Kunst, Uhren, Wein, Antiquitäten, Wald, Ackerland, denkmalgeschützte Immobilien – eben Sachen von bleibendem Wert. Und vor allem in die Ausbildung Ihrer Kinder oder in Ihre eigene Weiterbildung.

18. Investieren Sie im Ausland nur dann, wenn Sie sich im Zielland auskennen. Vermeiden Sie bei Anlagen außerhalb des Euroraumes Währungsrisiken, indem Sie sich bei Ihrer Bank für diese Anlagen ein Fremdwährungskonto in der entsprechenden Währung einrichten. Damit verlieren Sie weniger Geld durch die Gebühren für den Devisenumtausch. Das ist kein großer Hokuspokus: Deutsche Banken bieten diesen Service nur auf Anfrage, in anderen Ländern werden jedem Jugendlichen bei der Eröffnung der Kundenbeziehung Konten in mindestens drei Währungen offeriert. Wechseln Sie Ihr Geldinstitut, wenn es diesen Service nicht bietet.
19. Schalten Sie im Streitfall Anwälte ein. Google liefert zahlreiche Anwaltskanzleien, die sich auf Rechtsfälle mit Versicherungskonzernen spezialisiert haben, darunter viele, die auf eine Vielzahl erfolgreicher Prozesse zugunsten ihrer Klienten zurückblicken können. Dafür brauchen Sie übrigens keine Rechtsschutzversicherung: Aus vielen Urteilen gegen Versicherungsunternehmen gehen die Anwaltskosten klar hervor. Diese liegen zumeist unter den Provisionskosten, die Ihr Versicherungsvertreter verursacht hat.
20. Informieren Sie die Behörden über strafwürdige Vorfälle, die Ihnen widerfahren, damit Schwindler vom Finanzmarkt verdrängt werden. Engagieren Sie Wirtschaftsanwälte oder international erfahrene Finanzermittler mit einem seriösen fachlichen Hintergrund, falls Sie wirklich viel Geld verloren haben. Kündigen Sie und lassen Sie sich Ihren Einsatz auszahlen, falls Sie nur den geringsten Verdacht eines Betrugs schöpfen: Take the money and run!

Ohne etwas persönliche Mühe geht es in finanziellen Dingen leider nicht. Wer diese nicht aufbringen mag, riskiert seine

Verarmung oder einfach nur, übers Ohr gehauen zu werden. Seine Finanzen kann man natürlich auch an externe Berater und Experten delegieren. Doch das lohnt sich nur, wenn Sie wirklich ein Vermögen von einer nennenswerten Größe verwalten – und auch bei der Vermögensverwaltung der Reichen und Superreichen lauern Risiken. Daher: Es ist Ihr Geld, Sie sind selbst Ihr bester Treuhänder!

ANHANG

Anmerkungen

Einleitung

1 »Die nie endende Geschichte der HMI«, Erfahrungsbericht auf www.ciao. de, 9.9.2004, aktualisiert Februar 2008 und Juni 2010, Datensicherung 6.8.2014.
2 Gesamtverband der Deutschen Versicherungswirtschaft (GDV): *Die deutsche Lebensversicherung in Zahlen 2014*, Berlin, 2014, S. 6.
3 Leo Müller, Dirk Ruschmann: »Alte Fälle, neuer Ärger«, *Bilanz*, 25.2.2011. Michael Fröhlingsdorf, Markus Grill, Christoph Schwennicke: »Mitten im größten Geldklumpen«, *Spiegel*, 5.3.2011.
4 Gesamtverband der Deutschen Versicherungswirtschaft (GDV): *Deutsche Versicherungswirtschaft 2013*.
5 Klaus Stern: *Versicherungsvertreter. Die erstaunliche Karriere des Mehmet Göker*, Dokumentarfilm (DVD), 30.11.2012.
6 Holger Balodis, Dagmar Hühne: *Die Vorsorge-Lüge. Wie Politik und private Rentenversicherungen uns in die Altersarmut treiben*, Berlin, 2012, S. 28.
7 »Legaler Betrug?«, *Spiegel*, 2.3.1998.

Die Erfinder: Die Geschichte der IOS

1 Charles Raw, Bruce Page, Godfrey Hodgson: *Gebt uns Euer Geld, wir machen Euch reich. Die Geschichte der IOS*, München, 1971, S. 210.
2 Ebd., Klappentext.
3 *Spiegel*, 24.11.1965.
4 Ebd., S. 50f.
5 Charles Raw, Bruce Page, Godfrey Hodgson: *Gebt uns Euer Geld, wir machen Euch reich*. Jeffrey Robinson: *The Sink*, London, 2003, S. 46f.
6 Leo Müller: *Tatort Zürich. Einblicke in die Schattenwelt der internationalen Finanzkriminalität*, Berlin, 2011, S. 115f.
7 Richard Phalon: »Fund of Funds: A Winner Abroad«, *New York Times*, 14.8.1966.

8 *Spiegel*, 26.2.1968.
9 Charles Raw, Bruce Page, Godfrey Hodgson: *Gebt uns Euer Geld, wir machen Euch reich*, S. 202.
10 Ebd., S. 203.
11 Eine erste Verordnung für ausländische Investmentfonds trat erst am 26. Juni 1969 in Kraft.
12 Manfred Birkholz, Wolfgang Saller: *IOS. Senkrechtstart und Absturz einer Erfolgsidee, Die Inside-Story einer Investmentgesellschaft*, Düsseldorf, 1970, S. 298. Kurt Wendt: »Die Geldmacher vom Genfer See«, *Zeit*, 16.8.1968.
13 »Das Kornfeld«, *Spiegel*, 26.2.1968.
14 Manfred Birkholz, Wolfgang Saller: *IOS. Senkrechtstart und Absturz einer Erfolgsidee*, S. 114f.
15 Ebd., S. 118.
16 Ebd., S. 138.
17 Charles Raw, Bruce Page, Godfrey Hodgson: *Gebt uns Euer Geld, wir machen Euch reich*, S. 213f.
18 Ebd., S. 202–220.
19 Ebd., S. 382.
20 »Schalterschluß. Das Ende der IOS-Liquuidation«, *Capital*, Mai 1978.
21 James Rosen: »Rogue on the Run«, *Portfolio Magazine*, Februar 2008.
22 *Spiegel*, 6.3.1995.
23 Marc Lacey, Jonathan Kandell: »A Last Vanishing Act for Robert Vesco, Fugitive«, *New York Times*, 3.5.2008.
24 »Schalterschluß. Das Ende der IOS-Liquidation«, *Capital*, Mai 1978.
25 Charles Raw, Bruce Page, Godfrey Hodgson: *Gebt uns Euer Geld, wir machen Euch reich*, S. 387 ff.
26 *Hamburger Morgenpost*, 31.1.1975. *Spiegel*, 21.5.1973.
27 Robert J. Cole: »Insurance Fight Waged in Albany«, *New York Times*, 4.4.1970.
28 Rita Flubacher: *Die Milliardenpleite. Aufstieg und Fall des Finanzjongleurs Werner K. Rey*, Frankfurt a.M., 1994, S. 20.
29 Ebd. Beat Schnell: *Wirtschaftskriminalität*, Bern, 2007.
30 Zitiert nach Rita Flubacher: *Die Milliardenpleite*, S. 25.
31 Andreas Busch, Egbert Prior: »Die IOS-Connection«, *Capital*, 1.9.1994.
32 »Kies für Spanien«, *Spiegel*, 29.11.1971.
33 Charles Raw, Bruce Page, Godfrey Hodgson: *Gebt uns Euer Geld, wir machen Euch reich*, S. 207. *Spiegel*, 26.2.1968.
34 Wolfgang Thust: *Geldmaschine Strukturvertrieb. Das Know-How aus 40 Jahren erfolgreicher Praxis in Ihren Händen*, Köln, 2010, S. 66.
35 James Rosen: »Rogue on the Run«, *Portfolio Magazine*, Februar 2008.
36 *Stern*, 7.12.2004.

37 Leo Müller: *Bankräuber. Wie kriminelle Manager und unfähige Politiker uns in den Ruin treiben*, Berlin, 2010, S. 75.

Die Schüler: Wie die Vermittlerbranche aufgebaut wurde

1 Hans Dieter Meyer: *Das Versicherungs(un)wesen – eine Branche jenseits von Recht und Wettbewerb*, München, 1990.
2 Ebd., S. 15.
3 Wolfgang Thust: *Geldmaschine Strukturvertrieb*, S. 64.
4 Ebd., S. 53.
5 Ebd., S. 27 f.
6 *Manager-Magazin*, 23.10.2013. Bilanz Deutschland, 9/2014, S. 31.
7 Carsten Maschmeyer: *Selfmade. Erfolg reich leben*, München, 2012, S. 299.
8 Ebd., S. 334.
9 Ebd., S. 65.
10 Manfred Birkholz, Wolfgang Saller: *IOS. Senkrechtstart und Absturz einer Erfolgsidee*, S. 139 f.
11 Andreas Busch, Egbert Prior: »Die IOS-Connection«, *Capital*, 1.9.1994. Unternehmensinformationen Bonnfinanz, OVB, DVAG, Tecis, AWD, Swiss Life, Prima Fonds, 2014.
12 Reinhard Schmidt-Tobler: *Tatort Glaspalast. Der authentische Report um den größten Versicherungsskandal der Republik*, Hamburg, 1993, S. 106 f.
13 Hans Dieter Meyer: *Insurance and Regulation – Services and Competition*, 1979.
14 Bund der Versicherten, Verbraucherzentrale Hamburg: *Versicherung ja, aber mit Köpfchen!*, Hamburg, 1983. Axel Kleinlein: »30 Jahre ›legaler Betrug‹«, *Handelsblatt*, 18.9.2013.
15 Hans Dieter Meyer: *Das Versicherungs(un)wesen*, S. 171.
16 Ebd., S. 16.
17 Ebd., S. 20.
18 Ebd., S. 25.
19 *Capital*, Dezember 1983.
20 »Lebenswichtige Entscheidungen zu treffen«, *Spiegel*, 19.8.1985.
21 »Unangenehme Serie«, *Spiegel*, 29.8.1988.
22 Gunhild Lütge: »Branche ohne Risiko«, *Zeit*, 30.8.1985.
23 Hans Dieter Meyer: *Das Versicherungs(un)wesen*, S. 15.
24 Ebd., S. 171.
25 »In der Grauzone«, *Spiegel*, 2.11.1987.
26 Reinhard Schmidt-Tobler: *Tatort Glaspalast*, S. 74.
27 Ebd., S. 77, Handelsregisterdaten.
28 Ebd., S. 38 f.

29 Gerd Elendt: »Der Tod des Drückers«, *Stern*, 29.9.1988.
30 Francisco Moraga: *Einfach nur die Wahrheit. Sex, Party & Versicherung – ein erfolgreicher Ego-Trip*, Mühlheim a.M., 2013.
31 Anonymos: »HMI-Rentenversicherung«, Erfahrungsbericht auf www.ciao.de, 27.5.2004, Datensicherung 6.8.2014.
32 Jürgen Damsch: »Ein HMI-Verkäufer packt aus«, *Bild am Sonntag*, 29.5.2011.
33 Francisco Moraga: *Einfach nur die Wahrheit*, S. 26 ff., 304.
34 Reinhard Schmidt-Tobler: *Tatort Glaspalast*, S. 90.
35 Stefan Ruhkamp: »Deutschlands größter Versicherungsskandal«, *Frankfurter Allgemeine Zeitung*, 1.5.2009. »Wie die Bären«, *Spiegel*, 14.9.1992. Wolfgang Köhler: »Ein fast legaler Trick«, *Zeit*, 9.4.1993. Reinhard Schmidt-Tobler: *Tatort Glaspalast*, S. 26 ff.
36 Jens de Buhr: »Wie im wilden Westen«, *Capital*, 1.6.1994.
37 Ebd. Jürgen Gaulke: »Hamburg-Mannheimer: Keine Wege aus der Krise«, *Manager-Magazin*, 1.6.1993. Die Sunset Tours GmbH in Wiesbaden stellte 1998 Konkursantrag und wurde 1999 aufgelöst (Handelsregister Wiesbaden, HRB 7417, 25.4.2014).
38 Jens de Buhr: »Wie im wilden Westen«, *Capital*, 1.6.1994. »Herr Kaiser fliegt nach Hongkong«, *Hamburger Morgenpost*, 17.2.1994.
39 Zitiert nach Hans Dieter Meyer: *Das Versicherungs(un)wesen*, S. 122.
40 Ebd., S. 126 f.
41 Thomas Wein: *Wirkungen der Deregulierung im deutschen Versicherungsmarkt. Eine Zwischenbilanz*, Karlsruhe, 2001. Thomas Rabe: *Liberalisierung und Deregulierung im Europäischen Binnenmarkt für Versicherungen*, Berlin, 1997. Hermannus Pfeiffer: »Ziemlich viel Chaos«, *Zeit*, 4.2.1999.
42 Frank Wieding: »Herr Kaiser reist weiter«, *Hamburger Morgenpost*, 13.10.1995. Jürgen Harksen, Ulf Mailänder: *Wie ich den Reichen ihr Geld abnahm. Die Karriere eines Hochstaplers*, Frankfurt a.M., 2006.
43 Sabine Rückert: »Darf's noch etwas mehr sein?«, *Zeit*, 16.4.2003.
44 Deutsche Aktuarvereinigung (DAV): 21. Mitgliederversammlung 2014, Podiumsdiskussion, Bonn, 29.4.2014.
45 Hans Dieter Meyer: *Das Versicherungs(un)wesen*, S. 188,
46 Hans Dieter Meyer: *Versicherungen – Zeitbomben in Ihrer Schublade*, München, 1998, S. 12 ff.
47 »Legaler Betrug?«, *Spiegel*, 2.3.1998.

Das Dolce Vita: Die Spaßprogramme für die Vermittler

1 Francisco Moraga: *Einfach nur die Wahrheit*, S. 54 f.
2 Albert Bechthold: »König Ebbi muss hinter Gitter«, *Wiesbadener Kurier*, 22.9.1972.

3 »Ebby Thust: Interview«, *Playboy* 1.2.1995.
4 »Noch hat Familie Thust keine Sozialhilfe beantragt«, *Wiesbadener Kurier*. 8.3.1991.
5 »Ebby Thust und Nicole Meissner festgenommen«, *Wiesbadener Kurier*, 14.11.1991.
6 Christoph Cuntz: »Toter vermutlich Opfer eines Konflikts zwischen jugoslawischen Banden«, *Wiesbadener Kurier*, 22.1.1992. »Ebby Thust, Interview«, *Playboy*, 1.2.1995.
7 Ebd.
8 Klaus Brinkbäumer: »Poussier mir den Chef«, *Spiegel*, 9.3.1998.
9 Francisco Moraga: *Einfach nur die Wahrheit*, S. 56 f.
10 Ebd., S. 112 f.
11 Ebd., S. 94 f.
12 Ebd., S. 92.
13 Ebd., S. 89 ff.
14 Bastian Bredenkötter, Karl Musiol: »*Schalten Sie um auf Erfolg!*«. *Paradoxe Versprechen von Arbeit und Anerkennung im Versicherungs-Strukturvertrieb*, Berlin, 2012, S. 177.
15 Anonymos: »Die nie endende Geschichte der HMI«, Erfahrungsbericht auf www.ciao.de, 9.9.2004, aktualisiert Februar 2008 und Juni 2010, Datensicherung 6.8.2014.
16 Bastian Bredenkötter, Karl Musiol: »*Schalten Sie um auf Erfolg!*«, S. 25.
17 Ebd., S. 107.
18 Ebd., S. 127 und 172 f.
19 Ebd., S. 164.
20 Ebd., S. 165.
21 Anonymos: »Die nie endende Geschichte der HMI«, Erfahrungsbericht auf www.ciao.de, Datensicherung 6.8.2014.
22 Bastian Bredenkötter, Karl Musiol: »*Schalten Sie um auf Erfolg!*«, S. 150 f.
23 Birgit Geissler: »Die post-industrielle Gesellschaft und der Erfolg als Handlungsmaxime. Ein Nachwort zur MLM-Studie«, in Bastian Bredenkötter, Karl Musiol: »*Schalten Sie um auf Erfolg!*«, S. 177.
24 Francisco Moraga: *Einfach nur die Wahrheit*, S. 81 und 98.
25 Wolfgang Thust: *Geldmaschine Strukturvertrieb*, S. 85.
26 Reinhard Schmidt-Tobler: *Tatort Glaspalast*, S. 156 ff.
27 Götz Wricke auf einer Tagung der HMI-Organisation in Bonn, 2003, zitiert nach Francisco Moraga: *Einfach nur die Wahrheit*, S. 9.
28 Webseite www.klaus-gunkel.de, Datensicherung 24.4.2014.

Betrug im Glaspalast: Das Spielfeld der Hasardeure

1 Hans Dieter Meyer: *Das Versicherungs(un)wesen*, S. 173.
2 Neumann Investment Control AG: HR-Nr. CH-440.3.013.595-2, Stansstad, 27.12.2001–18.3.2003.
3 Christian Ramthun: »Genau unter die Lupe nehmen«, *Wirtschaftswoche*, 4.12.2003.
4 Victoria: *Geschäftsbericht 2003*, Düsseldorf, 27.4.2004.
5 Um den Versicherungskritiker Hans Dieter Meyer wurde es still. 2002 wurde er wegen eines Sexualdelikts zu einer mehrjährigen Gefängnisstrafe verurteilt, beim Bund der Versicherten bekam er Hausverbot. *Stern*, 31.5.2007.
6 Michael Adams: »Die Kapitallebensversicherung als Anlegerschädigung«, *Zeitschrift für Wirtschaftsrecht* 43, 24.10.1997.
7 Holger Balodis, Dagmar Hühne: *Die Vorsorge-Lüge*, S. 21.
8 MaschmeyerRürup AG Independent International Consultancy: Jahresberichte 2009–2012.
9 Albrecht Müller: »Riester-Rürup-Täuschung«, *Nachdenkseiten.de*, 25.4.2008.
10 Holger Balodis, Dagmar Hühne: *Die Vorsorge-Lüge*, S. 149 ff.
11 Hansainvest: Verkaufsprospekt Primus Inter Pares, Hamburg, 2012. Performancedaten, Stand 1.6.2014.
12 Santos GmbH, Leipzig, und Gruschovnik Vermögensverwaltungs GmbH, München: Jahresberichte 2007–2012.
13 Santos.de: Webseite, Datensicherung 9.6.2014.
14 Federal Bureau of Investigation: »Wanted-Database: Florian Homm«, Datensicherung 16.8.2014.
15 United States District Court, Central District of California: Securities and Exchange Commission vs. Todd M. Ficeto, Florian Homm et al., Complaint, 24.2.2011, Az. 2:11-cv-01637. United States District Court for the Central District of California: U.S. vs. Florian Wilhelm Jurgen Homm, Indictment, 18.3.2013, Az. 2:13-mj-00740, 2:13-cr-00183.
16 Florian Homm: *Kopf Geld Jagd. Wie ich in Venezuela niedergeschossen wurde, während ich versuchte, Borussia Dortmund zu retten*, München, 2012.
17 Bastian Obermayer, Klaus Ott: »Eine Erscheinung«, *Süddeutsche Zeitung*, 12.8.2014.
18 Leo Müller: *Bankräuber*, S. 203 ff. Leo Müller: »Große Klappe, deftige Anklage«, *Bilanz*, 11.3.2011. Leo Müller: »Verpfiffen!«, *Bilanz*, 22.3.2013.
19 Leo Müller: »Geprüft, verlocht«, *Bilanz*, 21.5.2010. Reichmuth Matterhorn: Geprüfte Jahresberichte 2006–2009, Luzern, 2007–2010.
20 »The Absolute Diversified HOMM Select I-A Index« (ISIN DE000SEB1

Z30) und »The Absolute Diversified HOMM Select I-B Index« (ISIN DE000SEB1Z48). SEB-Bank: Kundenmitteilung, 28.9.2007. *Handelsblatt*, 31.3.2008. SEB-Bank: Bekanntmachung über die Kündigung von »Alternative-Investment-Zertifikate bezogen auf The Absolute Diversified HOMM Select I-A Index (ISIN: DE000SEB1Z30)« und »Alternative-Investment-Zertifikate bezogen auf The Absolute Diversified HOMM Select I-B Index (ISIN: DE000SEB1Z48)«, Frankfurt a.M., 21.9.2007.

21 Christoph Rottwilm: »Prozessberichte Wölbern«, *Manager-magazin Online*, 19.5.2014–13.8.2014. *Hamburger Abendblatt*, 24.6.2014. *Bild*, 18.6.2014. *Handelsblatt*, 21.5.2014. *Süddeutsche Zeitung*, 20.5.2014. *Frankfurter Allgemeine Zeitung*, 20.5.2014.

22 Patrick Bernau: »Ein Jungspund mit der Lizenz zum Geldverdienen«, *Frankfurter Allgemeine Sonntagszeitung*, 25.1.2009.

23 *VK 1 Index-Zertifikate*, Verkaufsprospekt, Hamburg, 31.12.2004.

24 Leo Müller: *Bankräuber*, S. 220 ff.

25 *Handelsblatt*, 3.11.2009.

26 Staatsanwaltschaft Würzburg: Haftbefehl gegen Helmut Kiener, 20.10.2009, Az. 1 GS 6350/09. *Süddeutsche Zeitung*, 26.2.2013.

27 United States Court for the Eastern District of Pennsylvania: U.S. vs. Helmut Kiener, Indictment, 7.2.2013, Az. 2:13-cr-00062. Federal Bureau of Investigation: Charges Allege $311 Million Global Hedge Fund Fraud Scheme, 7.2.2013. United States District Court for the Eastern District of Pennsylvania: U.S. vs. John C. Tausche, Information, 7.2.2013. *Süddeutsche Zeitung*, 31.10.2009 und 9.2.2013.

28 *Handelsblatt*, 13.11.2013 und 28.3.2014. Kübler Rechtsanwälte: Gläubigerinformation, Dresden, 23.5.2014.

29 *Handelsblatt*, 13.3.2014.

30 *Tages-Anzeiger*, 29.10.2014.

31 Jens Hagen: »Auf Kundenfang für S&K«, *Handelsblatt*, 17.4.2014.

32 FD-VersR 2009, 279497. *Financial Times Deutschland*, 5.4.2009.

33 Bundesministerium des Innern: *Polizeiliche Kriminalstatistik 2013*, Berlin, 2014.

34 Bundeskriminalamt: *Wirtschaftskriminalität. Bundeslagebild 2013*, Wiesbaden, 2014. Bundesministerium des Innern: *Polizeiliche Kriminalstatistik 2013*, Berlin, 2014.

35 Hansjörg Ryser, Leo Müller: »Vorsicht Anlegerfalle«, *Bilanz*, 29.7.2011.

36 Interview mit dem Betroffenen, im Archiv des Autors. Ergo-Webseite, Datensicherung Juli 2014.

37 Bastian Bredenkötter, Karl Musiol: »*Schalten Sie um auf Erfolg!*«, S. 130.

Politische Schubkraft: Mit Tricks gegen Kaufwiderstände

1 Pyramidon AG: Webseite, Datensicherung 26.7.2014.
2 Iris Pfeifer, Philip Steden (Prognos AG): *Direktvertrieb in Deutschland – Marktanalyse und Konsumentenbefragung (Kurzfassung)*, Basel, 30.5.2005, S. 5.
3 Stefan Scheytt: »Freiheit, Gleichheit, Unsicherheit«, *Brand eins* 2/2007.
4 Klaus Stern: *Versicherungsvertreter. Die erstaunliche Karriere des Mehmet Göker*, Dokumentarfilm (DVD), 30.11.2012.
5 Kathinka Birkhardt: »Ich hab so ein krasses Leben!«, *Financial Times Deutschland*, 8.3.2012. Thomas Schmitt: »Seine Häuser, seine Autos, seine Vorbilder«, *Handelsblatt*, 14.12.2012. *Stern*, 25.2.2010. *Spiegel online*, 11.3.2012. Markus Grill: »Mutti ist jetzt Chef«, *Spiegel*, 25.3.2013.
6 Hermann-Josef Tenhagen (ehemals *Finanztest*) in der Laudatio für Autor Klaus Stern, 2013.
7 Klaus Stern: *Versicherungsvertreter. Die erstaunliche Karriere des Mehmet Göker*, Dokumentarfilm (DVD), 30.11.2012.
8 Markus Grill: »Nur du bist das Gesetz«, *Spiegel*, 22.11.2010.
9 MEG AG: *Jahresbericht 2007*, Kassel, März 2009.
10 Ebd.
11 Ozan Demircan: »Mehmet Göker ist wieder da!«, *Handelsblatt*, 21.8.2014. *HNA*, 9.2.2012. *Frankfurter Rundschau*, 16.1.2010. *Taz*, 4.1.2010. *Börsen-Zeitung*, 19.6.2012. *Spiegel online*, 21.11.2010. *Spiegel*, 22.11.2010.
12 Pyramidon AG: *Statuten*. Leithum, Luxemburg, 14.12.2001. Pyramidon AG: *Protokoll der Außerordentlichen Generalversammlung*, Weiswampach, Luxemburg, 19.3.2014.
13 Pyramidon AG: Webseite, Datensicherung 26.7.2014.
14 Jürgen Damsch: »Ein HMI-Verkäufer packt aus«, *Bild am Sonntag*, 29.5.2011.
15 Wolfgang Thust: *Geldmaschine Strukturvertrieb*, S. 65.
16 Gesamtverband der Deutschen Versicherungswirtschaft (GDV): »Versicherer erwarten 2010 weiteren Beitragssprung« (Pressemitteilung), Berlin, 18.11.2010.
17 Wolfgang Thust: *Geldmaschine Strukturvertrieb*, S. 23.
18 Gesamtverband der Deutschen Versicherungswirtschaft (GDV): »Versicherer erwarten 2010 weiteren Beitragssprung« (Pressemitteilung), Berlin, 18.11.2010.
19 Annina Reimann: »Lebensversicherung: Wie wenig Rendite noch?«, *Wirtschaftswoche*, 10.3.2010.
20 Nadine Oberhuber: »Kurz gezahlt, lange gelitten«, *Zeit*, 1.6.2013.
21 *Ökotest*, 1.10.2010.
22 Holger Balodis, Dagmar Hühne: *Die Vorsorge-Lüge*, S. 28.

23 Siehe Prognos-Studie 2005, zitiert nach Bastian Bredenkötter, Karl Musiol: »*Schalten Sie um auf Erfolg!*«, S. 15.
24 Gesamtverband der Deutschen Versicherungswirtschaft (GDV): »Verhaltenskodex des Gesamtverbandes der Deutschen Versicherungswirtschaft für den Vertrieb von Versicherungsprodukten«, Berlin, 14.11.2012.
25 Gesamtverband der Deutschen Versicherungswirtschaft (GDV): »Beitrittsliste«, Berlin, 1.7.2013.
26 Ralf-Peter Prack, André Czerwionka: *Verkauf von Versicherungen und Finanzdienstleistungen ist (k)eine Magie*, Wiesbaden, 2011.
27 Ebd., S. 99 ff.
28 Jürgen Damsch: »Ein HMI-Verkäufer packt aus«, *Bild am Sonntag*, 29.5.2011.
29 Gesamtverband der Deutschen Versicherungswirtschaft (GDV), PKV-Verband: Statistiken, Juli 2014.
30 Renate Köcher: »Aktuelle Daten zur Altersvorsorge der Deutschen«, Präsentation, Berlin, 26.1.2012.
31 Ergo: *Konzerngeschäftsbericht 2011*, Hamburg, 2012, S. 132–142.
32 Münchner Rückversicherungsgesellschaft: »Ordentliche Hauptversammlung«, stenographisches Protokoll, München, 28.4.2010, S. 35.
33 Ergo Versicherungsgruppe AG: »Ordentliche Hauptversammlung«, stenographisches Protokoll, Düsseldorf, 12.5.2011, S. 28. *Handelsblatt*, 25.11.2009.
34 Marktkapitalisierung, Stand 10.8.2014: Deutsche Lufthansa 5,635 Milliarden Euro, Fresenius 6,486 Milliarden Euro.
35 Münchner Rückversicherungsgesellschaft: »Ordentliche Hauptversammlung«, stenographisches Protokoll, München 28.4.2010, S. 35.

Full Service in Budapest: Wie die Ergo-Manager ihren Vertrieb motivierten

1 Schreiben Blacksmith Fund Ltd., 27.11.2011.
2 Sönke Iwersen: »Korrektur mit erheblichem Aufwand möglich«, *Handelsblatt*, 4.10.2012.
3 Formaxx AG, Direktion Berlin: Unternehmensangaben, Berlin, Juli 2014 (Ergebnis der gewöhnlichen Geschäftstätigkeit im Geschäftsjahr 2012/13: –1,249 Millionen Euro). Die Mayflower Capital AG übernahm zum 1. Oktober 2013 75,3 Prozent der Aktien der Formaxx AG.
4 Ulf Redanz: *Besteuerung von Termingeschäften in Aktienindizes*, Wiesbaden, 1995.
5 Francisco Moraga: *Einfach nur die Wahrheit*, S. 113.

6 Ergo Konzernrevision: *Fachbericht zur Prüfung HMI-Wettbewerbsreise – Budapest 2007*, 3.6.2011, S. 9 ff.
7 Jürgen Damsch u.a.: »Ich verweigerte mich«, *Bild am Sonntag*, 21.5.2011.
8 Francisco Moraga: *Einfach nur die Wahrheit*, S. 113.
9 Ergo Konzernrevision: *Fachbericht zur Prüfung HMI-Wettbewerbsreise – Budapest 2007*, 3.6.2011.
10 Ebd., S. 31.
11 Michael Lewis: *Boomerang. Europas harte Landung*, Frankfurt a.M., 2011, S. 184.
12 Sönke Iwersen: »Interner Bericht enthüllt Details der Ergo-Affäre«, *Handelsblatt*, 14.8.2012.
13 Ergo Konzernrevision: *Fachbericht zur Prüfung HMI-Wettbewerbsreise – Budapest 2007*, 3.6.2011, S. 20. Sönke Iwersen: »Interner Bericht enthüllt Details der Ergo-Affäre«, *Handelsblatt*, 14.8.2012.
14 Ergo Konzernrevision: *Bericht zur Prüfung HMI-Strukturvertrieb – Wettbewerbsreisen nach Jamaika 2009/2011*.
15 Ergo Konzernrevision: *Bericht zur Prüfung HMI-Strukturvertrieb – Wettbewerbsreise nach Jamaika/New York 2010 in der Generalrepräsentanz [F]*, Hamburg, 24.6.2011.
16 Sönke Iwersen: »Interner Bericht enthüllt Details der Ergo-Affäre«, *Handelsblatt*, 14.8.2012.
17 Ergo Konzernrevision: *Fachbericht zur Prüfung HMI-Wettbewerbsreise – Budapest 2007*, 3.6.2011.
18 Nadine Oberhuber: »Der Ergo-Chef redet Klartext«, *FAZ*, 4.7.2011.
19 »Middelhoffs Erben 2012«, *Wirtschaftswoche*, 22.12.2012, S. 74.
20 Dietmar Palan, Dietmar Student: »Hall of Shame«, *Manager-Magazin* 8/2013, S. 38 ff. Dietmar Palan: »Zurück in der Spur«, *Manager-Magazin* 2/2014, S. 53 ff.
21 Ergo Konzernrevision: *Fachbericht zur Prüfung HMI-Wettbewerbsreise – Budapest 2007*, 3.6.2011. Sönke Iwersen: »Interner Bericht enthüllt Details der Ergo-Affäre«, *Handelsblatt*, 14.8.2012. Torsten Oletzky, Interview, *Bild*, 9.6.2011.
22 Anne Seith: »Unglaublich peinlich: Interview Torsten Oletzky«, *Spiegel*, 23.5.2011.
23 Sönke Iwersen: »Interner Bericht enthüllt Details der Ergo-Affäre«, *Handelsblatt*, 14.8.2012.
24 Ergo Konzernrevision: *Managementbericht zur Prüfung, HMI-Wettbewerbsreise – Budapest 2007*, Hamburg, 3.6.2011, S. 8. Sönke Iwersen: »Interner Bericht enthüllt Details der Ergo-Affäre«, *Handelsblatt*, 14.8.2012.
25 Ergo Konzernrevision: *Fachbericht zur Prüfung HMI-Wettbewerbsreise – Budapest 2007*, S. 4.

26 Ergo Konzernrevision: *Bericht zur Prüfung HMI-Strukturvertrieb – Wettbewerbsreisen nach Jamaika 2009/2011 in der Geschäftsstelle Frankfurt*, Hamburg, 16.6.2011.
27 Wolfgang Gehrmann: »Der Rolling Stone«, *Zeit*, 13.7.2000.
28 Hans Sedlmaier: *Firmenjäger. Wie Raider Unternehmen kaufen, zerschlagen und verschachern*, Frankfurt a.M., 2003, S. 141 ff. Hans-Jürgen Jakobs: »Der Störer«, *Süddeutsche Zeitung*, 11.8.2012. Robert Landgraf: »Der Mann hinter dem Kirch-Kompromiss«, *Handelsblatt*, 15.2.2012. Joachim Jahn, Carsten Knop, Henning Peitsmeier: »Deutsche Bank lässt Vergleich mit Kirch platzen«, *Frankfurter Allgemeine Zeitung*, 1.3.2012. Robert Landgraf: »Clemens Vedder nimmt Dax-Konzerne ins Visier«, *Handelsblatt*, 25.1.2010.
29 »Die 500 reichsten Deutschen«, *Manager-Magazin Spezial* 11A/2013.
30 »›Hart am Rande der Legalität‹: Interview Clemens Vedder«, *Manager-Magazin* 10/2003. »Ich fühle mich eher den Piranhas nahe!«, *Handelsblatt online*, 8.12.2011.
31 Ergo: *Konzerngeschäftsbericht 2011*, Hamburg, 2012, S. 6.
32 *Handelsblatt*, 20.4.2011.
33 Sönke Iwersen: »Korrektur mit erheblichem Aufwand möglich«, *Handelsblatt*, 4.10.2012.
34 Sönke Iwersen: »Interner Bericht enthüllt Details der Ergo-Affäre«, *Handelsblatt*, 14.8.2012.
35 Ebd.
36 Christoph Pauly, Anne Seith: »Das Erbe des Herrn Kaiser«, *Spiegel*, 18.7.2011.
37 Sönke Iwersen: »Korrektur nur mit erheblichem Aufwand möglich«, *Handelsblatt*, 4.10.2012.
38 Ebd.
39 Ebd.
40 Ebd.
41 Ergo Konzernrevision: *Fachbericht zur Prüfung HMI-Wettbewerbsreise – Budapest 2007*, 3.6.2011, S. 22.
42 Bruno Viggen: *Lasst uns über Budapest reden. Ergo Kundenbericht*, Hamburg, 2012, S. 179.

Das Desaster: Wie sich die Ergo-Manager verhedderten

1 »Ich fühle mich eher den Piranhas nahe!«, *Handelsblatt online*, 8.12.2011.
2 Sönke Iwersen: »Korrektur mit erheblichem Aufwand möglich«, *Handelsblatt*, 4.10.2012.
3 Sönke Iversen: »Herr Kaier auf Lustreise«, *Handelsblatt*, 19.5.2011. Sönke

Iwersen: »Interner Bericht enthüllt Details der Ergo-Affäre«, *Handelsblatt*, 14.8.2012.
4 Jens Hagen, Dörte Jochims, Thomas Schmitt: *Vorsicht Vermittler! Die fiesen Tricks von Finanzberatern und Versicherungsvertretern*, München, 2014.
5 Ergo Konzernrevision: *Fachbericht zur Prüfung HMI-Wettbewerbsreise – Budapest 2007*, 3.6.2011, S. 10.
6 Bruno Viggen: *Lasst uns über Budapest reden*. Ergo Kundenbericht, Hamburg, 2012, S. 179. Ergo Konzernrevision: Fachbericht zur Prüfung HMI-Wettbewerbsreise – Budapest 2007, 3.6.2011, S. 11.
7 Ebd., S. 4.
8 Ebd., S. 23.
9 Bruno Viggen: *Lasst uns über Budapest reden,* S. 179.
10 Anne Seith: »Unglaublich peinlich: Interview Torsten Oletzky«, *Spiegel*, 23.5.2011.
11 *Spiegel online*, 24.5.2011.
12 Ergo Konzernrevision: *Fachbericht zur Prüfung HMI-Wettbewerbsreise – Budapest 2007*, 3.6.2011, S. 37.
13 Christoph Pauly, Anne Seith: »Das Erbe des Herrn Kaiser«, *Spiegel*, 18.7.2011.
14 Bruno Viggen: *Lasst uns über Budapest reden,* S. 179.
15 Ergo: *Konzerngeschäftsbericht 2011*, Hamburg, 2012, S. 6.
16 »Torsten Oletzky, Interview«, *Bild*, 9.6.2011.
17 Sönke Iwersen: »Korrektur mit erheblichem Aufwand möglich«, *Handelsblatt*, 4.10.2012.
18 »Torsten Oletzky, Interview«, *Bild*, 9.6.2011.
19 Ergo Konzernrevision: *Bericht zur Prüfung HMI-Strukturvertrieb – Top Five Clubreise nach Mallorca vom 12.09.–15.09.2005*, Hamburg, 16.6.2011. Ergo Konzernrevision: *Bericht zur Prüfung HMI-Strukturvertrieb – Wettbewerbsreise nach Jamaika/New York 2010 in der Generalrepräsentanz [F]*, Hamburg, 24.6.2011.
20 Herbert Fromme: »Ergo stellt Strafanzeige wegen Erpressung«, *Financial Times Deutschland*, 10.6.2011 (unveröffentlichter Artikel, im Archiv des Autors).
21 Hans-Jürgen Jakobs: »Der Störer«, *Süddeutsche Zeitung*, 11.8.2012.
22 Reinhard Kowalewsky: »Ergo droht Milliardenklage«, *Rheinische Post*, 19.7.2011.
23 Ozan Demircan: »Ruf zu verlieren«, *Handelsblatt*, 14.2.2014.
24 Klaus Ott: »Von Sex-Skandal zur Milliarden-Forderung«, *Süddeutsche Zeitung*, 8.6.2012.
25 Ergo: *Konzerngeschäftsbericht 2011*, Hamburg, 2012, S. 6.
26 Kapital-Markt-Intern: Pressemitteilung, 2.8.2011.

27 Ergo: *Richtlinie für die Ausschreibung und Ausgestaltung von Incentives*, 5.8.2011.
28 Sönke Iwersen:»Korrektur mit erheblichem Aufwand möglich«, *Handelsblatt*, 4.10.2012.
29 Ebd.
30 Ergo: *Konzerngeschäftsbericht 2011*, Hamburg, 2012, S. 6.
31 Ebd.
32 Ergo: Presseinformation, 2.9.2011.
33 *Financial Times Deutschland*, 9.12.2011.
34 Ergo: *Konzerngeschäftsbericht 2011*, Hamburg, 2012, S. 6.
35 Ergo: Telefon-Pressekonferenz, Mitschnitt, 12.8.2011.
36 Ergo: *Konzerngeschäftsbericht 2011*, Hamburg, 2012, S. 27.
37 Ergo: *Konzerngeschäftsbericht 2010*, Hamburg, 2011, S. 32.
38 Ergo: *Konzerngeschäftsbericht 2011*, Hamburg, 2012, S. 52.
39 Ebd., S. 3.
40 Staatsanwaltschaft Düsseldorf: Schreiben, 30.5.2012, Az. 130 Js 39/11.
41 Sönke Iwersen:»Ergo soll eine Milliarde Schadenersatz zahlen«, *Handelsblatt*, 7.6.2012. *Spiegel online*, 8.6.2012. *Spiegel*, 11.6.2012.
42 Thomas Tuma:»Ergo-Shooter«, *Spiegel*, 3.9.2012.
43 Herbert Fromme:»Für Ergos Vertreter ist der Spaß vorbei«, *Financial Times Deutschland*, 1.10.2012.
44 Francisco Moraga: *Einfach nur die Wahrheit*, S. 239–245.
45 Munich Re AG: *Hauptversammlung*, stenographisches Protokoll, München, 25.4.2013, S. 139 f.
46 Ergo Konzernrevision: *Bericht zur Prüfung HMI-Strukturvertrieb – Wettbewerbsreisen nach Jamaika 2009/2011 in der Geschäftsstelle Frankfurt (Leiter [Y1])*, 16.6.2011, S. 4. Ergo Lebensversicherung AG: *Rüge von X*, Hamburg, 9.7.2011.
47 Francisco Moraga: *Einfach nur die Wahrheit*, S. 263.
48 Ebd., S. 253 ff.
49 Ebd., S. 281 ff.
50 Ergo Konzernrevision: *Bericht zur Prüfung HMI-Strukturvertrieb – Wettbewerbsreisen nach Jamaika 2009/2011 in der Geschäftsstelle Frankfurt (Leiter [Y1])*, 16.6.2011.
51 John O'Gara: *Corporate Fraud. Case Studies in Detection and Prevention*, Hoboken 2004. Thomas C. Knieriem, Markus Rübenstahl, Michael Tsambikakis: *Internal Investigations*, Heidelberg, 2013. Dan K. Webb, Robert W. Tarun, Steven F. Molo: *Corporate Internal Investigations*, New York, 2014. Thomas C. Golden u.a.: *A Guide to Forensic Accounting Investigation*, Hoboken, 2011.

52 Ergo: Webseite www.ergo.com/de/Unternehmen/Overview/Corporate-Governance/Transparenz/Wettbewerbsreisen-Incentives, Datensicherung 4.10.2012.
53 *Financial Times Deutschland*, 17.11.2011, S. 5.
54 Mitteilungen der Staatsanwaltschaft Hamburg, 25.7.2014 und 28.7.2014.
55 Björn Wichert: »Von diesen Gesellschaften wollen die Vertreter weg«, *Versicherungs-Journal*, 17.1.2014.
56 Benedikt Herles: *Die kaputte Elite. Ein Schadensbericht aus unseren Chefetagen*, München, 2013, S. 143.
57 »Ich fühle mich eher den Piranhas nahe!«, *Handelsblatt online*, 8.12.2011.
58 Staatsanwaltschaft Düsseldorf: Schreiben, 3.1.2014, Az. 130 Js 39/11.
59 Nikolaus von Bomhard: Schreiben an Clemens Vedder, München, 4.4.2014.
60 Dietmar Palan, Dietmar Student: »Hall of Shame«, *Manager-Magazin* 8/2013, S. 38 ff. *Manager Magazin online*, 20.3.2013. *Wirtschaftswoche*, 20.3.2013.
61 Lutz Reiche: »Sie hätten Herrn Kaiser nicht schlachten dürfen«, Interview Manfred Poweleit, *Manager-Magazin*, 7.9.2012.
62 Bruno Viggen: *Lasst uns über Budapest reden*, S. 179.

**Verkaufsmaschine AWD: Wie Vertriebskönig
Carsten Maschmeyer seine Kunden verkaufte**

1 Carsten Maschmeyer: *Selfmade*, S. 7.
2 Michael Fröhlingsdorf, Markus Grill, Christoph Schwennicke: »Mitten im größten Geldklumpen«, *Spiegel*, 5.3.2011.
3 »Halbe Wahrheit«, *Spiegel*, 13.6.1977. Manfred Birkholz, Wolfgang Saller: *IOS. Senkrechtstart und Absturz einer Erfolgsidee*, S. 298. »Neues Loch«, *Spiegel*, 30.3.1981.
4 Zitiert nach Michael Fröhlingsdorf, Markus Grill, Christoph Schwennicke: »Mitten im größten Geldklumpen«, *Spiegel*, 5.3.2011.
5 Ebd.; Ulrich Lohrer: »Wenn Vermittler die Risiken verschweigen«, *Handelsblatt*, 2.3.2012. Oberlandesgericht Naumburg: Urteil, 1.2.2012, Az.: 5 U 187/1. Landgericht Braunschweig: Az.: 5 O 1976/10. *Frankfurter Allgemeine Zeitung*, 22.2.2012.
6 *Süddeutsche Zeitung*, 13.9.2012. DPA, 13.9.2012. *Stuttgarter Zeitung*, 31.8.2012. Az. 18 U 79/11.
7 Markus Zydra: »Die 15-Prozent-Frage«, *Süddeutsche Zeitung*, 29.9.2011.
8 Michael Fröhlingsdorf, Markus Grill, Christoph Schwennicke: »Mitten im größten Geldklumpen«, *Spiegel*, 5.3.2011.

9 Joachim Reuter, Johannes Röhrig: »Ein Sieger und ganz viele Verlierer«, *Stern*, 10.3.2011. *Test*, 20.3.2001.
10 »Walter Fink wegen Untreue verwarnt«, *Test.de*, 18.1.2005.
11 Fondsbörse Deutschland: www.zweitmarkt.de, Stand 3.5.2014.
12 Leo Müller, Dirk Ruschmann: »Alte Fälle, neuer Ärger«, *Bilanz*, 25.3.2011.
13 Michael Fröhlingsdorf, Markus Grill, Christoph Schwennicke: »Mitten im größten Geldklumpen«, *Spiegel*, 5.3.2011.
14 AWD Holding AG: *Konzernabschluss 2007*, Hannover, 2008.
15 Michael Fröhlingsdorf, Markus Grill, Christoph Schwennicke: »Mitten im größten Geldklumpen«, *Spiegel*, 5.3.2011.
16 Zitiert nach ebd.
17 Dirk Schütz: »Gemeinsam ins Unglück«, *Bilanz*, 14.12.2012.
18 Schreiben der Swiss Life an den Autor, 6.9.2012.
19 Pascal Ihle: »AWD bringt neuen Schwung«, *Handelszeitung*, 26.3.2008. Daniel Zulauf: »Swiss Life begeistert«, *Basler Zeitung*, 28.3.2008. Werner Rüedi: »Meilensteine gesetzt«, *Schweizer Versicherung*, 1.1.2008.
20 Bundesamt für Privatversicherungen: *Abschluss der Untersuchungen betreffend Rentenanstalt*, Bern 7.4.2003. Peter Josi: »Rentenanstalt-Manager werden zur Kasse gebeten«, *NZZ*, 20.7.2013. *NZZ*, 24.5.2012. *Tages-Anzeiger*, 24.5.2012. *Le Temps*, 28.10.2010. Peter Hossli, Anton Ladner, Leo Müller, Roman Seiler: »Die vielen Angeschuldigten lachen sich ins Fäustchen«, *Cash*, 5.1.2006. *Bilanz online*, 1.9.2014. *NZZ*, 2.9.2014. *Der Bund*, 24.5.2012.
21 *Der Spiegel*, 12.3.2011.
22 Leo Müller: »Wenn der Staatsanwalt klingelt«, *Cash*, 1.2.2007.
23 Az. II ZR 213/08, Az. ZR 249/09 und Az. III ZR 144/10.
24 Leo Müller: »Klotz am Bein«, *Bilanz*, 27.7.2012.
25 Dirk Schütz: »Gemeinsam ins Unglück«, *Bilanz*, 14.12.2012.
26 *Frankfurter Allgemeine Zeitung*, 5.11.2013.
27 Swiss Life Deutschland Vertriebsholding AG: *Jahresabschluss 2012*, Hannover, 2013.
28 *Stuttgarter Zeitung*, 29.5.2013.

Im Dunkelfeld: Versorgungswerke ohne Durchblick

1 Manfred Birkholz, Wolfgang Saller: *IOS. Senkrechtstart und Absturz einer Erfolgsidee*, S. 192.
2 Nordrheinische Ärzteversorgung: *Geschäftsbericht 2012*, Düsseldorf, 2013.
3 Litos, Kriton-Immobilien, Panamerica: Webseiten, Datensicherung April 2014.

4 Manfred Birkholz, Wolfgang Saller: *IOS. Senkrechtstart und Absturz einer Erfolgsidee*, S. 151, 301.
5 Pramerica Real Estate International AG: Pressemitteilung, 12.4.2012, Berlin, 2013.
6 Berliner Ärzteversorgung: »Wesentliche Daten des Geschäftsjahres 2012«, Factsheet.
7 Arbeitsgemeinschaft berufsständischer Versorgungseinrichtungen: »Verlässlich und generationenfest«, www.abv.de, 28.9.2014.
8 *Institutional-Investment*, 15.5.2013. *Portfolio Institutionell*, 17.4.2013 und 18.9.2013.
9 Zentrales Versorgungswerk für das Dachdeckerhandwerk VVaG: *Jahresabschluss 2012*, Wiesbaden, 2013.
10 Versorgungswerk der Steuerberater im Land Nordrhein-Westfalen: *Bilanz und GuV 2012, Lagebericht 2012*, Düsseldorf, 2013.
11 Az. 5 StR 600/07 und 263/08. *Frankfurter Allgemeine Zeitung*, 15.7.2009. *Portfolio Institutionell*, 9.9.2009.
12 Landgericht Düsseldorf: Urteil vom 12.2.2009. Jan F. Wagner: »Verdacht auf Untreue. Leiter eines Versorgungswerks angeklagt«, *Portfolio Institutionell*, 6.5.2008.
13 Commerz Real Spezialfondsgesellschaft mbH: *Jahresabschluss 2010, Jahresabschluss 2011, Jahresabschluss 2012* und *Halbjahresabschluss 2013*, Wiesbaden, 2011–2013.
14 HF-Fonds X Unternehmensbeteiligungsgesellschaft mbH: *Jahresabschluss 2012*, Hannover, 2013.
15 Arbeitsgemeinschaft berufsständischer Versorgungseinrichtungen: »Verlässlich und generationenfest«, www.abv.de, 28.9.2014.
16 Arbeitsgemeinschaft berufsständischer Versorgungseinrichtungen: *Daten und Fakten*, Berlin, 2014. Anne Seith: »In der Zinsfalle«, *Spiegel*, 6.5.2013. Silke Bigalke: »Sorgen um die Vorsorge«, *Süddeutsche Zeitung*, 1.8.2013.
17 Jeanne Diestelldorf: »Rentenchaos für Freiberufler«, *Impulse*, 1.1.2008.
18 Deutscher Bundestag: »Antwort der Bundesregierung auf die Kleine Anfrage der Fraktion der SPD«, *Drucksache* 17/497, Berlin, 22.1.2010.
19 Matthias Thieme: »Kartell der Geheimniskrämer«, *Capital*, 1.10.2012.
20 Bayerische Versorgungskammer: E-Mail an den Autor, München, 17.6.2014.
21 Bayerische Versorgungskammer: E-Mail an den Autor, München, 3.7.2014.
22 *Gesetz über das öffentliche Versorgungswesen (VersoG)*, Artikel 21, Absatz 1, Satz 3.
23 Silke Bigalke: »Sorgen um die Vorsorge«, *Süddeutsche Zeitung*, 1.8.2013.
24 »Newsflash«, *Portfolio Institutionell*, 9.3.2011.

25 Bioceuticals Arzneimittel AG: *Jahresabschluss 2011* und *Jahresabschluss 2012*, Bad Vilbel, 2012–2013.
26 Bayerische Ärzteversorgung: *Jahresabschluss 2012 und Bestätigungsvermerk (Kurzfassung, Auszug)*, München, 24.7.2013.
27 Presse-Versorgung: *Geschäftsbericht 2012*, Stuttgart, 2013, S. 19 und 47.
28 Deutsche Aktuarvereinigung (DAV): 21. Mitgliederversammlung 2014, Podiumsdiskussion, Bonn, 29.4.2014.
29 Versorgungswerk der Ärztekammer Hamburg: »Mitteilung zum *Capital*-Artikel, Oktober 2012«, Webseite, Datensicherung April 2014.
30 Anne Seith: »In der Zinsfalle«, *Spiegel*, 6.5.2013.
31 ABV: Pressemitteilung, Berlin, 6.5.2013.
32 ABV: Pressemitteilung, Berlin, 19.11.2013.
33 Florian Rinke: »Zinstief trifft Rente von Freiberuflern«, *RP-Online*, 6.7.2013.
34 Deutsche Aktuarvereinigung (DAV): 21. Mitgliederversammlung 2014, Podiumsdiskussion, Bonn, 29.4.2014.
35 *Welt*, 5.12.2013. *Frankfurter Allgemeine Zeitung*, 3.12.2013. Deutscher Bundestag: »Gesetzentwurf der Bundesregierung: Entwurf eines Gesetzes über Leistungsverbesserungen in der gesetzlichen Rentenversicherung«, *Drucksache 18/909*, 25.3.2014.
36 Versorgungswerk der Rechtsanwälte in Berlin: Mitteilung, o.D. *Apotheke adhoc*, 21.6.2013.
37 Bayerischer Oberster Rechnungshof: »Anmerkungen zur Stellungnahme des Staatsministeriums des Innern«, München, 16.12.2009.
38 Staatsministerium des Innern, für Bau und Verkehr: »Stellungnahme«, München, 2.1.2014.
39 Silke Bigalke: »Sorgen um die Vorsorge«, *Süddeutsche Zeitung*, 1.8.2013. Matthias Thieme: »Kartell der Geheimniskrämer«, *Capital*, 1.10.2012.
40 *SonntagsZeitung*, 9.6.2013.
41 Publica: *Geschäftsbericht 2012*, Bern, 2013.
42 Josef Zopp, René Weibel: »Am Zins sollt ihr sie erkennen«, *SonntagsZeitung*, 9.6.2013.
43 Complementa: *Risiko Check-up 2013. Zur aktuellen Lage schweizerischer Pensionskassen*, St. Gallen, 2013.
44 *Tages-Anzeiger*, 28.10.2013.
45 Gery Schwager: »Prämien für Pensionskasse sind überhöht«, *K-Tipp*, 15.1.2014.
46 Charlotte Jacquemart: »Tiefere Renten wegen Provisionen«, *NZZ am Sonntag*, 25.5.2014.
47 BGE 4A_266/2010. Charlotte Jacquemart: »Kickbacks gehören den Versicherten«, *NZZ am Sonntag*, 6.11.2011.
48 *NZZ*, 12.8.2014.

49 *Portfolio Institutionell*, 24.5.2013. *Tages-Anzeiger*, 16.5.2013. *Sonntags-Zeitung*, 24.6.2012.
50 *NZZ am Sonntag*, 18.8.2014.
51 *St. Galler Tagblatt*, 14.6.2014. *NZZ*, 28.8.2014.
52 Deutsche Aktuarvereinigung (DAV): 21. Mitgliederversammlung 2014, Podiumsdiskussion, Bonn, 29.4.2014.
53 Matthias Thieme: »Kartell der Geheimniskrämer«, *Capital*, 1.10.2012.
54 »§ 12 Versorgungseinrichtungen«, *Kammergesetz für die Heilberufe (HKG)*, 8.12.2000. »§ 7 Ärztliches Versorgungswerk« *Hamburgisches Kammergesetz für die Heilberufe (HmbKGH)*, 14.12.2005.
55 Versorgungswerk der Ärztekammer Hamburg: »Mitteilung zum *Capital*-Artikel, Oktober 2012«.
56 Matthias Thieme: »Kartell der Geheimniskrämer«, *Capital*, 1.10.2012.

Schwarzes Geld: Wie die Upperclass-Versicherung scheiterte

1 Credit Suisse Life & Pensions AG: *Beschreibung des internen Fonds & der Vermögensverwaltung*, Vaduz, 03.2003.
2 Mark A. Zöller: »Der Austausch von Strafverfolgungsdaten zwischen den Mitgliedstaaten der Europäischen Union«, *ZIS* 2, 2011, S. 64.
3 Leo Müller: »Großjagd auf Schwarzgeld-Anleger«, *Cash*, Zürich, 9.3.2006. Zahlen zum Kundenvolumen gemäß Angaben des Managements.
4 *SonntagsZeitung*, 25.2.2007.
5 Ebd.
6 »MWB Vermögensverwaltung AG – die Vorstände müssen zahlen«, *Gomopa.net*, 15.6.2012. Medienmitteilung der Kanzlei Göddecke, 24.7.2007. Medienmitteilungen der Kanzlei Engelhard, Busch & Partner, 2009 bis 2013.
7 *Frankfurter Allgemeine Zeitung*, 29.7.2007. *Financial Times Deutschland*, 9.8.2007. Az. 8 U 328/07.
8 *Frankfurter Allgemeine Zeitung*, 26.3.2009. Kursangaben: Stand 18.2.2014.
9 Four Gates AG: *Jahresbericht 2008*, Dortmund, 2009.
10 *K-Geld*, 21.10.2013.
11 *GAO Report to Congressional Requesters: Offshore Tax Evasion*, März 2013. *Zeit*, 12.2.2014. *Focus online*, 4.9.2014.
12 *The Offshore Insurance Wrap for International Investment Management and Estate Planning*, Dezember 2001, im Archiv des Autors.
13 Credit Suisse Life & Pensions AG: *Beschreibung des internen Fonds & der Vermögensverwaltung*, Vaduz, 03.2003.
14 Zoé Baches: »Die USA nehmen Versicherungsmäntel ins Visier«, *NZZ*, 27.5.2014. *NZZ am Sonntag*, 1.6.2014. *Tages-Anzeiger*, 10.5.2014.

15 Finma-Erklärung, 15.7.2011. Martin Schaub: »Konflikt um Kundendaten: Die Situation der UBS vor dem Abkommen 09«, *ZSB* 2011.
16 Leo Müller: »Gefallene Banker«, *Bilanz*, 9.3.2012. *Handelszeitung*, 13.12.2013.
17 *Bloomberg*, 7.4.2010.
18 *Spiegel online*, 3.2.2014.
19 U.S. Department of Justice: »Swiss Asset Management Firm and Related Companies Agree to Resolve Criminal Tax Investigation«, Washington, 9.5.2014. *Insurance Journal*, 12.5.2014.
20 Leo Müller: »Ganz grosse Grillparty«, *Bilanz*, 19.9.2014, S. 46 ff.
21 *Spiegel online*, 3.12.2013.
22 *The Offshore Insurance Wrap for International Investment Management and Estate Planning*, Dezember 2001, im Archiv des Autors.
23 Shelby du Pasquier, Philipp Fischer: »Cross-border financial services in and from Switzerland«, *GesKR* 4/2010, S. 448.
24 *Bilanz*, 19.9.2014, S. 19.
25 2014 verdiente die Deutsche Bank wieder 159 Millionen Franken in der Schweiz.
26 Association of Foreign Banks in Switzerland: *Foreign Banks in Switzerland. Economic Figures 2013*, S. 4.
27 Marcus Corry, Graham Mather: *Taxing Savings Sensibly. Is the EU Savings Tax Directive Overtaken by Events?*, London, 2012.
28 Mark A. Zöller: »Der Austausch von Strafverfolgungsdaten zwischen den Mitgliedstaaten der Europäischen Union«, *ZIS* 2, 2011, S. 64 f.
29 Ebd.

Der Overkill: Vom Riester-Unfug zum Internet-Schwindel

1 Botschaften (Begründung) zum Versicherungsaufsichtsgesetz, nach Erich R. Prölss: *Versicherungsaufsichtsgesetz (VAG)*, 1989, Vorbemerkung, Rdnr. 37. Michael Tigges: *Geschichte und Entwicklung der Versicherungsaufsicht*, 1985, S. 81 ff.
2 Gesamtverband der Deutschen Versicherungswirtschaft (GDV): *Deutsche Versicherungswirtschaft 2013*.
3 DIW Berlin: *Wochenbericht*, 5.8.2009, S. 534 f.
4 Sara Zinnecker, Oliver Stock: »Schäuble fällt auf falsche Riester-Bilanz herein«, *Handelsblatt online*, 11.8.2014.
5 *Finanztest* 9/2010, S. 26 ff.
6 Vgl. Thomas Strohm: »Mehr Angst, weniger Vorsorge«, *Financial Times Deutschland*, 21.10.2011. »Zehn Jahre Riester-Rente«, *Stern online*, 13.9.2011.

7 Kornelia Hagen, Axel Kleinlein: »Zehn Jahre Riester-Rente: Kein Grund zum Feiern«, *DIW Wochenbericht* 47/2011. *Spiegel online*, 20.11.2011. *Süddeutsche Zeitung online*, 20.11.2011. Anja Becker Wenzel, Lutz Gümbel: »Riester-Rente ist kein Erfolgsmodell«, *Frontal 21 exklusiv*, ZDF, 20.9.2011. Anne Seith: »Tolles Ergebnis«, *Spiegel*, 21.11.2011, S. 93.
8 Anja Krüger: »Versicherer keilen bei der Riester-Rente zurück«, *Financial Times Deutschland*, 7.12.2011.
9 Gesamtverband der Deutschen Versicherungswirtschaft e.V. (GDV): *Die deutsche Lebensversicherung in Zahlen 2014*, Stand 7.7.2014.
10 Sara Zinnecker, Oliver Stock: »Schäuble fällt auf falsche Riester-Bilanz herein«, *Handelsblatt online*, 11.8.2014.
11 Institut für Transparenz GmbH (ITA): Pressemitteilung, Berlin, 8.8.2014.
12 Lutz Reiche: »Experten zerreißen neue Riester-Studie«, *Manager-Magazin*, 24.5.2012.
13 *Versicherungsmagazin*, 22.7.2014.
14 Matthias Beenken, Nina Schindler: »Marktforschung mit kleinen Budgets und traditionellen Themen«, *Versicherungswirtschaft*, 1.10.2011, S. 1422.
15 »Ergo Direkt Gegenstands-Schutz: Teurer Schutz fürs Lieblingsstück«, *Test.de*, 13.1.2012.
16 Anja Krüger: *Die Angstmacher. Wie uns die Versicherungswirtschaft abzockt*, Köln, 2012, S. 14.
17 Sönke Iwersen: »Bestechend erfolgreich«, *Handelsblatt*, 1.–3.11.2013.
18 Ozan Demircan, Sönke Iwersen: »Die Chronik der Debeka-Affäre – und die Belege«, *Handelsblatt*, 4.12.2013.
19 Debeka: *Der Debeka-Vertrieb ist legal und transparent*, Koblenz, 15.11.2013. *Handelsblatt*, 11.11.2013.
20 Deutscher Bundestag: »Antwort der Bundesregierung auf die Kleine Anfrage der Abgeordneten Kerstin Andrae u.a. – Drucksache 18/93 – Vertriebspraktiken im Versicherungsgewerbe«, 13.12.2013. Deutscher Bundestag: »Antwort der Bundesregierung auf die Kleine Anfrage der Abgeordneten Harald Weinberg u.a. – Drucksache 18/224 – Kundenakquisition bei der Debeka«, 29.1.2014. *Handelsblatt*, 14.4.2013.
21 Roland Karle: »Nicht abstürzen, bitte«, *Wirtschaftsjournalist* 3/2014, S. 42.
22 Steffen Klusmann: »Der »aggressivste Mann im Internet«, *Manager-Magazin*, 20.6.2014.
23 Bitkom: »Mehrheit informiert sich vor einem Kauf im Web«, Presse-Information, Berlin, 10.3.2010.
24 *EU-Verordnung 1060/2009 des Europäischen Parlaments und des Rates*, 16.9.2009.
25 Assekurata: *Transparenzbericht*, Köln, März 2014.
26 Schreiben des Autors an Bund der Sparer, 17.4.2014 (ohne Antwort).
27 Leo Müller, Dirk Ruschmann: »Alte Fälle, neuer Ärger«, *Bilanz*, 25.2.2011.

28 Generali Versicherungen: Pressemitteilung, München, 6.10.2010.
29 Matthias Beenken, Nina Schindler: »Marktforschung mit kleinen Budgets und traditionellen Themen«, *Versicherungswirtschaft*, 1.10.2011, S. 1422.
30 Swiss Life: E-Mail an den Autor, Zürich, 22.3.2011.
31 MSR Consulting: *Präsentationen Kubus Vertriebsgesellschaften und Versicherungen*, Köln, 2013.
32 Ergo Versicherungsgruppe AG: »Prüfungsergebnisse zur bAV und zum Umbau der HMI«, Präsentation zur Pressekonferenz, Düsseldorf, 8.12.2011. Presseinformation, 8.12.2011.
33 ServiceValue: *Zwischenbericht Studie »Service-Champions« und Service-Rankings. Fragestellung, Methode, Auswertung*, Köln, 11.4.2011.
34 »Großteil der Deutschen ist für Reichensteuer«, *Financial Times Deutschland*, 22.8.2012.
35 »Deutsche kümmern sich um ihre Versicherungen«, *Financial Times Deutschland*, 16.5.2012.
36 Toluna Germany GmbH: Jahresberichte bis 2012. Unternehmensberichte Verlinvest, ITWP und Toluna, 2014.
37 Anne Kunz: »Versicherer unterschätzen Vergleichsportale«, *Welt*, 7.7.2014.
38 Renate Köcher: »ACTA 2013: Erreichbarkeit von Zielgruppen über Multi-Channel-Strategien«, Präsentation, München 29.10.2013, S. 13.
39 Steffen de Sombre: »ACTA 2011: Trends im E-Commerce und soziale Netze als Markenplattform«, Präsentation, Hamburg, 6.10.2011, S. 11.
40 Sarah Sommer: »Der Preis ist nicht alles«, *Zeit*, 27.1.2013. Heinz-Roger Dohms, Anja Krüger: »Was Vergleichsportale leisten – und was nicht«, *Stern*, 31.5.2012.
41 Johannes Schneller: »Allensbacher Computer- und Technikanalyse 2013: Nutzung digitaler Medien und die Chancen des E-Publishing«, Präsentation, München, 29.10.2013, S. 24. *Wirtschaftswoche*, 17.6.2014.
42 CHECK24 Vergleichsportal GmbH: *Jahresbericht 2010/2011*, München 2014. Verivox GmbH: *Jahresbericht 2012*, Heidelberg, 2014. *Frankfurter Allgemeine Zeitung*, 11.5.2014.
43 Ebd.
44 Landgericht Hamburg: Urteil, 30.4.2010, Az. 408 O 95/09. Oberlandesgericht Hamburg: Urteil, 12.12.2012, Az. 5 U 79/10.
45 Bundesgerichtshof: Urteil, 28.11.2013, Az. I ZR 7/13.

Neue Finanzprodukte und neue Marketingtricks: Wie das Provisionssystem kollabierte

1 Hans Dieter Meyer: *Das Versicherungs(un)wesen*, S. 5.
2 Landgericht Köln: Urteil, 17.1.2013, Az. 30 O 14/12.
3 Bundesgerichtshof: Urteil, 11.7.2011, Az. IV ZR 269/10. Weitere Urteile im Fall Clerical Medical: IV ZR 122/11, IV ZR 151/11, IV ZR 164/11, IV ZR 271/10 und IV ZR 286/10.
4 Landgericht Bremen: Urteil, 6.6.2013, Az. 2 O 2469/11. Oberlandesgericht Stuttgart: Az. 7 U 100/11. Oberlandesgericht Dresden: Az.7 U 1358/09. Oberlandesgericht Bamberg: Az. 3 U 81/09. Oberlandesgericht München: Az. 25 U 2195/09.
5 Witt Rechtsanwälte:»Medienmitteilung«, Heidelberg, Januar 2014.
6 Heidelberger Leben – Clerical Medical Management GmbH: *Jahresabschluss 2012*, Heidelberg, 12.6.2013.
7 Joachim Grote, Martin Schaaf:»Die Lebensversicherung als Anlagegeschäft? Erste Bestandaufnahme zur Anwendung der ›Clerical Medical‹-Urteile des BGH in der instanzgerichtlichen Rechtsprechung«, *GWR*, 2013, S. 482 ff.
8 Signal Iduna: Korrespondenz mit dem Autor, im Archiv des Autors, Hamburg, 2009.
9 Amtsgericht Ulm: Urteil, 5.5.2004, Az. 3 C 1612/02.
10 Bundesgerichtshof: Urteil, 12.12.2013, Az. III ZR 124/13.
11 Mathias Beenken u.a.: *Netto Nettotarifangebot deutscher Versicherungsunternehmen im Privatkundengeschäft*, Köln, 2011, S. 11.
12 Gertrud Hussla:»Lebensversicherung gekündigt, Tausende Euro Provisionsschulden«, *Handelsblatt*, 24.10.2011.
13 Karsten Seibel, Nina Trautmann:»Beraten und verkauft«, *Welt*, 26.1.2014.
14 Marco Habschick u.a.: *Anforderungen an Finanzvermittler – mehr Qualität, bessere Entscheidungen. Studie im Auftrag des Bundesministeriums für Ernährung, Landwirtschaft und Verbraucherschutz*, Berlin, 2008, S. 12.
15 Andreas Oehler: *Bei Abschluss: Verlust? Das Ende vom Anfang einer Vorsorge: Milliardenschäden durch fehlgeleitete Abschlüsse von Kapitallebens- und Rentenversicherungen*, Bamberg, 2012, S. 10 ff.
16 Christian Thorun, Frank Niemeyer: *Towards a fairer deal for consumers and the financial industry, Lessons from the Retail Distribution Review and the ban of commissions in the UK*, Berlin, 2012.
17 Verbund Deutscher Honorarberater: Mitteilung, 1.7.2014.
18 Christian Thorun: Präsentation am Honorarberater-Tag, 2012.
19 Karsten Seibel, Nina Trautmann:»Beraten und verkauft«, *Welt*, 26.1.2014. Matthias Beenken, Michael Radtke:»Betriebswirtschaftliche Konsequenzen eines Systemwechsels in der Vergütung von Versicherungsvermitt-

lern«, Studie für den Bundesverband Deutscher Versicherungskaufleute e.V. (BVK), Bonn, 16.10.2013.
20 Manfred Brüss: »Wandel, aber keine Untergangsstimmung«, *Versicherungswirtschaft*, 1.8.2014, S. 9.
21 *Portfolio International*, 24.10.2013.
22 Heinrich Schradin, Alexander Malik: *Betriebswirtschaftslehre der Versicherung*, Köln, 2008, S. 36. Björn Wichert: »Rund jeder zweite Vermittler wird vom Markt verschwinden«, *Versicherungsjournal*, 24.10.2013.
23 Referentenentwurf der Bundesregierung: »Entwurf eines Gesetzes Kleinanlegergesetz«, Berlin, 28.7.2014. Bundesministerium für Finanzen, Bundesministerium der Justiz und für Verbraucherschutz: »Aktionsplan der Bundesregierung zum Verbraucherschutz im Finanzmarkt«, Berlin, 22.5.2014.
24 Gesamtverband der Deutschen Versicherungswirtschaft (GDV): *Positionspapier des GDV zum informellen Trilog über eine Verordnung über Basisinformationsblätter für Anlageprodukte (PRIPs)*, Berlin und Brüssel, 7.1.2014.
25 *Richtlinie 2002/92/EG über Versicherungsvermittlung*, 19.12.2006. *Verordnung über die Versicherungs-Vermittlung und -beratung, VersVermV*, 15.5.2007. Georg Erbs, Max Kohlhaas: »GewO § 34 d Versicherungsvermittler«, *Strafrechtliche Nebengesetze* 196, EL 2013.
26 Matthias Beenken: »Zahl der Vertreter weiter gesunken«, *Versicherungsmagazin*, 7.1.2014.
27 DIHK: *Protokollbogen zum praktischen Prüfungsteil für Versicherungsvermittler*, Berlin, 2014.
28 Bundesgerichtshof: Urteil, 12.5.2005, Az. III ZR 413/04. Bundesgerichtshof: Urteil, 7.10.2008, Az. XI ZR 89/07. Bundesgerichtshof: Urteil, 5.3.2009, Az. III ZR 302/07.
29 Mark Ortmann, Simone Tutone (ITA Institut für Transparenz GmbH): *Evaluierung der Beratungsdokumentation im Geldanklage- und Versicherungsbereich*, Berlin, 2014, S. 368 ff.
30 Bundesrat: »Gesetzentwurf der Bundesregierung: Entwurf eines Gesetzes zur Absicherung stabiler und fairer Leistungen für Lebensversicherte (Lebensversicherungsreformgesetz-LVRG)«, *Drucksache* 242/14, Berlin, 5.6.2014.
31 Änderungsantrag der Fraktionen CDU/CSU und SPD: »Entwurf für ein Gesetz zur Absicherung stabiler und fairer Leistungen für Lebensversicherte (Lebensversicherungsreformgesetz – LVRG)«, *Bundestags-Drucksache* 18/1772, Berlin, 1.7.2014.
32 Sara Zinnecker: »Wir sind ehrbare Kaufleute«, *Handelsblatt*, 3.7.2014.
33 Matthias Beenken: »Fragwürdige Vorwürfe rund um Dokumentation«, *VM Aktuell*, 25.6.2014.

Die Milliardenrechnung: Kosten für die Kunden, Gewinne für die Aktionäre

1 Elizur Wrigth: *Traps Baited with Orphans*, Boston, 1877.
2 Deutsche Bundesbank: *Finanzstabilitätsbericht 2013*, Frankfurt a.M., 12.11.2013, S. 73.
3 Thomas Müller: *Finanzkrisen in der Assekuranz. Moderne Finanz- und Risikokonzepte in der Versicherungswirtschaft*, Wiesbaden 2013, S. 129 ff. Anke Henrich: »Kehraus im Bauchladen«, *Wirtschaftswoche*, 13.2.2012.
4 Deutsche Bundesbank: *Finanzstabilitätsbericht 2013*, Frankfurt a.M., 12.11.2013, S. 73.
5 Ebd., S. 18.
6 Gesamtverband der Deutschen Versicherungswirtschaft (GDV), BaFin: Statistiken 2014.
7 Gesamtverband der Deutschen Versicherungswirtschaft (GDV): *Die Versicherungswirtschaft*, 2014.
8 Swiss Re: »World Insurance in 2013: Steering Towards Recovery«, *Sigma* 3/2014, S. 2.
9 Bundesanstalt für Finanzdienstleistungsaufsicht (BaFin): *Statistik Erstversicherungsunternehmen und Pensionsfonds 2012*, Frankfurt a.M., 7.1.2014, S. 30.
10 Holger Balodis, Dagmar Hühne: *Die Vorsorgelüge*, S. 154.
11 *Öko-Test*, Februar 2014.
12 Bundesanstalt für Finanzdienstleistungsaufsicht (BaFin): *Statistik Erstversicherungsunternehmen und Pensionsfonds 2012*, S. 55.
13 Axel Kleinlein: »In Abwicklung – und dann?«, *Handelsblatt*, 9.10.2013.
14 Lutz Reiche: »Die Tücken der neuen Allianz-Police«, *Manager-Magazin*, 31.7.2013.
15 Leo Müller: *Bankräuber*, S. 186 f. Paul Kiel: »AIG's Spiral Downward: A Timeline«, *Propublica*, 14.11.2008. Ben Protess, Michael J. De La Merced: »Rescued by a Bailout, A. I. G. May Sue Its Savior«, *New York Times*, 7.1.2013.
16 Financial Crisis Inquiry Commission: *The Financial Crisis Inquiry Report*, New York, 2011, S. 344 ff. Maurice R. Greenberg, Lawrence A. Cunningham: *The AIG Story*, Hoboken, 2013, S. 243 ff.
17 Moody's Investors Services: *Industry Outlook: German Insurance*, London, 12.12.2013.
18 *Reuters*, 27.11.2013.
19 *Handelsblatt*, 20.2.2014.
20 Deutsche Bundesbank: *Finanzstabilitätsbericht 2013*, Frankfurt a.M., 12.11.2013, S. 89.
21 Ebd., S. 18, 32.

22 Ebd., S. 47 f.
23 *Handelsblatt*, 7.8.2014.
24 Stefan Hofrichter (Allianz): *Stehen wir vor einer neuen Vermögenspreisblase?*, Frankfurt a.M., 2014.
25 Fred Wagner (Hg.): *Gablers Versicherungslexikon*, Wiesbaden, 2011, S. 631.
26 Bundesanstalt für Finanzdienstleistungsaufsicht: *Statistik der Erstversicherungsunternehmen und Pensionsfonds 2012*, 7.1.2014. Stefan Scheytt: »Freiheit, Gleichheit, Unsicherheit«, *Brand eins*, 2/2007.
27 Deutsche Bundesbank: *Finanzstabilitätsbericht 2013*, Frankfurt a.M., 12.11.2013, S. 18.
28 *Portfolio Institutionell*, 18.11.2013.
29 *Öko-Test* 2/2014, Nr. 3, 2014.
30 *Tagesspiegel*, 14.4.2014.

Der große Stresstest: Wenn Versicherungen pleitegehen

1 Axel Kleinlein: »Wenn sich Versicherer den gelben Zettel holen«, *Handelsblatt*, 30.10.2013.
2 Deutsche Bundesbank: *Finanzstabilitätsbericht 2013*, Frankfurt a. M., 12.11.2013, S. 18.
3 Reinhard Laars: »VAG (Abschnitt VIII a Sicherungsfonds«, *Erläuterungen zum Deutschen Bundesrecht*, 2013.
4 Ebd.
5 Protektor Lebensversicherungs-AG: *Geschäftsbericht 2013*, Berlin, 15.7.2014.
6 Leo Müller: *Bankräuber*, S. 54 f.
7 »Versicherungsvertragsgesetz (VVG). § 165 Prämienfreie Versicherung«, *Bundesgesetzblatt I*, 23.11.2007, S. 2631.
8 Karsten Paetzmann: »Discontinued German life insurance portfolios: rules-in-use, interest rate risk, and Solvency II«, *Journal of Financial Regulation and Compliance* 2/2011, S. 134.
9 Protektor Lebensversicherungs-AG: *Geschäftsbericht 2013*, Berlin, 15.7.2014. *Portfolio Institutionell*, 18.11.2013.
10 Daniel Rathmann: *Die Ruinwahrscheinlichkeit im Asset-Liability-Management von Lebensversicherern*, Lohmar/Köln, 2009, S. 1 f.
11 Peter Borscheid, David Gugerli, Harold James, Tobias Straumann: *Swiss Re und die Welt der Risikomärkte. Eine Geschichte*, München, 2014, S. 27 ff. *Time*, 24.3.1986. Peter Koch: *Geschichte der Versicherungswirtschaft in Deutschland*, Karlsruhe, 2012, S. 267 ff.

12 Matthias Müller-Reichart: »Solvency II als Risiko für die gesamte Versicherungswirtschaft (Interview)«, *Risiko-Manager* 1/2014.
13 Ergo Versicherungsgruppe: Presseinformation, 20.11.2009.
14 Nadine Oberhuber: »Bitte keine Kunden mehr!«, *Zeit*, 22.5.2014.
15 *Handelsblatt*, 30.10.2013.
16 *Welt*, 26.4.2014.
17 Sven Böll, Anne Seith: »Brüchiges Versprechen«, *Spiegel*, 9.6.2014. *Spiegel online*, 27.5.2014. *Welt*, 27.5.2014.
18 Nadine Oberhuber: »Die große Verunsicherung«, *Zeit*, 28.5.2014.
19 *NZZ*, 13.8.2014.
20 Axel Kleinlein: »Wenn sich Versicherer den gelben Zettel holen«, *Handelsblatt*, 30.10.2013.
21 Daniel Rathmann: *Die Ruinwahrscheinlichkeit im Asset-Liability-Management von Lebensversicherern*, S. 1 f.
22 Karsten Paetzmann: »Discontinued German life insurance portfolios: rules-in-use, interest rate risk, and Solvency II«, *Journal of Financial Regulation and Compliance* 19, 2/2011, S. 135.
23 Independent Credit View AG: *I-CV Branchenreview Versicherungen: The view behind the Rating*, Zürich, April 2014. Swiss Re: »World Insurance in 2013: Steering Towards Recovery«, *Sigma* 3/2014, S. 2, 21.
24 Bundesgerichtshof: Urteil, 7.5.2014, Az. IV ZR 76/11. Kathrin Gotthold: »Wer jetzt unter den Rückzahlungen leidet«, *Welt*, 7.5.2014. *Wirtschaftswoche*, 12.5.2014.
25 Bundesgerichtshof: Az. IV ZR 73/13. Bundesgerichtshof: *Pressemitteilung* 55/201, 7.5.2014. *Süddeutsche Zeitung*, 17.7.2014. *Wirtschaftswoche*, 21.7.2014. *Handelsblatt*, 17.7.2014. *Welt*, 17.7.2014.
26 Bundesgerichtshof: Az. XI ZR 147/12. *Frankfurter Allgemeine Zeitung*, 15.7.2014.
27 Landgericht Köln: Az. 26 O 18/14. *Süddeutsche Zeitung*, 11.7.2014.
28 *Welt*, 25.6.2014.
29 European Insurance and Occupational Pensions Authority (EIOPA): EIOPA Insurance stress test 2014, Frankfurt, 30.11.2014.

Gegen den finanziellen Analphabetismus: Die Kunden müssen selbst lernen

1 Bund der Versicherten und Verbraucherzentrale Hamburg: *Versicherung ja, aber mit Köpfchen!*, Hamburg, 1983.
2 Axel Kleinlein: »30 Jahre ›legaler Betrug‹«, *Handelsblatt*, 18.9.2013.
3 Renate Köcher: »Aktuelle Daten zur Altersvorsorge der Deutschen«, Präsentation, Berlin, 26.1.2012.

4 Maximilian Zimmerer: »Die Altersvorsorge der Deutschen 2012«, Präsentation, Berlin, 26.1.2012.
5 Leo Müller, Dirk Ruschmann: »Alte Fälle, neuer Ärger«, *Bilanz*, 25.2.2011. Michael Fröhlingsdorf, Markus Grill, Christoph Schwennicke: »Mitten im größten Geldklumpen«, *Spiegel*, 5.3.2011.
6 Leo Müller, Dirk Ruschmann: »Alte Fälle, neuer Ärger«, *Bilanz*, 25.2.2011.
7 Marc Brost, Marcus Rohwetter: »Wir alle – finanzielle Analphabeten«, *Zeit*, 31.10.2012.
8 Hans Dieter Meyer: »Schutz der Privatautonomie der Verbraucher durch Beseitigung ihrer Informationsunterlegenheit als Aufgabe des Gesetzgebers und der staatlichen Versicherungsaufsicht«, in Bundesaufsichtsamt für das Versicherungswesen: *100 Jahre materielle Versicherungsaufsicht in Deutschland*, Bonn, 2001, S. 851.
9 Zitiert nach ebd.
10 Johannes Pennekamp: »Was die Deutschen über die EZB wissen«, *Handelsblatt*, 11.11.2011.
11 George A. Akerlof, Robert J. Shiller: *Animal Spirits. Wie Wirtschaft wirklich funktioniert*, Frankfurt a.M., 2009, S. 167 ff.
12 Philipp Löpfe: »Dummes deutsches Geld«, *Tages-Anzeiger*, 3.12.2013.
13 Annamarie Lusardi, Olivia Mitchell: »The Importance of Financial Literacy: Theory and Evidence«, *NBER Reporter* 2/2009.
14 FINRA Investor Education Foundation: *Financial Capability in the United States (NFCS): Report of National Findings from the 2012 NFCS*, Washington, 2013, S. 27 ff. Nancy Cook: »Why Are Americans So Bad With Money?«, *The Atlantic*, 14.5.2014.
15 Tullio Jappelli, Mario Padula: »Investment in financial literacy and saving decisions«, *Journal of Banking & Finance* 8/2013, S. 2780. Moisés Naìm: »Most People in the World Have No Idea How to Manage Their Money«, *The Atlantic*, 14.5.2014.
16 Andreas Hackethal, Michael Haliassos, Tullio Jappelli: »Financial advisors: A case of babysitter?«, *Journal of Banking & Finance* 36/2012, S. 509–524.
17 Ergo Versicherungsgruppe AG: »Prüfungsergebnisse zur bAV und zum Umbau der HMI. Präsentation zur Pressekonferenz«, Düsseldorf, 8.12.2011. Ergo Versicherungsgruppe AG: *Presseinformation*, 8.12.2011.
18 Leo Müller, Dirk Ruschmann: »Alte Fälle, neuer Ärger«, *Bilanz*, 25.2.2011.
19 *Wirtschaftswoche*, 19.5.2014.
20 U.S. Government Accountability Office GAO: »Report to Congressional Committees: Financial Literacy. Overlap Programs Suggests There May Be Opportunities for Consolidation«, *GAO-12-588*, Washington, Juli 2012.

Widerstehen: 20 Regeln zum Schutz des eigenen Vermögens

1 »Über diese Versicherer beschweren sich Kunden«, *Handelsblatt*, 10.6.2014.
2 »Stern Extra Geld«, *Stern*, 3.4.2014, S. 99 ff.
3 Niklas Hoyer: »Einfach im Eigenbau«, *Wirtschaftswoche*, 6.1.2014.

Register

AachenMünchener 39, 45, 283, 300
Absolute Activist Fund 90
Adams, Michael 84
Adenauer, Konrad 12, 80, 224
Albingia Lebensversicherung 42
Allensbacher Computer- und Technikanalyse 241
Allgemeiner Wirtschaftsdienst (AWD) 9, 40 f., 82, 86, 111, 144, 155–171, 236 f.
Allianz 9, 14 f., 39 f., 43, 45, 47, 50, 60, 64, 81 f., 99 f., 144, 241, 279 f., 283, 285 f., 299
Alte Leipziger 99, 254
Amann, Jürgen 156 f., 169
Amas Bank 200
Ambros, Michael Karl 233–235
American International Group (AIG) 282 f., 294
Apothekerkammer Nordrhein 178
ARAG Versicherung 9, 40, 82
Arbeitsgemeinschaft berufsständischer Versorgungseinrichtungen (ABV) 181–183
Argyle Fonds Class S 94
Assekurata Assekuranz Rating-Agentur 235 f.
Association of Professional Financial Advisers 261
Axa 81, 99, 283

Baden-Württembergische Versorgungsanstalt für Ärzte, Zahnärzte und Tierärzte 184
Balodis, Holger 85, 87, 105
Baloise Group 207
Banca del Gottardo 164, 166
Bank Julius Bär 198
Bank of England 275, 285
Bank Wegelin 210
Bankhaus Wölbern & Co. 91, 93
Barclays 92 f.
Barde, Klaus 260
Barmenia 254
Basler 40, 55
Baum, Gerhart 168
Bayerische Apothekerversorgung 189
Bayerische Ärzteversorgung 183 f.
Bayerische Beamten Versicherung (BBV) 254, 296
Bayerische Landesbank 248, 250
BBG Business to Business Group AG 203
Bear Stearns 92
Becker, Alexander 134, 139, 237
Beenken, Matthias 261, 268
Berliner Ärzteversorgung 176
Berliner Zahnärztekammer 178
Berlinische Lebensversicherung AG 79
Bertelsmann Stiftung 304
Bill, John 25
Bioceuticals Arzneimittel AG 184
Birkenfeld, Bradley 212 f.
Birkholz, Manfred 25
Blanco, Roberto 99
Blase, Henrich 243
Blüm, Norbert 85
BNP Paribas 92
Borho, Siegfried 41
Bowen, Chris 259
Brost, Marc 305
BSI Bank 167, 218
BTG Pactual 167, 218
Bund der Sparer e.V. 236
Bund der Versicherten (BdV) 44, 48, 296, 302
Bundesanstalt für Finanzdienstleis-

tungsaufsicht (BaFin) 94, 103, 143, 202, 220, 254, 263, 278, 283, 291, 294, 297 f.
Bundesaufsichtsamt für das Versicherungswesen 48
Bundesverband Deutscher Versicherungskaufleute (BVK) 267

Caritas Pensionskasse 179
Check24 241–243
Clerical Medical (CM) 247–251
Colonia Versicherung AG 81
Commerz Real Spezialfondsgesellschaft mbH 179
Commerzbank 86, 125, 179, 180, 214, 217, 292
Complementa Investment-Controlling AG 191
Condor Versicherung 56, 79, 254
Conseco Inc. 294
Continentale 254
Cordalis, Costa 83, 99
Cornfeld, Bernie 11, 15, 85, 155 f., 163, 175, 303
Corts, Udo 39
CosmosDirekt 103, 283
Cramer, Friedrich 119, 138
Credit Suisse 92, 164, 197–200
Credit Suisse Life & Pensions AG 196, 207
CT Consulting & Marketing 197
Czerwionka, André 106, 108

D.A.S. Rechtsschutzversicherung 109
Dachdecker-Versorgungswerk 177
Debeka 63, 229–231, 235, 281
Delta Lloyd 296
Deutsche Aktuarvereinigung 185
Deutsche Bank 217
Deutsche Beamtenversicherung (DBV) 79, 283

Deutsche Bundesbank 273, 283 f., 286 f.
Deutsche Capital Management AG (DCM) 157
Deutsche Krankenversicherung (DKV) 109
Deutsche Lufthansa 110
Deutsche Vermögensberatung (DVAG) 39, 45, 237
Deutscher Aktienindex (Dax) 64, 125, 276, 314
Deutscher Ring 45, 47
Deutsches Institut für Service-Qualität 240
Deutsches Institut für Wirtschaftsforschung (DIW) 225, 306
Dexia Privatbank 198
Dieckmann, Michael 286
Diehl, Gerd 57
Diel, Ingo 26
Dörig, Rolf 164 f., 170
Dreiländer-Handel-Beteiligungsgesellschaft (DHB) 161
Dreiländerfonds (DLF) 160–162, 172
Drews, Jürgen 99
DüsselHyp 292

Eidgenössische Bankenkommission 22
Eidgenössische Finanzmarktaufsicht (Finma) 94, 157, 192, 202, 208, 215, 217
Eidgenössische Steuerverwaltung 221
eKomi Ltd. 235
EMEC GmbH 117
Emnid-Institut 305
Ergo 9, 13 f., 33, 51, 65, 73, 78, 82, 93, 97, 102 f., 105, 109, 110–113, 116–154, 226, 229, 237, 252, 254, 281, 296, 308

Erhard, Ludwig 19
ETF-Fonds (Indexfonds) 314
Euro Logistik 1 179
Euro Office 1 179
Euro Property 1 179
Euro-Finanz Service AG (EFS) 39f.
Europa Versicherung 254
Europäische Aufsichtsbehörde für das Versicherungswesen (EIOPA) 301
Europäische Investitionsbank (EIB) 314
Europäische Zentralbank (EZB) 187, 275, 285, 306
Europe Catalyst Fund 90
European Policy Forum 219
European Securities and Markets Authority (ESMA) 236

Falk Financial Service 159
Falk-Fonds 159f.
Falk, Gerhard 81
Falk, Helmut 159
FBI 28, 30, 89, 90
Federal Reserve 275
Ferres, Veronica 168
Fieber, Peter 196f.
Fink, Walter 160–162
First Executive Life Insurance Co. 294
Formaxx 111
Forrester & Jupiter Research 234
Forschungsgruppe g/d/p 237
Fortis Versicherung 254
Four Gates AG 202–204
Frei, Walter 211
Fresenius 110
Frey, Dieter 304f.
Friedrich-Ebert-Stiftung 225
Fromme, Herbert 141
Fubus 93

Gamax Brokerpool 41
Garantie Mutuelle des Fonctionnaires 294
Gehlen, Reinhard 25
Geiermann, Günter 34
Geissler, Birgit 74–78
Generali Versicherung 39, 167, 170, 198–200, 207, 214, 218, 236, 248, 250, 283, 300
Gesamtverband der deutschen Versicherungswirtschaft (GDV) 299
Gilardoni, Guido 202
Gloor, Daniel 193
GMC Finanz-Consulting 202
Göker, Mehmet 14, 98–101
Gothaer Versicherung 93
Graf, Peter 67
Graf, Steffi 67
Griese, Ludger 117f., 120, 128f., 133, 148
Grote, Joachim 252f.
Gunkel, Klaus 52, 54, 65, 79

Hagen, Jens 135
Hagen, Kornelia 225
Hahn, Hagen Ulrich 36
Hamburg-Mannheimer Invest-Organisation (HMI) 35f., 45, 51–54, 58f., 61f., 65, 69, 70–73, 77f., 101–103, 109–130, 135–138, 143, 145f., 148f., 151, 163, 237, 308
Hamburg-Mannheimer Versicherungs AG 33, 37, 112, 119
Hamburger Ärzteversorgung 194
Hamburger Leben 296
Hannoversche 232–235
Hansainvest 87, 91, 253
Harksen, Jürgen 61f.
Hastenrath, Wolfgang 186
Haupt von Buchenrode, Baron Herbert 31
Hayo, Bernd 306f.

HDI Gerling Industrie Versicherung AG 87
HDI Versicherung AG 81, 172, 243
Heidelberger Leben 250, 296
Heinz, Michael 268
Helaba 248
Herden, Raimund 32, 41
Herles, Benedikt 152
Hermann, Franz 236
Herstatt-Bank 292
HF-Fonds X Unternehmensbeteiligungsgesellschaft mbH 180
Hickmann, Jörg Christian 261
Hippel, Eike von 80
Höcherl, Hermann 19
Hoffmann, Manfred 81
Hoffmann, Volker 146
Homm, Florian 88–90, 92 f., 122, 309
Hopp, Franz Wilhelm 83
Horbach Finanzplanung 237
HSH Nordbank 248
Hufeld, Felix 283, 297, 298,
Hühne, Dagmar 85, 87, 105
HUK-Coburg 23, 243
Hunduja Bank Switzerland 200
Hypo Real Estate 16, 292

Ilgner, Helmut 47, 48
IMF-Medienfonds 157
Infinus 93
Institut der Versicherungsmathematischen Sachverständigen für Altersversorgung (IVS) 185
Institut für Finanz- und Betriebswirtschaft (IFW) 197
Institut für Transparenz (ITA) 226, 266
Institut für Verbraucherpolitik 258
Institut für Vermögensaufbau 189
Internationale Medienfonds GmbH & Co. Produktions KG 157
Internationaler Währungsfonds (IWF) 300
Interrisk Versicherung 254
Investors Overseas Services (IOS) 11 f., 15, 19–37, 39, 41 f., 80, 155 f., 173, 175 f.
Iwersen, Sönke 135

Jappelli, Tullio 306
Jochims, Dörte 135
Jung, Michael 182

K1 Global Ltd. 92
K1 Invest Ltd. Vienna Life Fonds Police 92
Kaiser, Herr 33 f.
Kaum, Markus 130
Keller, Udo 38, 41
Kiener, Helmut 92 f., 96 f., 309
Kilger, Hartmut 186, 187, 188
King, John M. 156
Kleinlein, Axel 225, 279, 280, 287, 296, 298, 302
Klopp, Jürgen 138
Knoll, Herbert 145
Knoll, Leonhard 129
Knöpfel, Tamara 250
Kohl, Helmut 47, 85
KPMG Wirtschaftsprüfungsgesellschaft 126
Kunkler, Werner 24–26, 33, 35–37

Laars, Reinhard 291
Lange, Kai 111–113, 116 f., 136, 143, 151
LB Swiss 161
Lebensversicherung von 1871 79, 254
Legal & General 254
Lehman Brothers 292
Lehmann, Jens 309
Lewis, Michael 116 f.

Liberty Europe 87
Liberty Mutual 87
Lloyds 247
Löffler, Herbert 83
Long Term Strategy AG (LTS) 167
Lörper, Johannes 105, 133, 226
LVM Versicherung 235

Madoff, Bernard 90, 92
Mannheimer Lebensversicherung 292
Marquard, Stefan 114
Maschmeyer, Carsten 40 f., 86, 111, 144, 155–172
MaschmeyerRürup AG 86
Matterhorn Fonds 90
Maxifonds 41
McCarthy, Callum 257
Medicator AG 291
MEG AG 99 f.
Meinungsforschungsinstitut Allensbach 109, 302
Mende, Erich 26
Meyer, Hans Dieter 245, 305
Michalczewski, Dariusz 102
Middelhoff, Thomas 122
MLP Finanzdienstleistungen AG 165 f., 236 f.
Moody's 282
Moraga, Francisco 51–55, 61, 65, 69–73, 76, 78–80, 113, 115 f., 118, 148 f.
MSR Consulting 236 f.
Müller, Albrecht 86
Müller, Klaus-Peter 86
Münchner Leben 79
Münchner Rück 58
Munich Re 110, 120 f., 125–130, 136–138, 142, 146–148
MWB Vermögensverwaltung 196, 200 f.

Nachmann, Josef 159
Nader, Ralph 44
Netzer, Günter 99
Neumann, Detlef 82–84
Nissan Mutual Life 294
Nordrhein-westfälisches Wirtschaftsprüfer-Versorgungswerk 179
Nordrheinische Ärzteversorgung (NAEV) 81, 173 f., 176 f.
Nürnberger Versicherungsgruppe 9, 82

OFL-Vermögensverwaltungs AG 202–204
Oletzky, Torsten 121–123, 126 f., 131, 134–137, 139–143, 145–148, 152 f., 296
OVB 39 f., 45, 156, 236 f.

Pensionskasse BVK 193
Pensionskasse Publica 190
Pensionskasse Siemens Schweiz 192
Petit, Frédéric-Charles 240
Pfister, Bruno 165 f., 170
Plus Leben 296
Pohl, Reinfried 38 f.
Poweleit, Manfred 153 f.
Prack, Ralf-Peter 106, 108
Pramerica Real Estate Investors 175
Presseversorgungswerk 81, 184
PricewaterhouseCooper (PwC) 144
Prima Fonds 41
Privatbank Reichmuth 90
Privatbank Sal. Oppenheim 217
Prossliner, Susanne 180
Protektor Lebensversicherungs AG 291
Provinzial Versicherung 178
Pyramidon AG 98

Quantum Leben 93
Qureshi, Yasin 92

R+V Versicherung 103
Rabo Bank 161
Radtke, Michael 261
Rauch, Dieter 256
Reichmuth, Karl 90
Rekord Versicherungs-Vermittlung und Betreuungsgesellschaft für Selbständige 196
Rey, Werner K. 31
Richter, Gerhard 91
Riester, Walter 10, 12, 84–86, 105–108, 127 f., 132 f., 139 f., 143 f., 151, 165, 168, 223–228, 281, 296, 303
Ring freier Finanzberater 41
Riwa Futures Limited 92
Rohwetter, Marcus 305
Römer, Wolfgang 98
Rothfuß, Herbert 33
Rump, Manfred 37, 145
Rürup, Bert 168

S & K 94
Saller, Wolf 25
Santos GmbH 87
Schaaf, Martin 251–253
Schicht, Gerhard 32
Schinzler, Hans-Jürgen 58
Schlienger, Jürg 198
Schmelzer, Holger 111, 120 f., 128, 131, 133
Schmidt-Tobler, Reinhard 42 f., 48–50, 55–57, 59, 79
Schmidt, Gunther 235
Schmitt, Thomas 135
Schmitz, André 211
Schmitz, Walter 41
Schneider, Egon M. 41
Schott, Dietmar 61 f., 70
Schramm, Peter 185
Schröder, Gerhard 85, 163, 168
Schulte, Heinrich Maria 91

Schwalbach, Joachim 123
Schwark, Peter 226
Schweizer Rück 295
Schweizerische Nationalbank 275
Schweizerische Rentenanstalt 166
SEB-Bank 90 f.
Securities Exchange Commission (SEC) 22
Select Investment Bond 94
ServiceValue 238 f.
Sharp, William 211
Signal Iduna 55, 57, 87, 91, 235, 253
Skandia 296
Spieler, Karl 224
Stallone, Sylvester 115
Stamm, Peter 188
Stella AG 160
Stern, Klaus 99
Sternberg, Karl 203 f.
Stiftung Warentest 162, 169, 224, 240, 312
Swiss Asset Management (SAM) 94
Swiss Financial Partners (SFP) 202
Swiss Life Select 9, 41, 163–172, 207, 297
Swiss Market Index (SMI) 166
Swiss Re 295
Swisspartners 207, 212
Syz Bank 92

Talanx 235
Tappe, Theo 41
Tausche, John 93
Tchibo 243 f.
Tecis Holding 41
Thorun, Christian 258–260
Thust Eberhard 66–69
Thust, Wolfgang 36–38, 51, 58, 65, 69, 79, 97 f., 101 f., 110, 117, 120, 145
TMW Asia Property Fund 1 174
TMW Asia Property Fund 2 174

TMW Asia Property Fund I GmbH & Co. KG 174
TMW Immobilien 175
Toluna Germany 239
Trans Leben 79
Trescher, Klaus 175
Tukur, Ulrich 62

UBS 91, 207, 208–213
Uniqa 93
Uszko, Willi 58, 61

Valorlife 207
Varengold, Emissionshaus 91
Varengold, Wertpapierhandelsbank 92
Vaudoise 207
Vedder, Clemens 111, 125–127, 130 f., 135, 139, 141–143, 146 f., 152 f.
Verbund Deutscher Honorarberater (VDH) 256, 260
Verivox 241, 243
Versorgungswerk der Apotheker in Hessen 179
Versorgungswerk der Ärztekammer Hamburg 186
Versorgungswerk der baden-württembergischen Rechtsanwälte 179
Versorgungswerk der Hamburger Rechtsanwälte 178
Versorgungswerk der nordrheinwestfälischen Steuerberater 177
Versorgungswerk der Rechtsanwälte im Lande Nordrhein-Westfalen 180
Versorgungswerk der Steuerberater in Nordrhein-Westfalen 180
Versorgungswerk der Steuerberater in Schleswig-Holstein 179

Versorgungswerk der Zahnärztekammer Nordrhein (VZN) 178
Vesco, Robert 27–29, 31, 33, 42
Vetter, Jürgen 121, 144
Victoria-Lebensversicherung 82
Vienna Life 92, 207
Viggen, Bruno 134–137, 139, 154
Vogeno, Thomas 120, 126 f.
Volkswohlbund 254
von Bomhard, Nikolaus 121, 127–130, 139, 152

Wealth-Assurance 207
Weber, Gerrit 144
Weber, Roland 63
Wedel, Dieter 62
Wesselkock, Klemens 58
Westerwelle, Guido 99
WGV Versicherungen 243
Wiener Städtische 40, 92 f.
Winterthur Versicherungen 79
Wiswesser, Rolf 144
Wittschier, Otto 38–40
Wölbern Global Balance Fonds 91
Wolfgang Thust GmbH & Co. KG 37, 101
Wricke, Götz 79
Wright, Elizur 270
Wulff, Christian 168
WWK Versicherungen 40

Zahnärztliche Altersversorgung in Niedersachsen 194
Zantop, Dieter 55–57
Zeus GmbH 45
Zimmermann, Horst-Günther 185, 187, 194
Zöller, Mark 196, 220–222
Zurich Versicherung 40, 170